仲正昌樹

ニーチェ入門講義

Introductory Lectures on Friedrich Wilhelm Nietzsche

作品社

［はじめに］　ニーチェがかけた呪い

現代思想あるいはポストモダン思想の入門書のほとんどで、「ニーチェ」は原点として位置付けられている。実際、カフカ、バタイユ、ハイデガー、サルトル、ドゥルーズ、フーコー、デリダなどのテクストを読んでいると、ニーチェという名前あるいはニーチェ的なモチーフに何度も出くわす。古典文献学の知識を背景に、哲学と文芸批評の境界線にあるような独特のスタイルの思考で、西欧近代にとって標準になりつつあった「人間」概念の限界を描き出した点で、ニーチェの影響は圧倒的だったようだ。近代的な「人間」観の最後の哲学的擁護者の役割を演じているハーバマスは、『公共性の構造転換』以来、ニーチェがかけた呪いを断ち切る闘いを続けていると見ることができる。

ニーチェの反近代、反ヒューマニズム的な態度は、ナチスが彼を利用する原因にもなった。既存の価値を破壊することで根源的な生の力を解放し、次の進化のステージへと進んでいこうとする彼の「超人」思想は、人類の進化の頂点に達したアーリア人による世界改造を説く、ヒトラーの思想にうまく適合するようにも思われた。

「理性の主体」たちから成る市民社会が解体していく過程を観察しようとするポストモダン思想と、最新の科学技術を動員して新しい空間秩序を創造しようとするナチズムは、ある意味対極にあるが、いずれも、ニーチェの〈Wille zur Macht〉の思想と一定の親和性がある。〈Macht〉を「権力」と訳すと、制度や秩序を作ってそれを維持・拡大していこうとする、特定の集団が思い浮かんでくるが、「力」と訳すと、その党派政治的なニュアンスが中和され、生物学・生理学的な「力」、あるいは、どういう次元に由来するのか不明な不定形な「力」といった意味合いに取ることもできる。

「(権)力への意志」は、力をため込む意志なのか、それとも力を多方向に発散させていく意志なのか。それを抱えていることは、人類にとって破滅なのか、解放への希望なのか。それがバタイユとハイデガーを経由して、フーコー、ドゥルーズ、デリダたちが考え続けたテーマである。

この連続講義では、「力への意志」の思想発展と深く関係していて、かつ、(アフォリズム形式を連ねるスタイルではなく)テクストとして比較的まとまっていて読みやすく、恐らく「現代思想」で最も頻繁に引用される『悲劇の誕生』『ツァラトゥストラはかく語りき』『道徳の系譜』の三つのテクストを、細かい語義にできるだけ拘って精読していく。

「(権)力への意志」がその典型だが、「アポロン的/ディオニュソス的」「真理(への意志)」「価値(の転倒)」「超人」「正午」「永劫回帰」「重力」といったニーチェの概念は、文脈によって全く正反対のことを指しているようで、理解しにくい。断言調で書かれていることもあって、一度分かったつもりになっても、しばらく読み進めると、別の文脈で全然違った意味合いで使われているように見えてきて、だんだん分からなくなる。様々なタイプのレトリックを使うので、同じことを異なった角度から語っているのか、アイロニーなのかさえ分からないことがしばしばある。

だから分析哲学系の人たちからは、曖昧だ、内容がないのを誤魔化している、などと罵られる。しかし、ハイデガーやデリダのようにニーチェに拘る——ニーチェ以上に何を意図して書いているのか分からない——思想家たちに言わせれば、ニーチェが難解なのは、私たちにとってあまりに自明に見えて、その実よく分かっていないので、どこから手を付けていいのか、何を起点にしていいのか分からない問題に対して、分かっているふりをしないで、先がどうなるか見えないまま、果敢に取り組んだからだ、ということになるだろう。

私たちは「権力」というものを何となく分かったつもりになっている。しかし、それは一体どこから発生してくるのか。誰か特定の人物が所有し、思い通りに利用することは果たして可能か。政治的な「権力」と宗教的な「権力」はどういう関係にあるのか、それらは、生命体としての「力」や、物理的な「力」と関係しているのか。全然、違うように見えるものに、どうして同じ「力」という言葉を使うのか。「力」を「蓄える」、あるいは「力」を「増す」とはどうなることを言うのか。「力」と「意志」はどういう関係にあるのか、「力」が「意志」を生み出すのか、その逆か。

考え始めると、どんどん疑問が出てきて、止まらなくなる。分析哲学者なら、「力とは〇〇である」と自然科学的に定義して、それに合わない意味は全部ざっくり切り捨て、すっきりさせようとするだろう。しかし、それだと何か大事なものが見失われると感じる哲学者たちもいる。

ニーチェは、私たちを捉えている〝何か根源的だけど、簡単には言い表せないもの〟に拘り続け、それを、単なる不毛な堂々めぐりに終わらせることなく、ある程度道筋を付けてくれた（ように多くの人に見える）先駆的思想家だ。

だからニーチェは魅惑的である。人生訓を与えてくれる説教家だからではない。

目次

ニーチェ入門講義

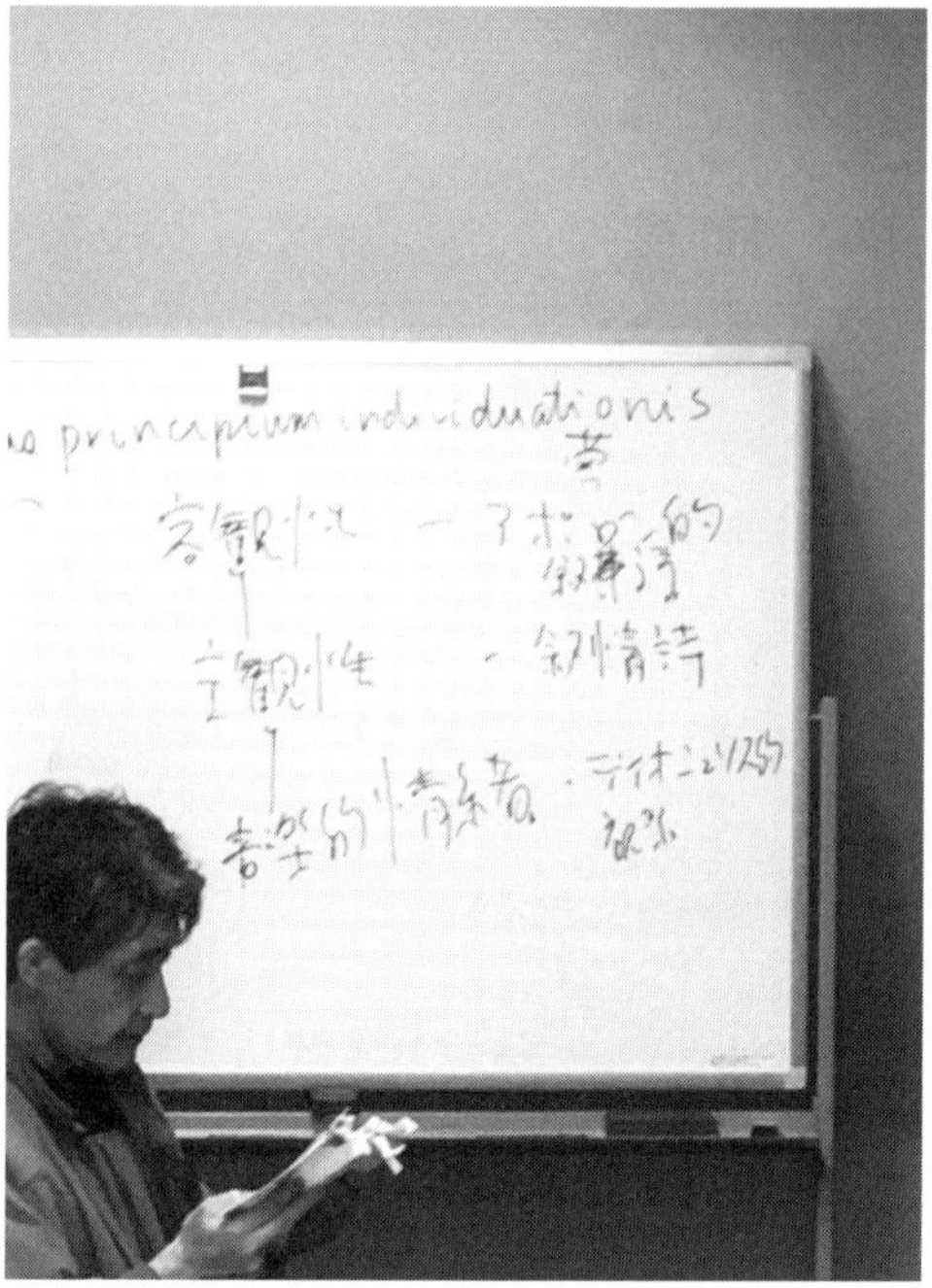

【2019年９月８日の講義風景】

本書は、「読書人隣り」で行われた全6回の連続講義（2019年4月13日～11月9日）に、適宜見出しで区切り、文章化するにあたり正確を期するべく大幅に手を入れたものです。なお講義の雰囲気を再現するため話し言葉のままとしました。また講義内容に即した会場からの質問も、編集のうえ収録しました。

講義で、主に使用した邦訳テクストは、『悲劇の誕生』（秋山英夫訳、岩波書店、1966年）、『ツァラトゥストラはこう言った』上・下（氷上英廣訳、岩波書店、1970年）、『道徳の系譜』（木場深定訳、岩波書店、1964年改版）。原書は、*Die Geburt der Tragödie ,1872; Also sprach Zarathustra, 1885; Zur Genealogie der Moral, 1887* を主に引用・参照しました。訳などを適宜変更した箇所もあります。

本書は、テクストの精読を受講生と一緒に進めながら、読解し、その内容について考えていくという主旨で編集しています。決して“答え”が書いてあるわけではありません。きちんと本講義で取り上げられたテクストをご自分で手に取られ、自分自身で考えるための“道具”になるよう切に願っております。

最後に、来場していただいたみなさま並びにご協力いただいた「週刊読書人」のスタッフの方々に心より御礼申し上げます。【編集部】

[講義] 第1回 『悲劇の誕生』前半

『悲劇の誕生』とは？

ニーチェ（一八四四－一九〇〇）は数年前にブームがあり、その時はニーチェのポジティヴな側面が強調されていました。ニーチェの最初の著作がこの『悲劇の誕生』（一八七二）ですが、タイトルから推測できるように、むしろニーチェ思想の暗い側面が出ています。ニーチェ自身の暗さというよりも、ヨーロッパ文明に潜んでいる暗さ、そしてヨーロッパの根源としてのギリシア文明の最も暗い部分を明らかにしていこうとする著作です。

何故、ニーチェは現代思想に影響を与え続けているのか、最初に簡単に説明しておきます。それは、近代合理主義の根源にある、非合理性を暴き出したからだと言えるでしょう。ヨーロッパ人にとって自分たちの原点としてのギリシアは、非常に明るい世界であり、文化創造の源泉だと捉えられてきました。一九世紀初頭に活躍した初期ロマン派やヘーゲル（一七七〇－一八三一）は、ギリシア文明の中に芸術創造の根源のようなものを見出しました。しかしニーチェの描き出すギリシア悲劇の世界は、確かに芸術的創造の根源ですが、古典主義的な近代知識人たちが思っていたように、理性的で調和の取れた芸術を生み出すものではなく、むしろ破壊的な力を持っていました。

ニーチェは元々、文献学者として出発し、比較的若い頃にバーゼル大学の文献学の講座で、日本風に言うと准教

ショーペンハウアー

授に相当する員外教授となりました。最初は古代ギリシアの文献学をわりと堅実に研究していたのですが、『悲劇の誕生』で文献学の枠から大きく外れ、古代ギリシア、そしてヨーロッパ文明の本質に関する独自の考えを公表しました。しかも、ギリシアの明るい創造性とは違う側面を出してきた。彼の古典作品の解釈はそれまでの古典文献学の常識とはかなり異なったもので、文献学的に厳密な方法論を踏まえずに論じる部分が多いものでした。こうしたことは「訳者解説」にも書かれています。二五三頁を見ると、どのような論文や大学での講義がこの著作の土台になっているか述べられています。ニーチェがそれまでやっていたのは、アイスキュロス（前五二五－四五六）やソフォクレス（前四九六頃－四〇六頃）などの悲劇や、ヘシオドス（前七五〇頃－？）、ギリシア語の韻律学等、代表的な古典文学の研究です。

訳者解説の「三　反響と評価」（二五七頁）では、『悲劇の誕生』は、文献学者からは非常に非難されたが、ワーグナー（一八一三－八三）を、現代においてギリシア悲劇の根源に通じる音楽を再興した音楽家として評価していることもあって、彼からはそれなりの評価を得たという話が紹介されています。ニーチェは初期においてはワーグナーを崇拝していましたが、次第にワーグナーに幻滅し、むしろ批判の槍玉に挙げるようになります。

では本文に入りましょう。冒頭の「自己批評の試み（一八八六）」は、『ツァラトゥストラはこう言った』（一八八三－八五）以降、既に超人思想を自らの思想として打ち出したニーチェが、かつての自分を振り返り、当時の自分は遠慮してまだ思い切ったことが言えていなかった等という感想や、今ではショーペンハウアー（一七八八－一八六〇）やワーグナーに対し距離を取っている感じが出ています。特にショーペンハウアーに対してはかなり批判的になっています。ショーペンハウアーが『意志と表象としての世界』（一八一九）で「悲劇的精神」を根本的に曲解する見方を示している、という攻撃的な論評が一九～二〇頁にかけて展開されています。『悲劇の誕生』本文では、ショーペンハウアーのペシミズムをかなり肯定的に捉えているのですが、その後評価が大きく変わり、合理主義者・観念論者であるカントと同じ側に位置付けていますね。

「リヒァルト・ワーグナーにあてた序言」（二七頁）が最初に刊行した際の序文です。先ほど言ったように、ワーグナーについて、ギリシア悲劇に相当するものを現代に再現する音楽家として評価していたので、彼に捧げる形になっています。

「一　アポロ的夢幻とディオニュソス的陶酔」

二九頁以降が本論です。「一　アポロ的夢幻とディオニュソス的陶酔」とありますが、ちなみにこのタイトルは、原文に元からあったものではなく、分かりやすくするために訳者が便宜的に付けたものです。原文には、節の番号だけ付いています。

以下は『悲劇の誕生』を紹介する際に必ず引用される有名な箇所です。

すなわち、芸術の発展というものは、アポロ的なものとディオニュソス的なものという二重性に結びついているということだ。それはちょうど生殖ということが、たえずいがみあいながら、ただ周期的に和解する男女両性に依存しているのに似ている。アポロ的とディオニュソス的という名称は、ギリシア人から借用したものである。彼らはその芸術観の奥深い教えを、概念的ではないにしても、彼らのつくった神々の世界の鮮明な二柱の神のうちに、目のあるひとにはわかるようにしてくれているからだ。ギリシア人のこの二柱の芸術神、アポロとディオニュソスを手がかりとして、われわれにわかることは、ギリシアの世界には、その起源からいっても、目標からいっても、造形家の芸術であるアポロ的芸術と、音楽という非造形的芸術、すなわちディオニュソスの芸術とのあいだに、ひとつの大きな対立があるということだ。

ギリシア神話をある程度知っている人であれば、まずここで違和感を持つと思います。太陽神「アポロ」（ン）は音楽の神でもあり竪琴を弾いていますね。それなのにアポロンを、音楽とは異なる、という意味での「造形家の芸術 Kunst des Bildners」の神としています。アポロンは芸術の神だとされていますが、それは音楽＋詩という意味の芸術であって、彫刻とか絵画のような、私たちが「造形芸術」と呼んでいるものの神だとはされていません。それに対して、ギリシア神話の解説書でも、ディオニュソスは酒の神、生殖の神と書いてあっても、音楽を司る神という紹介の仕方はしていないと思います。つまりニーチェは、一般的ではない意味で「音楽」と言っているわけです。

訳語の問題もあると思います。「造形家」の原語は〈Bildner〉、「被造形的」の原語は〈unbildlich〉という形容詞ですが、元になっている〈bilden〉という動詞は、芸術として物理的に「造形する」というだけでなく、「形成する」「形を与える」という一般的な意味のある言葉です。自分自身を「形成」する、自己形成する、という使い方もして、この意味での〈bilden〉を名詞化した〈Bildung〉は、「教養」という意味です。〈bilden〉の語根になっている名詞の〈Bild〉は、「絵」とか「イメージ」という意味です。ここでの「造形的」というのは、絵画や彫刻と同じように物質的に固定した形を与えるという意味ではなくて、決まった形を与えるということでしょう。「非造形的」の方は、決まった形を持たないという意味合いでしょう。だとすると、ニーチェの言っている「音楽」というのは、私たちが通常イメージする、ちゃんと楽譜があって、決まった形式で演奏すべきものではなさそうですね。

この非常に違った二つの衝動は、たがいに平行して進んでゆく。たいがい、公然と反目し、おたがいが刺激になって、あの対立の戦いが種切れにならないように、それぞれ一段とがんこな子供をつねにあらたに生みおとしてゆく。こうしてその対立は、「芸術」という共通のことばでかろうじて橋渡しされる程度にすぎなくなるのだ。しかしついにこの平行して進んできた二つの衝動が、ギリシア的「意志」の形而上学的奇蹟によって、たがいに夫婦となってあらわれる時がやってくる。そしてこの結婚によって、アッティカ悲劇という、ディオニュソス的であると同時にアポロ的でもある芸術品を生みだすようになるのである。

「アポロ的／ディオニュソス的」というのは、芸術の様式というより、芸術創作へと動機付ける「衝動 Trieb」の二つの方向性のことのようですね。難しい言い方をしていますが、芸術には、既成の形を壊してカオスを生み出そうとする側面と、新たな形を与えて秩序を作り出そうとする側面があって、両者が対立したり、うまく折り合いを付けたりしながら、その時代や地域ごとの芸術の流儀を作り出すというのは、今では比較的よく聞く話ですね。ただ、ゲーテ（一七四九－一八三二）やシラー（一七五九－一八〇五）に代表される古典主義の時代には、近代ヨーロッパが模範とすべきギリシアの芸術は、調和が取れた美の世界を反映している、つまりアポロ的なものだと考え

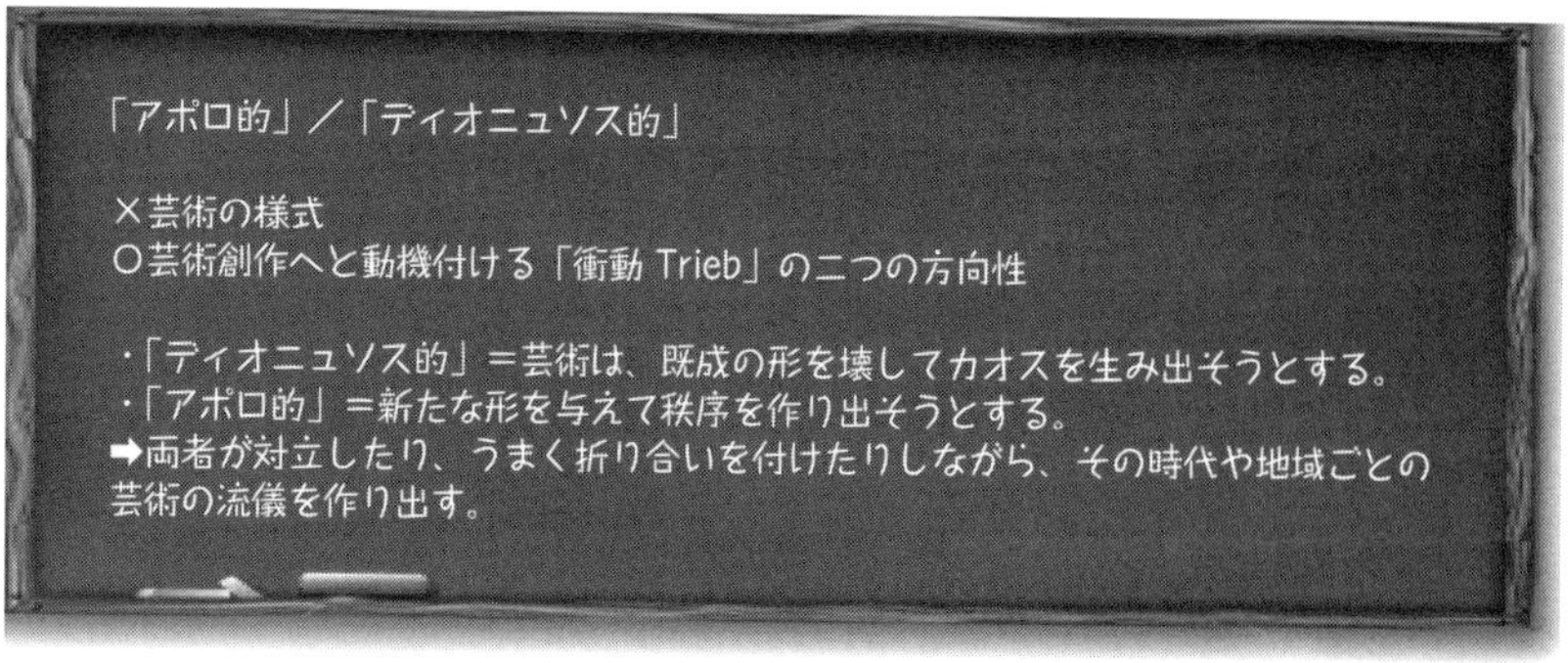
「アポロ的」／「ディオニュソス的」
×芸術の様式
○芸術創作へと動機付ける「衝動 Trieb」の二つの方向性
・「ディオニュソス的」＝芸術は、既成の形を壊してカオスを生み出そうとする。
・「アポロ的」＝新たな形を与えて秩序を作り出そうとする。
➡両者が対立したり、うまく折り合いを付けたりしながら、その時代や地域ごとの芸術の流儀を作り出す。

られていました。クライスト（一七七七―一八一一）のように、ギリシアの破壊的な側面を強調した作家もいますが、そういうのは例外です――クライストのギリシア観については、拙訳『ペンテジレーア』（論創社）の訳者解説をご覧ください。

「アッティカ悲劇」というのは、アテネを中心とした、エーゲ海に面したアッティカ半島で三大悲劇詩人――アイスキュロス、ソフォクレス、エウリピデス（前四八〇頃―四〇六頃）――の時代に栄え、その後のヨーロッパの演劇に大きな影響を与えることになった悲劇の形式のことです。

> この二つの衝動を、もっとわかりやすくするために、さしずめ一方を夢の世界、他方を陶酔の世界というふうに別々に考えてみることにしよう。この二つの生理現象のあいだには、アポロ的なものとディオニュソス的なものとの相違に応ずるような対立がみとめられるからである。ルクレティウスの考えによると、壮麗な神々の姿が人間の魂にはじめて浮かんだのは、夢のなかにおいてであったという。偉大な彫刻家が超人間的な存在の、うっとりするような肢体を見たのも夢においてであった。

「夢 Traum」と「陶酔 Rausch」はどちらも、日常の冷静な意識ではない状態として同じようなものと思いがちですが、ニーチェは分けて考えているようですね。話の流れからすると、「夢」は、彫刻になっている神々の姿のような理想的で、秩序立った美を表象している、つまり合理的なのに対し、「陶酔」は、無秩序で非理性的な状態ということのようですね。ただ、ニーチェはどちらも「生理現象」で、身体的な欲求に起因していると見ているわけです。現代だと、精神分析等の影響で、「夢」も無意識に由来するもので、身体の状態の影響を受けるのは当たり前だということになっていますが、一九世紀後半はそうした見方が徐々に形成されつつある時代だったのかもしれません。ルク

クライスト

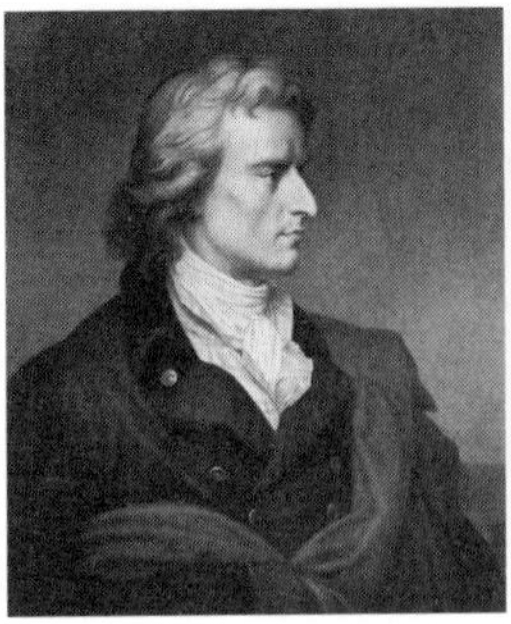

シラー

レティウス（前九九－五五）は、快楽主義で知られるエピクロス（前三四一－二七〇）の影響を受けて、唯物論的自然哲学を説いた、共和主義時代のローマの詩人・哲学者です。訳注にあるように、『自然について』という教訓詩があります。原題は、《De rerum natura》で、現在では「事物の本性について」と訳されるのが普通です。岩波文庫に入っています。

　われわれはすべて夢の世界を生みだすことにかけては完全な芸術家といえるが、この夢の世界の美しい仮象《かしょう》が、あらゆる造形芸術の前提であり、それどころか、のちに見るように、文学の重要な一半である演劇の前提でもある。われわれは夢にあらわれる人物とすぐに打ちとけて、その具体的な姿を楽しむ。夢のなかでは形という形がすべてわれわれに語りかけてくる。そこにはどうでもいいような、むだなものは、何ひとつないのである。夢の現実がそういうふうに生き生きとしているにもかかわらず、それでもやはりわれわれはなんとなくそれが仮象だというほのかな感じをまぬかれるわけにはいかない。

「仮象 Schein」と「形 Form」がキーワードです。〈Schein〉は、基本は「輝き」という意味ですが、動詞形の〈scheinen〉には、「～のように見える」という意味もあります。そこから「見かけ」とか「仮象」という意味が派生しました。「証明書」という意味でも使われます。従来の哲学では、「仮象」と「本質」あるいは「実在」という形で対比して、「仮象」を克服すべきものと見なしていましたが、ニーチェ以降、「仮象」の背後に実在があるという考え方は次第に相対化され、「仮象」が全てという発想が展開することになります。ハイデガー（一八八九－一九七六）は、「仮象」の輝きこそが、「存在＝フュシス（自然）」の現れだと示唆します――拙著『〈後期〉ハイデガー入門講義』（作品社）をご覧ください。「仮象」と「輝き」の関係は、太陽の輝きをイメージすれば分かりやすいと思います。太陽の輝きは、表面的で、単なる「見せかけ」と見ることもできますが、太陽そのものが「輝き」からできていて、「輝き」から分離した太陽そのものなどないと見ることもできます。ア

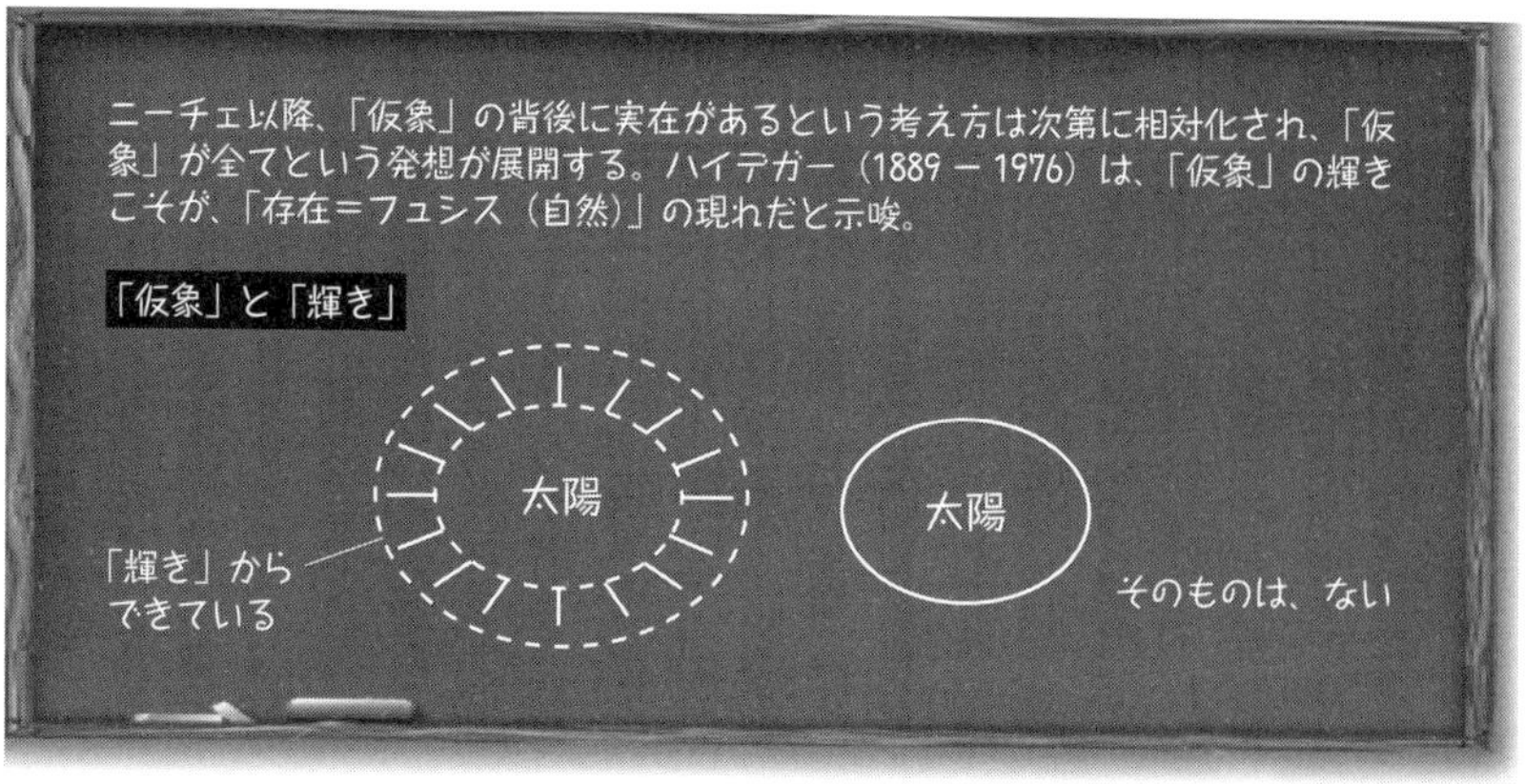
ニーチェ以降、「仮象」の背後に実在があるという考え方は次第に相対化され、「仮象」が全てという発想が展開する。ハイデガー（1889 − 1976）は、「仮象」の輝きこそが、「存在＝フュシス（自然）」の現れだと示唆。
「仮象」と「輝き」
太陽
太陽
「輝き」からできている
そのものは、ない

ポロンは太陽の神なので、ニーチェは当然そのことを意識して、「仮象」に「輝き」という意味合いも込めているのでしょう。夢の中で見る、事物の理想化された姿、「美しい仮象（輝き）der schöne Schein」が、芸術的な創作の源泉になっているという発想は理解できますね。私たちは気持ち悪い夢、混沌とした夢も見ますが、そういう夢は、精神分析のような機会でもない限り、意識下に抑圧されて、「美しい仮象（輝き）」だけが記憶に残る、ということでしょう。通常、「夢のような」という譬えは、信じられないくらい理想的な、という意味で使いますね。

> 夢が仮象だというばかりではなく、われわれが現にそのなかで生活し存在しているこの現実界の底に、もう一つまったく別な第二の現実が秘《ひ》められていて、従ってこの現実界もまた一種の仮象なのだという予感を、哲学的人間はいだいてさえいるのである。

これが先ほどお話しした、「現実（実在）」も仮象であり、実在と仮象の間に決定的な区別はない、ということです。「現実界 Wirklichkeit」の「底（下）unter」にある「もう一つまったく別な第二の現実」というのは、私たちが「現実界」だと思っているものの影に隠れている本当の現実というような意味合いです。その意味で、現時点での「現実界」は実際には「仮象」だということになるでしょう。つまり、現時点での「現実界」を起点にして、「仮象」を批判的に見るのとパラレルな関係が、「第二の現実」と現時点での「現実」の間にあるわけです。その類推で、これから私たちにとっての〝現実〟になっていく、「第二の現実」の根底に、更に第三の現実が潜んでいて、それが露わになった時点で、「第二の現実」もまた「仮象」であったことが判明し……と続

いていきそうですね。そういった連鎖の中で、次第に〝真の現実〟に接近していくというのであれば、ヘーゲルの弁証法ですが、どうもニーチェはそういう発想はしていないようですね。

「仮象」と「実在」を対置するのは、プラトン（前四二七－三四七）のイデア論以来の西欧形而上学の発想ですが、ニーチェはその区別が相対的なものだと見ているわけです。ニーチェは次第に西欧形而上学全体を根本から批判するようになるのですが、この時点ではまだそこまで思考を進めていないと思いますが、その兆候はありそうですね。

> そしてショーペンハウアーは、人間やすべての事物がときどきただの幻影か、あるいは夢のすがたと思われてくるような素質こそ、哲学的能力の目じるしだといっている。ところで、芸術的な感じ方のできるひとが夢の現実に接する態度は、哲学者が生存の現実界に対して取る態度とかわりはない。彼は正確に、また進んで夢の現実に目をそそぐのだ。というのは、夢の影像から彼はこの人生を解釈し、夢の出来事によって実生活に対する修練をつむのだからである。

人間や全ての事物が、「幻影 Phantome」とか「夢 Traumbilder」ではないかと疑ってみるのが「哲学」の第一歩というのは、ショーペンハウアーではなくても、哲学への導入としてよく言われることですが、少し注意すべきは、ショーペンハウアーがそれを、哲学するための「素質 Gabe」だと言っていることです。「現実」と「仮象」のズレを感知する感性のようなものがあって、それが哲学的な思考の基礎になると見ているわけですね。

「芸術的な感じ方のできるひとが夢の現実（Wirklichkeit des Traumes）に接する」というのはいいとして、それが「哲学者」が「生存の現実界（Wirklichkeit des Daseins）に対して取る態度」とかわりはない、というのはどういうことか。「生存」と訳すと、何か生物的な感じがしますが、原語の〈Dasein〉は、ハイデガー用語では「現存在」、

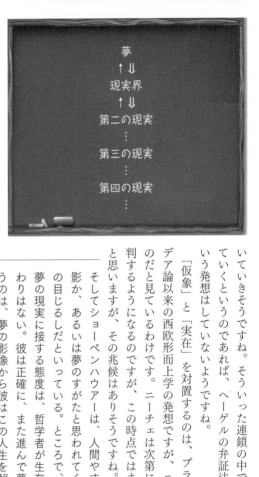

ヘーゲル用語では「定在」と訳しますね。基本的には、「現にそこにあること」、「(抽象的な意味での存在ではなく)具体的な形をとって存在していること」という意味で、哲学的ではない場合は、単に「存在」と訳します。恐らく、じっくり観察することで、創作あるいは思索のための指針を汲み取る源泉、素材にする、ということでしょう。この現実の世界を素材にするのと、夢の世界を素材にするのでは全然違うような気がしますが、先ほど見たように、「仮象」↑「現実⇕仮象」↑「第二の現実⇕仮象」↑「第三の現実⇕仮象」↑「第四の現実⇕仮象」……という連鎖になっているとすると、どのレベルの〝現実〟を足場にしているかというだけの違いということになるでしょう。芸術家と哲学者では、批判的に観察する〝現実〟の位相が異なっているけど、〝現実〟に対して同じような態度を取っている、ということです。

> 夢の経験が当然なこととして喜び迎えられるということは、やはりギリシア人によって彼らの神アポロのうちに表現されている。姿かたちを描き出すあらゆる造形的な力の神であるアポロは、同時に予言の神でもある。その語源からいえば「輝く者」、すなわち光の神であるアポロは、空想的に心のなかに描き出される世界の美しい仮象をも支配するのである。われわれの日常的現実が部分的にしか理解されえないのにひきくらべ、夢や空想といった状態が、より高い真実を持ち、完全であるといったこと、それからまた、睡眠がわれわれを治癒したり、夢がわれわれを助けてくれるといった自然の深いはからいがあるといったことは、予言する能力の象徴的類比であると同時に、一般に、生を可能にし生きるに値するものとするもろもろの芸術の象徴的類比でもある。

「輝く者」の原語は〈Scheinende〉で、〈Schein〉の動詞形で、「輝く」あるいは「〜のように見える」――英語だと〈look〉もしくは〈seem〉に相当します――という意味の動詞〈scheinen〉の現在分詞を名詞化したものです。「仮象であるもの」という意味にも取れます。ギリシア神話で「ポイボス Φοῖβος」という枕詞を付けて、「ポイボス・アポロン Φοῖβος Ἀπόλλων」という言い方をすることがありますが、それを言っているわけですね。アポロンは、太陽の神でもあります。ここでの言い方からすると、夢の世界は、昼間の現実とは別の現実、より真実性の高い現実、恐らく、私たちの心の中に潜んでいる真実を、アポロン的な「輝き」によって照らし出す、というイメージで

しょう。「予言する wahrsagen」というのはこの場合、占い的なことというより、進むべき方向性を指し示すというようなことでしょう。〈wahrsagen〉という動詞は、「真実の」という意味の〈wahr〉と「言う」という意味の〈sagen〉から合成されていて、「真実を露わにする」というようなニュアンスを帯びています。

あと、訳の問題ですが、「睡眠がわれわれを治癒したり、夢がわれわれを助けてくれるといった自然の深いはからいがあるといったこと」という部分は、原文では、〈das tiefe Bewußtsein von der in Schlaf und Traum heilenden und helfenden Natur〉となって、「意識 Bewußtsein」という言葉が入っていて、「深い」は、「意識」にかかっています。だから正確に訳すと、「睡眠と夢において我々を治癒したり、助けてくれる自然の深い意識」となります。この言い方だと、「自然」と「意識」のいずれが主体か、「自然」自体が「深い意識」を持っているのか、私たちの意識の深い層がそうした「自然」を捉えているのか、どっちとも取れます。ドイツ観念論系、特にシェリング（一七七五ー一八五四）の自然哲学では、意識の深い層が自然と繋がっていると想定されています。ニーチェが同じように考えているとすれば、どちらでも構わないでしょう。

> だからアポロについては、ショーペンハウアーがマーヤのヴェールに捕われた人間について述べていることが、ある突飛な意味であてはまるだろう。『意志と表象としての世界』第一篇四一六ページにいう、「見渡すかぎりはてもなく、山なす波が咆哮《ほうこう》しながら起伏する荒れ狂う海の上で、舟人がか弱い小舟に身を託して坐っているように、個々の人間は苦患の世界のただ中に、個体化の原理を支えとし、これに信頼をおいて、平然と坐っているのである」と。実際アポロについては、あの原理に対するゆるぎない信頼と、この原理に捕われた者の平然と坐っている姿が、この神の姿のうちに最も崇高な表現を得たのだということもできよう。そしてアポロを個体化の原理の壮麗な神像とさえ呼んでよかろう。このような原理の神像を思い描いてみるならば、その態度や眼差しからは、「仮象」のよろこびと知恵が、その美もろとも、われわれに語りかけてくるであろう。

「マーヤ Maja」というのは、注にあるように、サンスクリットで人を惑わす幻影という意味で使われる言葉です。ショーペンハウアーが若い時から、古代インド哲学の影響を受け、彼の厭世的な世界観は多分にその影響を反映しているというのはよく言われることです。ここでポイントなのは、人間の生が様々な幻影の「ヴェール Schleier」

「個体化の原理 das principium individuationis」

人間の生が様々な幻影の「ヴェール Schleier」に捕らわれていて、何を信用していいのか分からない不安定な状態に置かれている。➡人がすがり付くことができるのもの。

※主体／客体、自／他の区別もないカオス（混沌）の中で、いくつかのものが相互に区別されるような決まった形を取り、鉱物の結晶とか、岩石、山や川、生命体、人間の意識などとして現れてくる。この場合は特に、人間の自己意識のこと。

に捕らわれていて、何を信用していいのか分からない不安定な状態に置かれているということです。そこで、人がすがり付くことができるのが、「個体化の原理 das principium individuationis」です。「個体化の原理」という言い方だと、抽象的なのでピンとこないという人もいるでしょうが、主体／客体、自／他の区別もないカオス（混沌）の中で、いくつかのものが相互に区別されるような決まった形を取り、鉱物の結晶とか、岩石、山や川、生命体、人間の意識などとして現れてくる、ということでしょう。この場合は特に、人間の自己意識のことだと考えればいいでしょう。これは、物心付く前の混沌とした状態から、ちゃんとした自己意識を持ち、自分と対象をクリアに意識できる状態、事物の形を認識できる状態になるということでしょう。「苦患の世界 eine Welt von Qualen」というのは、混沌としたこの世で生き続けようと努力するのは、苦痛であるというショーペンハウアーの世界観・人間観の表れでしょう。「個体化の原理」が作用することで、そこから抜け出せるわけです。その個体化の原理を、ギリシア人たちはアポロンとして表象した、そうニーチェは見ているわけです。

> 根拠の原理がその具体的な形態のどこかで例外をゆるすように見える場合、人間はとつぜん現象界の認識形式に迷いをおぼえ、途方もない戦慄的恐怖にとらえられるものだが、ショーペンハウアーは同じ個所でこの戦慄的恐怖をわれわれに描き出してくれている。同じように、個体化の原理が破れると、人間の、否、自然の、最も内面の根底から、歓喜あふれる恍惚感がわきあがるものだが、上に述べた戦慄的恐怖にこの歓喜あふれる恍惚を加えるとき、われわれはディオニュソス的なものの本質に一瞥《べつ》を投ずることになるのだ。ところでこのディオニュソス的なものは陶酔の類推によって、われわれにきわめて身近なものとなる。原始的な人間や民族のすべてが賛歌のなかで語っている麻酔的飲料の影響によって、ある

いは全自然を歓喜でみたす力強い春の訪れに際して、あのディオニュソス的興奮は目ざめる。それが高まるとき、主観的なものは消えうせて、完全に我を忘れた状態になるのだ。

「根拠の原理 der Satz vom Grunde」とあるのは、現在の通常の哲学的用語で「根拠律」と呼ばれるものです。事物が存在するには根拠、理由があるという、ライプニッツ（一六四六－一七一六）が立てた論理学上の原理です。ショーペンハウアーは博士論文『根拠律の四つの根について』（一八一三）で、「根拠律」の問題を起点として、「現象」と「物自体」を分けたカント（一七二四－一八〇四）の認識論の意義を再確認し、意志と表象の関係をめぐる独自の理論の端緒にしています。

この「根拠の原理」が「どこかで例外をゆるすように見える eine Ausnahme zu erleiden scheint」場合というのは、「根拠の原理」が見当たらない現象が生じる、もっと普通に近い言い方をすれば、因果法則に合っていないようなことが生じている、ということでしょう。そういうことが起こったとすれば、「現象界の認識形式に迷いをおぼえる an den Erkenntnisformen der Erscheinung irre wird」、「戦慄的恐怖（Grausen）にとらえられる」というのは当然でしょう。自分の感覚が知られなくなるのだから。今まで揺るぐことなど、想像したこともなかったアポロン的原理が揺らぐということです。普通なら、戦慄的恐怖だけで終わるでしょうが、ニーチェはそれと同時に「歓喜あふれる恍惚感 die wonnevolle Verzückung」がわきあがる、と言っているわけです。個体化の原理が崩れて、新しい可能知性が見えること、解放されたことに喜びが生じるわけですね。前衛芸術論でよく聞く話ですね。これがディオニュソス的なものということになります。ただ、個体化の原理であるアポロン的原理の方に対しては普通の人間でも喜びを感じそうですが、例外が現れることに恍惚感を覚えるというのは、特殊な芸術的な人間の話のように聞こえますね。だから「陶酔 Rausch」の類推ということを言っているわけですね。アルコールとか薬物、あるいは、何か激しく興奮して体を動かした時の陶酔のような状態がそれに近いということですね。原始的な人間や民族が何かの儀礼に際して陶酔状態になること、個体化の原理から逸脱することがあるというのは今の文化人類学でよく聞く話ですね。

ニーチェは、そうした陶酔した状態を「主観的なもの das Subjektive」とは捉えないわけです。日本語で「主観的」と言うと、客観的な根拠のないものという意味合いになりますが、ここで言う「主観的」というのは、対象を把握する個としての自我がきちんと機能している状態のことです。

——ドイツの中世紀においても、同じディオニュソス的なはげしい力のもとに、ますます数を増してゆく群衆が歌い踊りながら村から村へとのして歩いたものだ。これらの聖ヨハネ祭や聖ファイト祭の乱舞者のうちに、われわれはギリシア人のバッカス祭合唱隊《コーラス》のおもかげを見る。しかし、ギリシアのバッカス祭も小アジアにその前史を持ち、さらにバビロンや狂騒的なサケーア祭にさかのぼるのである。

祭で集まった民衆が歌い踊りながら我を忘れるという現象と、バッカスが結び付いているわけですね。群衆の忘我状態というと、カーニヴァルのことを連想しがちですが、ニーチェは二月から三月にかけて行われるカーニヴァルよりも、夏至の前後の聖ヨハネ祭や聖ファイト祭の方がよりディオニュソス的だと見ているようですね。神話では、ディオニュソス＝バッカスは、信者を引き連れて各地を放浪したというイメージが強いので、村から村へのし歩くことがポイントなのでしょう。バッカス祭における「合唱隊 Chor」が、これからの議論で重要になります。バッカスは、ディオニュソスのローマ名です。

——世の中には、経験の不足や鈍感さから、このような現象に対して、まるで「民衆病」に対するように、自分は健全だと思いあがり、嘲笑的に、あるいは気の毒に思いながら顔をそむける人たちがいる。こうしたあわれな連中は、ディオニュソス祭の熱狂者たちの燃えさかる生命が彼らのそばを嵐のように通りすぎるとき、ほかならぬ彼らの「健全さ」がいかにも亡霊のように、死体のような色あいに見えてくるか、もちろん夢にも思いよらないのである。

ここは、いかにもニーチェ的な発言ですね。ディオニュソス的な熱狂を軽蔑する、教養ある市民たちの理性の「健全さ Gesundheit」こそ、個体化の原理に収まらない生き生きした感じを欠いた、不健全さの象徴だと皮肉っているわけです。

——ディオニュソス的なものの魔力のもとでは、人間と人間とのあいだのつながりがふたたび結びあわされるだけではない。疎外され、敵視され、あるいは圧服されてきた自然も、その家出息子である人間とふたたび和解

——の宴を祝うのである。大地は進んでその贈物を差し出し、岩山や砂漠の猛獣もなごやかに近よってくる。ディオニュソスの車は花や花輪で埋められ、その軛《くびき》のしたを豹《ひょう》や虎が歩むのである。

ディオニュソスは既成の秩序を破壊するだけでなく、それまで抑圧されてきた「自然」のある側面を回復し、新しい人間関係を生み出すわけです。神話ではディオニュソスは虎や豹を従えたり、自らがこれらの獣に変身したり、あるいは、その背中にまたがることもあります。

——今や、宇宙調和の福音《ふくいん》に接して、すべての人はめいめい、その隣人と結びあい、和解し、とけあっていると感じるばかりでなく、まるでマーヤのヴェールもひきちぎれてしまって、ぼろぼろになったまま、神秘的な根源的一者の前にひるがえっているにすぎないかのように、ただ一体と感じるのである。歌と踊りによって、人間はより高い共同体の一員であることを表明する。彼は歩むことや話すことを忘れてしまい、踊りながら空高く舞いあがろうとする。

主体／客体、自／他の区別が解体し、全てが「神秘的な根源的一者 das geheimnisvolle Ur-Eine」と一体になる、いわゆる「神秘的合一」が生じるわけですね。後のニーチェであれば、こういう神秘主義的な発想を称賛するようなことはしないと思いますが、この時点では単に、合理的な個体化の原理を破壊するものを肯定的に評価する傾向があったのでしょう。

「二　ディオニュソス的ギリシア人」

「二　ディオニュソス的ギリシア人」に入りましょう。「アポロン的」なものと「ディオニュソス的」なもの、「夢の形象的世界 die Bilderwelt des Traums」と「陶酔的現実 rauschvolle Wirklichkeit」を区別したうえで、ここでは後者に即して議論を進めようということです。この二つの作用は、芸術家の二つのタイプ、夢の芸術家と陶酔の芸術家に対応しています。

——この最後の型の芸術家のあり方を想像してみると、彼はディオニュソス的酩酊《めいてい》と神秘的自己放棄のうちに、熱狂する合唱隊から離れて、ひとりさびしく倒れふし、そこでアポロ的な夢の作用を受けて、自分自身の状態、すなわち、彼が世界の最も内面の根底と一つになった状態が、ある比喩的な夢の姿のうちに啓示されるといったふうであるにちがいないのだ。

「最後の型の芸術家」というのはディオニュソス的芸術家のことですが、今までの話の続きからすると、このタイプの芸術家は自らも陶酔していそうですが、そういうわけではないようです。ギリシア悲劇を作り出したディオニュソス的なタイプの芸術家は、陶酔的な気分にはなっているけれど、合唱隊の集合的な熱狂からは離れて、その熱狂状態に、個体化の原理によって形を与えようとする、ということのようです。「比喩的な夢の姿 ein gleichnisartiges Traumbild」というのは、夢などに現れてくるような、外形的には明晰な形象が、陶酔状態を寓意的に表現しているものとして解釈できる、ということでしょう。このように言うと難しく聞こえますが、混沌とした感情を絵とか彫刻で表現しようとすれば、どうしても一定の決まった色や形を利用せざるを得ません。色や形の組み合わせを普通とは違うものにすることで、カオスを暗示するしかありません。「芸術家」であること自体が、アポロン的原理＝個体化の原理を受け入れていることを前提にしているとすれば、ディオニュソス的原理は、芸術家にとって、外部のものであり、それを直接的に表象する手段などありません。

三八頁の終わりに、「ディオニュソス的ギリシア人 die dionysischen Griechen」と「ディオニュソス的野蛮人 die dionysischen Barbaren」という表現がありますね。ややこしくなった感じですが、この場合の「ギリシア人」というのは、先ほどの芸術家のように、アポロン的原理を身に付けていて、個としての自分を保っている文明人という意味でしょう。そうした自己のアイデンティティを保ったうえで、ディオニュソス的な熱狂を形象化しようとする姿勢を持っている民族ということでしょう。ニーチェは、文明化された生活をしている人間は、基本的にアポロン的原理に従って生きており、そこに何らかのきっかけで抑圧されているディオニュソス的なものが噴出し、一時的に支配的になる、という風に考えているようです。

その後に出てくる、ローマからバビロンに至るまでの古代世界の至る所に見られる「ディオニュソス的祭典」と「ギリシアのディオニュソス祭」の違いが言及されていますね。これは、「ディオニュソス的野蛮人」と「ディオニュソス的ギリシア人」の違いに対応していると考えられますが、この二つのタイプの祭りの違いが、「山羊からその名前と属性を借りたひげもじゃのサチュロス」と「ディオニュソス自身」の違いに譬えられているので、少し混乱しますね。この言い方だと、サチュロスの方がしょぼそうだし、伝説では、サチュロスはディオニュソスの従者です。そこから考えると、古代の至る所で見られるディオニュソス的祭典は、本当にディオニュソス的なものではなくて、単にふざけているだけの表面的なもののように思ってしまいますが、その後を見ると、どうもそうではないようです。

ほとんどあらゆる所で、これらの祭典の中心をなすのは極端な性的だらしなさであり、その波はあらゆる家族制度とそのいかめしい掟《おきて》をこえて氾濫《はんらん》したのだった。まさに自然の最も粗野な野獣性がここに解放され、ついには淫欲と残虐性のあのいやらしい混合に行きついたのであって、これは私にはいつも真の「魔女の飲み物」と思われたのである。これらの祭典の知識は、あらゆる陸路と海路によって、ギリシア人のもとに押しよせたが、彼らはその熱病的な興奮に対して、しばらくのあいだは、全威容をもってたちはだかるアポロの姿によって、完全に防衛され保護されていたように思われる。しかしアポロンにしても、そのメドゥーサの頭をさし向ける敵のなかで、この醜悪奇形なディオニュソスの威力以上に危険な敵はなかった。

この言い方からすると、「ディオニュソス」という神に集約されない、淫欲や残虐性を解放する様々の形態の祭りが東方諸国にあり、それがギリシアにやってきたけど、アポロン的原理によってせき止められていたが、そのせき止められていた力が、「ディオニュソス」という神の形象に、アポロンに対抗できるもう一つの神性へとまとまった、ということでしょう。とすると、サチュロスの方が、ディオニュソスよりも原初的な野蛮の本来の姿をしているということになるでしょう。ディオニュソスの残りかすがサチュロスなのではなくて、サチュロスが、アポロン原理に突き当たって、個体化原理の影響を受けながら、アポロンのライバルとして浮上してきたのが、ディオニュソスと見た方がいいのかもしれません。

しかし、あの和議の圧力のもとで、ディオニュソス的な威力がどのようなあらわれ方をしたかを見るとき、例のバビロンのサケーア祭や、その祭典において人間が虎や狼に退化したのにひきくらべ、ギリシア人のディオ

――ニュソス秘祭のうちには、今や、世界救済の祝祭と聖化の祝日といった意味あいがみとめられるのである。ギリシア人においてはじめて、一種の芸術的現象となったのである。

つまり、「和議 Friedensschluss」の圧力がないと、野蛮なエクスタシーが猛威を振るうと、人間の理性がどんどん崩壊・退化して虎や狼のようになってしまうけれど、アポロン的原理と和解することで、単なる野蛮ではなく、野蛮を秘めながら一定の形式を備えた芸術が成立したということですね。ディオニュソス祭は、野蛮なエクスタシーが完全なカオスに向かっていき、人間をとことん獣化するのではなく、カオスの化身であるディオニュソスへと凝集することで、他の古代世界の祭りにはない特異性を発揮するわけです。そうしたディオニュソス的なイメージが生まれたことで、それと対比的に、野蛮を克服する秩序の化身としてアポロンが浮上する。

――あのギリシアの祭典には、いわば自然のもつ感傷的な性向がとび出してきている。一つである自然が多数の個体に分裂せざるをえないことを、自然は歎いているかのようである。このような二重の気分を持った熱狂者たちの歌や身振りは、ホメロス的ギリシア世界にとっては、ある新しい未聞《みもん》のものであった。とりわけその世界に驚愕と戦慄をまき起したのは、ディオニュソス的音楽だった。音楽はすでにあきらかにアポロ的芸術として知られていたが、しかし厳密にいえば、リズムの波動としてにすぎず、リズムの持つ造形的な力がアポロ的な状態を表現するために展開されたにとどまっていたのだ。

「自然のもつ感傷的な性向 ein sentimentalischer Zug der Natur」というのが分かりにくい比喩表現ですが、恐らくこの「感傷的 sentimentalisch」という形容詞には特別な意味があるのでしょう。シラーに、芸術的な表象の二つのタイプを、古代と近代の人間の意識の在り方の変化と結び付けて論じた「素朴詩と純情詩について Über naive und sentimentalische Dichtung」（一七九五）という論文がありますが、ここでの〈sentimentalisch〉の使い方が、その後のドイツ文学・美学に大きな影響を与えているので、ニーチェもその意味で使っているのではないかと思います。「素朴」と言っていますが、狭義の「詩」だけではなくて、文学全般、延いては、芸術的創作全般を指します。「素朴」というのは、古代ギリシアの芸術家のように、芸術創造の母体としての「自然」と自分の間に分裂があると感じず、自然と一体になった自分が感じるままを表現すること、「純情（感傷的）」とは、自分と自然が乖離していると感じ、理想としての「自然」にどうやって到達できるか反省的に考えながら表現することです。シラーによると、ホメロスのようなギリシア人が「素朴」であったのに対し、近代人は基本的には「純情」です。ただ、「天才」であるシェイクスピア（一五六四－一六一六）やゲーテは素朴詩人だ、自分は純情詩人だけど、と言っています。

ここでは、「自然」自体が「感傷的」だということになっていますが、この場合の「自然」を、実際には、「自然」に対する人間の感性、あるいは、人間の内なる「自然＝本性」のことだと考えれば、多少は分かりやすくなるでしょう。つまり、本来、「自然」それ自体においては、主体も客体もなくて、全ては「一つ」であったのだけど、それが複数の異なる個体、人格に分かれて個体化しており、その個体化した各人が、オリジナルの原初的な合一の状態に憧れている、ということでしょう。「二重の気分を持った zweifach gestimmt」というのは、個としての自分を保ちながら、原初的な合一に回帰したい、という分裂した気分になっている、ということでしょう。

「気分」というと、軽い感じがしますが、原語の〈stimmen〉は、「声」という意味の〈Stimme〉から派生した語で、「～の気分にする」という意味の他、音楽用語で「調律する」「音を合わせる」とか、それに由来する、「～の調子に合わせる」意味とか、「投票する」という意味もあります。〈be-〉という接頭辞を付けると、「規定する」とか「決定する」という意味にもなります。ハイデガーは、これを利用して、現存在としての人間の根源的に規定された在り方を指す言葉として使います。ここでは、音楽的な意味合いが強いでしょう。すぐ後で、アポロン的音楽とディオニュソス的音楽が対比され、まさに「調律」の対象になる「リズム的波動 Wellenschlag des Rhythmus」という言葉が使われているわけです。ニーチェは、音楽は、本来、アポロン的に個体化され、個体同士の間に調和が取れている世界に、「驚愕 Schrecken」と「戦慄 Grausen」をもたらす根源的な力だけど、アポロン化された音楽は、それに伴う新しい個体を作る力だけをなぞったものだと言っているわけですね。

普通のギリシア古典理解では、ホメロスの世界は、ギリシア神話の世界を総合的に捉えたものであるということになっていますが、ニーチェは、ディオニュソス的なものは、その世界に外部から侵入してくるものだと見ているわけです。もう少し詳しく言うと、アポロン的世界を形成するのに当初貢献して、その一部はギリシア文化の根底に潜んではいるけれど、その本質的な部分は排除されていて、その部分が絶えず隙を見て、ギリシア世界の中核に入り込もうとしているもの、ということになるでしょう。次の節で詳しく出てくるのですが、ニーチェは、ホメロスの叙事詩の世界は、アポロン化された世界、個体化の原理が強く働いている世界であるという見方をしています。

「三　アポロ的文化の基底」

で、その次の節、「三　アポロ的文化の基底」に入りましょう。ここで、「オリュンポス的世界」というのが出てきますが、これはアポロン的世界のことです。ギリシア神話では、オリュンポスの主神はゼウスで、アポロンはその息子で、他の十一神の一人ですが、ニーチェはアポロンこそ、オリュンポス的世界の根源だと見ているようですね。この神々は、「禁欲（Askese）・精神性（Geistigkeit）・義務（Pflicht）」などを強いる、キリスト教的な神ではなく、「豊満 üppig」で「勝ち誇った triumphierend」「生存 Dasein」を特徴としている、ということですね。要するに、生の喜びに満ちている、生き生きしているということです。

四四～四五頁にかけて、オリュンポス的な美しい世界と「ギリシア民衆の知恵 die griechische Volksweisheit」が対置されているようですね。

古い伝説によれば、ミダス王はディオニュソスの従者である賢者シレノスを長いあいだ森の中で追いまわしていたが、捕まえることはできなかった。しかし、シレノスがついに王の手におちいった時、王は、人間にとって最もよいこと、最もすぐれたことは何であるか、と問うた。この魔物《ダイモン》はじっと身じろぎもせずに口をつぐんでいた。が、とうとう王に強《し》いられて、からからと笑いながら、次のような言葉を吐き出したのである。《みじめな一日だけの種族よ、偶然と労苦の子らよ。聞かないほうがおまえにとって一番ためになることを、どうしておまえはむりに私に言わせようとするのか？　一番よいことは、おまえには、とうていかなわぬこと。生まれなかったこと、存在しないこと、無であることだ。しかし、おまえにとって次善のことは――すぐ死ぬことだ》

シレノスというのは、サチュロスの同類ですが、サチュロスが半山羊なのに対し、こちらは半馬です。ディオニュソスの従者のシレノスは、禿げ頭で肥満体なのが特徴とされています。ミダス王というのは、小アジアのリュディアの王で、ディオニュソスに触れたものを黄金に変える力を与えてもらったけど、そのせいで何も食べられなくなったという話で有名ですね。その力を授けてもらったのは、酔っぱらって行方不明になっていたシレノスを保護してやって、ディオニュソスに返してやった報酬だということになっています。これは、その時のミダスとシレノスのやり取りですね。

シレノスの台詞の最後の部分、「一番よいことは、おまえには、とうていかなわぬこと。生まれなかったこと、存在しないこと、無であることだ。しかし、おまえにとって次善のことは――すぐ死ぬことだ」は、有名ですね。注にもあるように、メガラのテオグニスという、紀元前六世紀の抒情詩人の作品の一節がオリジナルだとされています。メガラはアッティカ地方の西部、アテネの西北西に位置するポリスです。ソフォクレスは、自分の罪を知り、娘イスメネーと共に、人生最後の地を求めて、アテナイの近郊コロノスにやってきた時のことを描いた『コロノスのオイディプス』で、コロスの言葉としてそれを少し変形したものを使っています。アリストテレス（前三八四―三二二）のテクストの断片で、このシレノスがミダス王に語ったこととして引用されています。フロイト（一八五六―一九三九）のタナトス（死への欲動）の理論も、この「シレノスの知恵」の影響を受けているのではないかと思います。ニーチェはこの詩句に限らず、テオグニスを熱心に研究していたようです。

「民衆の知恵」というのは、この「シレノスの知恵」のことです。これは、ソフォクレスが、「民衆」の代表であるコロスにこの内容を語らせていることとも一致します。『コロノスのオイディプス』では、「シレノスの知恵」として語られているわけではありませんが、ニーチェはそう解釈しているのでしょう。つまり、民衆は人生が苦痛に満ちた空しいものだと知っているわけです。なのに、どうしてその民衆が、生の喜びに満ちた神々の世界を描き出したのか？

――今やわれわれの前にいわばオリュンポスの魔の山はひらかれ、その根底をわれわれに示す。ギリシア人は生存の恐怖と驚愕の数々をよく知り、また感じていた。彼らは、およそ生きてゆくことができるためには、こうした怖ろしいものの前に、オリュンポス神族というかがやかしい夢の所産をすえなければならなかったのである。自然の持つ巨人的な威力に対するあの大きな不信、あらゆる認識の上に無慈悲に君臨するあの運命女神《モイラ》、偉大な人間の味方であるプロメテウスのあの禿鷹《はげたか》、賢明なエディプスのあの恐ろしい運命、オレステスに母親殺しを強いるアトレウス一族にまつわるあの呪い、要するに、森の神シレノスの口を借っていわれた哲学そのもの――憂鬱なエトルリア人はこの哲学のために滅びたのだ――この哲学をギリシア人はその神話的実例ともども、オリュンポスの神々というあの芸術的な中間世界によって、たえずあらたに克服し、ともかくも覆いかくし、目から遠ざけたのだ。生きるために、ギリシア人はこれらの神々を、最も深い必要にせまられて創り出さねばならなかった。

少々くどいですが、主旨はクリアですね。「生存の恐怖と驚愕の数々 die Schrecken und Entsetzlichkeiten des Daseins」と直接対峙する辛さを回避するために、オリュンポス神族の生きる夢のような世界を描き出したわけです。それが「芸術的な中間世界 künstlerische Mittelwelt」だというのは、絶えず生を脅かす自然の脅威を、イメージ的に和らげるための緩衝地帯にしたということでしょう。「自然の持つ巨人的な威力」の原語は、〈die titanische Mächte der Natur〉です。性格には、「ティタン（タイタン）的」ですね。ギリシア神話では、ゼウスを主神とするオリュンポス十二神の秩序が打ち立てられる前は、ゼウスの父のクロノスとか、大洋の神オケアノスなどのティタン神族と呼ばれる巨神族が支配していたとされています。クロノスは、自分の子供たちを次々と飲み込んだことが知られています。ティタン神族は、オリュンポスの神々との闘いに敗れ、地下のタルタロスに幽閉されたことになっていますが、その後も、ティタン神族の産みの親であるガイアは、巨人族ギガンテスたちや、下半身が蛇で星の世界に頭が届くくらい巨大なテュポーンなどの怪物に、オリュンポスの神々に闘いを挑ませます。

ティタン神族が巨神だというと、オリュンポスの神々は人間サイズのように聞こえますが、オリュンポスの神々もかなり巨大です。『イーリアス』を読むと、アレスは本来は身長七ペレトロン（二〇〇メートル）ほどあるようです。人間の前に現れる時は、人間と同じサイズになるようです。ティタン神族はそれよりさらにサイズが大きいという設定です。女神レトをレイプしようとして罰せられたティテュオスという巨人は、九ペレトロンです。ホメロスでは、本来何百メートルかの身長の神が、人間の姿をとって人間の中に立ち現れたりします。『イーリアス』

等を読むと面白いですよ。何百メートルもある神が人間の姿になって、英雄と闘い、戦闘で負けて傷ついたりしています。神は不死だけど、傷ついて苦しみます。等身大で人間と戦えば、人間によって傷つきます。

その他、ここにニーチェが挙げている運命の女神モイラとか、プロメテウスの肝臓をえぐる猛禽などが、神話世界に登場するのは、自然の未知の力の脅威が隠し切れないからです。そういうものが登場するけど、中心にはオリュンポスの神々がいて、秩序を保ってくれている、そう思いたいわけです。だから、「オリュンポスの世界、歓喜による神々の秩序」というイメージが生まれてくるわけです。

オレステスというのは、トロイ戦争の総大将だったアガメムノンの息子で、帰国した父が母クリュタイムネストラとその愛人によって暗殺されたので、その仇を取りますが、その後で、復讐の女神に取り憑かれて発狂し苦しみます。アトレウスというのは、アガメムノンの父でミケーネの王ですが、この一族に対する呪いは、アトレウスの祖父のタンタロスにまで遡ります。ゼウスの息子で神々と近い関係にあったタンタロスは神々が果たして本当に全知か確かめるため、自分の息子ペロプスを殺してその肉を、食事の席に招待した神々の食卓に出したところ、たちどころに見抜かれ、冥府に落とされてしまいます。そこで、彼は喉が渇いて泉の水を飲もうとすると水が遠ざかり、木の実を取って食べようとすると、木の枝が遠ざかり、永遠に苦しみ続けることになります。その呪いは子孫に伝わり、子孫たちが様々な非道な行為をすることで、どんどん呪いが付け加わっていきます。アトレウスは、王位を争っていた弟テュエステスが、自分の妻と姦通したのを怒り、テュエステスの子供たちを殺して、それを彼に食べさせます。テュエステスは彼を呪い、息子のアイギストスに、アトレウスを殺させます。

「憂鬱なエトルリア人」というのは、注にあるように、古代イタリア半島に居住し、ローマ人とは全く異なった文明を持っていたとされるエトルリア人が、人間の死後の世界をめぐる極めてペシミスティックなヴィジョンを持っていた、ということですね。ただ、エトルリア文明の専門的な研究者たちは、必ずしもそうは思っていないようです。エトルリア文明の遺跡から、彼らが死後の世界の不安定さに関心を持っていたことが窺えるので、ニーチェは、彼らの宗教観が憂鬱だと判断したようです。一九世紀になってエトルリア文化の研究が急速に進んだことが背景にあったのでしょう。ディオニュソス信仰やシレノスのイメージは、エトルリアを経由してローマにもたらされたようで、エトルリアの遺跡からは、ディオニュソスやシレノスを象ったテラコッタが多く見つかっています。

> あれほど感受性の鋭敏な、あれほどはげしい欲望の持主だった、あれほど苦悩をかみしめる無類の能力をそなえたあの民族は、もし生存がいっそう高い栄光につつまれて彼らの神々のうちに示されていなかったとしたら、どうして生存に耐えることができたであろうか。生存を補足し完成して、生きつづけるように誘惑する力を持った芸術——そういう芸術を生へと呼び出すのと同じ衝動が、オリュンポスの世界をも成立させたのであって、ギリシア的「意志」はこの世界を浄化の鏡として、そこに自分の姿を写してみたのだ。

オリュンポスの神々の世界を、自分たちの理想とするような、栄光につつまれた、生き生きした様子で芸術的に表象することで、様々な苦悩に覆われた自分たちの現実の「生 Dasein」を「補足 ergänzen」し「完成 vollenden」したわけです。そうした世界を描きたいという「衝動」がオリュンポスの世界を作っているわけですね。アポロンに代表されるオリュンポスの神々はティタンの国を転覆し、怪物たちと対峙します。それが生の脅威が克服された象徴になるわけです。

このように生の苦痛に耐えながら、それを克服するためにオリュンポスの世界を描いた詩人がホメロスであったというわけです。

> なぜなら彼は個人として、あのアポロ的民族文化に対して、個々の夢の芸術家がその民族ならびに自然一般の夢見る能力を代表しているような関係に立っているからである。ホメロス的「素朴性」は、アポロ的幻想《イリュージョン》の完全な勝利としてのみ理解されうる。それは、自然がその意図をとげるために、実にしばしば使う類の幻想にほかならない。真の目標は幻影によって覆いかくされ、われわれはこの幻影に向かって手を差しのべる。自然はこうしてわれわれの惑いによって、あの目標に到達するのである。宇宙の本体である「意志」はギリシア人という姿において、天才と芸術世界にこの世ならぬ光を与えることによって、自己自身の姿を見ようとする。「意志」の創造物であるギリシア人は、自分にそのような栄光を与えるためには、自分たち自身がたたえられるにたる価値を持っていると感じなければならなかった。

ここでの「素朴性 Naivetät」というのは、先ほどご説明した、シラーの意味での「素朴性」でしょう。『素朴詩と純情詩について』でシラーはホメロスを古代の素朴詩人の代表格として取り上げています。ただ、シラーの言う素朴詩人は、大いなる自然とストレートに一体化できるはずですが、ニーチェはそれを「アポロ的幻想 die apollinische Illusion」だと言っているわけです。自然と一体になっていると思い込み、それを象徴するような神話を表象することで、生に対する脅威を取り除いた（つもりになる）わけです。「素朴性」と「 」――原文では《 》――をわざわざ付けているのは、本当の「素朴さ」だとは思っていないからでしょう。

「意志 Wille」がいきなり出てきた感じですが、これはショーペンハウアーの『意志と表象としての世界』の「意志」のことでしょう。ショーペンハウアーによれば、「意志」とは、この苦痛（Leiden）に満ちた世界の中で生きようとする「盲目的な衝動 ein blinder Drang」と捉えています。ニーチェがオリュンポスの輝かしい表象の裏に、生を脅かすものへの恐怖があることを強調しているのは、ショーペンハウアーの影響があるからでしょう。ショーペンハウアーは、そうした苦痛の中で生きようとする「意志」と、そうした「意志」の主体が、自己の置かれている状況を把握するために作り出す「表象 Vorstellung」とから、「世界」が成り立っていると考えます。ニーチェはそこから、「意志」が自分にとって苦しみを耐えやすくする幻想の世界を表象する、という芸術観を導き出したのでしょう。「意志」に「 」が付いているのは、この芸術世界を創造しようとする意志を、生の根底で働いている根源的な衝動ではなく、マーヤに囚われて、現実から目を背けようとする意志というネガティヴな意味合いで使っているからでしょう。

「四　アポロ的・ディオニュソス的なギリシア文化の推移」

第四節では、「素朴芸術家」による創作が「夢」との類推で論じられていますね。四九〜五〇頁にかけて、少しややこしそうなことが述べられていますが、要は、夢を見て、その価値をちゃんと評価するには、白昼の現実の辛さ、恐ろしさを忘れ切ってしまうことが必要だと述べられています。素朴芸術家が求める「仮象」というのは、この意味での「夢」のようなものです。そうした「仮象」がどこからやってくるか改めて掘り下げて考えると、あたかもそれが「根源的一者 das Ur-Eine」に由来するように思えてくる、というわけです。

> だからわれわれが、実は仮象にすぎないわれわれ自身の「現実性」から一瞬、目をそらし、われわれの経験的存在を、世界そのものの存在と同様、それぞれの瞬間において生み出された根源的一者の表象としてとらえるならば、夢は今や仮象の仮象と認められざるをえず、従って仮象を求める根源的欲求の、いっそう高次の満足と見なされねばならぬのである。これと同じ理由から、自然の最も内面的な核心は、素朴芸術家に対し、また同様に「仮象の仮象」にすぎない素朴な芸術作品に対して、あの言いようもない快感をいだくのである。

私たちにとっての「現実性」が実は「仮象」であるというのは先ほど出てきた話ですね。「素朴な芸術作品 das naïve Kunstwerk」が「仮象の仮象 Schein des Scheins」であるというのは、「素朴な芸術作品」が、通常の「仮象＝現実」を超えたより高次の「仮象」、苦しみの中で生きんとする「意志」にとって、苦しみからより解放された、より理想的な「仮象」ということでしょう。

五一頁に、ラファエル（一四八三－一五二〇）による「キリストの変容」（Trasfigurazione）像が挿入されていますね。原文にはありませんが、この絵のことが論じられているので、現実からの離脱＝理想化が分かりやすい絵を訳者あるいは編集の判断で入れたのでしょう。「キリストの変容」というのは、福音書で記述されている、イエスがタボル山の山頂で、光輝く姿になってモーセや預言者エリヤと語り合っているところが弟子たちによって目撃された、というエピソードに由来します。

ラファエル『キリストの変容』

> みずからあの不滅な「素朴芸術家」の一人だったラファエルは、ある比喩的な画で、現実界という仮象の世界の力点をかえて夢幻的仮象を生みだす過程、つまり素朴芸術家のたどる根源的過程と同時に、アポロ的文化の根本的な過程を描いてくれている。彼の「キリストの変容」の下半分には、憑《つ》かれた少年や、この少年につきそった絶望した両親や、途方にくれておびえている使徒たち

の姿が描かれているが、この下半分は、世界の唯一の根底である永遠の根源的苦痛の反映をわれわれに示している。ここに描かれている「見える世界」は、事物の父である永遠の矛盾の照りかえしなのだ。この見える世界（仮象）から今や霊妙や香気のように、幻影《ヴィジョン》に似た新しい一つの仮象の世界が立ちのぼってくる。見える世界にとらわれている人たちの目には、この新しい仮象の世界はまったく見えない。――至純の歓喜と、大きく見ひらかれた目から放射する苦痛のない直観のうちに明るく浮いている光の世界だからだ。

下半分というより、下の六割くらいまでのところ、地上らしきところは背景が暗く、人々は地面に足をついているか、座り込んでいますが、上の四割では、イエスとモーセ、エリヤが薄青色の空中に浮いていて、中心にいるイエスは、白い光の中にいます――カラーの挿し絵でないと、対比が分かりにくいですね。下の方が「見える世界」で、その苦しみから逃れるために、より高次の「仮象」の世界が浮かびあがってくるわけです。

語学的なことを言うと、「見える世界」の原語は〈Schein〉で、「この見える世界（仮象）」となっているところも、〈Schein〉です。恐らく、動詞〈scheinen〉の「〜のように見える」という意味から派生した「外見」という意味と、この動詞に「外に」という意味の接頭辞〈er-〉を付けた〈erscheinen〉が「現れ」という意味を持っていることを念頭に置いて、「外に現れているもの」という意味合いと、「仮象」という意味合いがオーバーラップするような使い方をしているのでしょう。それから「照り返し」の原語は〈Widerschein〉で、これは語の作りからして、〈Schein〉を反映しているものという意味合いを持っています。

これはキリスト教的な表象ですが、ニーチェは同じメカニズムでアポロン的世界が出来上がっていると見るわけです。

個体化のこの神格化は、それが一般に命令的で掟《おきて》を与えるものと考えられる場合には、固体という一つの掟しか知らない。すなわち、個体の限界を守ること、ギリシア的意味での節度である。倫理的な神としてのアポロがその信奉者たちに要求するのは節度であり、またそれを守ることができるように自己認識を求める。こうして美しくあれという美的要求とならんで、「なんじ自身を知れ！」「度をすごすなかれ！」という要求が出されることになる。

「個体化」の「神格化 Vergöttlichung」という言い方はこれだけだと抽象的すぎて何のことだか分かりませんが、これまでの話の流れを踏まえれば、十分理解できますね。「個体化の原理」は、人間を苦悩に満ちた世界から保護し、一つのアイデンティティを持った個として何とか活動できる「仮象＝現実」の地平を与えてくれるからです。ギリシア人たちは、その原理を与えてくれ、更に高い仮象の世界へと誘ってくれるように見えるものを、神として擬人化して崇めた、ということです。

　こうした意味での「個体化の原理」の究極の化身であるアポロンが「掟＝法 Gesetz」を課すというのは当然ですね。苦しみから逃れて、生きようとする様々な衝動の塊に個としてのアイデンティティを与え続けるには、個体性の枠に収まるよう規律を与えねばなりません。「節度」の原語は、〈das Maass〉でこれは英語の〈measure〉に当たる言葉で、基本的には測定するための「尺度」で、「標準」とか「節度」とか「中庸」といった意味が派生したわけです。

「汝自身を知れ Erkenne dich selbst（γνῶθι σεαυτόν）」というのはアポロンの神殿デルフォイの入り口に刻まれている格言で、ソクラテス（前四六九－三九九）が自分の哲学のモットーにしたということで有名ですね。この言葉は元々、「節度を知れ」、日本的な言い方をすると、「己の分を知れ」というような意味であったのを、プラトンがソクラテスの哲学する姿勢のキーワードとして紹介して以降、自分自身の本質を探究するとか、無知の知とかいった意味合いで使われるようになりました。アポロンが「掟＝法」によって個体化のための「尺度」を守らせる神だとすると、「汝自身を知れ」が、哲学的自己探求というよりは、むしろ「自分が自分であるための節度を知って、守れ」という意味だと考えた方がしっくりきますね。

　自分という個人が一定の「尺度」の内に収まらねばならないということを、神、あるいは神を代理する他者の課す「法」によって強制されるとすると、フーコー（一九二六－八四）が「規律権力 pouvoir disciplinaire」論の文脈で語っている、人を「主体 sujet」にする「規範＝正常性（普通さ）normalité」の問題を思い出しますね。「規範 norme」というのは静的・抽象的なものではなく、その「規範」に適合するような、つまり「普通 normal」である振る舞いをするように各人に働きかけ、それを通して「主体＝従属化 assujetissement」するわけです――英語の

〈subject〉やフランス語の〈sujet〉は、「下に（sub）＋置かれたもの（jectum）」という意味のラテン語〈subiectum〉に由来する語で、元々「従属するもの」という意味です。フーコーがニーチェの影響を受けているのはよく知られた話ですが、ニーチェは結構初期から「通常＝規範性」に近い発想をしていたようですね。

> 一方、思いあがりや度をすごすことは、非アポロ的領域の本来敵意を持った魔物だと考えられ、従ってアポロ以前の時代である巨人時代の特性、またアポロ以外の世界、すなわち野蛮人の世界の特性だと考えられたのである。プロメテウスは、人類に対するその巨人的な愛のために、禿鷹にひきさかれ、エディプスは、スフィンクスのなぞを解いたその度はずれな知恵のために、非行の混乱する渦《うず》の中へ落ちこまねばならなかった。デルフィの神はギリシアの過去をそのように解釈したのだ。

先ほどの逆で、「思いあがり Selbstüiberhebung」や「度をすごすこと Uebermaass」は、非アポロン的なものの特徴だということですね。「思いあがり」は恐らく、ギリシア語〈hybris〉の訳で、これはギリシア神話関連の文脈では、神々に対抗しようする人間の思い上がり、神々から罰せられるべき行為や態度を指す言葉です。「巨人的」というのは、先ほど確認したように、正確には「ティタン的」ということです。実は、人間に火を与えたプロメテウスと、パンドラを妻にしたエピメテウスの兄弟、アトラスなどは「ティタン」です。

ギリシア語で野蛮人のことを〈barbaroi〉と言いますが、これはギリシア語ではない、理解できない言葉を話す者を指す言葉だったようです。野蛮人と言うと、知性がないというイメージがありますが、プロメテウスは人間に文明の元を与えてくれた神であり、名前からして、先に考える者、熟慮する者という意味ですし、スフィンクスの謎を解いてテーバイの町を救うオイディプスは知恵者ですが、彼らは与えられた尺度、分を越えているという意味では非アポロン的だったわけですね。

秩序を作り出そうとするアポロン的な衝動を与える衝動と、それを超えていこうとするディオニュソス的な衝動とが争いながら、ギリシア文化が生成・発展してきた、と述べられていますね。

> ここに至って、アッティカ悲劇と演劇的酒神賛歌《ディテュランボス》という絶賛される崇高な芸術作品が、二つの衝動の共通の目標として、われわれの目のまえにあらわれてくるのだ。この両衝動の神秘にみちた縁組みは、それに先立つ長

い闘争のはてに、アンティゴーネであると同時にカッサンドラでもあるような子供をあげることによって、栄光に飾られたのであった。

「酒神賛歌 Dithyrambus」というのは、字面通り、ディオニュソスを称える歌で、合唱隊（コロス）によって歌われるそうです。ディオニュソス祭では、部族を代表する合唱隊による歌合戦が行われます。それが悲劇の原型になったようです。

アンティゴネーはエディプスの娘で、自分の本来祖母にあたる人が母になって生まれてきました。テーバイを去ったエディプスに付き添いますが、彼の死後、テーバイにも戻ってきますが、二人の兄が王位をめぐって争い、両方とも戦死する場に居合わせます。新しい王になったクレオンは、敵として攻めてきた方の兄を埋葬することを禁じますが、彼女はポリスの法よりも、神々の法に従うと言って、二人とも埋葬し、クレオンの命で、地下の墓地に生きながら埋葬されます。カッサンドラは、トロイの王女で、アポロンの愛人になる代わりに予言する能力を与えられましたが、彼を拒否したため、誰にも聞いてもらえないという呪いを受けます。木馬がトロイの滅亡のきっかけになるという予言をしましたが、誰からも信用されず、狂人扱いされます。トロイ陥落後、アガメムノンの戦利品としてミケーネに連れて行かれ、アガメムノンと共にクリュタイムネストラに殺されます。訳注だと、カッサンドラの能力がアポロンに由来するので、カッサンドラの方がアポロン原理の化身だと解釈していますが、むしろ、バルバロイのように他人には理解されない言葉を語り、狂人扱いされるカッサンドラの方がディオニュソス的原理の化身で、ポリスの法を超える神々の法に従うべきことを説くアンティゴネーの方がアポロン的原理の化身であると考えた方がいいように思えます。カッサンドラがアポロンから予言の能力と共に呪いを与えられてしまうというのは、彼女が人間のアポロン的原理に反する部分の象徴だからだとも考えられます。

「五　抒情詩人の解釈」

「五　抒情詩人の解釈」に入りましょう。ギリシア文学の代表的詩人として、叙事詩人であるホメロスと、抒情詩人であるアルキロコス（前六八〇頃－六四五頃）の名が挙げられていますね。アルキロコスは初期の抒情詩人ですが、ホメロスやヘシオドスより少し後の時代の人です。初期のギリシアの詩というのは、神々とか英雄たちの登場する歴史的出来事を歌うものとされていましたが、アルキロコスたちは、自分の気持ちや感じたことをテーマにして詩を作るようになり、それが「抒情詩」というジャンルになったわけです。

五六～五七頁にかけて、近代の美学がホメロスとアルキロコスを、それぞれ「客観的」「主観的」と性格付けているが、これはナンセンスだ、と述べられています。何故かというと、何らかの形で自分個人の意志（Willen）、情欲（Gelüst）、利害＝関心（Interesse）を克服して、「客観性 Objectivität」を獲得しないと、芸術家とは言えず、「主観的芸術家 der subjetive Künstler」というのは通常は、ヘボ芸術家を意味するからです。

ただ、そうはいっても、抒情詩は「私」を主語にし、自分の情熱（Leidenschaften）や欲望（Begehrungen）を歌い上げるという形を取ります。それに「客観性」があるとどうして言えるのか？　ここでの「客観性」というのは、「尺度」という意味でアポロン的なものと考えられますね。「抒情詩」というジャンルが成立するためには、文学における「主観的／客観的」の意味をはっきりさせる必要がありそうですね。これは、現代の文学研究、文芸批評でも重要なテーマです。因みに「抒情詩」という意味の〈Lyrik〉の語源は、リラを意味するギリシア語〈λύρα〉です。

そもそもの話として、現代と違って、古代ギリシアの詩は韻文なので、叙事詩であろうと抒情詩であろうと、心の中に浮かんでくる言葉をそのまま表現するのではなく、決まった詩形に当てはまるよう加工するので、形式性という意味での客観性は備えています。

ニーチェが「抒情詩」という文学ジャンルに拘るのは意外な感じがするかもしれませんが、ニーチェの本職は「古典文献学 klassische Philologie」で、ギリシアの詩の韻律の法則を研究していますし、バーゼル大学の教授就任講演のタイトルは「ホメロスと古典文献学」（一八六九）です。『反時代的考察』（一八七三－七六）では、ヘーゲル左派で、『イエス伝』（一八三五－三六）で知られるダーフィト・シュトラウス（一八〇八－七四）の文体がドイツ語の乱れの悪い見本になっていると、その点をしつこく批判しています。

ここで、ゲーテに宛てたシラーの書簡から、この問題についてのシラーの議論が参照されていますね。

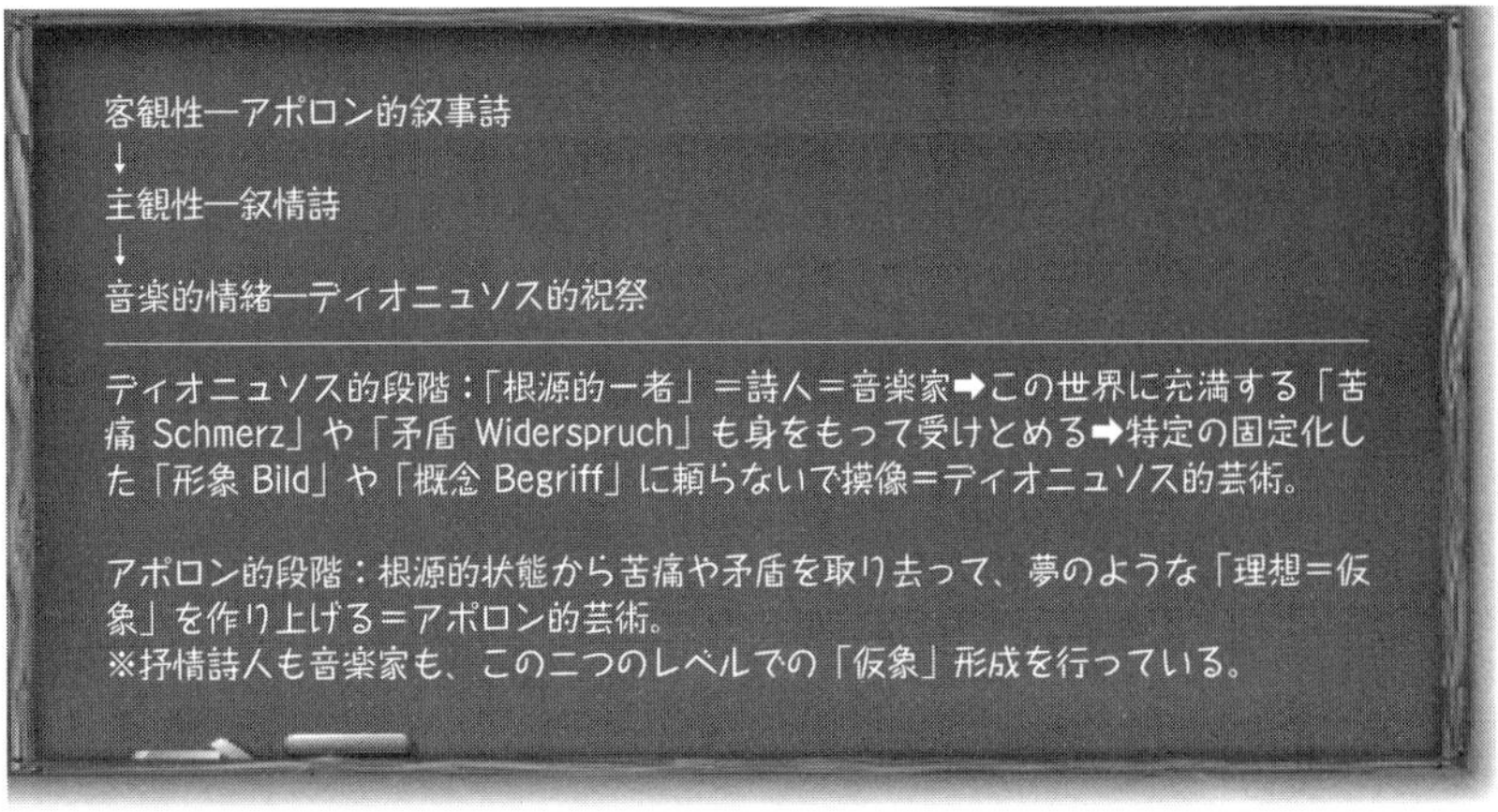
客観性—アポロン的叙事詩
↓
主観性—叙情詩
↓
音楽的情緒—ディオニュソス的祝祭
ディオニュソス的段階：「根源的一者」＝詩人＝音楽家➡この世界に充満する「苦痛 Schmerz」や「矛盾 Widerspruch」も身をもって受けとめる➡特定の固定化した「形象 Bild」や「概念 Begriff」に頼らないで摸像＝ディオニュソス的芸術。
アポロン的段階：根源的状態から苦痛や矛盾を取り去って、夢のような「理想＝仮象」を作り上げる＝アポロン的芸術。
※抒情詩人も音楽家も、この二つのレベルでの「仮象」形成を行っている。

シラーは彼の詩作の過程について、自分自身にも説明はできないが、しかし疑う余地もないと思われる、ある心理学的観察によって、その真相をわれわれに明らかにしてくれている。すなわち彼の告白によると、詩作という行為に先立つ準備状態として、彼が自分の前に、また自分のうちに持っていたのは、思想といった秩序立った因果関係を持った一連の映像なんかではなくて、むしろ音楽的な気分だったというのだ。(「感覚は私の場合、はじめのうちは一定の明確な対象を持ちません。対象は、あとから始めて形づくられるのです。ある音楽的情緒が先行し、そして私の場合には、これにつづいて始めて詩想が生まれてくるのです。」)

ここで抒情詩と「音楽的気分 eine musikalische Stimmung」あるいは「音楽的情緒 eine musikalische Gemüthsstimmung」が結び付いてきます。こうした、少なくともある一定数の詩人的体質の人の内に現れる、「音楽的気分」なるものがあるとして、それを客観的に作品化するのが「抒情詩人 Lyriker」だとすれば、「抒情詩人」は「音楽家」と深く結び付いている、あるいはほぼ同一だというわけです。無論、この場合の「音楽」というのはどういうものかまだ具体的に述べていないので、それがアポロン的な秩序立ったものかそれともディオニュソス的にカオスをもたらすものか分かりませんね。

抒情詩人はまず、ディオニュソス的芸術家として、まったく根源的一者と一体になり、根源的一者の苦痛・矛盾と完全に一つになっている。そして、もし音楽が世界の反復、その二度目の鋳造《ちゅうぞう》と呼ばれてきたことが正しいとすれば、彼はこの根源的一者の模像を音楽として生み出すのである。ところがこんどはこの音楽が、比喩的な夢の影像の場合と同様に、アポロ的な夢の作用でふたたび彼の目に見えるようになってくる。根源的苦痛を音楽に映《うつ》し、仮象によってこの根源的苦痛を救済するという最初の過程には、形象や概念をともなっていない。ところが次にこの音楽は、個々の比喩あるいは実例として、第二の映像を生み出すのである。

ディオニュソス的段階とアポロン的段階の二段階になっているわけですね。先ほどもあったように、ディオニュソス的段階では、「根源的一者」と一体になるわけですね。この段階では、詩人＝音楽家は、「根源的一者」に含まれる、この世界に充満する「苦痛 Schmerz」や「矛盾 Widerspruch」も身をもって受けとめます。「音楽的気分」というのは、こうした苦痛や矛盾を伴った、根源的なカオスに身を委ねている状態です。そうした苦しみと矛盾に満ちた状態を、特定の固定化した「形象 Bild」や「概念 Begriff」に頼らないで摸像するのが、ディオニュソス的芸術です。その根源的状態から苦痛や矛盾を取り去って、夢のような「理想＝仮象」を作り上げるのがアポロン的芸術です。とすると、抒情詩人も音楽家も、この二つのレベルでの「仮象」形成を行っていると考えられます。

従って、抒情詩人の「私」は存在の深淵からひびいてくるのである。近代の美学者たちが抒情詩人の「主観性」などというのは、一つの空想にすぎない。ギリシア人の最初の抒情詩人アルキロコスが、リュカンベスの娘たちに対して、その狂おしい愛と同時にその軽侮を告げるとき、われわれの前で狂喜乱舞するのは彼個人の情熱ではない。われわれが見るのはディオニュソスと酒神信女《マイナデス》であり、眠りに沈む陶酔した熱狂者アルキロコスの姿である――『バッカスの信女たち』でエウリピデスが描いているような、真昼の太陽のもと、高いアルプスの牧場での眠りだ――。

「抒情詩人の『私』das 》Ich《 des Lyrikers」が「存在の深淵 der Abgrund des Seins」から響いてくるというのは神秘主義的な響きがありますが、この場合の「私」というのは理性的な自我ではなく、精神分析で「無意識」とか「エス」とか呼ばれるように、個性化されていない、意識の根底にある、匿名の衝動のことでしょう。それは、動物や物心つかない、赤ん坊のように「主体 Subjekt／客体 Objekt」の区別を知らない層なので、それを「主観的 subjektiv」と呼ぶのはナンセンスだと言っているわけです。いわゆる〝主観性〟、個性化された自我の根底にある匿名の衝動こそが、「抒情詩」の根源だというわけです。

リュカンベスというのは注にあるように、アルキロコスと同時代のパロス島の住人で、自分の娘をアルキロコスの妻にすると約束したのに、それを破ったので、アルキロコスの風刺詩の中で罵倒され、娘と共に自殺したとされている人です。『バッカスの信女たち』はエウリピデスの作品で、今の岩波文庫では『バッカイ』というタイトルで訳されています。バッカス（ディオニュソス）は、テーバイの町の創設者であるカドモスの娘の子ですが、東のアジア方面に放浪の旅に出た後、テーバイに戻ってきます。すると彼の叔母であるテーバイの王族の女性をはじめ多くの女性が、バッカスの熱狂的な信女（バッカイ）になります。彼女たちは、バッカスの伴として野原を駆け回ります。同じカドモスの孫であるテーバイの現支配者であるペンテウスはそれを秩序を乱すものとしてよく思わず取り締まろうとします。しかし、バッカスに熱狂している母や叔母たちには彼が獣に見え、彼を八つ裂きにしてしまいます。バッカイたちの例を出したのは、ディオニュソス的な衝動に取り憑かれると、個人としてのアイデンティティが溶解し、集団的熱狂で一つになるからでしょう。

アルキロコスの抒情詩も、私たちが思っているような、単なる風刺ではなく、自他のアイデンティティを破壊してしまう根源的情動に対応する衝動だというわけですね。六〇頁の終わりで以下のように述べられています。

情熱的に燃えあがり、愛しまた憎んでいる人間アルキロコスは、実際は精霊《ゲニウス》の一つの幻像《まぼろし》にすぎない。この精霊はすでにもはやアルキロコス個人ではなくて、世界の霊なのであり、その根源的苦痛を人間アルキロコスの似姿において象徴的に語り出るのである。これに反して、あの主観的に意欲し、欲望するアルキロコスはおよそ絶対に詩人となることはできないのである。

私たちは「幻像 Vision」と聞くと、個人の主観的なものと考えがちですが、この言い方からすると、宇宙の根源にある「世界の霊 Weltgenius」なるものの一部が、アルキロコスという個人という姿を借りて現れてくる、という感じですね。妙に神秘主義的な感じがしますが、「霊」というのは実際には、全ての生命の根底に流れる生命衝動のようなものだと考えると、アルキロコスがそれとの一体性を体験し、言葉にした、というのはそれほどヘンな話でもないでしょう。

これについて、また『意志と表象としての世界』からの引用があります。ショーペンハウアーは、抒情詩人の本質、その哲学的意味を見抜いていた、ということです。

「歌う者の意識をみたしているのは、意志の主体、すなわち自己の意欲である。それはしばしば解放され充足された意欲（歓喜）ではあるが、おそらくは抑圧された意欲（悲哀）であることもさらに多いであろう。いずれにしても常にそれは情念・情熱・動揺した情緒の状態である。しかし歌う者は、周囲の自然を眺めることによって、以上のような意欲のほかに、またこの意欲と同時に、純粋な、意志のない認識の主体として自分自身を意識する。今やこの認識主体のゆるぎのない心的平静は、つねに制限され、あいもかわらずみたされぬ意欲の衝動と対照をかたちづくるようになる。この対照感、この交互作用の感じこそ、歌謡の全体において表現されているものであり、一般に抒情的状態をつくるものなのである。抒情的状態においては、純粋認識がいわばわれわれのほうに近づき、われわれを意欲とその衝動から救済しようとする。われわれはそれに従う。しかし、それもほんの数瞬間であって、つねに新たに意欲が起り、われわれの個人的目的が想起され、われわれを平静な観照からひきさらって行く。しかし、純粋な、意志のない認識がわれわれにその姿を示す環境、手近な美しい環境が、またしても意欲からわれわれを誘《さそ》い出す。それゆえ、歌謡と抒情的気分においては、意欲（目的に対する個人的関心）と、目のまえにある環境の純粋な観照とが、異様に雑然と混合している。この両者の関係を追及し、想像してみると、主観的な気分、意志の興奮は観照された環境にその色あいを反映させ、環境はまた環境で主観的な気分にその色あいをわけ与える。このように混りあい分裂した情緒の状態のすべてを写したものが、真の歌謡にほかならない」

ショーペンハウアーはここで「意志の主体 Subject des Willens」「認識主体」という言葉を使っていますが、後者が正確には、「純粋な、意志のない認識の主体 Subjeckt des reinen, willenlosen Erkennens」と呼ばれていることに注意してください。そのうえ、「純粋認識 das reine Erkennen」が我々の方に近づく（zu uns herankommen）とも言っています。つまり、通常の認識論で想定されているように、各個人のイニシアティヴで認識が開始されるのではなく、主体が「環境 Umgebung」によって、自分の意志に関わらず認識へと仕向けられているという感じですね。「純粋認識」を「純粋な観照 das reine Anschauen」と言い換えていますが、「観照」というのは、心を静かにした時に、それまではっきり見えていなかったもの、物事の本質が見えてくるような状態を指すのに使う言葉です。〈Anschauen〉は、現在では、「直観」と訳されることが多いですが、「直観」だと感性的直観のような使い方もあるので、精神的、知的なニュアンスの強い「観照」という言葉を使ったのかもしれません。「意志」の方も、そのベースに「情念 Affect」や「情熱 Leidenschaft」「情緒 Gemüthszustand」があって不安定なようですね。「意志」と「認識」の双方が「環境」に影響を受けるのだけれど、「意志」の方が、短期的なサイクルで、〝主観的意志〟として固定化しがちだけど、「認識」はより長期的サイクルで変化し、「主体」の情緒から一定の距離を置いて、「環境」をよりダイレクトに反映するという意味で、〝客観的〟と言えるかもしれません。自分の内で生じる、この二つの主観的気分の鬩ぎ合いを言葉にするのが、ショーペンハウアーが言う「抒情詩人」だというわけです。

これだけ長く引用しているのだから、ニーチェはショーペンハウアーに賛同しているのかといえば、そういうわけではなく、彼は「主観的／客観的」という二元論的な語り方をしていることに不満なようです。六三〜六四頁にかけて、真の芸術家である「天才 Genius」――先ほど、「霊」と訳されていた言葉です――は、「主観であると同時に客観であり、作者（Dichter）であると同時に、俳優（Schauspieler）となり、観客（Zuschauer）ともなる」と述べられています。主観／客観の区別を超えて、自分たちを動かしている根源的な情緒を捉え、作った者／演じる者／見る者が混然一体となるような、作品を作るのが、「世界霊」と通じるのが「天才」だというわけです。それに触れたものを、世界霊の根源的な情緒の運動に引き込んでしまう作品であれば、誰がそれを作品化し、誰が演じ、誰が単なる観客であるかはどうでもよくなってしまう、匿名化された集合的営為になる、ということでしょう。

「六　詩と音楽との関係」

「六　詩と音楽との関係」では、「メロディー」が「最初の、普遍的なもの das Erste und Allgemeine」だと論じられています。「根源のメロディー ursprüngliche Melodie」と言っていますね。「民謡の歌詞では、言葉のほうが音楽を模倣しようとして、ひどく緊張している」（六六頁）と述べられています。音楽、メロディーが先行し、後から言葉がそれを写し取ろうとする、というわけです。

> 抒情詩というものは、言葉が音楽を模倣するもので、従って言葉のもつ象徴的比喩や言葉のあらわす概念を通して音楽が閃光《せんこう》のようにひらめくものであると見ていいとすると、その次に問題になるのは、「そういう象徴性と概念の鏡に音楽はどういうものとしてあらわれるか（現象するか）？」という点である。音楽は意志として現象する、というのがその答である。ここにいう「意志」という単語は、ショーペンハウアーの意味で使っているわけで、つまり純粋に観照的な、意志のない、美的な気分の反対を意味するのだ。

「抒情詩」というのは、言葉が根源的メロディーをなぞろうとし、ショーペンハウアーの意味での、生きんとする能動的な「意志」、私たちの生命の根源で働いている衝動に対応しているとすれば、歴史的には、「抒情詩」の方が「叙事詩」より後に登場したのだとしても、「抒情詩」の方がより根源に近い、ということになります。言葉（ロゴス）に支配されるようになった、「叙事詩」に対する反動として、「抒情詩」が生まれてきた、ということでしょう。六七頁で、「ホメロスとピンダロスの中間の時代に、半獣神オリュンポスの狂喜乱舞する笛のしらべがひびいていたにちがいない」とありますが、抒情詩もそうした半獣神の笛のように作用した、ということでしょう。ピンダロス（前五一八頃－四三八）は、古典期の初期に属する、賛歌やディテュランボスの作品を残している詩人であり、抒情詩人に分類されるようです。オリュンポスというのは、トロイ戦争以前に小アジアのフリュギアで活動したとされる音楽家で、アウロスという笛の発明者とされています。ギリシア神話では、アポロンの竪琴と音楽合戦をして敗れた、マルシュアスというサチュロスの弟子もしくは父あるいは息子だとされています。秩序を志向する言葉と根源的メロディーの争いが、「抒情詩」の台頭をもたらしたわけです。

「七　悲劇合唱団の起源」

さていよいよ肝心なギリシア悲劇が話題になります。「七　悲劇合唱団の起源」に入りましょう。

――さて、古代の伝承がきわめてはっきりわれわれに伝えていることは、悲劇が悲劇の合唱団から発生したもので、あること、もともと悲劇は合唱団《コーラス》にすぎなかったのであり、合唱団以外のなにものでもなかったということだ。従って、この悲劇合唱団を本来の原始演劇として、ぜひともその核心に迫る必要があるわけだ。この際われわれは、合唱団は理想的観客であるとか、合唱団は舞台の王侯の領分に対して、民衆を代表するものであるとかといった類の月並《な》みな芸術談義に妥協してはならない。いま述べた二つの解釈のうちのあとの考え方——民衆から成る合唱団には、民主的アテナイ市民の不変の道徳律があらわれているのであり、王侯たちの激情にまかせた逸脱や放縦《ほうしょう》を裁くものとして、合唱団はどんな場合にも正しいといったような、政治家あたりにはたいへん崇高に聞こえるあの説は、たとえアリストテレスのちょっとした言葉によって暗示されたものであるにしても、悲劇がもともとどういうふうにして成り立ったかという根本問題に対しては、なんの影響もない説なのだ。

悲劇が合唱隊である「コロス」から発生した、つまり音楽的なものが先行して、それに私たちが劇だと思っているものが後から追加されたというのは、分かりますね。ピンときにくいのは、ニーチェが否定している見解の方だと思いますが、理想的な観客の場合でも民衆の場合でも、コロスは「共同体」の知恵のようなものを代表しているわけですね。アリストテレスは『詩学』で、「コロス」を集合体だけれど一人の俳優として行動し、全体（τὸ ὅλον）の不可欠の一部（μόριον）を成すという見方を示していますが、訳注にあるように、そこから、コロスを民衆を代表する集団的俳優であるという見方が生まれたようです。先ほどの箇所の少し後に、「コロス」を「理想的観客 der idealische Zuschauer」と見なした論客の代表としてA・W・シュレーゲル（一七六七－一八四五）が挙げられています。彼は、初期ロマン派の代表的論客で、ポストモダンに通じる批評理論を展開したフリードリヒ・シュレーゲル（一七七二－一八二九）の兄で、シェイクスピアやスペイン語やポルトガル語の主要な戯曲、インドの聖典『バガヴァッド・ギータ』などの翻訳を多く手掛けたほか、ロマン派系の雑誌を編集し、ドイツにおける比較言語学・文献学の創始者の一人にもなりました。ニーチェは、シュレーゲルが、舞台で起こっていることを現実であるかのように受け止め、その出来事に本気で介入しようとするのを、ギリシアにおける「理想的観客」＝「コロス」の特性と見ているらしいことを皮肉っています——細かいことを言いますと、シュレーゲル自身の表現は、「理想化された観客 der idealisirte Zuschauer」、あるいは「観客の理想的な代表 der idealische Stellvertreter der Zuschauer」で

す。ニーチェに言わせれば、そもそも、悲劇の原始形態である「コロス」は、観客席などない状態で発生したのだから、「観客」としての理想の姿を体現しているというのは、ナンセンスです。それに対して、七四頁を見ると、シラーのコロス論は評価しているようですね。

すでにシラーは合唱団の意義について『メッシナの花嫁』の有名な序文で、はるかに価値のある洞察《どうさつ》をもらしている。彼は合唱団を、悲劇が現実の世界ときっぱり隔絶できるように、そして悲劇特有の理想的領域とその詩的自由を確保するために、悲劇のまわりに引きめぐらされた生きた城壁だと見ているのである。

――シラーは、コロスがむしろ「現実の世界」と、「悲劇特有の理想的領域」を分離し、前者に対する防壁になっている、と示唆しているわけですね。シラーは、シチリア島のメッシナの君主での宮廷を舞台とする、自らの悲劇『メッシナの花嫁』（一八〇三）で、ギリシア式のコロスを採用し、その序文として書いた「悲劇におけるコロスの使用について」という短い文章で、神々や英雄、王侯が活躍する古代世界には、彼らの成すことを観察し、時として干渉する「民衆 Volk」が存在し、それが劇の中のコロスに対応しており、その意味でコロスは民衆を代表する、公共性を帯びた存在であるという主旨のことを述べています。

ニーチェは、コロスが民衆の知恵を代表しているという見解も否定していて、ここでの書き方からすると、シラーもそういう見方をしていた、と考えているようですが、シラーの原文からすると、そう言っていいのか微妙です。ニーチェが根拠にしていると思われる、シラーの序文の末尾は（五一頁の）黒板のようになっています。

「コロス」は、「人類」の深い部分を代表する「理想的な人格」として、自分の目の前で起こっていること、俳優たちの仕草や身振りをじっくり観察し、審判役を務めることで、俳優たちが自分の身体に生じる情念を制御し、冷静に振る舞えるようにするわけです。ここで「見物人 Zuschauer」と呼ばれているのは「コロス」で、「自然な劇場 ein natürliches Theater」というのは、恐らく舞台の上で俳優とコロスが直接に向き合って、お互いの身体の感覚に影響を与え合っている関係、日常とは違うけど、生身的な関係ということでしょう。「公衆 Publikum」というのは、普通の意味での観客、ギリシアの悲劇であれば、劇場である広場に集まった一般市民たちのことで、「人為劇場 Kunsttheater」というのは、そうした「コロス」によって調整された俳優たちの演技、及びそれに対する「コロス」

Dadurch, dass der Chor die Teile auseinanderhält und zwischen die Passionen mit seiner beruhigenden Betrachtung tritt, gibt er uns unsre Freiheit zurück, die im Sturm der Affekte verlorengehen würde. Auch die tragischen Personen selbst bedürfen dieses Anhalts, dieser Ruhe, um sich zu sammeln; denn sie sind keine wirkliche Wesen, die bloß der Gewalt des Moments gehorchen und bloß ein Individuum darstellen, sondern ideale Personen und Repräsentanten ihrer Gattung, die das Tiefe der Menschheit aussprechen. Die Gegenwart des Chors, der als ein richtender Zeuge sie vernimmt und die ersten Ausbrüche ihrer Leidenschaft durch seine Dazwischenkunft bändigt, motiviert die Besonnenheit, mit der sie handeln, und die Würde, mit der sie reden. Sie stehen gewissermaßen schon auf einem natürlichen Theater, weil sie vor Zuschauern sprechen und handeln, und werden eben deswegen desto tauglicher, von dem Kunsttheater zu einem Publikum zu reden.

コロスは、各部分を区別し、様々な情念の合間に、落ち着きを与える観察をもって入り込むことで、感情の嵐の中で失われていく自由を、私たちに返してくれるのである。悲劇的人物たちも自分を集中させるために、こうした中断、平穏さを必要とするのである。というのも、彼らは、ただ瞬間の暴力に従い、一個人を表すにすぎない現実の存在ではなく、人間性の深みを表明する理想的人格、人間という類の代表だからである。審判を下す証人として悲劇的人物に耳を傾け、調停役として彼らの情念の最初の噴出を制御するコロスの現前によって、彼らは、冷静に演技し、威厳をもって語るよう動機付けられる。彼らはある意味既に自然な劇場に立っているが、それは彼らが見物人の前で語り、行為するからであり、しかもそれによって、人為劇場で公衆へと語りかけることに巧みになっているのである。

のリアクションの全体を、公衆が離れたところから見る舞台ということになるでしょう。ここでシラー自身が言っていることからすると、確かに、「コロス」は公衆の直接的な代表ではなく、人類の深い知恵を代表して、俳優の動きをジャッジする存在のようです。「コロス」の思慮深さが、「公衆＝民衆」の知恵ではないとしても、現実に存在する「公衆」、劇に参加している共同体のある側面を代表しているのは間違いないでしょう。現実と切り離された空間を作り出す役割をコロスが担っているという解釈を、シラーから引き出すのは無理があるような気がします。

> 原始悲劇の合唱団、ギリシアのサチュロス合唱団が、そこで行ったり来たりするのを常とする場所は、シラーが正しく見ぬいているように、もちろん「理想的な」領分である。普通の人間が往来する現実の道とは一段高い場所なのだ。ギリシア人はこの合唱団のために、架空の自然状態をあらわす吊《つ》り桟敷《さじき》を設け、その上にこれまた架空の自然の生きものを置いた。悲劇はこういう基礎の上に生《お》いたったものであり、それだけの理由からでもすでに始めから、現実といちいち対照するわずらわしさをまぬかれていることはいうまでもない。そうはいってもこれは、空想で勝手気ままに天地のあいだにはめこんだ世界なのではない。むしろこれは、オリュンポス山とそこに住む神々が、信心深いギリシア人に対して持っていたと同様な現実性と信仰するにたる確実性をそなえた世界だったのだ。ディオニュソス合唱団員としてのサチュロスの生きている世界は、神話と礼拝によって浄《きよ》められた、宗教的に認められた現実の世界であった。

シラーのコロス解釈がニーチェのそれと一致しているかどうかは別として、ニーチェが言わんとしていることは分かりますね。舞台の上の「コロス」と俳優がやりとりしている領域は、「『理想的な』領分 ein》idealer《Boden」、「架空の自然状態 ein fingierter Naturzustand」であって、私たちが日常的に生きているこの現実とは、異なる次元の世界だということですね。

ここまでのサチュロスのイメージだと、サチュロスというのは人間の枠からはみ出てしまう野性の表れ、ディオニュソス本体より、野性な存在という感じでしたが、ここではそのサチュロスたちから成る「合唱団」というのは、「神話と礼拝によって浄められた、宗教的に認められた現実の世界 eine religiös zugestandene Wirklichkeit unter Sanction des Mythus und des Cultus」を表しているということですね。この場合の礼拝とか宗教というのは、私たちが完成されたキリスト教のような、静寂で荘厳なものではなく、バッカス祭とかカーニヴァルのような、カオス的な祭りのことで、その狂騒を演出するために、儀礼のための架空の空間が出来上がる、ということでしょう。原文には、「浄められた」に相当する言葉はありません。これがあると、我々がイメージしがちな、困惑から解放された静寂を演出する宗教儀式のように聞こえるので、ミスリードですね。

> すなわち国家や社会、一般に人間と人間のあいだに設けられている断層が後退して、自然の心にわれわれをつれもどす強力な一体感に席をゆずるということだ。事物の根底にある生命は、現象のあらゆる変化にもかかわらず、破壊しがたいほど強力であり快感にみちみちているという形而上学的慰め——すでにここで私が暗示しているように、すべて真の悲劇は究極的にはわれわれに形而上学的慰めをもたらすものなのだ——、この慰めが具体的明瞭さで現象したものが、サチュロス合唱団にほかならない。いわばあらゆる文明の背後に滅ぼすことの出来ないものとして生きており、世代と民族史のあらゆる変遷にもかかわらず、永遠に変わらないものとして同一で自然的生きものから構成されている合唱団は、この慰めを具体的にあらわすものなのだ。

ここで「断層 die Klüfte」と言っているのは、「個体化の原理」によって導入された、個体相互の境界線のことでしょう。その境界線を打ち破って、「事物の根底にある生命 das Leben im Grude der Dinge」が迸り出るようにするのが、サチュロス合唱団の役割ということでしょう。「慰め Trost」と言うと、ニーチェらしくない、普通の意味での宗教的な感じがしますが、ここで言われている「形而上学的慰め der metaphysische Trost」というのは、日常的な現実を破壊して、新しい現実＝理想を作り出す生命力が噴き出す、ということに対する希望に由来する「慰め」でしょう。ニーチェは、ワーグナーとショーペンハウアーに対してはっきり訣別宣言をする『人間的な、あまりに人間的な』（一八七八）以降、中期に入ったとされていますが、この著作になると、西欧の思考を支配してきた「形而上学」に対して敵対的な姿勢を見せるようになります。

> 生存の普通の制限や限界を吹きとばしてしまうディオニュソス的状態の狂喜は、その状態がつづいているあいだは、一種の昏睡的要素をふくんでおり、過去において個人的に体験されたすべてのものは、忘れ去られてしまう。こうしてこの忘却の溝によって、日常の現実界とディオニュソス的現実界はたがいに断《た》ち切られるこ

とになる。しかしあの日常の現実界が意識にもどってくると、それはあいもかわらぬ世界として嘔吐《はきけ》をもよおすように感ぜられるのだ。禁欲的な、意志否定的な気分が、あの状態のあと味なのだ。ディオニュソス的人間というのは、この意味ではハムレットに似ている。両者はともに事物の本質を本当に見ぬいた、つまり見破ったことがあるのだ。そこで彼らは行動することに嘔吐をもよおすのである。なぜなら、彼らがどのように行動したところで、事物の永遠の本質にはなんの変わりもないのであり、関節がはずれてしまったこの世を立てなおす務めなどをいまさら負わされることに、彼らは滑稽《こっけい》な感じ、あるいは屈辱感しかいだかないからである。

前半は先ほどからの延長で分かるとして、後半の「禁欲的な、意志否定的な気分 eine asketische, willesverneinende Stimmung」とか、「行動する（handeln）ことに嘔吐をもよおす（ekelt）」というのが、ニーチェらしくないですね。「超人」思想とか「力への意志」といった後期のニーチェを基準にしての話ですが。恐らく、ショーペンハウアーのペシミズムの影響で、「ディオニュソス的現実界」を経験しても、そこに留まれるわけではなく、「日常の現実」が戻ってくると分かれば、やる気を失うしかない、と考えたのでしょう。弱気ですね。ただ、この日常的現実への嘔吐というのは、サルトル（一九〇五－八〇）の小説『嘔吐』（一九三八）のテーマにも通じているかもしれません。生の力を瞬間的に経験しても、日常から離脱できない耐え難さゆえの吐き気かもしれませんね。「関節がはずれてしまった」というのは、『ハムレット』の第一幕第五場の「時の関節が外れた The Time is out of joint.」という有名な台詞から来ています。亡霊が出てきたことについて、時間の通常の流れが乱れている、ということを示唆しているわけですが、意味深なので、いろんなところで引用されます。デリダ（一九三〇－二〇〇四）の『マルクスの亡霊たち』（一九九三）では、マルクスの亡霊論のカギになるフレーズとして位置付けられています。ニーチェは、「日常の現実界」と「ディオニュソス的現実界」の隔たりが緩むことをそう言っているわけですね。

この時、意志のこの最大の危機にのぞんで、これを救い、治癒する魔法使いとして近づくのが芸術である。芸術だけが、生存の恐怖あるいは不条理についてのあの嘔吐の思いを、生きることを可能ならしめる表象に変えることができるのである。その表象とは、恐怖すべきものの芸術的制御としての崇高なものと、不条理なものの嘔吐を芸術的に発散させるものとしての滑稽なものとである。酒神賛歌《ディテュランボス》を歌うサチュロス合唱団はギリシ

――ア芸術の救助行為である。ディオニュソス祭典のこの従者たちのつくる中間世界において、先に述べた厭世的な気持は吹きとんでしまったのである。

「意志のこの最大の危機 diese höchste Gefahr des Willen」というのは、ハムレットのように、日常的現実とディオニュソス的現実の間の隔たりを感じ、生きる気力をなくし、吐き気をもよおしている状態でしょう。「生存の恐怖あるいは不条理 das Entsetzliche oder Absurde des Daseins」というのは、ディオニュソス的なものへの憧れと表裏一体になった、この日常が仮象にすぎず、いつ崩壊するかもしれない、何が起こるか分からないことに対する恐怖や不安でしょう。「恐怖すべきものの芸術的制御 die künstlerische Bändigung des Entsetzlichen」というのは、それをポジティヴに捉え直せるように誘導するということでしょう。つまり、ディオニュソス的現実に移行できるという希望の表象に転換する。その転換による解放感が「滑稽さ das Komische」として表れるということでしょう。

ここで言われている「崇高なもの das Erhabene」というのは、無論、普通の意味で宗教的な概念ではありません。保守主義の元祖として有名なバーク(一七二九―九七)は『崇高と美の観念の起源』(一七五七)で、「美しい」という感情が、うまく造形されていて、心地よい対象から生じてくるのに対し、「崇高なもの the sublime」は、主体に恐怖を覚えさせて強制力を及ぼし、主体の活動を破壊するように作用する、としています。カントも論文「美と崇高の感情についての考察」(一七六四)で両者を区別していますが、両者とも快適さの感情であり、「崇高」が深刻な感じにするのに対し、「美」の方は明るくする、という程度の結構適当な感じの論評をしていたのですが、『判断力批判』(一七九〇)では、「美」が通常の認識の枠に収まるのに対し、「崇高」はそれからはみ出てしまうという認識論的な議論を展開しています。

「八　サチュロスと演劇の根源現象」

「八　サチュロスと演劇の根源現象」では、サチュロスとはそもそもどういう形象なのかが論じられています。最初に「認識の手のまだ加わっていない自然 die Natur, an der noch keine Erkenntnis gearbeitet」「人間の原像 das Urbild des Menschen」「人間のもつ最も強い最高の感動の表現 der Ausdruck seiner höchsten und stärksten Regungen」「自然の胸底からの知恵を告知する者 der Weisheitsverkünder aus der tiefsten Brust der Natur heraus」「自然の示す生殖力の象徴 Sinnbild der geschlechtlichen Allgewalt der Natur」といった表現が並んでいます。人間側と、自然側の双方にまたがっているので、多少混乱しますが、ニュアンスは分かりますね。理性によって型にはめられていない、自然からそのまま出てきたような人間ということでしょう。そうすると、先ほど示唆されていたように、サチュロスこそ、ディオニュソスという教祖へと形象化される以前の、自然と溶け込んだ人間の原型ということになるでしょう。

　そうした意味でのサチュロスのように「熱狂した群衆 die schwärmende Schaar」こそが、悲劇のコロスの本来の姿だということですね。

悲劇合唱団の後世の組織は、あの自然的現象の芸術的模倣である。この場合にはもちろんディオニュソス的観衆とディオニュソス的に神がかりした者たちとを区別する必要があった。ただわれわれがつねに心にとめておかねばならないことは、アッティカ悲劇の観衆が合唱席《オーケストラ》で踊りながら歌う合唱団のうちに、自分たち自身を再発見したということ、けっきょく観衆と合唱団の対立はなかったということだ。なぜなら、すべては一つになって、崇高な一大合唱団になっているからで、踊りながら歌うサチュロスたちと、このサチュロスたちを身がわりとしている人々とのあいだに区別がなかったからである。ここでわれわれはあのシュレーゲルのことばを一段と深い意味で解明する必要がある。合唱団は実は「理想的観客」なのだ。その意味は、合唱団こそ独特な見物人だからである。ただし見物人といっても、舞台の上にまぼろしとして浮かんでいる目に見えない世界を見ている人という意味である。ギリシア人はわれわれの意味での観客というものを知らなかった。彼らの劇場の観客席は、中心にむかって半円形を描きながら、段々をつくって高くなっていたから、自分のまわりの文明にかぶれた世界はすべてこれを文字通り見過ごし黙殺して、心ゆくばかり舞台を眺めながら、自分もまた合唱団の一員であると思うことが、誰にでもできたのである。以上のような見方から、合唱団は、悲劇発生期のその原始的段階では、ディオニュソス的人間の自己反映であったと言ってさしつかえあるまい。

古代の劇で、俳優と観客が一体だったという話はよく聞くと思いますが、ここでは、俳優というより、コロスと観客がサチュロス的に一体になって踊り歌っていた、と言われているわけですね。先ほどのシュレーゲルの「コロス＝理想的観客」論に一定の評価を与えているので、少し混乱しますが、ここでニーチェが言わんとしていることは文脈から分かりますね。「コロス」は「観客」と一体だという意味です。見物人がコロスと言ってもいいわけです。舞台の上にいるか、その周辺の半円にいるかが違うだけ。ただ、ここでも、舞台に現出しているのは日常的現実ではなく、ディオニュソス的現実であって、その認識をコロスと観客はちゃんと共有しているという点は再度強調していますね。

観客席が、舞台を見下ろすように高くなっていることの意味付けも面白いですね。普通だったら、みんなで対等に見えるようにするために、客席の方を高くしたとかくらいにしか考えないところですが、高い所にいるおかげで、日常的現実から超越しているような気分になる、と見ているわけですね。

サチュロス合唱団は、なによりもまず、ディオニュソス的大衆のまぼろしなのであり、また舞台の世界は、このサチュロス合唱団のまぼろしなのだ。しかも、このまぼろしの強力なことといったら、「現実」の印象に対して、すなわちまわりの座席に陣取っている教養を鼻にかけた人間どもに対して、目がいうことをきかなくなるほどなのだ。ギリシアの劇場形式は、人ひとりいない山あいの谷を思わせるものがある。

サチュロス合唱団が「ディオニュソス的大衆 die dionysische Masse」の「まぼろし Vision」だというのが唐突ですが、これは「ディオニュソス的大衆」が受けとる、自分がその場にいるかのような「ヴィジョン」、という意味と、そこで見る「ヴィジョン」という二重の意味での「ヴィジョン」ということでしょう。その意味で、「まぼろし」という訳はよくないですね。あと、「まわりの座席に陣取っている教養を鼻にかけた人間ども（Bildungsmenschen）」をバカにするというのはヘンな感じがしますね。同じ場所に座っている自分自身もそうだと思わないのか、という突っ込みを入れたくなりますね。無論、これは実際、古代のギリシアの観客がそうだったというより、ニーチェ自身が感じた当時の〝芝居好き〟に対する皮肉も入っているのでしょうが、ポイントはむしろ、「観客」を構成する一人一人が隣の〝同胞〟と一体感を感じることなく、むしろ、周りの俗物とは意識的に遮断されて、舞台上の「コロス」と自分を同一視する、ということでしょう。ニーチェとしては、「コロス」は、実在す

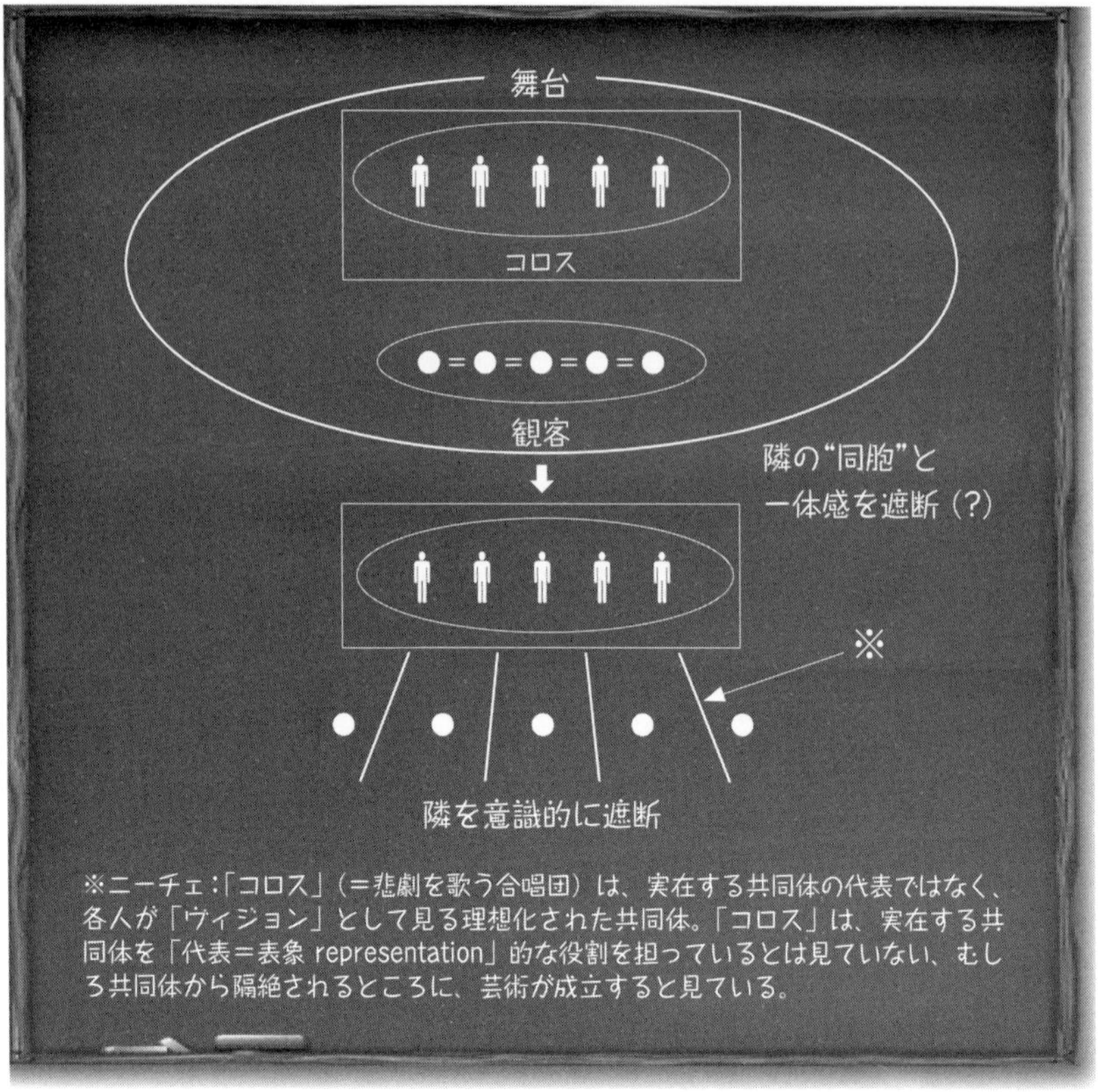
舞台
コロス
●＝●＝●＝●＝●
観客
隣の“同胞”と
一体感を遮断（?）
※
隣を意識的に遮断
※ニーチェ：「コロス」（＝悲劇を歌う合唱団）は、実在する共同体の代表ではなく、各人が「ヴィジョン」として見る理想化された共同体。「コロス」は、実在する共同体を「代表＝表象 representation」的な役割を担っているとは見ていない、むしろ共同体から隔絶されるところに、芸術が成立すると見ている。

る共同体の代表ではなく、各人が「ヴィジョン」として見る理想化された共同体だということを強調したいのでしょう。因みに、ヒトラー（一八八九―一九四五）が映画監督のレニ・リーフェンシュタール（一九〇二―二〇〇三）に依頼して作らせたナチス党大会やオリンピックの記録映画では、民族を「代表」する観衆が一つになって感動し、拍手したり声援を送ったりしている場面が大写しにされ、それによって民族の身体を「表象」することが試みられていますが、ニーチェは「コロス」がそういう、実在する共同体を「代表＝表象 representation」的な役割を担っているとは見ていない、むしろ共同体から隔絶されるところに、芸術が成立すると見ているようです。

> 右に述べたような芸術的能力、すなわち、精霊の群れにとりかこまれ、自分がそれに融《と》けこんで内面的に一体となるといった能力を、ディオニュソス的興奮は群衆全体に伝えることができる。悲劇合唱団のこの過程こそ、演劇

の根源現象にほかならない。すなわち、自分が自分の目のまえで変貌するのを見、こんどは本当に別人のからだ、別人の性格に自分が乗り移ったかのように行動するということだ。ドラマの発展の始めにあるのは、この過程だ。ここには叙事詩を朗誦《ろうしょう》する吟遊《ぎんゆう》詩人とは違ったものがある。吟遊詩人は自分が朗誦する物語と融《と》けあうことは絶対になく、画家と同じように、観察的な目で自分のそとにそれを見るものだからだ。ところが演劇の初期の段階であるここには、他の天性に没入することによって個体を放棄するということがすでに見られるのである。しかもこの現象は伝染病のように出現する。群衆全体が次から次に伝染して、神がかりの状態におちいることを感じるのである。

悲劇の「コロス」に見られる芸術的能力というのは、自分が「精霊の群れ Geisterschaar」に取り囲まれている、つまり自然の根源的な運動に巻き込まれていると感じ、それと一体となり、かつそれを「群衆 Masse」に伝える能力のようですね。このように言うと、やはり「コロス」は共同体を代表＝表象する存在であるように聞こえますが、恐らく、一旦既存の共同体とその拠って立つ日常的現実から個人として離脱してから、それを伝達するということでしょう。現実の共同体がそのままの形で丸ごと、「コロス」に代表されるとしたら、そこに芸術性はないということになるでしょう。叙事詩を歌う吟遊詩人と違って、「コロス」は自分の語る物語に対して距離を取ることがない。ホメロスよりも、ディオニュソス的興奮に囚われた人、サチュロス化した人たちの方が、ギリシア芸術の真の源泉だということでしょう。

一体感を醸し出す演出
（『民族の意志』）

ディオニュソス的興奮におちいった全群衆の象徴であるギリシア悲劇の合唱団は、このわれわれの見方によって完全に説明がつく。近代の舞台におけるコーラスの地位、ことに歌劇のコーラスの地位に慣《な》れたわれわれは、ギリシア人のあの悲劇合唱団が――きわめて明確な伝承があるとおり――どうして本来の「所作《しょさ》」より古く、いっそう根源的なのか、いな、いっそう

――重大な意味を持つのか、理解することができなかった。

「本来の『所作』die eigentliche》Action《」とは、俳優として個性を持った人物による演技のことです。〈Action〉は、「幕」とか「演技」という意味ですね。近代人は、役者が演技する舞台を見慣れていて、それが劇の本体で、コロスはそれにコメントを加える付け足し的存在だと思っているので、「コロス」から悲劇が派生したというと、異様な感じがしますが、芸術というのがそもそも、自然と同化し、その興奮を群れに伝え感染させていくサチュロスの合唱団の営みであって、役者の演技の方が付け足し、というわけです。

「九　ソフォクレスとアイスキュロス」

「九　ソフォクレスとアイスキュロス」に入ります。ソフォクレスは、『オイディプス王』、その後日談の『コロノスのオイディプス』『アンティゴネ』等の作者です。ソクラテスより一世代くらい年長です。アイスキュロスはその更に一世代前、ソクラテスとほぼ同時代人なのがエウリピデスです。

最初にギリシア悲劇のアポロン的な部分、「単純で、透明、美しく einfach, durchsichtig, schön」見える部分を、ソフォクレスの登場人物たちは示している、と述べられていますね。少し後で、これを「ギリシア的明朗 griechische Heiterkeit」とまとめて表現していますね。ただし、この「明朗」さには裏があるようです。

> 太陽をまともに見ようと強引にやってみて、まぶしくなって目をそらす時、われわれの目のまえには、いわばそれを治療する手段として、色のついた暗い斑点が浮かぶものだ。ところがそれとは逆に、ソフォクレスの主人公のあの光の像の現象、つまり仮面のアポロ的なものは、自然の内部の怖ろしいものを見た目の必然的な産物なのであり、身の毛のよだつ夜によってそこなわれた目を治療するための、いわば光の斑点なのだ。「ギリシア的明朗」という真面目で重要な概念は、ただこの意味に取るときだけ、正しく把握したことになると思われる。

要するに、自然の怖ろしい側面を見てしまった反動として、表面的には輝かしそうな装いが生じてくる、ということですね。つまりディオニュソス的な混沌の恐怖に遭遇した反動で、アポロン的な原理が生じてくる。

九二〜九三頁でこのことが、エディプスに即して論じられています。エディプスはまず、自分の本当の父をそれと知らないで殺した後、スフィンクスの謎を解いて、テーバイの町を解放し、その褒美として、実の母と、母と知らないまま結婚します。これをニーチェは、「自然に反抗して勝利を得ること、すなわち不自然なことによるのでなかったら、どうして自然にその秘密を手放すように強《し》いることができようか？」、という問いでまとめています。スフィンクスは、自然の神秘を象徴する存在で、その謎を解くというのは、自然の神秘を強引に開示すること、ハイデガー風に言えば、脱隠蔽化された状態、真理（アレテイア）へともたらすことです。そうした反自然なことを実行するには、自らが反自然な存在にならないといけない。親殺し、近親相姦というのは、両親から生まれた子として、親に倣って個体化するという、〝自然の法則〟に反する行為です。

そうだ、この神話がわれわれの耳にささやこうとしているらしいことは、知恵というもの、ほかならぬディオニュソス的知恵こそは、自然にさからう悪逆であり、その知恵によって自然を破滅の淵《ふち》につきおとす者は、自分の身にも自然の解体を経験しなければならぬということなのだ。「知恵の切先《きっさき》は賢者にさしむけられる。知恵は自然に対する犯罪なのだ」。このような怖ろしい命題を、この神話はわれわれに叫びかけている。だが、ギリシアの詩人は、この神話の崇高で怖ろしいメムノンの柱に日の光のように触れる。すると神話は不意に鳴りはじめるのだ——ソフォクレスの旋律《メロディー》で。

これまでの話の流れだと、ディオニュソスが自然の化身のような感じだったので、「自然にさからう悪逆 ein naturwidriger Greuel」だというのが意外な感じがしますが、自然に逆らっていると言われているのは、ディオニュソス自身ではなくて、「ディオニュソス的知恵 die dionysische Weisheit」です。ディオニュソスが原始の自然に通じているからこそ、自然が隠そうとしている謎を暴き出すことができるということでしょう。後にハイデガーが示唆するように、「自然」が自らの本性を隠すものであるとすれば、話の筋は読めますね。そうした自然の自己隠蔽に気付かず、「自然」の美しい外観を表面的・形式的に模倣し、調和的な表象ですませるのがアポロン的だとすれば、自然の隠れた、不気味な本質を暴き出すために駆使されるのが、「ディオニュソス的知恵」ということになるでしょう。しかし、その「知恵」を使うと、使った本人は、自然の奥底にあるものに触れてしまうので、アポロン的な個体性は喪失して、没落することになる。それが「悲劇」であるわけです。私たちは通常、アポロン的な人物が無垢のまま、訳の分からない偶然の連鎖で没落していく過程として悲劇を捉えているわけですが、ニーチェにしてみればそうした結果にだけ注目するのではなく、「ディオニュソス的知恵」によって自然の秘密を暴いてしまったことがその原因になったことにこそ注目すべきだと言っているわけです。

「 」の中は、引用っぽく見えますが、ニーチェのオリジナルな箴言のようです。「メムノンの柱 Memnonsäule」というのは、ナイル川の西岸にあるメムノン王こと、紀元前一四世紀のアメンホテップ三世を象った二体の巨象のことです。ギリシア神話では、これはトロイの王族で、暁の女神エオスの息子であるメムノンの遺骸ということになっています。トロイ戦争で息子がアキレスによって殺害されたのを嘆いたエオスは、その遺骸をこの地まで運び、ゼウスの力によって柱に変えてもらったとされています。毎朝、エオスの光が、右の方の像に触れると、像が嘆きの声を出すという伝説があるようです。

ニーチェは、「自然」に翻弄されるオイディプスの「受動性 Passivität」に対して、アイスキュロスの作品『縛られたプロメテウス』の主人公であるプロメテウスの「能動性 Activität」を対比します。プロメテウスはティタンの一員で、ゼウスの命に背いて、人間に火を与えたことでコーカサス山に繋がれ、毎日鷲に肝臓を食われて、そのたびに肝臓が再生し、また食われる、という永遠の罰を受けることになります。人間のためにゼウスに背き、新しい秩序をもたらしたことを、「能動性」と見ているようですね。

昂然《こうぜん》と巨人の域に迫る人間は、彼ら自身のためにその文化を戦いとり、神々に人間と同盟するように強要する。それは、人間がその独自の知恵によって、神々の存在と制約を自分の手に握っているからだ。ところで、その根本思想からいえばまぎれもない不敬の賛歌であるあのゲーテのプロメテウス詩で最も驚嘆される点は、正義を求める深いアイスキュロス的傾向である。一方には大胆不敵な「個人」のはかりしれぬ苦悩がある。他方には神々の困窮、いな、神々のたそがれの予感がある。そこにこの二つの苦悩の世界をどうあっても和解させ、形而上学的合一へと押しやる力が働く――こういったすべてのことは、神々と人間の上に運命《モイラ》が永遠の正

> 義として君臨しているのを見ているアイスキュロスの世界観の核心的主要命題を、きわめて強く想起させるものがある。アイスキュロスがオリュンポスの世界をその正義の秤《はかり》にかける際の、あの驚くべき大胆さを見るにつけても、われわれがはっきり心にとめておかねばならぬことは、思慮ぶかいギリシア人の形而上学的思惟《しい》の絶対ゆるがぬ基盤はその秘祭に置かれていたということと、彼らの懐疑的気分はオリュンピア神族に対していくらも発散できたということである。

抽象的な言い方をしていますが、ポイントは、神々も人間も超えた「永遠の正義 ewige Gerechtigkeit」ということでしょう。「神々のたそがれ Götterdämmerung」というのは、ワーグナーの楽劇『神々の黄昏』（一八七六）を念頭に置いての表現でしょう。この作品の初演は『悲劇の誕生』より後ですが、リブレット（台本）は一八六三年には刊行されています。元々は北欧神話の「ラグナロク」から来ていますが、『縛られたプロメテウス』では、プロメテウスは、ウラノスが我が子クロノスによって去勢され、クロノスがゼウスによってその座を追われて地獄に幽閉されたように、ゼウスもその子によって滅ぼされる時が来ることを予言していて、ゼウスはその詳細を知りたくて、プロメテウスに取引をもちかけているという物語設定になっています。プロメテウス自身は神ですが、アイスキュロス＝ゲーテは、彼を、自分を「個人」として確立すべく、神々に闘いを挑む人間の代表と見ているわけです。『縛られたプロメテウス』やゲーテの詩『プロメテウス』（一七八九）は、神々の黄昏を見据えて、神を超えた、正義を求める人間の「能動性」を描いた作品として読めるわけです。

九五～九六頁にかけて、アイスキュロスのこの作品に、「あらゆる恐怖をものともしない芸術的創造の晴れやかさ die jedem Unheil trotzende Heiterkeit des künstlerischen Schaffens」がその裏に「悲哀の黒い湖 ein schwarzer See der Traurigkeit」を隠している、と述べられていますね。九六頁を見ると、こうしたプロメテウスの姿勢が、神話上の堕落に結び付けて論じられています。セム系、つまりユダヤ人の堕落神話の違いが述べられていますが、旧約聖書では、女性であるエバの好奇心や誘惑されやすい性質が堕落の原因とされていますね。プロメテウスに見られるアーリア系の神話は、堕落は別の要素を含んでいるようです。

――これに反し、アリアン的観念を特色づけるものは、能動的な罪を本来プロメテウス的な徳と見る崇高な見方である。この見方によって、ペシミズムの悲劇の倫理的基底もまた同時に見つかったわけである。なぜならそれは人間の禍を是認するからだ。しかもそれは人間の罪を是認するとともに、その罪によってひき起された苦悩をも是認するものだからである。

言葉遣いは難しいですが、分かりますね。エバのように好奇心に駆られて、恐る恐る罪を犯すのではなく、アイスキュロスのプロメテウスのように、それをやれば罪になると分かっているのに、それが宇宙の摂理、モイラの観点から見て正しいのであれば、その実現に向けて突き進み、敢えて、その禍を我が身に引き受ける、そういう能動性が見られる、ということですね。

個人が普遍的なものに行きつこうと英雄的な衝動にかられる場合、「個体化の呪縛《じゅばく》をふみこえて、一つの世界本質そのものになろうと試みる場合に当っては、個人は事物のなかに隠されている根源的矛盾をわが身にひき受けることとなる。すなわち個人は冒瀆を犯して悩むことになるのだ。

個体化の原理、言い換えると、自己の欲求をどこまでも追求して、自己実現しようとする原理を突き詰め、世界＝自然の本質に迫っていくと、自然の根底にある暗いカオス的な衝動に突き当たり、個体としての在り方自体が崩れてきます。それが「事物のなかに隠されている根源的矛盾 der in den Dingen verborgene Widerspruch」です。そうした「根源的矛盾」をあえて引き受けていこうとする能動性を持った個人、ニーチェは「巨人的な努力を重ねる個人 das titanisch strebende Indiviuum」と形容しています。先ほどお話ししたように、「ティタン」は人間ではなく、オリュンポス以前の巨神ですが、ここでは、人間の個体化の原理を超えて、自己の欲求を極限まで追求する存在、という意味に取ればいいでしょう。

九八頁で、こうしたプロメテウスの態度は、非アポロン的だと言っています。

というのは、アポロは個体のあいだに境界線を引いて、自己認識と節度を要求しながら、この境界線をこの世で最も神聖な世界法則として厳守するように再三注意を喚起すること、ほかならぬそのことによって個々の存在を安定させようとするものだからである。

個体化の境界線を守ろうとするアポロン的なものを掘り崩すように作用するという点で、ディオニュソス的なものとプロメテウス的なものは通じているわけですが、違いとしてプロメテウスの方は、個としての自己の実現を求め、正義を求めるという点で、「個体化」の原理を代表しているとも言えます。それを極端に追求するので、脱アポロン的になるのであって、最初からアポロン的なものの破壊者として登場するディオニュソスと違って、二面性を持っているようです。

「一〇　悲劇の秘境」

「一〇　悲劇の秘境」に入りましょう。最初にエディプスにしろプロメテウスにしろ、ギリシア悲劇の登場人物は、実はディオニュソスの仮面であり、悲劇の本質は、少年の頃八つ裂きにされたディオニュソスの復活を願うディオニュソス祭であるという主旨のことが述べられていますね。

一〇二〜〇三頁にかけて、オリュンポスの世界の文学的位置付けの変化について簡単に説明されています。ホメロスは『イーリアス』や『オデュッセイア』で、オリュンポスの神々の世界を描いたわけですが、これは叙事詩だということもあって、ニーチェの視点からすると、アポロン的な神話の世界です。それが三大悲劇詩人の最初の一人アイスキュロスの作品で、オリュンポス的秩序に挑戦し、罰せられるけど、ゼウスの滅亡を予言し、敗けた気になっていないプロメテウスが主人公になります。これは、アポロン的な秩序によって地下＝無意識下に抑圧されていたティタン的な原理の反撃と見ることができます。

ディオニュソス的真理は神話の全領域を自分の認識を表現する象徴的手段として引きつぐ。そしてこのディオニュソス的真理の認識は、一部は悲劇という公の祭式において、一部は劇的な秘祭という秘密の行事のうちに表現されるわけだが、そのどの場合にもかならず古い神話の覆《おお》いをつけているのである。ところで、プロメテウスをその禿鷹《はげたか》から解放し、神話をディオニュソス的知恵の乗物に変えたのは、どういう力であったろうか？それは音楽のもつヘラクレスのような力だったのだ。音楽は悲劇においてその最高の現象《あらわれ》に達するとともに、神話にきわめて深い新しい意味づけをしてこれを解釈する力を持っているからだ。

細かいことを言いますが、ニーチェは、「禿鷹 Geier」と言っていますが、『縛られたプロメテウス』の原文では、「鷲」を意味する〈ἀετός (āetós)〉という言葉が使われています。この鷲は、〈Αἴϑων (Aíthōn)〉という名前で、テュポーンと、彼と同様に下半身蛇の怪物エギドナの間に生まれたとされます。ここでヘラクレスが出てくるのは、彼がアイトンを殺してプロメテウスを解放したからです。で、芸術史的にその役割を果たしたのが「音楽」、それも悲劇においてコロスたちが歌う曲のような、ディオニュソス的な力動をもたらす音楽だというわけです。

ディオニュソスの復活が「悲劇」の目指すところだとすると、『バッカイ』のような、まさにディオニュソスの帰還と祝祭を主題とする作品を描いたエウリピデスこそが、このプロセスの完成者ということになりそうですが、一〇四〜〇五頁にかけて、エウリピデスはディオニュソスを再び殺してしまった、ディオニュソスを見捨てた、ということが述べられていますね。ディオニュソスを主人公にしたかどうかは問題ではないようです。

「一一　悲劇の死とエウリピデス」

「一一　悲劇の死とエウリピデス」では、エウリピデスが「悲劇」を終わりにしてしまった、と論じています。悲劇はディオニュソス的力を失い衰退していくわけですが、そうした悲劇の「死の苦闘 Todeskampf」を戦ったのがエウリピデスであった、と述べられています。衰退しているものを無理に延命させようと努力したということでしょう。

一〇七頁で、ヘレニズム期の新喜劇作家メナンドロス（前三四二－二九二／一）やフィレモン（前三六三－二六四）がエウリピデスに傾倒していたことに言及し、その理由として彼が「観客」を舞台に上げたことを指摘していますね。無論、現代演劇のように、実際に観客にアドリブ的に舞台に上がってもらったわけではなく、象徴的な意味での話です。

――エウリピデスの手によって、観客席から舞台へのしあがってきたのは、日常生活の人間だった。つまり、日常的な感覚でリアクションする人間が演じられ、その視点から舞台が構成されるようになったわけです。日常的な人間ですから、当然、ディオニュソス的な熱狂、神聖なものに対する恐れの感覚から距離を置いて、醒めて見るでしょう。そうすると、騒いでいる連中がおかしく見えて、喜劇の感覚に近付く、ということになるのでしょう。先ほど見たように、ニーチェが、コロスをリアルな共同体と見る見方を徹底批判し、日常を外れた「理想的なもの」を見る目を持った存在であると強調したのは、喜劇との区別ということが念頭にあったようですね。

> それまでは悲劇では半神が、喜劇では酔っぱらったサチュロスあるいは半人間が、ことばの性格をきめていたのだったが、いまや市民的凡庸性が発言するようになったわけだ。しかもエウリピデスはそのすべての政治的希望をこの市民的凡庸性の上に築いていたのである。そこでアリストファネスの描いているエウリピデスは、自画自讃して、自分の表現したのは、それについて誰でも判断できるような、一般的な、周知の、日常生活のいとなみにほかならないと、強調するのである。いまや全大衆が哲学し、かつてない利口さで土地や財産を管理し、また訴訟を行なうようになったのも、彼の功績であり、彼が民衆に植えつけた知恵の成果であるといっているのである。

半神ディオニュソスやサチュロスではなく、「市民的凡庸性 die bürgerliche Mittelmäßigkeit」が作品の判定基準になってしまったことを問題視しているわけですね。アリストファネス（前四四六頃－三八五頃）はエウリピデスやソクラテスと同時代の喜劇詩人で、彼の作品『蛙』の中で、ディオニュソスが地獄に降りていって、エウリピデスとアイスキュロスを呼び出して、両者の作品のどちらがすぐれているか相互に批評させます。そこでアイスキュロスが自分は市民の理想となるような英雄的な人物を描いたと主張するのに対し、エウリピデスは自分は「われわれによく判る日常生活のものごとを舞台にのぼせた」（高津春繁訳『蛙』岩波文庫、七四頁）と主張します。「日常生活のものごと」の原語は、〈οἰκεῖα πράγματ'〉、直訳すると、「家の中で起こる事柄」です。つまり市民的日常の延長線上に悲劇が位置付けられることになったわけです。

ただ、一一二頁以降を見ると、エウリピデスは大衆を舞台にのせたものの、内心はその大衆を侮蔑していて、次第に大衆から目を背けていった、と述べられていますね。これは一見矛盾しているようですが、現代の作家論に置き換えて考えると、そんなにおかしくありません。いかにも大衆という感じの平均的な人物の心理や行動を巧みに描く作家が、大衆の感性とか判断力をすばらしいと思っているとは限らず、アイロニカルな態度で描いているかもしれません。特に喜劇的な作品ではそうでしょう。ただ、エウリピデスが気にしていた二人の特別な観客がいた、ということですね。エウリピデス自身と、「てんで悲劇などというもののわからぬ男で、だから、もちろん悲劇などは問題にしない男」です。その男はここで直接名指しされていませんが、次回読む「一二　エウリピデスの美的ソクラテス主義」に繋がっているので、誰のことかはっきりしていますね。これも、逆説的な言い方ですが、これも先ほどのように、現代的な作家論風に置き換えると、多少分かりやすくなります。自分が軽蔑している大衆のような人物をうまく描く作家は、当然、自分では大衆受けのつもりではやっておらず、何かの真実を露わにしたい、壮麗な英雄を描いた先輩（アイスキュロス）の作品には見られない真実を表現したい、と思っているのでしょう。そういうものを見抜ける人間として、出来上がった作品を批評家として見る自分自身とソクラテスを想定していた、というわけです。悲劇の分からない哲学者を持ち出すのはヘンな感じがしますが、エウリピデスが、自分は偉大な英雄を描いた先輩の悲劇作家たちとは違う意味で偉大だ、と考えているなら、従来の悲劇とは異なるところに、判断基準を求めるのは理屈の上ではヘンではありません。私も劇作家さんの制作に哲学・文学研究者の立場で協力しているので、そういう感じ分かる気がします。あくまで仲間内の評価だけ気にする劇作家や俳優が多いと思いますが、自分は主流とは違うことをやっているという意識で、哲学者とか詩人、あるいは理系の研究者と一緒に仕事をすることを重視する人もいます。

ニーチェ自身は、西欧哲学の元祖であるソクラテスを批判的に見ているのですが、同時代人であるエウリピデスとソクラテスの間に、「悲劇」、ディオニュソス的芸術にとどめを刺すことになる何らかの共犯関係があったと想定しているようです。ニーチェがソクラテスの何を問題にしているのかが気になりますね。

質疑応答

Q　音楽の持つ可能性をニーチェは見ていたようです。現代は、音楽が多様化している時代ですが、それはニーチェが思い描いていたような時代になっているのでしょうか？

A　多様化とおっしゃっているのは、様式の多様化のことだと思いますが、それはニーチェにとってはどうでもいいことでしょう。多様化として現れているものの多くは、ここでニーチェが言っている「音楽」ではないでしょう。根源的な人間の生の欲動に直接結び付いているメロディーは本来いかなる形式も持たないものです。普通の人間の耳には音楽と聞こえない、自然のリズムのようなものかもしれません。大きなコンサート等で観客の予期せぬ盛り上がりがあっても、多くの場合、ほとんどの人はコンサートの後、普通の日常に戻ります。知覚が変化するとか、価値観が完全に崩壊して、元に戻らない、といった状態にはならない。

Q　ラップはどうですか。

A　個々のパフォーマンスに常識感覚を突き破るようなものがあったとしても、ほとんどの場合、ある程度ポピュラーになると、型が決まってきて、商業化するでしょう。ラップでもテクノでもヘビメタでも、大衆が気楽に受け入れることのできる、商業的な型ができてしまうと、ディオニュソス的な音楽性はなくなると思います。

Q2　「自然」「知恵」「正義」の言葉の使い方についての質問です。まず、「自然」ですが、三四頁の「自然の、最も内面の根底から、歓喜あふれる恍惚感がわきあがる」や七六頁の「自然の心にわれわれをつれもどす強力な一体感」などの箇所で、ディオニュソス的なもの、混沌を表すものとして使われているようですが、九三頁では、エディプスが「自然に反抗して勝利を得る」とか「自然の秩序を破らざるをえない」とか、「自然」が秩序的なものとして使われているようです。どのように考えればよいのでしょうか？

A2　「自然」に反抗するという言い方になっているので、「自然」が秩序的なもののように聞こえるということだと思いますが、反抗の対象だからといって、秩序立っているとは限りません。自然＝カオスで、それに立ち向かった人間が主体性を獲得する、というパターンは、神話によくあります。アドルノ（一九〇三－六九）とホルクハイマー（一八九五－一九七三）は『啓蒙の弁証法』（一九四七）で、オデュッセウスの航海をそういうプロセスとして理解しています。

Q2　でも、だとすると、主体性を獲得したエディプスがアポロン的秩序の化身ということにならないですか。

A2　「自然」の秘密を強引に探り当て、「自然」を従えて、自分が秩序の源泉になろうとしたけど、「自然」を抑え切れず、結果的に「自然」のカオスに飲み込まれるわけです。「自然」に対する距離の取り方次第で、アポロン的秩序の形成が可能になったり、崩れたりする。崩れる時に、ディオニュソス的な様相が生じるわけです。「自然」それ自体はカオスでも、そこから一定の素材を引き出して、秩序を作ることは可能でしょう。

Q2　オイディプスに言及しているくだり——九三頁辺り——では、「知恵」をディオニュソス的なものとしています。「ディオニュソス的知恵」という言い方をしています。イメージとしては真逆のように受け取れます。むしろこの後に出てくるソクラテス的なものこそが「知恵」にあたるように思えてしまうのですが。

A2　先ほどの「自然」の話と関連していますが、これは自然の秘密を巧みに暴く「知恵 Weisheit」です。ディオニュソス的というのは、秩序に逆らった振る舞いとか、抑えられない情念のことを言うのであって、別に頭が悪いとか、推論する能力がないということではありません。「知恵」を使いすぎて、秩序を破壊してしまうということはあるでしょう。「理性」、それも「計算」するという意味のラテン語の〈ratio〉に近い意味での「理性」なら、おっしゃる通りかもしれませんが。

Q2　九四頁付近のプロメテウスに関するくだりで「正義」が出てきますが、この正義は〈justice〉の意味にあたるのでしょうか。

A2　「正義」の原語〈Gerechtigkeit〉を英訳すると〈justice〉で、「公正さ」という意味合いを含んでいるのは確かですが、ここでの「正義」は人間の合意に基づく、人間が納得する「公正さ」を実現するということではなく、個々の神の思惑を超えた宇宙全体の摂理とか、運命の女神の視点から見ての「公正さ」です。普通の人間の尺度で見たら、むしろ、非合理、不公正でしょう。

Q3　個体化に抗うディオニュソス的なものは、ドゥルーズ（一九二五—九五）＋ガタリ（一九三〇—九二）の「器官なき身体」を思い起こしました。ドゥルーズの発生論——発生が「個体化」だとしての話ですが——にはニーチェのようにネガティヴなニュアンスはないと思いますが、ドゥルーズはニーチェから影響を受けた部分はあるのでしょうか。それはどのような部分でしょうか。また、バタイユ（一八九七—一九六二）の蕩尽論もニーチェから影響を受けているようです。そのようにニーチェは、後の思想に閃きの種を多く与えていると思います。仲正先生から見たニーチェの魅力はどのようなところでしょうか。

A3　ドゥルーズがニーチェの影響を受けたのは間違いありません。ニーチェに関する著作は二冊あります。『ニーチェと哲学』（一九六二）と『ニーチェ』（一九六五）です。いずれも、私たちが比較的よく知っている六〇年代後半以降のドゥルーズの著作と違って、教科書的・体系的な解説になっていて、読みやすいです。特に『ニーチェと哲学』は、フランス哲学においてニーチェが積極的に取り入れられるきっかけになったとされています。『ニーチェ』の方は、伝記と、ニーチェのテクストの重要な箇所の抜粋が大半を占めています。ドゥルーズがニーチェから受けた影響のポイントは、おっしゃっているように個体化＝主体化の原理を超えた、あるいは、それによって押しとどめることのできない力の流れに注目したことでしょう。ディオニュソス／アポロンの対立に拘るこの時点のニーチェと、「超人」のイメージを出して、「力への意志」を論じる後期のニーチェの間には、ギャップがありますが、流動性や生成という観点からニーチェを読み解くドゥルーズの観点に立つと、ニーチェの思考の一貫性が分かりやすくなると思います。

バタイユも、若い時にニーチェの影響を受けていて、『無神学大全』（一九四三～四五）の第三巻『ニーチェについて』（一九四五）がまさにニーチェ論です。バタイユはいろんなところでニーチェに言及していますが、ポイントになるのは、やはり徹底した無神論と、神なき状態における人間の在り方、欲望――バタイユはエロスと言いますが――を探究する姿勢に影響を受けたのでしょう。「蕩尽」というのは、主として儀礼的な形で実行されるわけですから、ディオニュソス的なものと結び付いていると見ていいでしょう。彼は、ナチスがニーチェを利用したことに憤慨し、ナチス的なニーチェ解釈を批判したことでも知られています。

Q4　これはどうでもいい感想ですが、浅田彰さんのスキゾ／パラノも、パラノ＝アポロン的、スキゾ＝ディオニュソス的に繋がるようで、また、「個体化の苦悩」はエヴァンゲリヲンの「人類補完計画」が重なってきて、なんというかとても楽しかったです。すみません。

A4　パラノとアポロン的なもの、スキゾとディオニュソス的なものが対応しているというのはその通りでしょう。ただ厳密に言うと、スキゾ／パラノはあらゆる人間に備わっている傾向であるのに対し、アポロン／ディオニュソスは芸術的創造の方向性の話です。あと、今日の話の流れから分かると思いますが、ディオニュソス自体、サチュロス的な形態を経て動物化していこうとする衝動が、アポロン的原理の抵抗を受けて、暫定的に個体化した姿です。

エヴァンゲリヲンでは確かに個体間の同一性や、どのように一つの個体を生み出すのかがテーマになりますね。「人類補完計画」は、ディオニュソス的というより、ティタン的ですね。個体のレベルで壊れていくというより、既成の秩序を崩壊させ、神の座を狙うプロジェクトの中で、いろんなことが起こっている感じですね。

Q5　ハイデガーにしてもニーチェにしても、ドイツ人は殊更ギリシアに憧れている、熱烈に恋をしているように感じますが、それは誤った見方ですか？

A5　その通りです。デリダやハイデガーに関する連続講義でもお話ししました――『〈ジャック・デリダ〉入門講義』と『〈後期〉ハイデガー入門講義』をご覧ください――が、ドイツ人は近代化の過程で、ローマ文化の継承者としてのフランスやイタリアに対してかなりのコンプレックスを抱いてきました。それで、ヨーロッパ文化の真の起源である古代ギリシアを、彼らよりも深く理解することで、優位に立とうとしました。単純な話としてギリシア語は、ラテン語とかなり違うので、イタリア人の方がドイツ人よりもギリシア語を習得しやすいということはありません。ヘルダリン（一七七〇―一八四三）は、ギリシア語の詩を徹底的に研究して、ドイツ詩の新しい形式を作り出そうとしました。一九世紀初頭の新人文主義的な教育改革では、ラテン語よりもギリシア語の学習に力を入れるべきことが強調されました。あと、ギリシア独立戦争（一八二一―三〇）後、初代ギリシア王位に就くのはバイエルンのルートヴィヒ一世（一七八六―一八六八）の息子です――六二年にクーデターが起こって、デンマーク系の王家と交代しますが。

Q6　そもそもですが、何故ニーチェは見てきたようにギリシア悲劇を語れるのでしょうか。とくに音楽的要素については直に聞かないと分からないと思うのですが。残されている文献から把握できるものなのでしょうか。

A7　それはそうでしょう。無論、演劇や音楽に関するいろんな文献を読んだうえで、エクリチュールの世界の中で再構成した〝音楽〟ですが、実際に聞いて判断したものではないでしょう。ただ、ニーチェにとって問題なのは、それがどういう形式の曲かではなくて、個体化の原理に揺さぶりをかけるだけの威力を持っているかです。それは、どういう状況で誰がその音の流れを受け止めるかで異なるでしょう。悲劇の元になったディテュランボスが、古典期以前のギリシア人に対して破壊的効果を及ぼしたらしいということは、ある程度文献から推定できるのではないでしょうか。このテクストで重要なのは、そのインパクトの下で、悲劇という形式が生まれたということです。その悲劇だって、次第にインパクトを失っていった、ということが先ほど読んだ、エウリピデスのくだりで示唆されているわけです。

［講義］第2回

『悲劇の誕生』後半

悲劇とは何か？

前回は、悲劇とは、元々ディオニュソスの苦悩を歌う合唱団、「コロス」が本体であったという議論を見ました。ニーチェによると、そもそもギリシアの芸術は、ディオニュソス的な、秩序というよりは原始的な混沌に向かっていく「音楽」と、アポロン的と形容される造形の原理のせめぎ合いによって出来上がっている、ということでした。悲劇の本体は、「コロス」だったわけですが、エウリピデスの登場によってその要素が薄められ、次第に喜劇と共通の土俵に移行していきます。移行の重要な要素として、エウリピデスが観客を舞台の上に上げたことを指摘しています。観客である一般市民を代表するような登場人物を悲劇の中に登場させたということです。それは、等身大の市民の目にリアルに見えるように舞台を構成するということですが、そこで演じられる、神々や英雄たちの日常を超えた異常な営み、秩序を破壊する衝動の放出を、距離を置いて見る、アイロニカルな姿勢で見るようになる、ということでもあります。

「コロス」による合唱が本来の悲劇の本質だとすると、一定の秩序や結末を持った物語的な世界観を作り出そうとする、悲劇詩人たちの作品化の行為自体が、〝悲劇〟の本質を損なっていることになります。エウリピデスはディオニュソス信仰を主題にした作品も作っていますが、テーマが問題ではなく、コロスを日常性の枠の中に収めようとするかが問題のようです。一般的な悲劇の解説では、コロスが共同体の視点を代表して語る、という説明の仕方をしています。しかしニーチェはそういう風に理解せず、コロスは共同体の代表ではなく、本来はディオニュソス的な苦悩を歌い上げる存在であったと見ています。そのような悲劇の本来の意味が、エウリピデスにおいて最終的に失われてしまったと論じていました。実際、エウリピデスの作品では、コロスの部分が減少し、俳優の役割が多くなります。有名な「機械仕掛けの神 deus ex machina = ἀπὸ μηχανῆς θεός (apò mēkhanês theós)」を本格的に導入したのもエウリピデスです。

九～一二頁にかけてのニーチェのテクスト読解の戦略は、アイスキュロス、ソフォクレス、エウリピデスの三人を三大悲劇詩人として並べるのではなく、本来、コロスの「音楽」だけから成っていたものが、いかに我々が演劇だと思っているものに近づけられていったか、三人の違いという形で変化を追っていく、というものです。第一一節で、エウリピデスは、観客を舞台に上げながら、実際には観客をバカにしていた、例外は二人だけいる、と述べていました。その二人とは、エウリピデス自身と、もう一人、悲劇を全く理解しない男です。

「一二　エウリピデスの美的ソクラテス主義」

> ここでもうひとりの観客の名をあかすまえに、少し足ぶみして、アイスキュロスの悲劇の本質には、なにか分裂的な割り切れぬ感じがあると前に述べたことを思い起してみることにしよう。あの悲劇の合唱団とその主人公に対して、われわれ自身が不審な思いをいだいたことを、思いかえしてみよう。実はアイスキュロスにおける合唱団と悲劇の主人公は、どう考えてみても、われわれの慣習とも一致しないし、伝承ともあわなかった。――結局われわれは、ギリシア悲劇の根源と本質は、たがいに織りあわされた二つの芸術衝動、アポロン的なものとディオニュソス的なものというあの二重性そのものにあることを発見したのだった。

アイスキュロスの『縛られたプロメテウス』が、アポロン的なものとディオニュソス的なものの二重性を帯びて

いるというのは前回見たところに出てきた話ですが、合唱団と主人公に対して我々が不審な思いを抱くということについては、これ以前の箇所では特に説明されていません——「不審な思い」の原語は〈Befremdung〉で、文字通りには、「異化作用」、「違和感を生じさせる作用」です。ソフォクレスやエウリピデスの設定を標準と考えると、この作品では登場人物に人間がおらず、全て神であり、プロメテウスはゼウスによって罰せられている立場だけど、ゼウスの弱みを知っており、立場が逆転する可能性もあるという設定です。つまり、支配の秩序には未確定のところがあり、崩壊・逆転の可能性があるわけです。またコロスは、ティタンの一人である大洋神オケアノスの娘たちで、彼女たちは、プロメテウスの受けている苦しみに同情し、ゼウスの使者であるヘルメスからさっさと立ち去れと言われても、このような不正を見逃すことはできない、私たちはプロメテウスと苦しみを共にしましょう、と答えます。つまり客観的な観察者などではなく、プロメテウスの側に立つオリュンポス的秩序への挑戦者であるわけです。

アイスキュロスでは二つの要素がせめぎ合っていたのに、ディオニュソス的要素を排除していって、「非ディオニュソス的な芸術と慣習と世界観の上に純粋に新たな悲劇」を作ろうとしたのがエウリピデスであったわけです。

　この傾向がどれほどの価値を持ち、どういう意味を持つかという問題は、エウリピデス自身がその最晩年に、ある物語の形で同時代人に対しきわめて強い調子で提示したところだった。およそディオニュソス的なものは存続してよいのであろうか？　それは無理にもギリシアの土地から根こそぎにしなければならないのではなかろうか？　たしかにそうだ、もしそれが可能でありさえすれば、と詩人はわれわれにいう。だが、神ディオニュソスはあまりにも強力だ。敵の情勢にもっとも通じている反抗者——『バッカスの信女たち』のペンテウスのような人——でさえ、しらずしらず彼の魔力にかかって、神がかりになったまま、最後には非業の死をとげるのである。ふたりの老人カドモスとティレシアスの判断が、この年老いた詩人の判断でもあるのように見える。

エウリピデスの晩年の作品『バッカスの信女たち』は、すでに言ったとおり岩波文庫から、原題をカタカナ書きにした『バッカイ』というタイトルで出ています。この作品を実際に読んでみると、ニーチェがここで何を言わん

としているのか分かります。

訳注を見ると、「カドモスはテーバイ市の伝説的建設者。彼の娘アガウエはペンテウスの母」とあります。カドモスはフェニキアの王子で、妹のエウロペーがゼウスにさらわれたのを追って、各地を旅し、その途中で大蛇を退治します。アテナの助言でその蛇の歯を地中に撒くと、そこから兵士たちが現れます。そこにカドモスが岩を投げつけると、彼らは互いに殺し合いを始めます。そこで生き残った五人が、カドモスに従った、という伝説があります。カドモスがその戦士たちと共に作ったのが、テーバイというポリスです。

『バッカスの信女たち』は、カドモスが老人になって、引退している時代という設定です。カドモスには娘が何人かおり、その娘の一人アガウエがテーバイの現支配者ペンテウスの母親にあたり、もう一人の娘セメレがディオニュソスの母です。ですからディオニュソスもカドモスの孫にあたり、ペンテウスとは従弟同士にあたります。芝居には、ディオニュソス、ペンテウス、アガウエ、そしてカドモス自身とテイレシアス、ペンテウスの従者と二人の使者、コロスが登場します。

テイレシアスは盲目のアポロンの予言者で、この時点でかなり高齢という設定ですが、その後生き延びて、ソフォクレスの『オイディプス王』にも登場します。オイディプスの父に「あなたの息子があなたを殺し、あなたの妻と結婚する」と予言し、後に成長して、予言を成就したオイディプスから真相を追及される予言者です。ディオニュソスやペンテウスの従兄に当たるラブダコスの子が、オイディプスの父ライオスなので、成長したオイディプスと遭った時には、それから更に四〇～六〇年くらい経っていることになります。

ディオニュソス伝説は様々ありますが、ゼウスの子であったので、母の胎内にいる時からヘラのいじめに遭って、殺されそうになりますが、その後、葡萄栽培の技術を身に付け、その技術を授けながら、ギリシア各地やエジプト、シリアなどを放浪し、インドにまで至ったとされます。各地で、奇跡を起こし信者を多く集め、その信者を率いてギリシアの地に戻ってきました。このエウリピデスの作品では、信者たちを率いて生まれた土地であり、従弟が支配するテーバイに、祖父がまだ生きている時期に戻ってきたという設定です。ペンテウスの母であるアガウエと二人の叔母アウトノエとイノが、東方から新興宗教の教祖のような装いでやってきたバッカスの信者になります。二人の叔母は名前だけ言及されます。イノは、セメレがヘラに殺された後、ディオニュソスを育てた人です。タイトルになっている「バッカイ」とはバッカス信者のことです。支配者であるペンテウスは、多くのバッカイを引き連れたバッカスをテーバイの秩序を乱すものだと判断しました。バッカスの信者たちは、山野を踊り歩き、半狂乱の状態になっており、服装も滅茶苦茶で、理性が通じていない状態に見えました。それが集団で国中の至る所に出没する。支配者ペンテウスとしては、そのような集団に暴れられては堪らない。しかも自分の母や叔母も熱心な信者になっている。カドモスとテイレシアスの二人の老人は、新しくやってきたディオニュソスの宗教を受け入れて、自分たちも狂宴に参加します。ペンテウスは賢明であるはずの老人たちも信用できないと余計に腹を立て、どんどんいきり立つ。

ディオニュソスは神なので、本来の姿を現すと神だと分かるはずですが、ディオニュソスは信者の代表に扮装し人間っぽい姿で現れています。ペンテウスは、神ではなく人間としての信者代表を捕まえたつもりで、ディオニュソスを捕えます。しかし、うまく逃げられてしまいます。その間に母や叔母たちは完全に狂わされていました。彼はバッカイたちの狂宴を木によじ登って観察しようとしますが、それを見つけた母や叔母たちは彼を人間とは思わず、猛獣だと信じ、素手で殺して首をちぎり取ってしまいます。狂っているので、女性でも物凄い狂暴な力を発揮するという設定です。その母親は自分の父であるカドモスに、「獣を捕えました」と、その首を差し出します。カドモスから「よく見ろ。それはお前の息子ではないか」と言われ、ようやく正気に返ります。そういう悲劇です。

物語の流れとして、ある程度、悲劇を知っている近代人がイメージしそうな悲劇になっているのですが、ディオニュソス的熱狂によってポリスが崩壊する様を描いた作品だという見方もできます。では、エウリピデスはどういうスタンスを取ったのか。ニーチェによると、このような危険な存在はポリスに入れてはならない、というペンテウス的な態度がベースにあるが、最終的には、それに抵抗することはできないので諦めて同調しようとする二人の老人のスタンスを取っているわけです。

――これが、長い一生を通じて英雄的な力をふるってディオニュソスに抵抗してきた詩人の、われわれに告げるところなのだ。――彼はその生涯の終りにのぞんで敵の栄光をたたえ、一種の自殺によってその経歴を閉じたわけだが、そのありさまは、目まいにおそわれたひとが、怖ろしい、もはや堪えがたい渦巻きから逃れたいばかりに、塔からとびおりるのに似ていた。あの悲劇『バッカスの信女たち』は、彼の傾向が実現の可能性を持っていることに対する一種の抗議である。

これは分かりますね。ディオニュソス的なものの勝利を心の底から喜んでいるわけではなく、もうどうしようもないと思って、絶望の気持ちを作品にしたということです。逆説的に聞こえますが、私たちがシェイクスピアとかラシーヌ（一六三九－九九）の悲劇の背後に見ようとするのは、そういう運命のどうしようもなさに対する諦めのような感じですね。ただニーチェがここで想定しているエウリピデスの場合、運命に対する諦めというより、ディオニュソス的なものが、自分を取り巻く世界の秩序を破壊しそうになっている、という緊迫感でしょう。これが、エウリピデス個人の内に働いている衝動のことか、それともギリシア世界全体を襲って、揺り動かしつつあるものなのか、判然としませんが、このテクストは、歴史的な視野から悲劇の誕生を論じているわけですから、純粋に前者だけを指しているとは考えにくいです。エウリピデスの活躍した時期は、ペルシア戦争（前四九九－四四九）を勝利に導き、経済的・文化的にも全盛期になっていたアテネが、他のポリスの反発を買って、ペロポネソス戦争（前四三一－四〇四）が勃発した時期です。エウリピデスは戦争が終わる少し前に亡くなっているので、敗戦やその後の三十人政権による恐怖政治などは体験していませんが、紀元前四二九年の疫病の流行による、ペリクレス（前四九五頃－四二九）を含む市民の大量死や治安の悪化、ソクラテスの弟子でもあったアルキビアデス（前四四〇頃－四〇四）の祖国への裏切りや、帰国が許された後の無謀な作戦の決行によって、衰退の道を辿っていました。政治的・経済的秩序が壊れて、デマゴーグが政治を動かすようになった時期であるのは間違いないでしょう。

ああ、ところがそれはすでに実現を見ていたのだ！　ふしぎなことが起っていた。詩人が取りけしを叫んだ時、彼の傾向はすでに勝利をおさめていたのだ。ディオニュソスはすでに悲劇の舞台から追い払われていた。しかもそれはエウリピデスの口を通して語る一つの魔神的力によってであったのだ。エウリピデスもまた、ある意味では仮面にすぎなかったのである。彼の口を通して語った神は、ディオニュソスでもなければアポロでもなかった。ソクラテスと呼ばれる、まったく新たに生まれた魔神《ダイモン》だったのだ。ディオニュソス的とソクラテス的、

――これが新しい対立である。

エウリピデスがディオニュソス的なものの脅威を感じていたのに、気付いたら、勝利を収めていた、というのはヘンな話ですね。思い込みだったのか？ ちゃんと説明していないので、分かりにくいのですが、恐らくディオニュソス的なものの力が弱まったのではなく、エウリピデスの方が変化したということでしょう。芸術家であるエウリピデスは、いくらアポロン的なものを目指しても、身体の奥底から生じてくる衝動に対して感受性が強いので、ディオニュソス的な解体作用に抗しきれないけど、悲劇に対する感受性がない、理性で物事がないソクラテス的な態度を身に付けてしまえば、大丈夫だというわけです。簡単に言えば、鈍い人間、理屈で芸術を見ている人間には、ディオニュソス的な煽りは効かないわけです。私は普段はそんなに感度がよくないけど、演劇など芸術関係の仕事をする時は、無理にモードを変えるような感じになるので、こういう話何となく分かります。芸術そのものとは関係ない批評家とか商売人になってしまえば、悩まなくてすむ。ディオニュソス的衝動をアポロン的な秩序で抑え込もうとすると苦しくなるけれど、ディオニュソス的なものの源泉になる身体的衝動をシャットアウトすればいい。偉くなったり、年取ったりして鈍くなれば、自然とそうなるかもしれません。

ただ、ソクラテスを理性の化身とか言わないで、「ダイモン」と呼んでいるところに少しひねりがありますね。『ソクラテスの弁明』で、ソクラテスは、やってはいけないことをやりかける時、自分に憑いている「ダイモン」の警告の声が聞こえる、と言っていますね。ダイモンというのは、英語の〈demon〉の語源ですね。古代ギリシアで〈δαίμων（daimōn）〉というのは、元々、「神」を意味する〈θεός（theós）〉とほぼ同じ意味で使われていたようですが、ソクラテス＝プラトンは、神と人間を繋ぐ中間的な存在と捉えました。ごく普通に考えると、「ダイモン」はソクラテスの良心のようなものなので、良心とか良識とか、分かりやすい言い方にしてもよかったのでしょうが、ニーチェはそれが「ダイモン Dämon」、つまり「デーモン」であること、言い換えれば、「魔神的力 dämonische Macht」であることを強調しようとしている感じですね。ディオニュソス的とダイモン的を対置すると、いかにも同じように、怪しげな感じがしますね。いわば、魔物同士の争いみたいな感じになりますね。それを狙っているのでしょう。

・ダイモン：英語の〈demon〉の語源。古代ギリシアで〈δαίμων（daimōn）〉。元々、「神」を意味する〈θεός（theós）〉とほぼ同じ意味。
※ソクラテス＝プラトンは、神と人間を繋ぐ中間的な存在と捉えた。
・ソクラテス：良心とか良識とか。
・ニーチェ：「ダイモン Dämon」、つまり「デーモン」。「魔神的力 dämonische Macht」であることを暗示。

さていよいよ、エウリピデスがそれを武器としてアイスキュロスの悲劇と戦い、これを打ち敗かしたあのソクラテス的傾向に近づいてみることにしよう。

さしずめ問題にしなければならぬことは、劇をもっぱら非ディオニュソス的なものの上にうち建てようというエウリピデスの意図が、完全に理想的に行なわれた場合、どういう目標を一般に持ちうるかということである。いいかえれば、劇が音楽の母胎から生まれない場合、ディオニュソス的なもののあの神秘にみちた薄明かりから生まれない場合があるとしたら、どういう形の劇がまだ残されているかということだ。残されているのは、演劇化された叙事詩という形だけである。しかも、叙事詩というアポロ的芸術領域では、悲劇的効果をあげえないことは、ことわるまでもなかろう。これは表現された出来事の内容にかかわることではない。

前回見たように、ニーチェの見解では、抒情詩が各人の内から生じてくる、主客未分化の根源的情動に対応し、ディオニュソス的な音楽性を帯びているのに対し、ホメロスが作ったような叙事詩は、物語という形で事物に秩序・筋道を与えているという意味で、アポロン的だということでしたね。ギリシアの演劇や詩についてさほど詳しくない人間は、ホメロスの叙事詩も十分に混沌としているように見えるし、演劇はそもそも物語的構造を持っているではないかと素朴に反論したくなりますが、肝心なのは、情動的なものを中心とする芸術なのか、それとも物語的筋、意味付けを中心とする芸術なのかでしょう。『縛られたプロメテウス』では、その場で何か新しいことが起こるわけではなく、ゼウスの押し付ける秩序を受け容れようとせず、あくまで反抗し続けるプロメテウスやコロスの情動を表現するところに重点がありますが、エウリピデスの『バッカイ』では、確かにディオニュソス的狂気が主題になっていても、登場人物が情動に囚われた情景は直接表現されず、使者による伝聞の形を取っています。ニーチェは、エウリピデスは、コロスを中心とした音楽性を排除していると見ているわけです。

叙事詩的・アポロ的なものの力というものは、これくらい並々ならぬものがあるのだ。その魔法的な力はどんなに怖ろしいことでも、仮象に対するあのアポロ的な快感と、仮象による救済とで、見る見るうちに変えてしまうのである。演劇化された叙事詩の詩人は、叙事詩を朗唱する吟遊詩人と同様に、自分の描く形象と完全に融合することはできない。彼はあいかわらず距離を置いて眺めるだけであり、気持の上でも動揺を経験することはないのだ。つまり形象と一体になるのではなく、形象を自分の前にあるものとして見るだけなのである。演劇化された叙事詩に登場する俳優は、つきつめたところ、やはり叙事詩を朗唱する吟遊詩人であることに変わりはない。彼のすべての所作には、心のなかで夢みているという霊感が漂っている。だから彼は決して完全に俳優にはなれないのである。

俳優は叙事詩を歌う吟遊詩人と同じで、自分が台詞として歌いあげる「形象（絵）Bild」と「完全に融合する völlig verschmelzen」ことなく、「距離を置いて眺める aus weiten Augen blicken」だけ、というわけです。「自分の前にあるものとして見る vor sich sehen」というのは、自分と一体ではなく、自分の「前」にある、少し距離があって観察可能である、ということを強調する言い方で、ハイデガーの「手前存在 Vorhandensein」に相当するでしょう。これは、俳優さんが読むと、いや自分たちは感情移入して、その役になり切って演技していると反論したくなるでしょうが、ここでニーチェが言いたいのは、エウリピデスの悲劇では、俳優の台詞が出来事の叙述になっていて、情動をそのまま反映するような性質のものではない、ということでしょう。現代の演劇だと、もっと情動を直接的に反映しやすい台詞がありますし、アルトー（一八九六－一九四八）の「残酷劇 Théâtre de la cruauté」のように、拷問にかけられたような身体の苦痛に満ちた表現を主体とし、台詞と言えば、言葉かどうか分からないものを発するような前衛劇もあるので、そういうのを悲劇と呼ぶのであれば、話は違ってくるのかもしれませんが、エウリピデスは、俳優に吟遊詩人のように物語を語らせる方向に悲劇を構築していったわけです。長台詞で出来事の説明をさせるような場面はシェイクスピアやラシーヌにも結構ありますし、現代のエンタメ系の映画やドラマはそういう説明的な台詞多いですね。ここで言う「完全な俳優になれる」――原語の〈ganz Schauspieler〉を正確に訳すと、「全面（体）的に俳優である」――というのは、ディオニュソス的情動によって直接的に突き動かされている状態

ということでしょう。
あと、念のために言っておきますと、古代ギリシアの悲劇の台詞は、全て韻文で、音楽付きで演奏していたので、台詞の内容が叙述的になると、吟遊詩人による朗唱とあまり変わらないもの、一人でやる朗唱を何人かで分担しただけ、という感じになるはずです。

さて、アポロ的演劇のこの理想に対して、エウリピデスの作品はどういう関係にあるだろうか。それは古代の荘重な吟遊詩人に対する後代の誦唱者の関係にひとしい。というのは、後代の誦唱者はプラトンの『イオン』で、自分のあり方を次のように述べているからだ。「悲しいことを話すときには、私の目は涙で一杯になる。しかし私の言うことがおそろしく、すさまじい時には、私の頭の毛は恐怖のために逆立ち、心臓は高鳴る」と。ここにはもはやあの叙事詩的な仮象への没入、真の俳優のもつ非情な冷たさは、まったく認められない。真の俳優というのは、その最高の活動においてこそ、完全にそう見えるだけの仮象となり、仮象に対する快感になりきるものだからだ。エウリピデスは、心臓は高鳴り、髪の毛は逆立つ型の俳優なのだ。彼は腹案をねる時には、ソクラテス的思想家なのであり、実演する時には、激情にかられる俳優なのである。腹案をねる時にも、実演する時にも、彼は純粋な芸術家ではない。こうしてエウリピデスの劇は、冷ややかで同時に火のようなもの、凍ることも燃えることもどちらもできるといったようなものだ。

少し分かりにくいのですが、先ほどのは、エウリピデスの思想において、悲劇が目指すべき理想として想定されている状態の話で、ここでは、彼が実際に作った作品はどういう性格を持っていたか、という話です。「古代の荘重な吟遊詩人」と「後代の朗唱者」という対比が少し分かりにくいですが、原文では、前者は〈der feierliche Rhapsode der alten Zeit〉となっているのに対し、後者は単に〈jener jüngere〉となっています。つまり、「その後代の者」となっているだけで、「朗唱者」という意味の単語はありません。文脈から考えて、訳者が補足したのでしょうが、新しい言葉を出してくると、かえって混乱するのではないかという気がします。で、「その後代の者」とは誰かというと、先ほど出てきた「叙事詩を朗唱する吟遊詩人」として性格付けられている悲劇の「俳優」のことです。ここも「叙事詩を朗誦する」という部分はなくて、単に「吟遊詩人 Rhapsode」です。つまり、ホメロスの時代の文字通りの意味での「吟遊詩人」と、それを台詞として語る、エウリピデス流の悲劇の俳優の関係が対比されているわけです。つまり、エウリピデスが悲劇をアポロン的演劇として制作している以上、彼の作品の俳優は、ホメロスのような本当のすぐれた吟遊詩人のように朗誦すべきだが、実際はどうなっていたかを問題にしようとしているわけです。

プラトンの『イオン』というのは、初期の対話篇で、ソクラテスの対話相手であるイオンは、「ラプソドス（ῥαψῳδός=rhapsodós）」です。「ラプソドス」というのは、ギリシア各地の祝典で、語り伝えられた叙事詩を朗唱することを生業とした人です。祭りでは、ラプソドスたちは歌い比べをして、勝者には賞金が与えられたようです。最初は、いろんな物語をその場の雰囲気や土地の事情に合わせて、アレンジしていたのが、次第にホメロスとかヘシオドス、アルキロコスなどが作った叙事詩を朗唱するようになったようです。従って、訳では「吟遊詩人」「朗唱者」と区別していますが、どちらもギリシア語では「ラプソドス」で、即興性があるのか書かれて定型（エクリチュール）化されたテクストを朗唱するのかの違いでしかありません。イオンは、小アジアのエフェソスの人で、アテネの南西に位置するエピダウロスというポリスで行われる、医術の神アスクレピオスの祝典で、ホメロスの詩の朗唱に優勝した帰りにアテネに立ち寄ったという設定です。当時、エピダウロスはアテネの支配下にありました。ホメロスのことなら何でも知っているというイオンに対して、ソクラテスは例の問いかけを通して、彼が実際には何も知らないことを明らかにします。「　」内は、そのイオンの台詞です。思い切り感情移入して、なり切っているわけですね。

吟遊詩人——紛らわしいので、タイプⅠのラプソドスとでも言っておきましょう——であるホメロスの作った叙事詩を朗誦するイオンのような朗誦者——タイプⅡのラプソドス——は、ちょうど悲劇の作品で台詞を語る俳優と同じようなもので、恐らく俳優は、ここでイオンが語っているような気持ちで台詞を語っているのだろう、とニーチェは想像しているわけです。ラプソドスⅠの作品を声に出して読み上げるラプソドスⅡの行為——エクリチュール（書かれた言葉）によってパロール（語られる言葉）が規定されるというデリダの議論の実例になっているような感じですが、詳しくは拙著『〈ジャック・デリダ〉入門講義』（作品社）をご覧ください——から、エウリピデス

「ラプソドス（ῥαψῳδός=rhapsodós）」＝ギリシア各地の祝典で、語り伝えられた叙事詩を朗唱することを生業とした人

ラプソドスⅠ＝叙事詩の創作者
ラプソドスⅡ＝ラプソドスⅠの作品を朗唱する詩人

ラプソドスⅠや悲劇作家➡現実の自分を超えた神々や英雄の行為を体系的に物語らないといけない。描く対象は、自分の周囲の世界の延長上にあるのではなく、理想化された世界の出来事と考え、距離を取らざるを得ない。

ラプソドスⅡや俳優➡神々や英雄の世界の異様な出来事と、自分の距離など意識せず、世界観的・存在論的な背景など無視。自分が朗唱する対象と一体化したつもりになる。

の悲劇の俳優のやっていることを類推するというのは、かなり無理がありますが、恐らく言いたいのは、叙事詩あるいはアポロン的悲劇の創作者は、描こうとする対象に距離を置いて理想化するけれど、それを朗唱する後の世代の人は、感情を込めて登場人物になり切ろうとする。

説明不足なので、何故そういうちぐはぐなことになるのか分かりにくいですが、よく考えてみると当然です。ラプソドスⅠあるいは（本来の）悲劇作家は、現実の自分を超えた神々や英雄の行為を体系的に物語らないといけないので、描く対象は、自分の周囲の世界の延長上にあるのではなく、理想化された世界の出来事と考え、距離を取らざるを得ない。しかし、ラプソドスⅡや俳優は、そういう神々や英雄の世界の異様な出来事と、自分の距離など意識せず、というかそういう世界観的・存在論的な背景など無視して、自分が朗唱する対象と一体化したつもりになる。ごく普通に考えれば、そうなるでしょう。物語的世界を全体的に表象する人と、そういうことを考えないで、与えられた言葉を自分の言葉として語ることを期待されている人の分業なのだから。後者に、感情移入などしないで、遠いところにある理想の世界のことだと思って朗唱しろと言っても、どこに力を入れていいか分からなくてとまどうだけでしょう。自分の作った作品ではないんだから。これはどんな詩や劇についても言えそうですが、体系的な叙述を中心にする叙事詩やエウリピデス的悲劇は特にそうしたギャップが際立つでしょう。

では、ラプソドスⅡや悲劇俳優はディオニュソス的な状態になっているのか。そういう話の流れのような気がしますが、どうもそうではないようです。

――叙事詩特有のアポロ的効果をあげることは、彼の劇ではできない。他方、彼の劇はディオニュソス的要素から離れられるだけ離れているから、およそ効果を

あげるためには、新しい刺戟の手段を必要とする。ところでこれは、二つの独特な芸術衝動、すなわちアポロ的衝動とディオニュソス的衝動の内部には、もはやありえない。すなわち、アポロ的直観にかわるものとしての冷たい逆説的な思想と、ディオニュソス的恍惚にかかわるものとしての火のような激情とが、こうした刺戟の手段になるのであり、しかもこの思想や激情は、高度に写実的に模倣されているとはいっても、芸術の霊気《エーテル》にはいっこうひたされてはいないのだ。

エウリピデスの劇では、「アポロン的な直観 die apollinischen Anschauungen」に代わるものとしての「冷たい逆説的な思想 kühle paradoxe Gedanken」と、「ディオニュソス的恍惚 die dionysischen Entzückungen」に代わるものとしての「火のような激情 feurige Affecte」が組み合わさっている、というわけですね。「アポロン的な直観」が物事のあるべき姿、宇宙の秩序、物語が発展していく法則のようなものを見抜く直観に基づいている、ということでしょう。「冷たい逆説的な思想」というのは、『バッカイ』のような不条理で、人知・理性では把握しがたい事態が起こっていることを、アイロニカルに見ているということでしょう。『バッカイ』のカドモスやテイレシアスの態度、あるいは、物語に介入しない傍観者のようなスタンスで、神々の目から見てそこで起こっていることにどう意味があるのだろうかと想像するコロスの態度がそうかもしれません。

分かりにくいのが、「ディオニュソス的恍惚」と「火のような激情」の違いですね。恐らく、前者では、個体化の原理が崩壊して、自分が何者か分からなくなる、場合によっては、サチュロス（獣）化が進んでしまって、人間に戻れなくなるかもしれないような状態でしょう。それに対して後者は、「写実的に模倣する realistisch nachahmen」という意味では、自分ではなくなるのだけれど、今の自分とは別の個性を持った一つの人格を想像して、その人物、役柄になり切るのだから、個体化の原理は揺らがない、少し変形しただけで継続する、ということになるのではないかと思います。自分とは別の人物の感情を「模倣する nachahmen」のは、芸術の本質である、ディオニュソス的恍惚とアポロン的直観の鬩ぎ合いとは程遠いというわけです。

ニーチェによると、エウリピデスは本当の意味でアポロン的原理に基づいて構築することに失敗し、「自然主義的・非芸術的傾向」、つまり人間の自然な感情の動きを再現すればそれで芸術になるというような錯覚に陥って、

「美的ソクラテス主義 der aesthetische Sokratismus」(一二〇頁) なるものに近付いていったということですね。「美であるためには、すべてが理知的でなくてはならない」というのが、美的ソクラテス主義です。美を知と結び付けているわけですね。確かに、ソクラテス＝プラトンは、何が美しいかではなく、「美のイデア」とは何かを知ることに関心を寄せていますね。

通例ソフォクレスの悲劇と比較してしばしばエウリピデスの文学的欠点・後退に数えられるものは、たいがいあの徹底した批判的手順、あの思い切った理知性の産物なのだ。エウリピデスの序詞はあの合理主義的方法の生産性を示す一例として役立つだろう。エウリピデスの劇につけられている序詞《プロロゴス》ほど、われわれの舞台芸術と逆行するものはない。個々の登場人物が作品の冒頭で、自分は誰であるか、どういうことが本筋の先にあるか、今までにどういうことが起り、それどころか、作品の進行中にどういうことが起るかといったようなことまで物語るときては、緊張の効果をそぐ気まぐれな許すべからざることだと、近代の劇作家なら言うところであろう。だって、これから起ることが全部わかっているのに、それが本当に起るのを待ってみようと思うものがあるだろうか？——というのは、ここには、予言的な夢が、のちにあらわれる現実に対して持つ緊張関係は起りえないからだ。エウリピデスはまったく違った考え方をした。悲劇の効果はなにも叙事詩的な筋の緊張にもとづくものではない。いま何が起り、あとからどういうことが起るかという、刺戟的な不確実性にそれはもとづくものではなかった。むしろ、主人公の情熱と弁論術がもりあがって堂々とした力強い流れとなる、あの壮大な修辞的・抒情詩的な場面にもとづくのである。すべては筋のための準備ではなくて、情熱《パトス》のためのお膳立てなのだ。そして情熱のお膳立てにならないものは、じゃまになると見られる。ところで、そういう場面に打ちこんで鑑賞することをさまたげる最大のものは、話の続き具合が聞き手にわかっていないこと、本筋以前の物語の織り目に穴があいていることだ。これやあれやの人物がどういう意味を持ち、愛情や意図のおこす葛藤《かっとう》の一つ一つが何を前提としているのか、聞き手がそんなことに頭をひねらねばならないようでは、主要人物の苦悩や行為に完全に没頭することも、息をのむほど主人公と共に悩み共に恐れることも、まだできるものではない。アイスキュロスやソフォクレスの悲劇は、きわめて気のきいた芸術手段を使って、いわば偶然のように最

初の二、三場のうちに、理解に必要なさまざまの糸口をすべて観衆の手に与えるようにしている。やむをえない約束事にいわば仮面をつけて、それを偶然な出来事のように思わせるすぐれた芸術的手腕を立証する一つの特徴だ。それでもしかしエウリピデスは次のようなことを認めぬわけにはいかないと思った。すなわち、観衆はあの最初の二、三場のあいだ、本筋以前の出来事という計算問題を解くための独特な不安におちいっており、従って序幕の詩的な美しさや情熱《パトス》が観衆にとっては失われてしまうということだ。そこで彼は序幕の前にさらに序詞を置き、信頼できるような人物の口を通して、それを語らせることにした。時には神が出てきて、悲劇の経過を観客にむかっていわば保証し、神話の実在性に対するあらゆる疑惑を取り除かねばならぬこともよくあった。ちょうどデカルトが、経験的世界の実在性を、神は誠実でうそをつくことはできぬということに訴えて、はじめて証明することができたのに似ている。

長いですが、エウリピデスが理屈っぽく計算して芝居を作っている、と言いたいことは読み取れますね。鍵になるのは、「序詞」と訳されている〈Prolog〉です。芝居の背景説明をする、俳優やコロスによる前口上ですね。近代の演劇でも使われることもありますが、必須ではありません。シェイクスピアも一部の作品、例えば『ロミオとジュリエット』や『ヘンリー五世』で使用していますが、観客が物語の背景を分かるよう丁寧に説明するというよりは、これからどういうことが起こるかアイロニカルに暗示したり、観客に向かってここを舞台ではなく、英国軍とフランス軍が対峙するフランスの戦場だと想像してみてくださいと呼びかけるなど、劇場の雰囲気作りのために導入しているという感じです。〈Prolog〉の原語のギリシア語は、〈πρόλογος（prólogos）〉。〈logos〉に「前」を意味する〈pro-〉という接頭辞を付けた表現です。要は、単に前言という意味なのですが、前に置かれたロゴス（論理）だと取ると、意味深な感じがしますね。

エウリピデスの作品では、序詞で、物語の背景説明がなされています。アイスキュロスも「序詞」を使いますが、背景説明ではなく、シェイクスピアのように、日常から芝居の舞台である神話的世界へと入っていくための雰囲気作りのような感じです。ソフォクレスの悲劇はいきなり始まります。『オイディプス王』の、エディプスが生まれた時の予言や、スフィンクスの謎を解いた、といったよく知られている話は、観劇する人にとって前提になっているようです。劇の進行に伴って、前提になっている神話の物語が言及されているので、それらを手掛かりに、どういう神話的出来事を背景に、舞台上で現に進行している事態が生じたのか推測することはできますが、全く知識がない人は付いていけないので、かえって混乱するでしょう。

ギリシアやローマの演劇は、ギリシア＝ローマ神話を前提にしていることが多いので、現代人から見て、説明不足なのは当然です。ただ、同じ出来事を指しているように見える神話にも様々なヴァリエーションがあり、そこから何を読み取るかは更に多様なはずです。自分たちは、この物語をこう解釈している、と表明しないと、何が起こっているのかはっきりしないということはあるでしょう。ソフォクレスのように演技を通じて徐々に明らかにしていくというやり方と違って、「プロロゴス」として最初に表明してしまうというやり方をしたのがエウリピデスだというわけです。それはある意味ネタバレですが、ニーチェの見立てによればエウリピデスは、観客が自分の見立てに不安を感じて、劇に集中できなくならないよう、信頼できそうな人物、場合によっては神を登場させて、物語の本筋を明らかにするわけです。『バッカイ』の場合はディオニュソスが、『トロイの女たち』ではポセイドンとアテナが、『イオン』ではヘルメスが、『アルケスティス』ではアポロンとタナトス（死）が冒頭に登場して、物語の設定を説明します。「序幕」の原語は〈Exposition〉で、これも背景情報を説明するための部分ですが、〈Prolog〉が基本的に演技を伴わないで、言葉だけなのに対し、〈Exposition〉は役者たちの演技の中での説明です。

ニーチェが特に問題にしているのは、「神話の実在性 Realität des Mythus」のようですね。当時の観客にとっても、「神話」のような出来事が実際に起こるかどうかは疑わしいところがあったということでしょう。だから、劇の中で日常的にあり得ることと、自分たちの経験の延長で理解できることと、神話の世界ならではの飛躍があった。それをエウリピデスは、「プロロゴス」で取り繕おうとしたわけです。芸術の本質は、日常の感覚から逸脱して、別の次元のリアリティを作り出すことにあると見るニーチェからしてみれば、余計なことをやって、矛盾を拡大しているだけ、ということになるでしょう。

こうした上演に先立った「説明」という問題については、私自身も演劇の制作に関わっているので感じることです。あごうさとしさんという監督さんに数年前からドラマトゥルクという立場で協力していて、一度自分で役者をやったこともあるのですが、詳しくは、あごうさんのＨＰなどでご覧ください。現在、二〇一八年に上演した『触覚の宮殿』という作品を、音楽劇として改作して、金沢の市民芸術村で上演する予定で、その準備を進めています。金沢で活動しているバイオリニストさん二人に演者として加わってもらい、金沢在住の舞台衣装デザイナーさんと文化服装学院の学生さんに衣装関係を担当してもらうことになっています。その打ち合わせをしている時、市民芸術村側の受け入れ責任者で、音楽ディレクターという役割の作曲家さんが、上演を始める前に、これが金沢市が協賛している事業で、こういう風に準備してきたという説明を、一五分ほどやりたい、と言ってきました。音楽のコンサートの場合、最初にそういう説明をすることがあるのだそうです。私は、真夏の八月にやる劇のスタート前に一五分も長々と演説したら寝る人も現れるだろうし、ネタバレになってしまうので、上演前にはあまりしゃべるべきではない、そういう説明もアフタートークに含めるべきだ、とかなり強く主張しました。演出家のあごうさんも、演劇はどのように雰囲気を作って入っていくかが重要で、この芝居の場合、お客さんにそういう余計な情報を事前に与えるべきではないと言っていました。そういう話をしているうちにいろいろと考えさせられました。古典的な音楽の演奏では、前置きの説明があってもあまり関係ないかもしれません。通の観客はどんな曲がこれから演奏されるのかもう分かっているというか、何回も聞いていて、今回の演奏者がそれをどう演奏するかに期待しているわけですから。本当のプロであればそのまま演奏を聞けばいいのでしょうが、ある程度詳しくても素人は、これから演奏する人はこのような背景のある人ですとか、こういう主旨でこういう構成の演奏会にしましたとか説明があった方が、ついていけている気になれていいかもしれません。しかし、形式が決まっていない現代音楽で、その都度の状況でどうなるか分からないようなものだと、説明は後からの方がいいのではないかと思います。演劇でも、例えば能や古典歌舞伎とかシェイクスピアの代表作のように、やることが大筋ではっきりと決まっていて、年に何度も違った一座で演じられているようなものは、今回の公演ではここが見どころですよと教えておいてあげた方が親切かもしれません。物語としての一貫性よりも、身体の意外な動きとか、断片的なエピソードの間の相互関係を、観客がそれぞれのやり方で解釈する余地を大きく残す、『触覚の宮殿』のような前衛劇だと、前口上による説明はかなり邪魔になります。

「序詞」〈Prolog〉＝芝居の背景説明をする、俳優やコロスによる前口上。
〈Prolog〉の原語のギリシア語は、〈πρόλογος（prólogos）〉。〈logos〉に「前」を意味する〈pro-〉という接頭辞を付けた表現。

※単に前言という意味だが、前に置かれたロゴス（論理）だと取ると、意味深。
※※一見単なる形式上の問題に見えて、芸術をどのように捉えているかという重要な問題。

このように「プロロゴス」の存在は、一見単なる形式上の問題に見えて、芸術をどのように捉えているかという重要な問題であるわけです。ニーチェは、エウリピデスは非常に理屈っぽく、計算ずくで、ディオニュソス的な恍惚とは程遠いと見ているのは間違いないですね。「デカルトが、経験的世界の実在性を、神は誠実でうそをつくことはできぬということに訴えて、はじめて証明することができた」というのは、デカルト（一五九六－一六五〇）が『省察』（一六四一）で、自己自身の存在と、自分が持っている疑い得ない諸観念の起源としての神の存在をいったん〝証明〟した後、そのように推論している自分が「悪しき霊 genius malignus」に欺かれているかもしれない可能性に言及するものの、神がいるとすれば、神が自分を欺くはずはないと言って疑いを取り除いてしまう、という有名な話です。ニーチェにしてみれば、エウリピデスもデカルトも理性的な計算に基づいて作業している風を装いながら、一番肝心なところで「神」頼みになるしかないのはすごく皮肉ではないか、ということでしょう。

――この神の誠実をエウリピデスは彼の劇の結末でもう一度使い、彼の主人公たちの未来を観客に保証する。これが悪評高い機械仕掛け《デウス・エクス・マキーナ》の神の任務なのだ。叙事詩的な回顧と展望の中間に、劇的・抒情詩的な現在、本来の「劇」がはさまれているというわけだ。

「機械仕掛けの神 deus ex machina」とは、クレーンのような機械に乗せた形で神を登場させる仕掛けのことです。神が登場し、人知を超えた奇跡を起こすことによって物語の展開上ややこしくなった問題に一気に決着を付けてしまうわけです。ギリシアの古典演劇全般において機械仕掛けの神が登場すると思っている人もいるかもしれませんが、必ずしもそうではなく、アイスキュロスも一部導入していますが、本格的に導入したのはエウリピデスです。ソフォクレスの『オイディプス王』や『アンティゴネー』のような神が直接登場しない作品には出てきません。近代哲学では、都合の良い所で神を持ち出す議論を「機械仕掛けの神」

と呼んで皮肉ることが多いです。例えば、ライプニッツは、精神と物体の二元論を取りながら、両者を媒介するものとして神を持ち出すデカルトやマールブランシュ（一六三八－一七一五）の議論をそう呼んでいます。アダム・スミス（一七二三－九〇）の「見えざる手 invisible hand」とかヘーゲルの「理性の狡知 List der Vernunft」なども「機械仕掛けの神」だと言われることが多いです。

「神の誠実」を劇の結末でもう一度使うというのは、「プロロゴス」で既に一度神を使っているからです。「叙事詩的な回顧と展望」は誤訳だと思います。原語は〈die epische Vorschau und Hiausschau〉です。〈hinaus-〉は、「～を越えてその向こうに」という副詞的な意味合いを持った接頭辞なので、「展望」の方はそれでいいとして、〈vor-〉は、英語の〈pre-〉に当たる接頭辞なので、〈Vorschau〉は「回顧」ではなく、逆に「プレビュー」「予告」です。「予告」が「プロロゴス」で、「機械仕掛けの神」によってこれからどうなるか「展望」が示されるわけです。そうやって神的な権威によって物語の大枠が決まったところで、決まったコースに従って「劇」が展開するわけです。

こうして詩人としてのエウリピデスは、何よりもまず彼の意識的認識の反響である。そしてまさにこのことが、彼にギリシア芸術史上あのように注目すべき地位を与えるのである。彼は自分の批判的・生産的な創作活動をかえりみて、まるで自分はアナクサゴラスの著書の冒頭を演劇畑で生かそうとしているみたいではないか、といった思いにかられることがしばしばあったに相違ない。アナクサゴラスの書物の書き出しには次の数語があるのだ。「最初はすべてが雑然としていた。そこへ理性《ヌース》がきて、秩序を創造した」と。アナクサゴラスが彼の「ヌース」をたずさえて哲学者たちのなかに姿をあらわした様子が、まるで酔っぱらいどもばかり集まっているところへ、はじめてしらふの男が顔を出したようなものであったとすると、エウリピデスもまた、悲劇の他の詩人たちに対する自分の関係を、似たような比喩で受けとっていたかもしれない。万物の唯一の組織者で支配者である「ヌース」が芸術の創作から締め出されているかぎりは、すべてはまだ混沌《こんとん》としたどろどろの状態で雑然としているのだと、エウリピデスは判断せざるをえなかったし、最初の「しらふの男」として「酔っぱらった」詩人たちを断罪しないではおれなかったのだ。

アナクサゴラス（前五〇〇頃－四二八頃）は、ソクラテスより一世代くらい前の、小アジアのイオニア地方で活動した哲学者で、原初には、様々な事物を構成する基本的な要素＝種子（spermata）が雑然とした状態で存在していたが、理性（nous）が現れたことで、秩序が与えられるようになった、と主張したことで知られています。ニーチェは、アナクサゴラスが哲学的教説としてそう主張しただけでなく、それまで、火とか水を元素だと言って想像力を駆使するだけで、明確な論理を持っていなかった哲学者たちの中で、「理性」を中心とする一貫した論理を持ち込んだ存在であると見なしています。「酔っぱらった trunken／しらふ nüchtern」というのは、訳注にもあるように、アリストテレスの『形而上学』にある表現です。アナクサゴラスと、それまでの哲学者を対比する文脈で出てきます。原語では、「しらふ」の方がまさにそういう意味の〈νήφων〉という名詞なのですが、「酔っぱらい」の方は原語は、〈εἰκῇ λέγοντας〉というフレーズになっていて、〈εἰκῇ〉という部分は「空しく」とか「でたらめに」という意味なのですが、〈λέγοντας〉の方が「眠り込んでいる」という意味にも「語っている」という意味にも取れるので、解釈が分かれるようです。岩波文庫から出ている出隆さん（一八九二－一九八〇）の訳だと、上巻の三六頁です。出さんの訳では、「たわごとを言っている」となっています。いずれにしても、アリストテレスは、「理性」による秩序を指摘したアナクサゴラスを高く評価しています。

ソフォクレスがアイスキュロスについて言ったこと、「無意識ながら彼のすることは当を得ている」という言葉は、たしかにエウリピデスの意味でいわれた言葉ではなかった。エウリピデスならば、「アイスキュロスは無意識で創作するのだから、彼の創るものは当を得ていない」ということしか認めなかったことだろう。神のようなプラトンでさえ、詩人の創造的能力を口にする時には、それが意識的洞察《どうさつ》である場合は別として、たいがい反語的《アイロニカル》にしか語っていない。そして、その能力を、予言者や夢をうらなうひとの天分と同列に置いている。詩人というものは、悟性が彼のなかに住まなくなって無意識的になるまでは、詩をつくることができないではないか、とプラトンはいうのだ。プラトンもそれをくわだてたように、エウリピデスは「非理知的な」詩人と反対のものを世間に示そうと試みたのだ。「美であるためには、すべては意識的でなければならぬ」という彼の美学の原則は、私が先に述べたように、「善であるためには、すべては意識的でなければならぬ」というソ

ークラテスの原則と並行する命題である。

　このソフォクレスによるアイスキュロスに関するコメントというのは、アテナイオスという、エジプトのナイル河畔の都市ナウクラティス出身で二世紀の終わりから三世紀の初めにかけて活躍したとされるギリシア語で書く散文作家、修辞学者・文法学者の『食卓の賢人たち Δειπνοσοφισταί』という著作から取ったもののようです。このテクストは、ラレンシスという裕福で教養あるローマ市民が、友人たちを食卓に招いて、過去の著名人の食に因んだ話題について大いに語り合った内容を、ラレンシスの友人である著者アテナイオスが、別のティモクラスという友人のために、書いているという複雑な構成になっています。過去の著名人その多くの引用がありますが、正確な引用というより、ヘレニズム世界で一般的に言われていることの孫引きのような感じです。ニーチェが引用しているフレーズは、この本の第一巻と第一〇巻に出てきて、アリストテレスの流れを汲むペリパトス（逍遥）学派の哲学者で、小アジアのヘラクレア・ポンティカという都市出身の哲学者カマイレオン（前三五〇頃－二七五頃）からの引用とされています。カマイレオンは、詩人についてのいくつかの著作があったとされています。ソフォクレスの言葉がカマイレオンに引用されて、それをアテナイオスが引用していて、それをニーチェが更に引用しているのだから、少なくとも三重引用です。『食卓の賢人たち』の引用は、京都大学出版会の西洋古典叢書で五巻本で出ています。

　アテナイオスの原文では該当の箇所は、京大出版会版の柳沼重剛さん（一九二六－二〇〇八）の訳、第一巻の方だと、「カマレイオンによると、アイスキュロスは酔いながら悲劇を作った。とにかくソポクレスがアイスキュロスを非難して、たとえ彼が、悲劇とはこうあらねばならぬというような悲劇を作ったとしても、彼自身は自分がそういう劇を作っていることを自覚してはいなかった、と言っている」となっています。第一〇巻の方でもほぼ同じ表現になっていますが、そちらでは自分が酔っ払っているだけでなく、作品の中でも「酔っている μεθύων」状態の人を登場させたと述べられています。先ほどのアリストテレスの『形而上学』でのアナクサゴラスに関する「酔っぱらい／しらふ」と、繋がっているわけですね。細かいことを言いますと、ニーチェは「無意識で unbewußt」という言い方をしているので、いかにも後の精神分析に通じる話のように聞こえますが、アテナイオスの原文では、単に「知らないで οὐκ εἰδώς」という言い方になっています。〈εἰδώς〉というのは「知る」という意味の〈οἶδα〉という動詞の完了分詞形で、〈eidos（εἶδος）〉や〈idea（ἰδέα）〉と同じ系統の言葉です。

詩人のことをあまりよく言っていないプラトンの話を挟んでいるので分かりにくくなっていますが、要は、エウリピデスが、芸術創造は意識的・反省的、つまり理知的であらねばならない、という態度を取っていて、それが、善を行うには、自分が何をやっているか意識していないといけない、知的でなければならない、というソクラテス（＋プラトン）の立場と、並行関係にある、ということです。現代だと、芸術創造は、頭で計算して組み立てるよりも直観を大事にすべきだとか、頭でっかちに考えずにまず良心に従って素朴に行動するのが本当の道徳だとか言う傾向がありますが、ソクラテス＝プラトンは、善と知は一致する、エウリピデスは、美と知は一致すると考えていたわけです。

プラトンはご承知のように、『国家』でソクラテスの口を通じて、詩を作るというのは、イデア（真実）の影にすぎない現実の事物を、その本質が何か知らないまま形だけ模倣するということであり、真実から次第に遠ざかっていく、しかもそれは人間の魂の劣った部分、感情（pathos）的な部分に働きかけるのであまり望ましいものではない、哲人王の国から詩人を追放すべきだと主張しています。その意味で、エウリピデスの美に対する哲学的見解を説明するのに、ソクラテスの善論を引き合いに出すのは紛らわしいですが、（ニーチェが想像する）エウリピデスにしてみれば、プラトンが告発しているような、魂の理性（logos）的部分を眠らせて感情に支配される「詩人」は確かにいて、アイスキュロスはそうかもしれないが、本当にすぐれた詩人は理知的に創作するはずだ、ということでしょう。

ところでソクラテスは、古い時代の悲劇を理解せず、従ってまたそれを尊重してもいなかった例の第二の観客であった。エウリピデスはこのソクラテスと組んで、新しい芸術創造の先駆者になろうとくわだてたのである。この新しい芸術創造のために古い時代の悲劇が滅んだ以上、美的ソクラテス主義は殺人的な原理であったわけだ。

前回見たところで、ニーチェはソクラテスのことを、エウリピデス本人に次ぐ「第二の観客」だけど、悲劇を全然「分からない nicht begriff」人間、そのため「問題にもしていない nicht achtete」と形容しましたが、その場合の分かっていないというのは、従来の悲劇、コロスによるディオニュソス賛歌の痕跡を残していた悲劇のことであって、彼は過去の悲劇を無視して、エウリピデスと同調して、新しい悲劇を反省的に構成しようとしたわけです。ここでニーチェは、エウリピデスとソクラテスがいかにもコラボしているように見えますが、本当はどういう関係なのかよく分かりません。ただ、アリストファネスなどの同時代人は二人をセットで考えていたようですし、その辺のことは次の節の冒頭で説明されています。

「一三 ソクラテスの主知的傾向」

ソクラテスが傾向上エウリピデスと密接な関係を持っているということは、同時代の古代人も見のがさなかった。こういう勘《かん》のよさを最も雄弁に物語っているのは、ソクラテスがいつもエウリピデスの詩作の手伝いをしているという噂がアテナイにひろまっていたことである。「昔はよかった」という連中が当代の民衆煽動者を数えあげる時には、二人の名は一息で呼ばれた。身心両方面における昔のマラトン的なたくましさが、ますますいかがわしい啓蒙の犠牲になって、体力ならびに精神力が日一日といじけてゆくのは、これら民衆煽動者のせいだというのである。アリストファネスの喜劇は、半ば憤激し、半ば軽侮しながら、こういう調子で彼ら両人を槍玉にあげるのが常だった。これには新時代の人々も驚いたものだ。なぜなら人々は、エウリピデスぐらいなら見限ってもよいと思っていたが、ソフィストの第一人者で頭目であるソクラテス、あらゆるソフィスト的努力の鏡であり真髄であるソクラテスまでがアリストファネスの作品に出てくるのには、あいた口もふさがらなかったからである。

あくまで同時代人の噂だけれど、二人がコラボしていて、ソクラテスがエウリピデスの創作に協力していた、現代風に言うと、ドラマトゥルクをしていたとさえ言っている人がいたということですね。前回お話ししたように、アリストファネスの劇では、『雲』ではソクラテスが、『蛙』ではエウリピデスがパロディー化された形で登場します。

「昔はよかった」という連中が、「民衆煽動者」を数えあげる時に、「二人の名を一息で」呼んだというのは説明不足で分かりにくいですが、ポリスの従来の秩序を乱す人間であり、同じ一味と見ていたということでしょう。どう乱すのかというと、「いかがわしい啓蒙 eine zweifelhafte Aufklärung」によってです。小賢しい知恵によって神々を否定し、民衆、特に若者を〝目覚め〟させ、反体制的にした、というニュアンスでしょう。ただ、反体制的といっても、理屈ばかり言って自己鍛錬を欠いた虚弱体質にしていくような影響の与え方です。

ソフォクレスはそうした同時代人の見方を反映しているわけですが、どういう意味合いか分かりにくいのは、「エウリピデスぐらい見限ってもよいと思っていたが、ソフィストの第一人者で頭目であるソクラテス、あらゆるソフィスト的努力の鏡であり真髄であるソクラテスまでがアリストファネスの作品に出てくる」、という部分ですね。「見限る」の原語は〈preisgeben〉で、これはどちらかというと、「犠牲にする」という意味です。人気のある悲劇作家エウリピデスを、「いかがわしい啓蒙」に対する人々の漠然とした憤りの生贄にする、という程度の意味でしょう。「ソフィストの第一人者で頭目である」「あらゆるソフィスト的努力の鏡であり真髄である」というのがどういうニュアンスで言われているのかが分かりにくいですが、これは当時は、「ソフィスト」一般が「知者」として尊重されていて、ソクラテスはその頭目と見なされていたということでしょう。「ソフィスト」という言葉を、私たちの多くはプラトンの対話篇で知っているので、本当に「知」そのものを愛する哲学者（Philosoph）と違って、「知」で商売しているけしからん連中というイメージを抱いてしまいますが、当時は社会的に権威を持った存在だったので、その代表者であるソクラテスを、「いかがわしい啓蒙」を生み出した張本人として笑い者にするのは思い切ったことだと思われた、ということでしょう。現代日本で言うと、私だったら、ポストモダン思想とかアメリカの自由主義の紹介をして、日本人の精神的堕落を煽動する奴として芝居のネタで笑い者にするのはまあいいけど、例えば、蓮實重彥さん（一九三六－　）、柄谷行人さん（一九四一－　）とか中沢新一さん（一九五〇－　）をそういう扱いにすると、思い切ったことをやるなあ、という感じになる、というところでしょうか――私だったら、あまり知っている人がいないのでネタにならないかもしれませんが（笑）。

この意味でとくに注意されることは、悲劇芸術の敵であったソクラテスが、悲劇の見物に出かけることをいつも差しひかえていたのに、エウリピデスの新作が上演される時に限って、観客のなかに姿をあらわしたということである。しかし最も有名なのは、デルフィの神託に二人の名が肩をならべていることだ。この神託は、ソクラテスを人間のなかで一番賢い者としてあげているが、しかし同時に、知恵くらべで二等賞が与えられるにふさわしいのはエウリピデスである、と判定しているのだ。

　この順位の三番目につらねているのがソフォクレスであった。「自分のすることは当を得ている。しかもそれは私が、どうすれば当を得るかということを知っているからだ」と、アイスキュロスに自慢できたソフォクレスの名があがっているのである。こうしてみると、この三人の人物を当代の三人の「知者」として共通に特徴づけるものが、知識の明確さの度合いにほかならないことは明らかである、

　この「デルフォイの神託」というのは、例のソクラテスより賢い者はいない、という『ソクラテスの弁明』で言及されている有名な神託のフル・ヴァージョンとされているもので、「ソフォクレスは賢い。エウリピデスはより賢い。ソクラテスは全ての人間の中で最も賢い」、というものです。この時、アポロンに伺いを立てたとされるのは、ソクラテスの友人のカイレフォンです。ソフォクレスのアイスキュロスに対する自慢というのは、先ほどの『食卓の賢人たち』に出てくるフレーズの言い換えでしょう。この三人に共通するのが、「知識の明確さ Helligkeit dieses Wissens」の度合いです。要するに、先ほど見たように、インスピレーションにそのまま無自覚的に従うのではなく、自分のやっていることを反省的に捉え、計画的に課題を遂行する人ということでしょう。

　しかし、知識や見識を高く評価するあの新しい前代未聞《みもん》の行き方を示す言葉のうちで、最もするどい言葉をはいたのは、ソクラテスであった。彼は広い世間にも自分だけがなんにも知らないと自認する唯一の人間であることを発見したと言ったのである。というのは、批判的な態度でアテナイの市内をぶらぶら歩きながら、最大の政治家・雄弁家・詩人・芸術家のもとに立寄ってみた彼は、どこへ行っても知識のうぬぼれに出会っただけだったからだ。そういう知名人たちが、そろいもそろって、自分たちの職業についてさえ、正しい確実な見識を持たず、ただ本能からそれをやっているにすぎないことを見破って、彼は驚いたものだ。「ただ本能から」。

この言葉でわれわれはソクラテス的傾向の真髄と中心点に触れるわけだ。ソクラテス主義はこの言葉によって、既成の道徳も既成の芸術も断罪する。検討の目をどこへむけてもソクラテス主義の目にとまるものは、見識の欠如《けつじょ》と妄想の偉力である。ソクラテス主義はこの欠如から、現存のものが内部的に倒錯しており、従ってこれを排除しなければならないと推論するのである。

これは、普通のソクラテス像と大体合っているようにも見えますが、ソクラテスが自分と対立するものをかなり否定的に描いていますね。「正しい確実な見識 sichere Einsicht」を持っているソクラテスと、「ただ本能から Nur aus Instinct」行為している連中、街中の普通の人間を対置しているわけですね。無論、「本能」という概念自体が古代ギリシアにあるはずはありませんし、ソクラテスは相手が自分のやっていることの本質を知らないことを示しますが、相手の生活態度や欲望まで批判していません。ニーチェはこういう言い方をすることで、「本能≒ディオニュソス的なもの」という想定で、ソクラテスがディオニュソス的なものと対立していると印象付けたいのでしょう。これだと、ソクラテスが観念だけで生きているような感じになってしまいますが、ソクラテスは考えるだけでなく、自分の生活を律していたことも知られています。ソクラテスが自己への配慮に力を入れていたことについてはフーコーが詳しく論じています――拙著『フーコー〈性の歴史〉入門講義』（作品社）をご覧ください。ただ、その場合でも、理性によって自分を律しようとするソクラテスは、ディオニュソス的な欲望の奔流に対立する存在になるでしょう。

ソクラテスの本質をとく一つの鍵は、「ソクラテスのダイモニオン」と呼ばれるあのふしぎな現象である。彼の法外な悟性が動揺するような特別の状況下で、しっかりした足場を彼が得たのは、そういう時に聞こえてくる神の声によってであった。この声は、それがきこえてくる時には、かならず手を引くように警告するのであった。このまったく異常な人物にあっては、意識的認識をときどき阻止する場合にしか、本能的知恵は姿をあらわさないのである。すべての生産的な人たちの場合には、本能はきまって創造的・肯定的な力であり、意識こそ批判的・警告的役割をもつものなのに、ソクラテスにおいては、本能が批判者となり、意識が創造者となっているのだ――これこそまったく欠陥から生まれた真の怪物ではないか！

「本能的知恵 die instinctive Weisheit」というのは普通に考えると、撞着語法（oxymoron）ですが、ニーチェは、実際、ソクラテスの「ダイモン」を矛盾した現象と見ているわけです。ニーチェに言わせると、「生産的な人たち productive Menschen」は通常、「本能」を「創造的・肯定的な力 die schöpferisch-affirmative Kraft」として活用する人であり、「意識」、詳しく言うと、自己反省的意識は、その活動を批判し、迷わないように警告するだけですが、ソクラテスの場合は、それが逆になっている。つまり、反省的自己意識＝理性が哲学的な営みを創出し、それに対して、彼自身の意識の制御に従わないで、本人にとっては突如として作用する、という意味で〝本能〟的なものである、「ダイモン」がそうした自己意識の働きに対して批判的に働きかけるわけです。そうした転倒をニーチェは、「欠陥から生まれた真の怪物 eine Monstrosität per defectum」と呼んでいるわけです。つまり、「哲学者」は、本来の生産力であるはずの「本能」が十分働かないで、自己意識から派生した擬似本能にすぎない「ダイモン」に支配されている、おかしな状態の人間、奇形だというわけです。

しかもここでは、すべての神秘的素質につきものの一種奇怪な欠陥が認められるから、ソクラテスを特殊な非神秘家だと呼ぶこともできよう。なぜならここでは、ちょうど神秘家においてあの本能的知恵が過度に発達しているのと同様に、論理的天性が一種の異常発育によって過度に発達しているからだ。ところで他面、ソクラテスに出現したあの論理的衝動には、自分自身を槍玉にあげる力はまったくなかったのである。こうしてなんの拘束《こうそく》もなく奔流《ほんりゅう》のように論理的衝動が発揮されるさまは、一種の自然の威力にも似ていた。それはわれわれがきわめて猛烈な本能の威力にだしぬけに出会って戦慄《せんりつ》する場合と変わらないのである。

ニーチェは、「ダイモン」を、文字通りの意味で、理性を導くものと見ているわけではなく、ディオニュソス的な恍惚に繋がるはずの「神秘的素質 mythische Anlage」が変質し美的・感性的衝動の代わりに、「論理的衝動 logischer Trieb」に翻弄されるようになったことを、後付け的に説明するための仮象と見ているようですね。確かにたまに、時間の余裕がある時に、自分自身のことを振り返るのであれば健全で理性的ですが、朝起きるたびにどうして起きるのかと問い、食事をするごとに、食事をするのは人にとって義務なのかと問い、会う人ごとに、対話篇での問答のようなものをふっかけ、相手が参ってしまうまでしゃべり続け、自分では止められないとしたら、現代だったら、強迫神経症など何かの精神病理を疑われるでしょう。「ダイモン」の声が聞こえると言い出したら、確実に精神異常者扱いでしょう。そう考えると、ディオニュソス的恍惚を、本来、それの補正装置にすぎないものに求めるのはおかしいのですが、それが実在のソクラテスに対応しているかは疑問です。

「一四　ソクラテスとプラトン」

第一四節でもソクラテスとプラトンの芸術に対するスタンスの話が続きます。

ところでソクラテスには、悲劇芸術は「真実を語る」ことさえしないように思われた。それが「あまり頭のよくない人」を相手とするもの、つまり哲学者むきのものではないということは別問題としても。これが悲劇に遠ざかっていなければならぬ二重の理由だ。プラトンと同様、ソクラテスは、悲劇を、快適なものだけを描いて有用なものを描かない追従《ついしょう》の芸術に数え、したがって弟子たちには、このような非哲学的な刺戟から遠ざかるように、きっぱり縁を切るように求めていた。その成果は、若手の悲劇作家プラトンが、ソクラテスの弟子を志して、まっさきにその作品を焼きすてたほどなのだ。

ソクラテス＝プラトンは、「真実を語る die Wahrheit zu sagen」哲学と「快適なもの（das Angenehme）だけ描く（darstellen）」悲劇を対立的に捉えていたわけですね。プラトンが実際に悲劇作家だったかどうかははっきりしませんが、この話の出所は恐らく、三世紀に活躍したギリシア哲学者たちの伝記作家ディオゲネス・ラエルティオスによる『ギリシア哲学者列伝』のプラトンに関する記述でしょう。それによると、彼は若い時、ディテュランボス、抒情詩、悲劇などの詩の作品を書いていて、悲劇の作品で賞を得ようとしていました――当時、悲劇の上演は複数の作家による競演という形を取っていました。しかし、ディオニュソス劇場の前でソクラテスに諌められて、自分の詩作を燃やしてしまったとされています。因みに、学生時代のニーチェは、ディオゲネス・ラエルティオスがどこから資料を得たのか、というかなり文献学的にマニアックな研究をして、それで文献学者として認められ、若くしてバーゼル大学の員外教授として招聘されることになります――その研究論文は、ちくま学芸文庫のニーチェ全集の第一巻『古典ギリシアの精神』に収められています。

プラトンは若い時自ら作家志望で、しかも『対話篇』を非常に文学的なスタイルで書いたけれど、『国家』では詩人追放を唱えている。それはプラトンが自分自身の文学的気質を知っていたということかもしれません。

> 彼は悲劇や芸術一般を槍玉にあげることでは、たしかに師匠の素朴な弥次的冷評にひけはとらなかったが、それでもやむにやまれぬ芸術家気質から、一つの芸術形式を編み出さざるをえなかった。しかし実はこの芸術形式は、彼が排斥した既存の芸術形式と内面的には血のつながりを持っていたのである。プラトンが昔の芸術に対して非難した主な点は、それがただの仮の姿の模倣にとどまっているということ、したがって、経験的現実界よりはさらに一段と低い領域に属しているということだった。プラトンの編み出した新しい芸術作品については、どういうことがあっても、こういう非難だけは受けないようにする必要があった。こうしてわれわれは、現にプラトンが現実を超えようと努力し、いわゆる現実界と称せられるものの根底にある理念《イデア》を描き出そうと努めるのを見ることになる。

プラトンは既存の芸術は否定したけれど、別の芸術作品を求めたということですね。まどろこしい書き方をしていますが、イデアの世界についてのエクリチュール、「対話篇」がその作品だというわけです。そもそも『対話篇』の対話の内容は、ソクラテスに関する現実を含んでいるものの、フィクションであるのは明らかだし、エロスの神話だとか、死後の魂の転生だとか、創作神話とか寓話をたくさん含んでいるそれ自体として文学作品と見ることができますし、ニーチェがこれまでも強調してきたように、この「現実」を超える〝真の現実〟を求めるのが芸術の特徴と見ているので、その点で、『対話篇』は芸術作品です。ただし、芸術の本能的性格を否定し、自らは芸術ではなくて、理性の産物だと自称する芸術作品です。

一三四頁では、プラトンは、ソクラテスに従いながら新しい芸術形式の模範を示したと述べられています。それは「小説の模範」であり、「この小説は無限に高められたイソップ物語ということができる。そこでは、文学が弁証法的哲学に対して、この当の哲学が何世紀にもわたって神学に対したのと同じ身分で、すなわち侍女として生きたのである」、と述べられていますね。どういうことか。この場合の「小説 Roman」というのは、恐らく、ゲーテの『ヴィルヘルム・マイスターの遍歴時代』（一七九六）がその典型と言われている、「教養小説 Bildungsroman」のようなものを念頭に置いているのでしょう。人格形成（Bildung）――ドイツ語の〈Bildung〉は英語の〈building〉と語源を共有していて、「構造（物）」「形成（されたもの）」という意味です――の最終的理想に向かって、物語が体系的に進んでいくという感じでしょうか。「弁証法的哲学」の典型を、「絶対精神」（理性）の――予めゴールが決まった――自己展開によって歴史が進んでいくとするヘーゲルの歴史哲学だとすると、「教養小説」のイメージと重なってきますね。ニーチェは、イソップ物語というのは、表現の仕方、どのような情動を引き起こすかよりも、伝えるべき教訓の方を重視する文学という意味でしょう。二〇世紀以降に登場する、ジョイス（一八八二―一九四一）とかプルースト（一八七一―一九二二）の「小説」を念頭に置くと、ニーチェは何か素人っぽい小説観を持っているような感じがしますね。因みにニーチェがこれを書いた当時は、フランスでもドイツでも写実主義が流行っていて、自然主義が台頭しつつある時期です。フランスだとフロベール（一八二一―八〇）の全盛期で、ドイツ語圏だと市民的リアリズムの旗手とされるシュトルム（一八一七―八八）や、一九世紀の最大の教養小説とされる『緑のハインリヒ』（一八五四―八〇）の作者で、スイス人のゴットフリート・ケラー（一八一九―九〇）などが目立っていました。

　ここでは哲学的思想が芸術を押しのけてはびこり、芸術はいやでも弁証法の幹にしっかりしがみつかざるをえなくなる。アポロ的傾向は蛹《さなぎ》のように論理的形式主義のうちにとじこもってしまう。それはちょうどエウリピデスにも似たようなことが認められたし、そのうえ、ディオニュソス的なものが自然主義的激情に翻訳されるのが見られたのと同じである。プラトンの劇の弁証法的主人公であるソクラテスは、エウリピデスの主人公が持っているのと似かよった性質をわれわれに思い出させる。というのは、理由や反対理由をあげて自分の行動を弁護しなければならず、そのためわれわれの悲劇的同情を失なう危険におちいることが、よくあるからだ。

「アポロ的傾向＝論理的形式主義」というわけではなく、「論理的形式主義」は、調和の美を目指すアポロ的傾向を、限定され、美とは関係なく、計算可能、予測可能な「論理」という物凄く狭い枠へと押し込めてしまったもののようですね。また、「ディオニュソス的なもの」は、「自然主義的激情 der naturalistische Affect」とイコールではないようですね。これは先ほど出てきた、「激情」を「写実的に模倣する」ということでしょう。文学史的に言うと、現実を細かく描写するという意味の「写実主義」と、生物学や心理学などの知見も取り入れながら、人間の自然本性を明らかにするのが「自然主義」なので、「自然主義」は「写実主義」の一部かもしれないけれど、イコールではありません。ただ、ニーチェがこれを書いていた当時は、「自然主義」はまだ台頭しかけたばかりなので、ニーチェがそういう区別をしていなかったのも仕方ありません。「模倣される激情」＝「自然主義的激情」とは、こういう時は悲しくなり、こういう時は嬉しくなるというような、人間の〝自然な感情の動き〟を類型化したものということでしょう。個体化の原理を破壊するディオニュソス的衝動を呼び起こすようなものではない。

プラトンの対話篇を文学作品と見立てて、エウリピデスの悲劇との類似性を主張しているわけですが、そのポイントは、論理的な言葉のやりとりですね。エウリピデスの悲劇の主人公は、自分の行動について、それを非難してくる現実の、あるいは仮想の相手の言い分に対抗して、正当化することを試みます。要は、自己弁護のために、自己の内で対話、反省をしないといけないわけです。愛人と共謀して、夫を殺した自分の母に復讐した主人公の良心の呵責を描いた『オレステス』や、自分を裏切ったイアソンへの復讐のために、主人公が二人の間に生まれた子供を殺すに至る『メディア』などは、その典型でしょう。見方によっては、ディオニュソス的恍惚の表現ですが、ニーチェに言わせれば、主人公が個体性の原理から脱却するのではなく、むしろ自己を正当化するための論理を繰り広げている、ということになるでしょう。

「弁証法」を意味するドイツ語〈Dialektik〉、あるいは英語の〈dialectic〉は、ギリシア語の〈διαλεκτική（dialektikḗ）〉を語源としていて、この言葉は、「〜を通して」とか「横切って」という意味の接頭辞〈διά〉と、〈logos〉の動詞形で「語る」という意味の動詞〈λέγειν（légein）〉から構成されています。これは、「対話」を意味する〈διάλογος（diálogos）〉と基本的に同じ作りです。ニーチェは、演劇作品的な性格のあるプラトンの対話篇を、「理由 vs. 反対理由」の間の対立に基づく発展という形を取って自己正当化する弁証法的な論理の原型と見ているのでしょう。

さて、このような新しいソクラテス的・楽天主義的な演劇の世界にとっては、合唱団および一般に悲劇の音楽的・ディオニュソス的な基盤全体は、どういうふうに見られるであろうか。何か偶然的なもの、悲劇の起源のなごりとして、なければないですむようなものと見られるのである。しかし実際は、合唱団こそ悲劇の原因であり、悲劇的なもの一般の原因としてだけ理解せられるものであることは、われわれが先に見たとおりなのだ。すでにソフォクレスに合唱団についてのあの当惑があらわれている――すでに彼のもとで悲劇のディオニュソス的な基盤が崩壊しはじめていることを示す、重要な一つの徴候だ。彼は効果の主要部分を、もはや合唱団にゆだねる勇気を持っていない。彼によってその領域を制限された合唱団は、今はほとんど俳優と同列におかれた形になり、まるで合唱団席《オーケストラ》から舞台の上にのしあげられたようになってしまう。もちろんこうなっては、たとえアリストテレスが合唱団のこういう見方に賛成しているとはいっても、合唱団の本質は完全に破壊されてしまっているのである。

ここは分かりますね。役者の問答に重点が移ったので、元々悲劇はディオニュソス賛歌（ディテュランボス）を合唱するコロスであったのだけれど、ソフォクレスにして既に、コロスを扱いかねていた、ということですね。これは『オイディプス王』で、オイディプスとコロスが問答する場面、コロスが状況説明したり、共同体を代表して意見を述べるなど、後世のコロスに近い役割を果たしていることを念頭に置くといいでしょう。エウリピデスより九十数年後に生まれたアリストテレスは、『詩学』で悲劇の本来の形態を明らかにしているけれど、コロスの衰退は止まらなかった、というわけですね。

「一五　理論的人間と悲劇的認識」

「一五　理論的人間と悲劇的認識」に入ります。最初の方で、ヨーロッパ文化に対するギリシアの影響が強くて、なかなかギリシア的なものから解放されないことと、彼らの内でソクラテスのように、真理を愛する「理論的人間 der theoretische Mensch」が特別な地位を占めていることが述べられています。

> ところで眼前のものを楽しむといっても、芸術家は真理の女神のまとっているヴェールを一枚一枚はぎ取りながらも、いくらはぎ取ってやはりヴェールにおおわれている女神の姿そのものに、うっとりしたまなざしをむけて見ほれているのに対して、理論的人間のほうは、投げすてられたヴェールに楽しみを感じ、満足しているのであって、その最高の快感の目標は、自分の力でヴェールをうまくはぎ取ってみせるというその過程《プロセス》そのものにあるのである。裸になった真理の女神だけがめあてで、それ以外は問題でないということになれば、およそこの世に科学などというものは存在しないことになろう。というのは、もしそういうことになれば、科学の使徒たちは、まるで地球をつきぬけて、まっすぐに一つの穴を掘ろうとするような人と同じ気持になるに相違ないからだ。

これは分かりますね。美的真理を探究する意欲は、芸術家と理論的女神に共通しているけど、関心を持っているところが違うということです。真理探究の人は、真理を覆っているヴェールを一枚ずつ剥いでいくプロセスを楽しんでいるのであって、芸術家のように、真理の女神の美しさを楽しむ感性を持っていない、ということですね。当然、そういう人ばっかりになったら、芸術は崩壊します。

> きわめて正直な理論的人間だったレッシングは、真理そのものよりも真理の探究のほうが自分には問題だ、という思いきった発言をしたのである。この発言は科学の根本的な秘密をあばいたものであり、科学者たちを驚かせ、いな、憤激させたものであった。ところで自然法則などといった個別的認識は、身のほどを知らぬ傲慢とはいわぬまでも、ばか正直の産物だが、こういう個別的認識とならんで、もちろん、ソクラテスという人物においてはじめて世にあらわれた一つの意味深い妄想的観念がある。——思惟は因果律という導きの糸をたよりに、存在のもっとも奥深い深淵にまで行きつくということ、思惟は存在を認識できるばかりか、訂正することさえできるという、あの不動の信念である。この崇高な形而上学的妄想は、本能として科学にそえられており、科学をまたしてもまたしてもその限界に導くものであるが、この限界において科学は芸術に転ぜざるをえないのである。もともと、芸術こそ以上のからくりのめざすところであったのである。

レッシング（一七二九―八一）は、ゲーテやシラーと共にドイツ近代文学を確立した劇作家で、作品を通して、

レッシング

市民社会における啓蒙、理不尽な恣意的な支配からの解放を説いたことで知られています。演劇論や美術批評、宗教哲学に関する著作もあります。ここでニーチェが言っているのは、訳注にもあるように、宗教哲学的な著作で示された「真理」に関する彼の見解です。東洋言語学者で理神論者であるヘルマン・ザムエル・ライマルス（一六九四－一七六八）が遺した自然宗教的断片の扱いを、レッシングが託され、彼がそれを匿名の著者による断片として出版したところ、ルター派教会から批判を受けることになります。レッシング等のライマルス擁護派と、ルター派神学の間で一連の論争になります。訳注で言及されている、『再答弁 Eine Duplik』という論文は、ルター派のヨハン・ハインリヒ・レス（一七三二－一八〇三）という神学者のキリストの「復活 Auferstehung」の問題に関する批判に応えたものです。ライマルスは福音書の記述と矛盾しているので、復活はないという立場を取っているのに対し、レスはそれは信仰の観点からおかしいと批判します。レッシング自身は、聖書の記述に復活と矛盾する内容はあっても、復活を示唆していると読み取れる余地はあるというもので、ライマルスとは違っていますが、聖書の研究を通して、真理を探究しようとするライマルスの姿勢を評価し、逆に、信仰の名の下に、真理はこれだけと決めつけようとするレスの姿勢を批判します。そのうえで、神が右手に一切の「真理」を持ち、左手に「真理へのやみがたい、唯一つの衝動 der einzigen immer regen Trieb nach Wahrheit」を持っておられて、そのいずれかを選択せよと迫られたら、自分は迷うことなく、左手を選ぶと述べています。ニーチェはその箇所を参照しているわけです。

文脈的には、真理それ自体かそれを探究することかの二者択一で後者を選ぶということがポイントではなく、仮に、ある人が真理を所有していたとしても、何かの妄信の結果たまたま真理を所有していても意味がなく、本人の探求によって獲得した真理でなければしょうがない、というのが主旨です。後にミル（一八〇六－七三）が『自由論』（一八五九）で、民主化された社会における、言論の自由の不可欠性の根拠として挙げている論点ですね——光文社の古典文庫の『自由論』に寄せた「解説」でこの点を論じていますので、関心があればご覧ください。

ニーチェは、ドイツ啓蒙主義の良心のように思われているレッシングの真理探究への情熱をわざと曲解しているのかもしれません。「思惟は存在を認識（erkennen）できるばかりか、訂正する（corrigiren）ことさえできるという」というのは、科学によって「自然」自体を改造できるという発想のことを言っているのでしょう。例えば、フランシス・ベーコン（一五六一－一六二六）が『新機関 Novum Organum』（一六二〇）で言っている、「人間の知と力は一致する」とか「自然に打ち勝つには自然に従わねばならない」といった警句を念頭に置いているのかもしれませんし、産業革命や一九世紀のドイツでのリービヒ（一八〇三－七三）等による有機化学の急速な発展とその応用としての化学農薬の開発のようなことを念頭に置いているのかもしれません。本当に、「自然」を全面的に支配できると思っているとすれば、ニーチェの言うように、「崇高な形而上学的妄想 der metaphysische Wahn」でしょう。そうした妄想に取り憑かれた「科学」がその限界において、「芸術」に転化せざるを得ないというのは、先ほどの、プラトンの対話篇自体が文学作品になっているという話の延長で、科学による新世界創造を一つの芸術作品のように見なすということでしょう。これはSFを念頭に置けば分かりやすいでしょう。ニーチェがこれを書いた頃には、既にジュール・ヴェルヌ（一八二八－一九〇四）の『地底旅行』（一八六四）、『月世界旅行』（一八六五）、『海底二万里』（一八七〇）等が出ていたので、自然改造的な発想はリアルなものになっていたのかもしれません。この次の段落の最後で、「科学」の「必然的帰結 nothwendige Consequenz」が「神話 Mythus」だと言っていますが、それは、真理の美しさを見ることを拒否して、真理の探究それ自体が楽しいふりをしても、自らの仕事を神話のように見て、魅せられてしまうことは回避できない、ということです。

科学の奥伝の伝授者であるソクラテス以降、打ちよせる波のように哲学の流派が次から次と交代したこと、教養世界のきわめて広い範囲にこれまで予想もせられなかったほど知識欲が普及した結果、科学は檜舞台《ひのき》に押しあげられ、多少とも才能あるひとには、すべて科学が本来の課題となったこと、しかも科学はその晴の舞台から二度とふたたび追い出されることはなかったということ、またこの普遍化した知識欲のおかげで、思想の共通の網が全地球の上に張りめぐらされ、それどころか全太陽系に及ぶ法則さえも打ちたてることができると見こまれるようになったことをまざまざと思いうかべるひと、実際、これらすべてのことを、現代の驚くばかり高い知識のピラミッドとともに思いうかべるひとは、ソクラテスのうちにいわゆる世界史の一つの転回点と渦巻を見ないわけにはゆくまい。というのは、こういう世界的傾向のために費やされた莫大《ばくだい》な量の力が、かりに認識のためではなく、個人や民族の実践的目標、すなわち利己的な目標にふりむけられたと仮定してみればよいのだ。そうなれば、たがいに血で血を洗うことになり、またたえまもない民族移動のために民族間にも弱肉強食が起る結果として、おそらく本能的な生きるよろこびはひどく痛めつけられて弱くなってしまうことだろう。

ややこしそうなことを書いていますが、要は、ソクラテスによって始動された「科学」が、必ずしも認識それ自体に関心のない人たちも巻き込んで、地球全体を知の力で支配しようとする大きなプロジェクトへと肥大化していったということです。個人も民族も「実践的、すなわち、利己的な目標 die praktischen, d.h egoistischen Ziele」——〈praktisch〉はここでは「実践的」ではなく「実用的」と訳した方がいいでしょう——を追求し、互いに争うことで「本能的な生きるよろこび die instinctive Lust zum Leben」を衰退させている、ということですね。「利己的」であることを否定しているので、禁欲的であること、あるいは利他的であることを推奨しているかのように見えますが、ここで言う「利己的」というのは、個体化の原理、及び、それに基づく自己——自分個人あるいは自分たちの——の利益に固執する、ということでしょう。「弱肉強食」というと、何だか進化論的な話に聞こえますが、〈Vernichtungskämpfe〉で、これは正確には「絶滅闘争」と訳すべきです。つまり、単に闘って強いものが勝つという自然の摂理あるいは進化の法則のことを言っているのではなく、自己への固執のため、相互不信になって、相手に勝つだけではなく、絶滅させないと安心できないという感じでしょう。その前が「たえまもない民族移動のために」となっているのもヘンです。ここは、〈allgemeine Völkerwanderungen und fortdauernde Völkerwanderungen〉となっているので、「至る所での絶滅闘争と絶え間ない民族移動」と訳すべきでしょう。

つまり、ソクラテスの禁欲な真理探究欲によって生み出された「科学」が、人々の病的なまでの自己保存欲求を高め、様々なレベルで、本能をむしろ弱めるような不自然な争いを引き起こしているということでしょう。ただ、一四五頁の終わりで、妄想によってまっしぐらに進んでいく科学的楽天主義が挫折し、限界点において「悲劇的認識 die tragische Erkenntnis」が踊り出てくる、としていますね。これは、私たちを個体化している原理がいつ破壊されてもおかしくない極めて危ういものであり、私たち自身ディオニュソス的な衝動を逃れることができない、という認識でしょう。

「一六　音楽と悲劇的神話」

次の「一六　音楽と悲劇的神話」以降、科学が実際に既に限界に達し、本来の意味での「悲劇の再生」が生じつつあることが示唆されています。それとの関連で、アポロン的原理とディオニュソス的原理の対立関係のことをニーチェ自身に先立って見抜いていたらしい思想家のことが言及されています。

> アポロ的芸術としての造形芸術とディオニュソス的芸術としての音楽のあいだに、大きく口をひらいているこの巨大な対立に気づいていたひとは、大思想家のなかで、ただひとりしかない。彼はギリシアの神々のもつ象徴的表現というあの手引きさえなしに、音楽にあらゆる他の芸術とは違った性格と起源とを認めたのである。音楽は、他のすべての芸術のように現象の模写ではなくて、直接に意志そのものの模写であり、したがって世界のすべての形而下的なものに対しては形而上学的なものを、すべての現象に対しては物それ自体を表現するからである、と彼は言っている（ショーペンハウアー『意志と表象としての世界』第一編三一〇ページ）。

ここで言われているように、ショーペンハウアーは、「意志」を、カントの言う「物それ自体」に対応する、宇宙の最も根源的な原理のようなものと捉えています。その意味で、「形而上学的」と言っているわけです。ニーチェは次第に「形而上学」を批判するようになりますが、この時点では、「物自体」を探究する「形而上学」を肯定的に見ていたようですね。「音楽」は、表面に出ている「現象」ではなく、「意志」自体の運動をなぞっていると考えたわけですね。「音楽」が固定した形を持っておらず、情動や身体感覚の絶えまない変化――「意志」――に直接的に対応し得ると考えれば、それなりに納得できるでしょう。ニーチェはやがてショーペンハウアーを徹底的に批判するようになりますが、この段階ではショーペンハウアーを自分の哲学的指導者にしています。

これに続いて、「これはあらゆる美学のもっとも重要な認識であり、かなりまじめな意味で、美学はこの認識とともにはじめて始まるのである」と述べていますね。つまり、ディオニュソス的衝動を呼び起こす「音楽」こそが、美学の基礎だということです。ちなみに美学というジャンルを確立したのは、カントより少し年長のドイツの哲学者バウムガルテン（一七一四－六二）です。少し前に講談社学術文庫で彼の『美学』（一七五〇－五八）の翻訳が出ていました。バウムガルテンは、論理学が人間の上位の認識能力を扱うのに対し、美学は感性という下位の認識能力に関わる領域を扱うという立場を取っています。バウムガルテンやカントの美学は、当然、理性的に思考し、普遍的な対象を認識する主体を前提にし、その思考を補助するものとして、美的認識を位置付けます。

リヒャルト・ワーグナーもこの認識に太鼓判をおして、それが永遠の真理であることを保証している。というのは、彼は『ベートーベン論』で次のように確信しているからだ。すなわち、邪道におちいった堕落した芸術を手がかりとしている誤った美学は、造形の世界で通用している美の概念から出発して、音楽に対しても、造形芸術の作品に要求されるのと同じ効果、すなわち美しい形式に対する快感を呼び起こすことを求めるのが常であるけれども、音楽というものは、あらゆる造形芸術とはまったく違った美学的原理で測《はか》られるべきものであり、およそ美の範疇《はんちゅう》で測られるべきものではない、と断定しているのである。

「美しい形式に対する快感 Gefallen an Schönen Formen」を芸術の本質と見なすというのは、カントの美学の特徴ですが、ワーグナー＝ニーチェに言わせれば、それは「造形芸術」を基準にした見方であり、「音楽」を中心とした、本来の美学ではない。造形芸術を中心とした、「美学」とは異なる「美」の概念が必要だということのようですね。

一五〇頁以降、ショーペンハウアーの『意志と表象としての世界』の先ほどの箇所から長めの引用があります。「音楽」と「意志」の関係が分かりやすいところだけ見ておきましょう。

「（…）意志のありとあらゆる努力や興奮や表出、つまり人間の心に起るすべての出来事――理性はこれらの出来事を感情という広漠とした消極的な概念の中へ投げいれてしまうが――は、無限に多くの可能なメロディーによって表現されうる。しかしそれはいつでも素材をともなわない単なる形式の普遍性において表現されるの

であり、いつでも本体にしたがって表現されるだけで、現象にしたがって表現されるのではない。いわばそれらのものの一番奥の魂だけが表現されて、肉体はともなわないのである。音楽があらゆる事物の真の本質に対してこのように密接な関係を持っていることから、次のこともまた説明がつく。すなわち、なんらかの場面・行動・出来事・環境に対して適当な音楽がかなでられるとき、この音楽によってこれらのものの一番秘密な意味まで明らかにされるように思われ、音楽はこれらのものに対する一番正しく一番明確な解説として立ちあらわれてくるということ、同様に、シンフォニーの印象にひたりきっているひとには、まるで自分のそばを人生と世界のありとあらゆる出来事が通りすぎてゆくのを見ているような感じがするということである。(…)」

ポイントは、「素材をともなわない単なる形式の普遍性 die Allgemeinheit blosser Form, ohne den Stoff」において表現されること、言い換えれば、「肉体をともなわない ohne Körper」で、事物の「一番奥の魂 die innertse Seele」だけが表現される、ということです。「単なる形式の普遍性」というのが先ほどの「美しい形式に対する快感」と同じようなことを言っていて矛盾しているようにも見えますが、この場合は、何か特定の形態(Form)に合っていることが美しいかどうかということではなくて、音楽作品を形成するための最小限のルールに従っているだけで、具体的な形に縛られていないということでしょう。素材に対応する形式を持たないからこそ、「場面・行動・出来事・環境」に応じた曲を奏でることができるということでしょう。

「(…)しかしそういうひとも、思いかえしてみると、シンフォニーの音楽と、彼の心にうかんだ事物とのあいだには、なんの類似点もあげることはできないのである。なぜなら音楽は、すでに述べたように、それが現象の模写ではないということ、もっと正しくいえば、意志の対応的客観性の模写ではなくて、直接に意志そのものの模写であるということ、したがって世界のすべての形而下的なものに対しては形而上的なものを、すべての現象に対しては物それ自体を表現するという点で、他のすべての芸術とは違っているからなのだ。従って世界は、具象化された音楽であるとも、具象化された意志であるとも呼ぶことができよう。どのような絵でも、いや、現実の生活と世界のどのような場面でも、なぜ音楽はたちまちその意味あいを高めてあらわすことができるかという理由も、このことから明らかとなる。もちろん、そのメロディーが与えられた現象の内面の精神

―に類似していればいるほど、いっそうそうなることはいうまでもない。（…）」

ここは分かりますね。表象される客体の動きに照準を当てる他の芸術に対して、音楽は、その対象を志向する意志の働き、内面の精神の運動に照準を当てるので、心に浮かんでくる対象のイメージのどれとも直接的には似てないわけですね。

こうしてわれわれは、ショーペンハウアーの説に従って、音楽を意志のことばとして直接に理解すると同時に、われわれに語りかけてくるあの霊たちの世界、形を持たないから目には見えないが、しかも生き生きと動いている霊たちの世界に姿かたちを与え、何か類似の実例のうちで、この本体の世界を具体化してみようと、空想の上で刺戟を受けるのである。他方、形象や概念は、真にこれに対応した音楽の影響を受けると、高められた意味を持つようになる。

ここで「霊 Geist」と言っているのは、死者の霊とか聖霊のような人格を持った霊ではなく、宇宙の中で蠢いている様々な力、生命の源にある衝動のような匿名のものでしょう。「意志」はそれらと相互作用しながら、目に見える実在の世界に働きかけ、対象を造形するということでしょう。「霊の世界」と物質の世界を媒介して、対象に形を与える、「意志」の働きを「音楽」がなぞるわけですね。

美しく見えるといったただ一つの範疇《はんちゅう》で通例解されているような芸術の本質からは、悲劇的なものはとうていまともに引き出せるものではない。音楽の精髄からはじめて、われわれは個体破壊の歓喜というものを理解できるのである。というのは、このような破滅の個々の実例でわれわれに明らかにせられるのは、ディオニュソス的芸術の永遠の現象だけだからである。それというのもこの芸術は、個体化の原理のいわば背後にあって全能の力をふるっている意志を表現するものであり、いっさいの現象の彼方《かなた》に、いっさいの破滅にもかかわらず生きている永遠の生命を表現するものだからだ。悲劇的なものに対する形而上学的な歓喜は、本能的に無意識的なディオニュソス的知恵を形象のことばに翻訳したものである。最高の意志の現象である主人公は否定され、それがわれわれに快感を与える。なぜかといえば、主人公はなんといっても現象にすぎないからであり、意志の永遠の生命は彼の破壊によって少しもおかされることはないからである。

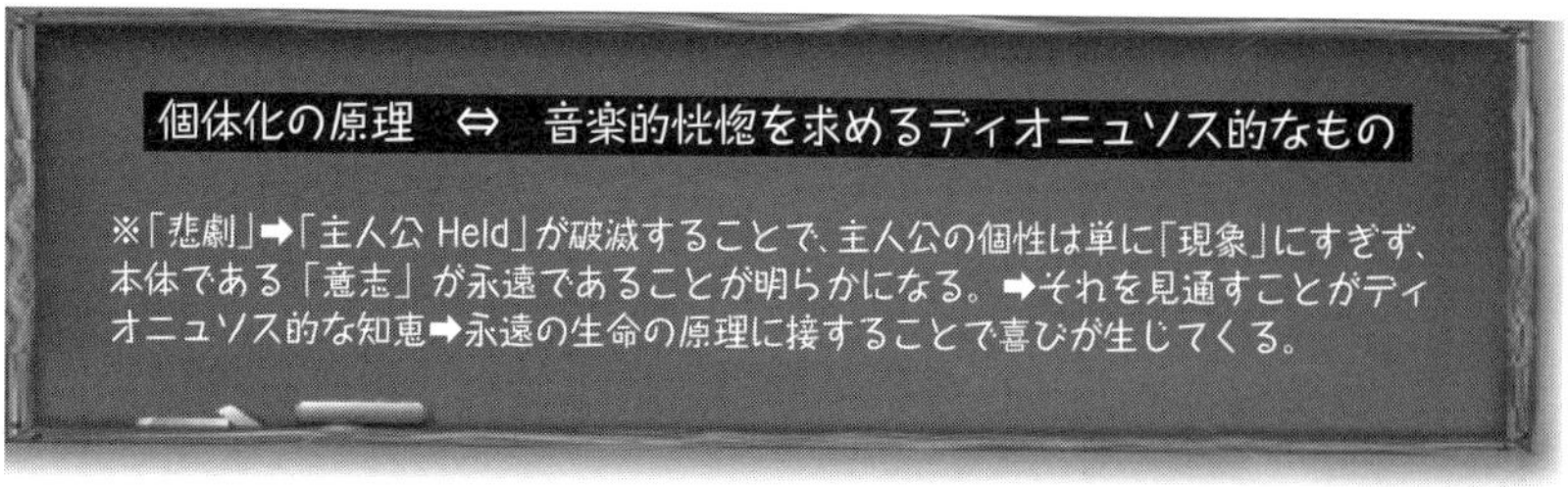
個体化の原理　⇔　音楽的恍惚を求めるディオニュソス的なもの
※「悲劇」➡「主人公 Held」が破滅することで、主人公の個性は単に「現象」にすぎず、本体である「意志」が永遠であることが明らかになる。➡それを見通すことがディオニュソス的な知恵➡永遠の生命の原理に接することで喜びが生じてくる。

これまでニーチェが、個体化の原理と、それに収まらない、音楽的恍惚を求めるディオニュソス的なものを対置していることはくどいくらい繰り返されてきましたが、後者がどうして、私たちの知っている「悲劇」というテーマと関係するのかいまいちピンとこなかったですが、ここではっきりしましたね。「主人公 Held」が破滅することが、主人公の個性は単に「現象」にすぎず、本体である「意志」が永遠であることが明らかになるわけですね。それを見通すことがディオニュソス的な知恵であり、永遠の生命の原理に接することで喜びが生じてくるわけですね。

「一七　理論的世界観の芸術的現象」

次の第一七節では、「生命の永遠」を私たちに感じさせるディオニュソス的芸術の意義を確認したうえで、それに対抗する新しい芸術形式、エウリピデス、アリストファネス以降に起こった「新ディテュランボス」や「アッティカの新喜劇」が悲劇の精神を滅ぼしていったと論じています。続く第一八節は、「アレクサンドリア的文化」というタイトルが付いていますが、これはアレクサンドリアを中心としたヘレニズム文化ということです。ニーチェに言わせると、ヘレニズム的文化は、近代人が「ギリシア的明朗さ」と呼んで讃えているもの、言い換えると、知によって世界を把握できるという意味でのソクラテス的楽天主義に貫かれていました。アレクサンドリア文化は、奴隷階級によって支えられていたのに、ソクラテス的楽天主義に踊らされた近代人は、「人間の尊厳 Würde des Menschen」とか「労働の尊厳 Würde der Arbeit」の名の下に階級を廃止しようとしている、そのせいで野蛮な奴隷階級が復讐を企てている、と述べていますね。これは、万人の平等を目指す社会主義に対する反感と、『善悪の彼岸』（一八八六）以降、本格化する「奴隷道徳」批判の先駆けですね。

奴隷の反逆によって破滅に向かっていく大変動に浮足だっている人もいるけれど、大局の流れを見抜いている人たちもいるということですね。

「一八　アレクサンドリア的文化」

こういう目先のきかない連中とはうってかわって、大局に目をつける偉人たちは、信じられぬほどの思慮深さで、科学そのものの武器を逆手にとって、認識一般の限界と制約を示し、そのことによって普遍妥当性と普遍的目的に対する科学の要求を決定的に否定することを、とうの昔にやりおおせているのである。因果律を手引きとすれば、事物の一番奥の本質までも究明できると思いあがっているあの妄想的観念が、はじめてその正体を見破られたのも、実はこういう偉人たちの証明によるのである。すなわち、論理の本質にかくされているものであると同時に、またわれわれ文化の基底でもあるあの楽天主義に対する勝利、この困難きわまる勝利がえられたのは、カントとショーペンハウアーの非凡な勇気と知恵のおかげなのである。

事物の本質を突き詰めて考え、人間による「認識」の限界と制約を示せれば、ソクラテス的楽天主義を打ち破れるというわけです。カントは、理性が悟性的に捉えるものの限界を超えて、世界の始まりや神等について超越論的な推理を行うことの不可能性を指摘しました。ニーチェのまとめによると、カントは「空間・時間・因果律」を最も普遍的で無制約な法則にまつりあげるのがマーヤの業、つまり幻想だと明らかにした、というわけです。これは『純粋理性批判』（一七八一、八七）における、理性の限界をめぐる議論のことを指しているのでしょう。人間の理性には、時空間に現れる具体的な対象の認識のために利用する悟性概念では捉えられない、神とか魂とか世界といった、「物それ自体」の次元に属する問題を明らかにしようとするが、その際に、量とか因果性、実在するかしないかといった悟性的認識のための範疇（基本概念）を無理に適用するので、誤謬推理をし、解けない二律背反を作り出してしまう、ということをカントは論じています。これを「空間・時間・因果律」を無制約の法則であるというのが幻想だというのはまあいいとして、それを、ショーペンハウアーの「意志」をめぐる議論とストレートに結

悲劇の意義

×：「科学」で事物の表面を形式的に把握 ⇒ 世界を征服できる気になる。
○：諸事物の根底で働き続ける「永遠の苦悩 」を見抜き＝「自分自身の苦悩 das eigene Leiden」にする「共感的な愛の感情 sympathische Liebesempfindung」を育む。

※「永遠の苦悩」と連動した「意志」から、ディオニュソス的な、根源的な「音楽」が生まれてきた。悲劇の主人公の死は、個人としての死である以上に、そうした「永遠の苦悩」を表している。

び付けるのは少なからずひっかかります。ショーペンハウアー自身は、「意志」こそが「物それ自体」に相当すると考えていたとしても。

> この認識によって、私があえて悲劇的文化と呼ぶ一つの文化が導き入れられる。そのもっとも重要な目じるしは、科学にとってかわって、知恵が最高の目標にすえられるということである。この知恵は、枝葉末節に走る科学の誘惑にあざむかれないで、不動のまなざしを世界の全体像にむけ、そこに写し出されている永遠の苦悩を自分自身の苦悩として共感的な愛の感情で受けとめようとするのである。

「科学」で事物の表面を形式的に把握して、世界を征服できる気になるのではなく、諸事物の根底で働き続ける「永遠の苦悩 das ewige Leiden」を見抜き、それと同調して、「自分自身の苦悩 das eigene Leiden」にする「共感的な愛の感情 sympathische Liebesempfindung」を育むことを、悲劇の意義と見ているわけですね。「永遠の苦悩」と連動した「意志」から、ディオニュソス的な、根源的な「音楽」が生まれてきた、ということでしょう。悲劇の主人公の死は、個人としての死である以上に、そうした「永遠の苦悩」を表しているのでしょう。

「一九　楽天主義的オペラ文化と悲劇の再生」

第一九章は、タイトルから分かるように、オペラ文化がソクラテス的な楽観主義と結び付いていると論じられています。ニーチェに言わせると、オペラが「歌のなかの言葉をはっきり聞きとりたいという聴衆の要望」と、自分の「喉のいいところを聞かせたい」歌手の願望を無理に両立させる試みとして生まれてきたことに問題があります。しかも、その裏に、「牧歌への憧憬、大昔には芸術的で、しかも善良な人間が存在したにちがいないという信念」が働いていて、そういう善良な人間らしく歌おうとするということです。それは、芸術とは何の関係もない理想だということです。喪失した楽園に生きる理想の人間に関する理論を前提にし、それを再現しようとするのは、アレクサンドリア的明朗さを求める〝芸術〟の特徴だというわけです。これは、「半ば道徳的領域 eine halb moralische Sphäre」から芸術の領域へと忍び込んできた理念です。

そうしたオペラの楽天主義に対抗する形で、バッハ（一六八五―一七五〇）→ベートーベン（一七七〇―一八二七）→ワーグナーの系譜で発展してきた「ドイツ音楽」においてディオニュソス的精神が復活しつつある、と述べられていますね。「ドイツ音楽」におけるディオニュソス的なものの復活は、先ほどのカント―ショーペンハウアー・ラインの「ドイツ哲学」の反ソクラテス傾向とも繋がっているようですね。「ドイツ哲学」と「ドイツ音楽」を基礎とする「ドイツ精神 der deutsche Geist」は、これまでのラテン文明に対する隷属状態から解放されて、自らの本来の状態へと復帰しつつある、ということのようですね。ニーチェは、ギリシア文化の根底にあるディオニュソス的なものがソクラテス楽観主義を排除して回帰しつつあることと、ラテン文化の下で抑圧され、自由に活動できなかったドイツ精神の復活は不可分の関係にある、と見ているようですね。

前回も見たように、ドイツと古代ギリシアを直接結び付けようとするのは、ドイツのナショナリスティックな思想家・文学者によく見られる傾向です。ただ、ワーグナーには、演劇的要素がより強い楽劇だけでなく、オペラの作品もあることからすると、オペラを非ドイツ的なものの象徴と見立てる図式はおかしいような気がしますが、恐らくニーチェは、ワーグナーのオペラは、原初の芸術的人間を楽観的に理想化などしておらず、「悲劇」の不可避性を見据えていると考えていたのでしょう。

「二〇　現代文化の様相」

「二〇　現代文化の様相」では、そうした観点から当時のドイツ文化の特徴が論じられています。

ドイツ精神がこれまでにギリシア人から学ぼうと最も力をこめて格闘したのは、どの時代、どういう人物においてであったかということは、いずれ厳正な審判者の目のもとで秤《はか》られるであろう。そしてこの比類のない賛辞は、ゲーテ、シラー、ヴィンケルマンのこの上なく高貴な教養の戦いに呈せられねばならぬ、と確信を持って仮定するにしても、ここにどうしてもつけたして言わねばならぬことが出てくると思われる。つまり、あの時代いらい、またあの戦いの直接の影響があってこのかた、同じ道で教養をつけ、同じ道をたどってギリシア人に行きつこうとする努力が、不可解なことにも、しだいに弱くなってきているということである。

ヴィンケルマン（一七一七－六八）はドイツの美術史家で、古代ギリシアの芸術の研究を通してゲーテやシラーの美学に影響を与えたことが知られています。ここで闘いと言っているのは、文学を中心にドイツ固有の文化を確立する闘いのことで、その一つの帰結として、前回お話しした、新人文主義的な教養教育改革が行われたわけですね。ただ、ギリシア的なものをドイツとの関係で積極的に取り入れようとする傾向はゲーテたちの時代以降、弱まったということですね。「ギリシア的調和」「ギリシア的美」「ギリシア的明朗性」等と言って言葉だけで弄んでいる。そうした精神的不毛を表すものとして、デューラー（一四七一－一五二八）の銅版画『騎士と死の悪魔』（一五一三）に言及していますね。挿し絵は、原文にはなく、分かりやすくするため、岩波文庫の判断で入れたものです。これは、ディオニュソス的なものに繋がる「ドイツ精神」の復興のために闘う騎士の苦難を象徴した絵である、ということのようですね。この文脈で引き合いに出しているということは、デューラーの銅版画に、「ドイツ的精神」の復活の初期の萌しが認められる、ということでしょう。「甲冑に身をかため、青銅のような、きびしいまなざしを持ったあの騎士、戦慄すべき道づれにも惑わされず、しかもなんの希望もいだかず、ただひとり馬と犬をつれて、その恐怖の道を進むことのできるあの騎士」がショーペンハウアーの姿を象徴しているということですね。

「騎士と死の悪魔」（1513年、銅版画）

——ソクラテス的人間の時代は去ったのだ。（…）今はただ、敢然《かんぜん》として悲劇的人間となれ！　君たちは救済されねばならないからだ。君たちはディオニュソス祭の行列にしたがって、インドからギリシアへ行くべきだ。

伝説だと、放浪の旅に出たディオニュソスはインドまで行き、そこからギリシアへ戻ってくるということになっています。そのディオニュソスが今こそ戻りつつあるのだ、と預言しているわけです。ディオニュソスの帰還と、ドイツ的精神の繋がりはヘルダリンの詩の重要なモチーフで、ハイデガーはそこを軸にしたヘルダリン解釈を通して、独自の「存在」史を展開しています——拙著『危機の詩学』（作品社）をご覧ください。

「二一　ワーグナーの楽劇」

第二一節では、この歴史的転換にワーグナーの「楽劇」を位置付けています。最初に、ギリシア人を例にとって、ナショナリズム的な意識とディオニュソス的なものの関係について論じています。ちょっと意外です。

この民族は何世代にもわたって、ディオニュソス的魔神の強烈きわまるけいれんで、その最深部までゆさぶられていた。ほかならぬそういう民族が、単純直截な政治的感情や、もっとも自然な郷土本能や、原始的な男らしい闘争心などをいつも変わりなく力強く発揮できたとは、よもや誰が推測できただろうか。なぜならディオニュソス的興奮が目立ってひろまる時には、いつでも政治的本能がそこなわれるということが認められるからである。つまり個人をその束縛から解放するディオニュソス的作用は、政治に対する無関心、いや、敵意となって、まっさきに出てくるにきまっているからだ。それはちょうど国家を形成するアポロが「個体化の原理」の守護神でもあり、国家とか郷土愛とかいっても、個人の持ち味を生かさなければ、生命を持たないものになるにきまっているのと同様なのだ。ある民族にとって、ディオニュソス祭の狂酔乱舞《オルギアスモス》から通じている道は一本しかない。インド仏教への道である。仏教は、およそ無への憧憬をもちこたえてゆくためには、空間や時間や個体を超越した、あの稀《まれ》な法悦の状態を必要とするのであり、このような状態に入るためには、現世の、なんともいえない不快を観念によって克服することを教える一種の哲学を必要とするのである。

国家は秩序化の原理の結晶なので、ディオニュソス的なものと相容れないというわけです。エウリピデスの『バッカイ』に見られるように、ディオニュソス的なものを受け入れると、国家が解体へと追い込まれる。少なくともこの時点でのニーチェには、ナチスに思想的に利用されそうな要素はあまりなさそうですね。

では、ある民族がディオニュソス的原理と遭遇した時、どういう態度を取ったらいいのか、というと、インド仏教のように個体化の原理を超える法悦を求める哲学しかない、ということですね。インド仏教で、ディオニュソス的なものと折り合いをつけるというのは、何か不自然な感じがしますが、これは当然、ショーペンハウアーの影響です。

これに対して、政治的衝動に身を委ねて、つまりディオニュソス的なものを拒絶して、世俗化の道を進んだのがローマだということですね。このインドとローマの間で、二つの相容れないものを両立させることを試みて、短期間だけど成功したのがギリシアだというわけです。

> ところでギリシア人は、そのディオニュソス的衝動も政治的衝動も並はずれて強かった彼らの偉大な時代に、法悦的理想によっても、また世俗的権力や世俗的名誉を求める身を焼くような渇望によっても消耗することなく、火のように燃えあがらせると同時に、静観的な気分にさそいこむ高貴な酒に見られるような、あのすばらしい調合をやりとげたわけなのだ。ところでいったどういう薬剤によって彼らにそれができたのかと問うならば、われわれは悲劇のもつ巨大な威力、民族の全生命を刺戟し、浄化し、解放する悲劇の威力を思いうかべぬわけには行かないのである。

「悲劇」が、ディオニュソス的原理を、国家を破壊する方向に向かわせるのではなく、「民族」の生命を燃え上がらせる方向に転換する装置になっていた、というわけですね。何か辻褄合わせのような気がしないでもないですが、「悲劇」の劇場が、ポリスの市民たちが集って、一体となって熱狂する場だと考えると、そんなにおかしな話ではないかもしれません。一九三頁を見ると、「悲劇」は、「悲劇的主人公」の姿を通して、「われわれを子の生存への貪欲な衝動から救済」してくれる、と述べられていますね。つまり、先ほど見たように、悲劇の主人公の苦しみと没落を通して、個体化の原理を超えた永遠なものの存在を暗示することで、私たちの現世の苦しみを軽くしてくれるわけです。これは、現世だけのものではない、と知ることを通して。「悲劇」では、音楽によって悲劇的神話に形而上学的な意味、最高の快感の確実な予感を与える、ということですね。ただ、普通の人間には、それを受けとめる「音楽」的な感受性がない。

> 『トリスタンとイゾルデ』の第三幕を、言葉や比喩の助けをいっさい借りないで、純粋に巨大な交響楽の楽章として感受できるような人で、あらゆる魂の翼をけいれん的に張りひろげたあげく絶息しないような人間を想像できるかどうか、と。この場合のように、いわば世界意志の心室に耳をあてた人、そしてこの心臓から生存への狂暴な渇望が、あるいはとどろく激流となり、あるいはしぶきをあげるささやかな小川となって、世界のすべての血管にそそぐのを感じとるような人は、たちまち砕け散ってしまわないであろうか？

ワーグナーの『トリスタンとイゾルデ』（一八六五）に本当にそうした効果があるかどうかは別として言っていることは分かりますね。本当に、ディオニュソス的原理を受けとめられる人がいれば、その人はショーペンハウアーの言うような、宇宙の根底を流れる、暴走する無意識的な衝動を直接感じるはずだが、それで無事に生きていられるのか、というわけです。

> ここで、われわれの最高の音楽的感動と、あの音楽のあいだに割りこんでくるのが、悲劇的神話と悲劇的主人公なのだ。つきつめたところ、神話や主人公は、音楽だけが直接に語りうるような、きわめて普遍的な事実の比喩にすぎない。ところで、もしわれわれが純粋にディオニュソス的な存在として感受するとすれば、神話などは比喩として黙殺され、なんの作用も及ぼさないで、われわれのそばに棒立ちになっているきりで、「事物以前の普遍」である音楽にわれわれが耳を傾けることを少しも妨害しないであろう。しかしここでアポロ的な力が、ほとんど砕け散った個体の再建をめざして、歓喜にみちた幻惑の香油をたずさえて出現するのである。

悲劇の主人公が、「音楽」の猛威と聴衆の間の媒介になっているわけです。悲劇の主人公を通して、アポロ的な力が働き、聴衆の個としてのアイデンティティが再建されるというわけです。

> たとえ同情がどれほどはげしくわれわれの胸に食いこんでこようと、しかしある意味ではこの同情が、世界の根源的な苦悩からわれわれを救うのであって、それは、神話の象徴のおかげで、われわれが最高の世界理念を

――直接見ることをまぬかれ、思想と言葉が、無意識的な意志の奔放《ほんぽう》な発現からわれわれを救ってくれるのと同様なのである。

いったん言葉にすることで、個体化の原理を働かせ、精神の全てが「世界の根源的な苦悩」の奔流に飲み込まれるのが防がれるわけですね。「同情」と訳していますが、原語の〈Mitleiden〉は、語の作りからして、「共に苦しむ」ということです。その直後の「根源的な苦悩」の原語は、〈Urleiden〉で、語根が繋がっています。これまでの議論の流れからしても、主人公に「同情する」だけでなく、宇宙の根底にある「原苦」に共鳴・同調するということも含まれているので、「共苦」という風に訳した方がいいと思います。こういう風に言うと、抽象的な感じがしてピンとこないかもしれませんが、主人公が舞台上で私たちの代わりに滅びてくれることで、私たちは、そこに自分たちの存在の無常を知ることができるが、自らが滅びゆくことは免れることができる、という犠牲の心理的メカニズムのようなものが働いていると考えればいいでしょう。ただ、そういう言い方をすると、キリスト教の贖罪の論理に近付いてしまうので、慎重な言い回しをしているのでしょう。

悲劇においては、アポロ的なものがその幻惑によって、音楽のディオニュソス的な根源的要素に対して完全に勝利をおさめているということ、そして音楽を自分の目的のために、つまり劇を最高度に鮮明にするために役立てているということが、以上の分析の結論として出てきたとしても、もちろんそれには非常に重要な制限を一つつけ加えねばならないだろう。すなわち、もっとも本質的な点で、例のアポロ的幻惑は突き破られており、破壊せられているということだ。ドラマはなるほどあらゆる所作、あらゆる人物が内的照明を受けたために非常に鮮明になり、音楽の助けによってわれわれの前にくりひろげられてゆく。それはまるで機織《はたおり》台にかかった織物が梭《ひ》の上下につれてできあがって行くのを見るような趣きだ。――しかしそのドラマは全体として、いっさいのアポロ的芸術作用の彼岸にある一つの作用を達成しているのである。悲劇の総体的作用においては、ディオニュソス的なものがふたたび優位を獲得する。悲劇は、アポロ的芸術の領域からは決してひびいてこないようなひびきで終るのだ。そしてこのことによって、アポロ的幻惑の正体が判明するのである。すなわちそれは、悲劇が上演されているあいだ、ずっと引きつづいて、本来のディオニュソス的作用をヴェールでくるむ役割のものだということがわかるのである。しかしこのディオニュソス的作用の強力なことは、結局においてはアポロ的ドラマもディオニュソス的知恵をもって語りはじめ、自分自身ならびにそのアポロ的可視性を否定するような領域へ、アポロ的ドラマを追いこむことがあるくらいなのである。

アポロ的原理が媒介的な役割を果たしているといっても、アポロ的原理で劇が完結するわけではなく、あくまでディオニュソス的原理が、アポロ的原理を突き破っているという形でまとめたいようですね。

「二二　芸術としての音楽的悲劇と美的聴衆」

第二二節では、「美的聴衆 ästhetischer Zuhörer」が話題になります。悲劇を感受することができる聴衆という意味です。「美的」と訳していますが、〈ästhetisch〉は「感性的」とも訳せます。ここで「美＝感性的」ということを強調しているのは、二〇五頁にあるように、アリストテレスのカタルシス論以降、悲劇を道徳的に理解する理論しかなかったから、ということです。

あるときは、うっせきした同情心と恐怖感が厳粛な出来事によって発散し、それで胸のつかえも取れるようになるといったふうに説明されたり、あるいはまた、主人公が犠牲となって倒れても、善と高貴の原理が勝つことを見て、道徳的世界観の意味でわれわれは高められ、感激するのだと言われたりする。

こうした道徳的なもの、勧善懲悪を求める聴衆に加えて、劇を邪魔する者がいます。

これまでは美的聴衆のかわりに、半ば道徳的な、半ば学者的な要求を持った奇妙な場違いの連中、「批評家」というしろものが劇場に坐っているのが常だった。彼らの従来の縄張りでは、なにもかも技巧的で、ただ見かけの生命で塗りつぶされているだけだった。こういう批評的な素ぶりを見せる聴衆に対しては、演技者も実際、どうしたらよいか分からず、そこで彼に霊感を与えてくれる劇作家やオペラ作曲家ともども、この注文の多いくせに不毛な、鑑賞能力のさっぱりない手合いに、生命のかけらでも残っていはしないかと、不安げにさぐるしまつだった。ところがこれまで観客はこういう「批評家」からできあがっていたのだ。

「批評家」というのがどういう類の人か分かりますね。無論、新聞の文芸欄にプロとして評論を書いている人だけのことではありません。現代では、ブログやツイッターがあるので、前衛的な演劇、古典演劇をやるたびに、〝批評家〟が湧いて出ます。私も自分で、演劇に関わっているので、そういう連中の見当外れっぷりを見ると、すごく腹が立ちます。演劇通を気取る年寄りのブログを見ると、殴りに行きたくなります（笑）。それを演出家や舞台スタッフが気にしていると聞くと、余計に腹が立つ（笑）。この手の人たちは、自分に理解できない作品だと、すぐに「大衆の感性に……」とか「普通の市民の気持ちに寄り添う……」「今の政治情勢に対して……」とか、知った風を装いたがる。マジで、死んでほしくなる（笑）。

「二三　ドイツ神話の再生」

第二三節では、ドイツ固有の神話の再生がテーマになっています。最初の方で芸術創造の基盤になっている「神話」が失われているという主旨のことが述べられていますが、これは初期ロマン派以来ずっと言われてきたことです——『増補新版 モデルネの葛藤』（作品社）をご覧ください。

二一一頁で、文明国フランスでは国民と文化が一体となっていて、それがフランスの長所であったけど、ドイツでは、既存の文化が、「わが民族性の高貴な核心 der edle Kerne unseres Volkscharakters」とほとんど接点がないということを述べていますね。これは、フランスでは早くから「国民国家 nation-state」が形成され、文化的に統一されていたのに対し、ドイツは多くの領邦国家に分裂して、バラバラだったというおなじみの話ですね。細かい話では、フランスに関して「国民」という訳語を当てていますが、原語は、「人民」「民族」「民衆」を意味する〈Volk〉で、ドイツ側とフランス側で言葉を使い分けているわけではありません。

われわれは、この落ちつきもなくぴくぴく動いている文化生活や教養のけいれんの下に、一つのすばらしい、内面的に健全な、太古いらいの力がかくされていることを認め、そこに向かって、われわれのすべての希望は、あこがれにみちて身を伸ばすのだ。もちろんこの力は、重大な瞬間に活躍するだけで、そのあとはまた来たるべき日にめざめるまで夢をみつづけるのである。ドイツの宗教改革では、この深淵から生《お》い立ってきたものであり、その讃美歌の中でドイツ音楽の未来の調べは初めて鳴りひびいたのである。ルッターのこの讃美歌は実に深く、雄々しく、切々とひびいた。実にあふれるばかりやさしく繊細にひびいた。それは、生いしげったやぶから、春の訪れとともに、ほとばしり出た最初のディオニュソスの誘《いざな》いの声だった。これに競《きそ》うような反響をもって答えたのは、あのディオニュソス的熱狂者たちの神聖にも有頂天な行列であった。われわれはドイツ音楽をこれらの人たちに負うている——そして、ドイツ神話の再生を、やがて彼らに負うことになるのである。

ドイツ民族の本当の神話的力は、ドイツ人の内面のずっと奥の方に潜んでいた、というわけですね。面白いのは、これまでの書きっぷりからすると、個人の信仰の主体性を重視するルター（一四八三−一五四六）の宗教改革を、ソクラテス主義とか個体性の原理と言って非難しそうな感じなのに、「ディオニュソスの誘い」だと言って高く評価しているわけですね。恐らく先ほどの「バッハ−ベートーベン−ワーグナー」の系譜の音楽とか、デューラーの版画とかとセットで考えているのでしょう。ニーチェは、ルター派プロテスタントの教義ではなく、農民戦争とか千年王国運動を起こして、既存の秩序を破壊しようとした熱狂を評価しているのでしょう。

　二一四頁を見ると、ニーチェはドイツの現状がギリシア末期と似ていると見ているようですね。表面的には多方面的に知識欲が発展し、世俗化が進んでいるが、その一方で、精神的故郷を失って右往左往している。自らの神話を破壊しながら、「外国の神話 ein fremder Mythsy」を移植してありがたがっている。これはキリスト教のことですね。キリスト教を外来の神話と言いながら、その革新運動であるプロテスタンティズムに、ドイツ神話の復活を見る、というのがニーチェの発想のユニークというか、ひねくれたところですね。

ドイツ的本質の純粋で、たくましい核心を大いに尊重するわれわれとしては、あのむりやり植えつけられた異国的要素をドイツ精神が切り捨てることをあえて期待し、またドイツ精神が自分自身に立ち帰って自覚することも可能であると見なすのである。おそらく多くの人はこう思うだろう。すなわち、ドイツ精神はその戦いの手始めとしてまずラテン的なものを除去しなければならない、そして、そのための外的準備と鼓舞とは、最近の戦争の連戦連勝の勇敢さと血にそまった栄光のうちに認めてもさしつかえないであろうけれど、しかしその

――内的な促しは、この道における崇高な先駆者、すなわちルッターやわれわれの偉大な芸術家や詩人に対して、常にはずかしくない者になろうという競争心のうちに求めなければならない、と。

「ラテン的なもの」の原語は、〈das Romanische〉、「ローマ的なもの」です。具体的には、ローマ以来のラテン文化の最大の継承者であるフランスですね。一九世紀のドイツは、文化先進国であるフランスに対してコンプレックスを抱いていて、フランスの生活様式の真似をし、宮廷や貴族、上流市民が、教養語としてフランス語を使いたがる傾向が強かったので、これはリアルな話です。前回お話ししたように、ニーチェに限らず、多くのドイツの知識人たちが、ラテン文化に対抗するために、ギリシアと自分たちの精神的結び付きを強調し、それがハイデガーにまで継承されたわけです。

「最近の戦争 der letzte Krieg」とは、当然「普仏戦争」（一八七〇―七一）のことです。この一文を見ると、ニーチェのナショナリズム、愛国主義を連想させますが、先ほどのニーチェ自身の説明を信用すると、彼は国家としての統一性とか、国際政治の勢力関係とかに関心はなくて、ドイツ精神の復活のための不純物の除去という面を重視しているということでしょう。ただ、それにしても、戦争という時事ネタをここに持ってくるのは安易ですね。

「二四　音楽の不協和音」

次の節は、「音楽の不協和音」というタイトルが付けられていますね。ここでは悲劇的作用のもたらす「美的快感 eine ästhetische Lust」、「悲劇的神話が生み出す快 die Lust, die der tragische Mythus erzeugt」が、音楽における「不協和音 Dissonanz」の「快」に似ていることが指摘されています。

――苦痛に対してさえ根源的な快感をおぼえるディオニュソス的なものが、音楽と悲劇的神話の共通の母胎なのだ。

宇宙の根底にある衝動、意志の働きに触れれば、自分自身を作っている個体化の原理を破壊されることによる痛みもあるけれど、それを含めて、根源的なものに触れる快感が得られる。それを敢えて求めるのが、ドイツ精神だということでしょう。

「二五　不協和音の人間化」

最後の節を読んでおきましょう。「不協和音の人間化」というタイトルが付けられていますね。

　音楽と悲劇的神話は同じように一民族のディオニュソス的能力の表現であって、たがいに切り離すことはできない。両者はともに、アポロ的なものの彼方《かなた》にある芸術領域から由来している。両者はともに、その快感の和音のうちに不協和音も恐怖の世界像も魅惑的に消え去ってゆくような一つの領域を浄化する。両者はともに、そのきわめて強力な魔法に信頼をよせて、不快の棘《とげ》とたわむれる。両者はともに、この遊戯によって、「最悪の世界」の存在をさえ是認する。

これは先ほどの箇所の少し詳しい説明ですね。音楽と悲劇的神話は、普通の人間には到底耐えられない恐怖に満ちた世界の姿を直視する姿勢を持たないといけないわけですね。ディオニュソス的歓喜が本物であれば、恐怖や痛みをも飲み込んだ本当の快が得られるはずなので、それを目指すわけです。麻薬とかＳＭの話のような感じですね。セックスもそうかもしれません。

　われわれが生きてゆくに当っては、いっさいの存在のあの基礎、すなわち世界のディオニュソス的基底が人間個体の意識にのぼるといっても、それは、あのアポロ的浄化の力によってふたたび克服される範囲にかぎられている。こうして二つの芸術衝動は、相互に厳密な釣合いを保ちながら、永遠の正義の法則に従って、それぞれの力を展開させる仕組みになっているのだ。

結局のところ、アポロン的原理によって制御することで、ディオニュソス的原理を生身の人間に耐えられるものにすること、ディオニュソス的原理が個体に穴をあけても、個体がぎりぎり持ち堪えるような状態を達成することが、ドイツ精神が解決すべき課題だということでしょう。

質疑応答

Q　カントやショーペンハウアーもそうですが、ワーグナーやベートーベンをナショナリスティックな文脈で引用している箇所があり、それがニーチェが後々誤解される遠因になっている、ナチスに利用されてしまった要素かと思います。その誤解を乗り越えるためにどのようなところに注目しなければならないのでしょうか。

A　それほど誤解されていないという気もします。ニーチェは、国家がどのようになるべきかに関しては、ここで本人も言っているように、それほど関心はなかったと思います。ハイデガーと同様に、ニーチェにとっても国家や政治の行方は表面的な問題であり、自分が、世界の根源にあると思っている力が現れてくる瞬間を見たい、まさにそれだけなんです。それがどのように現れるか、いろいろ哲学的に考えているわけです。ナチスが利用したのは間違いないのですが、それはニーチェ自身が、ドイツ的精神なるものをいきなり持ち出して、それを、現実の独仏関係と重ね合わせてイメージしているので、自業自得でしょう。ただ、これはニーチェの若気の至りというか、思考があまり深まってないまま、いろんなものを結び付けたので、意図せずして、当時流布していたナショナリスティックな言説を取り込んでしまったのでしょう。ただ、それはニーチェが意図していたことではないと思います。ニーチェのテクストの中で、本人の意図とは別に、そういう力が作用していた、という脱構築的な読み方をすることはできると思います。ニーチェは後に、これだけ賛美していたワーグナーを、ダメな音楽の権化のように言うわけですから、ワーグナーとニーチェを結ぶ線を、ストレートにナチスに繋げることはできません。その線が途切れているのですから。

遺稿になった『力への意志 Der Wille zur Macht』（一九〇一？）も、ナチスに利用されがちですが、このテクストに集められている断片は、いかなる制約も受けず、自己自身を超えていこうとする力を探究しているわけですから、ナチスのような特定の権力体制、世界観の正当化に利用するには無理があります。ドイツ語の〈Macht〉は、英語の〈power〉と同じで、「権力」の他に、「力」という意味もありますが、ニーチェが求めているのは、どう考えても、「権力」ではなくて、「力」です。よく読まなければ、言葉の印象で曲解してしまうでしょうが。

Q2　今の質問に引きつけてですが、単純なイメージで、ディオニュソス的なもの＝ナチス的なものと思っていたのですが、これを読むと、ある意味ナチス的なものはディオニュソス的なものを統合するアポロ的なものだという解釈もあるのかな、とふと思いました。

A2　むしろそのように取るべきでしょうね。ナチスはディオニュソス的なものが噴出した後に、帝国という形で従来のドイツ国家よりも大きな範囲で永久に続く国家を造ろうとしたわけですから。それは国民国家ではないけれど、永続する統治形態ですから。ニーチェは、時々、愛国主義的なことをあまり考えずに言ってしまうことはあっても、永続する秩序を求めたことはありません。
Q2　ディオニュソス的なものとアポロ的なものの均衡の中に美が出てくるというのがニーチェの思想だという解釈でよろしいでしょうか。
A2　均衡でもないけれど……。本当にディオニュソス的なものだけになったら人間は全て死に絶えて何も残りません。ある程度、人間を維持する原理が働かないと、芸術自体がそもそも存在し得ないわけです。アポロン的なものがディオニュソス的なものに完全に飲み込まれないで、ぎりぎり踏ん張るのが、「悲劇」の役割です。
Q3　ルターの宗教改革は、カトリックの閉ざされた教会から、より世俗的に宗教を解放した、と一般的に理解されていますが、それをニーチェは評価しないんですね。
A3　世俗化することがいいとは必ずしも思っていないのでしょう。神話的世界観の必要性を説いているわけですから。ただ、そうは言っても、プロテスタントがキリスト教を合理化・個人主義化したという一般的なイメージからすると、確かにヘンな感じはしますね。多分、「プロテスタント」一般と、ルター派を分けて考えるべきなんでしょう。ウェーバー（一八六四－一九二〇）の『プロテスタンティズムの倫理と資本主義の精神』（一九〇四－〇五）で、人々の生活習慣を組織化して、合理的な事業の経営を促し、資本主義への道を開いたとされるのは、主としてカルヴァン派の教えです。ルター派の教えは、世俗化というより、人々の意識を外の世界ではなく、ひたすら「内面」に向かわせ、やがて、人間の意識の奥にある、特に自らのゲルマン的な本性を抑圧して生きてきたドイツ人の暗い情念を掘り当てるに至った。トーマス・マン（一八七五－一九五五）は、ルターによって方向付けられた、「内面性」にこもっていく暗い傾向が、ドイツ的な非合理主義、ロマン派的な神秘主義を生み出した、と分析しています。マンは、ワーグナーやニーチェも、ドイツのロマン派的思想の系譜に属すと見ています。マンのように、ニーチェも、ルター派プロテスタントの内に、暗い内面の情念を掘り出すような傾向を見ていたのかもしれません。
Q3　ベンヤミン（一八九二－一九四〇）は、芸術が宗教に占有されていた時代から下っていき大衆のものになっていく過程を論じましたが、オペラを大衆的なおべっか使いと面罵するニーチェは、より大衆に開かれるようになったことを評価しないように思います。
A3　ベンヤミンは、芸術様式の変化に伴って大衆の美的感性が変化していくという前提で議論を進めていますが、少なくともこの時点のニーチェはそういう大衆の感性の微妙な変化、大衆が覚醒するか否かといったことにはあまり関心がなくて、ディオニュソス的なものを受け止めることができるか否か、という点にだけ注目している感じですね。演劇や音楽の様式の変化には関心を向けていますが、それはもっぱら製作者サイドの話です。ごく一部の悲劇的感性を持っている人を除いて、聴衆一般にはあまり期待していないのでしょう。

Q3　ディオニュソス的なものというと、……ラヴクラフト（一八九〇－一九三七）の魔王アザトースが思い起こされます。こういうアブナイ神、魔王的なものに惹かれる感性はいつの時代もあるんでしょうね。

A4　サブカルの魔王にもいろんなイメージのものがいますが、混沌をもたらす魔王だという点が重要ですね。帝国を作るような魔王だと、ディオニュソス的なものから遠ざかってしまいます。政治的センスがあまりよくないニーチェには、その区別があまりついていなかったのではないかと思います。

［講義］第3回 『ツァラトゥストラはこう言った』前半

「ツァラトゥストラ」とは？

ツァラトゥストラ（ゾロアスター）は、言うまでもなくゾロアスター教の教祖とされている人です。一八世紀半ばにゾロアスター教の聖典アヴェスタがヨーロッパにもたらされ、翻訳されて紹介されたことで、ドイツやフランスでゾロアスター教とその教祖に対する関心が高まり、レッシングなどの文学作品にも登場するようになりました。一九世紀に入ると、ヨーロッパ諸国でイラン研究が組織化され、大学にも講座が設置されます。当然、西欧諸国の植民地主義と関係しています。ヨーロッパ諸国の東方に対する関心の高まりの中で、ニーチェがキリスト教やユダヤ教以前の古代人の考えを象徴する存在として、ツァラトゥストラの名前を出したのはそれほど突飛ではなかったと思います。

読んでみるとすぐ分かるように、モデルはツァラトゥストラというよりイエスです。正確に言うと、イエスのパロディーになっています。しかしイエスを示唆するような名前ではなく、ゾロアスター教の教祖の名にしたのは何故なのか？ 理由は二つ考えられます。このテクストの中で何度か、ツァラトゥストラは東方から来た、と言っています。キリスト教自体も東方の宗教ですが、イエスが活動したパレスチナよりもゾロアスター教が興ったペルシアの方がより東にあるということ。また、時代的にもツァラトゥストラの方が何世紀も古いことから、イエスよりももっと根源的な処に遡る、という発想からツァラトゥストラという名を選んだと考えられます。

「第一部 ツァラトゥストラの序説」

では読んでいきましょう。第一部は二つの部分に分かれていて、最初の部分は「ツァラトゥストラの序説」と題されていています。「序説」は、ツァラトゥストラがどういう風にその歩みを始めたか紹介する、伝記風の物語になっています。冒頭からイエスを意識していることがはっきりと分かります。

ツァラトゥストラは、三十歳になったとき、そのふるさとを去り、ふるさとの湖を捨てて、山奥にはいった。そこでみずからの知恵を愛し、孤独を楽しんで、十年ののちも倦《う》むことを知らなかった。しかしついに彼の心が変わる時が来た。――ある朝、ツァラトゥストラはあかつきとともに起き、太陽を迎えて立ち、つぎのように太陽に語りかけた。

三〇歳というのは、イエスがバプテスマのヨハネから洗礼を受け、布教を始めた年齢です。ゾロアスターも三〇歳で、神の啓示を受け、布教を始めたとされているので、この三〇歳という年に、古代中東では何か特別の意味があったのかもしれません。イエスも故郷ガリラヤを去って、布教を開始します。湖は、イエスが水面を歩いて、ペテロたちに語りかけたガリラヤ湖を暗示していると考えられます。山というのは、エルサレム近郊のゲッセマネの園のあるオリーブ山かもしれません。ただ、イエスは宣教活動をし始めた三年後に十字架で死んだのに、ツァラトゥストラは山にこもったまま一〇年過ごして降りてきたわけです。一〇年という数字がどこから出てきたのかはっきりしませんが、刀水書房から出ている青木健さん（一九七二― ）の『ゾロアスター教史』や『ゾロアスター教の興亡』によると、それまで信者獲得に成功していたゾロアスターが最初の信者を得たのが四〇歳なので、その辺から来ているかもしれません。あるいは、マホメット（五七〇頃―六三二）が大天使から啓示を受けたとされるのが、四〇歳頃だというところから来ているのかもしれません。エジプトの王宮で育てられたモーセが、本来の同胞であるイスラエルを助けようと思い立ち、イスラエル人を迫害するエジプトの役人を殺してしまって、ミディアンの地に逃れるのも四〇歳の時です。

ただ、イエスや宗教の開祖たちが、神の言葉を受け取ったのに対し、ツァラトゥストラは、豊かな天体である太陽に向かって語りかけていますね。これまであなた＝太陽の恵みの下で自分の蓄えた知恵が煩わしいので、それを人々に分配するために降りていかねばならない、「わたしも、あなたのように没落しなければならない」と言っていますね。そして第一節の終わりは、「こうしてツァラトゥストラの没落ははじまった」という表現があります。この「没落」という言葉をどのように解釈するかが、この著作を理解する重要なポイントです。原語はそれぞれ〈untergehen〉と〈Untergang〉で、普通は実際に「没落する」とか「衰退する」という意味に使われますが、太陽とか船が「沈む」という物理的な意味にも使われます。語の作りからすると、「下へ unter」＋「行く gehen」ということなので、単に物理的に高い所から低い所へ「下る」ことだという意味にも取れます。

まず、単純に、ツァラトゥストラが誤った、あるいは自虐的な判断をして、悲惨な運命をたどり、滅亡すること。次に、位置関係から少し深読みして、ツァラトゥストラは元々、天に近い高貴で知恵に満ちた世界にいたのに、そこから俗世界に敢えて降りていくことを自らの使命として決断する。あるいは運命として甘受する。その場合、イエスの生誕という形での神の受肉とか、イデアが身体という牢獄に閉じこめられているといったことが暗示されていることになるでしょう。あと、太陽が沈むのと同じような、自然現象的なことが彼の身体で生じた、という即物的な解釈もあるでしょう。それは、このテクストに後で出てくる「永劫回帰」の伏線にもなっているでしょう。

更に、後で「重力の魔」という言葉が出てきますが、ツァラトゥストラはそれまで「重力」――無論、本当の「重力」ではなく、心身に感じる重みというような意味合いでしょう――から相対的に解放された状態にいたのだけれど、その状態から「重力」が働いていて、体を動かすのに苦労する下界に降りてきて、「重力の魔」に襲われやすい状態にわざわざ身を置いた、ということになります。

「没落」は最終的に「死」を含意しているかもしれません。第一部、第二部のメインテーマは「超人」ですが、「人間」を超えるにはいったん「人間」として死なないといけないのかもしれません。キリスト教には、この世の

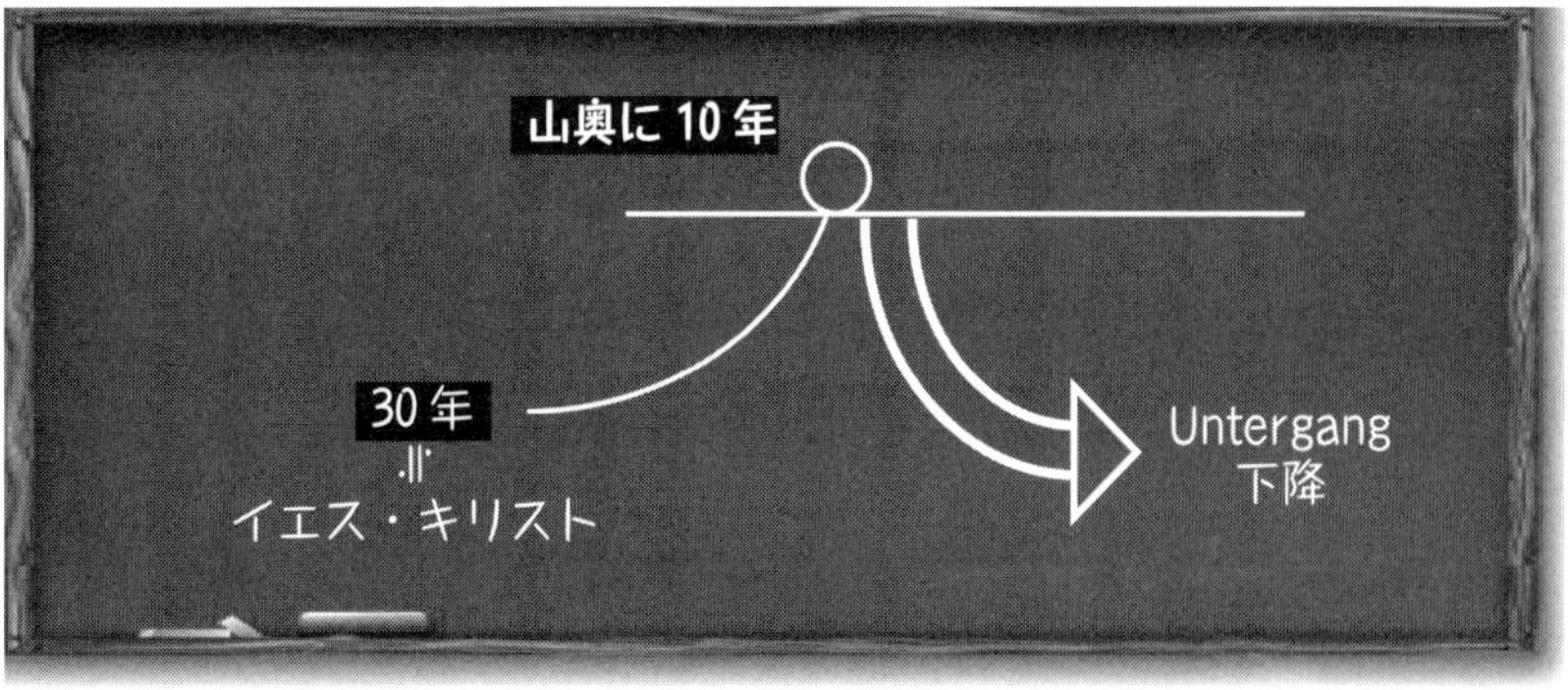

人間として一度死んで、キリストの霊によってもう一度生まれる、「新生」という考え方があります。ツァラトゥストラも何らかの意味で一度「死ぬ」必要があったのかもしれません。一〇頁の終わりの方で、ツァラトゥストラは、「満ち溢れようとするこの杯を祝福してください」と言っていますが、この「杯 Becher」は、イエスがゲッセマネの園で、父よこの杯を私から過ぎ去らせたまえ、と祈った杯、あるいは、最後の晩餐の時のイエスの血を象徴する葡萄酒を入れていた杯のパロディーと考えられます。

もう一つ、太陽に対する語りかけの中で、「もしわたしと、わたしの鷲と蛇がそこにいなかったら、あなたは自分の光にも、この道筋にも飽きてしまったことだろう」、と述べていますが、この「鷲と蛇」はこの後もずっと、ツァラトゥストラに連れ添っていきます。「鷲」はすぐ念頭に浮かぶのは、ギリシア神話のゼウスですが、シュメール神話には、主神エンリルに仕える獣でありながら、主神の権力を表す天命の書が書かれた板を盗み出す、獅子の頭に鷲の体を持つアンズーがいます。「蛇」はすぐに思い浮かぶのは、旧約聖書のエバを誘惑する蛇ですが、蛇はいろんな神話で重要な役割を果たします。シュメール神話で、全てを生み出した原初の海を神格化した女神ティアマトが海蛇の姿で表現されます。ギリシア神話ではガイアによって生み出され、アポロンに退治されるピュトーンとか、ゴルゴーン三姉妹、ヘルメスの杖に巻き付いた二匹の蛇、医学の神アスクレピオスを象徴する蛇とか。日本の神話にも出てきますね。ニーチェが依拠していた文献学者・東洋学者・神話研究家のゲオルク・フリードリヒ・クロイツァー（一七七一－一八五八）の『古い諸民族、特にギリシア人の象徴と神話』（一八一二）で、ゾロアスター教あるいは、それが変形したミトラ教の神話的象徴として、鷲と蛇のことが言及されているので、ニーチェは直接的にはそれを参

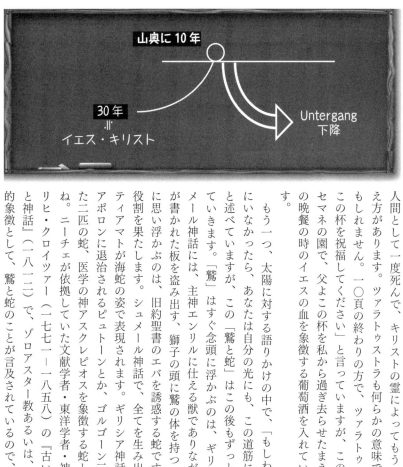

考にしたのかもしれません。クロイツァーによると、ペルシアでは鷲は王族を象徴し、光の神オルムズド（アフラマズダ）を表し、悪の神アーリマンは蛇や竜の姿をしていたということです。あと、北欧神話では、世界樹ユグドラシルの頂きには鷲フレーズヴェルクが止まり、根っこを蛇ニーズヘッグがかじっているとされます。ワーグナーの『神々の黄昏』で、この世界樹のことが言及されているので、その連想が働いている可能性もあります。

『ツァラトゥストラはこう言った』は一種の「哲学小説」ですが、何重もの比喩が使われており、それらがどのような意味か、確定するのは難しいと思います。この冒頭の箇所も先ほどお話ししたようにいろいろな可能性がありますが、少なくとも下界の、下の世界に近付いていかなければならないことを言っています。

ツァラトゥストラが山を下っていくと、白髪の翁に遭い、彼と対話します。白髪の翁は森の中で隠者のような生活をしていました。「森の聖者」とも呼んでいますね。彼はかつてツァラトゥストラが山に登っていく時、彼の姿を見かけたが、一〇年後見たら、ツァラトゥストラは踊るような足取りで、幼子のようになっていることに驚いた様子を見せます。聖者は、自分は神を愛しており、人間は愛していない、と言い、人間たちのもとに行こうとしているツァラトゥストラに呆れている感じですね。この哲学小説では、ツァラトゥストラと同じことをやっているように見える人が多く登場し、それらの人物と対話していきます。回りくどいことをやっているようですが、哲学的思考としては必要なことでしょう。

我々が現に囚われている思考、形而上学を克服しようと突き詰めて考える時、何らかの形で妥協的な、少し緩い形で問題を解決したことにしようとする発想が必ず出てきます。ニーチェ自身の中での思索の葛藤の経緯を描いているのでしょう。安易な考え方や他者の目を意識した取り繕いのようなものがどんどん浮かんできます。そうした様々な、もう一人の自分を象徴する人物が次から次へと出てくるので、混乱します。

人々に自分の貯えたものを与えようとするツァラトゥストラに対し、「森の聖者」は、

「それなら、あなたの宝物を、かれらに受けとらせてみたらいい！　かれらは世捨《よす》て人《びと》というものを疑っている。われわれが贈物をするために出かけてくるなどとは、かれらは信じない。

われわれが町へ行っても、われわれの歩く足音が、かれらには淋しすぎるのだ。夜もあけないのに誰かが外

を歩いているのを、寝床のなかで聞いているときのように、かれらはきっとたずねるだろう。『盗人《ぬすびと》め、どこへ行くのか』と。

人間たちのところへ行きなさるな。森のなかにとどまるがいい！　むしろ動物たちのところに行きなさい！　なぜあなたはわしのように、——熊のなかの一頭の熊、鳥のなかの一羽の鳥であろうとはしないのか？」

これは分かりますね。世の中の人は、布教する人間に対して懐疑的になっているので、何を語っても無駄だ、私と一緒に森の動物と一緒に暮らしたらいいではないか、と言っているわけですね。私たちが普通にイメージする聖人、世捨て人はこういう感じですね。ツァラトゥストラは当然、その言い分を聞き入れません。聖者に対して一応の敬意を示し、笑って別れ、自分の道を進みます。

しかしツァラトゥストラがひとりになったとき、かれは自分の心にむかってこう言った。「いやはや、とんでもないことだ！　この老いた聖者は、森のなかにいて、まだ何も聞いていないのだ。神が死んだということを。」

「神が死んだ」という有名な台詞ですね。これも、イエスの死に掛けて言っているのは間違いないと思います。イエスの場合、一度死ぬことによって、宗教としての力を持ちます。神であるイエスが死んだことを文字通りに受け取ると、神であるのに死んだではないか、というおかしなことになりますが、キリスト教はその逆説を、死ぬことによって生きる、という教義として利用するようになりました。ツァラトゥストラは、「神の死」を素直に受け取って、実際「神は死んだ」と考えているわけですね。「神の死」が具体的にどういう状態なのかはこれから徐々に明らかになってくるはずですが、少なくとも、神の庇護を期待して、森の中にいることに意味がなくなったことは確かでしょう。

ツァラトゥストラが森から出て町に入りますが、その町の広場では、「綱渡り師 Seiltänzer」が来ると予告されていたので、多くの人が集まっています。この「綱渡り師」も、ツァラトゥストラが克服しようとしている、似非超人的なものを表象している感じがしますね。ともかくツァラトゥストラは、「綱渡り師」目当ての聴衆に向かって語り始めます。

わたしはあなたがたに超人を教えよう。人間は克服されなければならない或物なのだ。あなたがたは人間を克服するために、何をしたというのか？

これまでの存在はすべて、自分自身を乗り超える何物かを創造してきた。あなたがたはこの大きな上げ潮にさからう引き潮になろうとするのか、人間を克服するよりもむしろ動物にひきかえそうとするのか？

人間から見れば、猿は何だろう？　哄笑の種か、あるいは恥辱の痛みを覚えさせるものだ。超人から見たとき、人間はまさにそうしたものになるはずなのだ。哄笑の種か、あるいは恥辱の痛みに。

あなたがたは虫から人間への道をたどってきた。そしてあなたがたのなかの多くのものはまだ虫だ。かつてあなたがたは猿であった。だが、いまなお人間は、いかなる猿よりも以上に猿である。


ここで「超人 Übermensch」が出てきました。この本が刊行されたのは一八八三〜八五年なので、ダーウィン（一八〇九―八二）の『種の起源』（一八五九）はとっくの昔に出版され、適者生存による進化という考え方は一般化していました。無論、現在と違って、キリスト教との摩擦はまだ大きかったでしょう。先ほどの「神は死んだ」は、近代化・世俗化によって、この世界から神の居場所がなくなった、ということだと解釈することができます。コペルニクス（一四七三―一五四三）の地動説以来、聖書の記述通りに宇宙の成り立ちと、天文学的な宇宙観の間の整合性を取ることが難しくなっていましたが、何とか辻褄を合わせることができないでもなかった。しかし、この地球で生物が、単純なものから複雑なものへと、様々な偶発的な要素の影響を受けながら進化してきたということになると、神が七日間で世界を創造し、人間に地上の支配を委ねた、という記述と本質的なところでぶつかることになります。それだけにはとどまりません。最終ゴールなどなく、その時々の地球の状況によって方向を変えながら、続いていく進化というパースペクティヴから見れば、我々も過渡的な存在であり、人間を超えたものが登場するための前段階として存在するにすぎない可能性だってある。自分たちこそ進化の頂点だと言っている我々人間は、「猿」は私たちが生まれてくるために存在したかのように考えがちですが、「超人」が既に存在するとしたら、私たちのことを、私たちにとっての猿のように考えることでしょう。これはＳＦでよくある設定ですね。

無論、ニーチェは進化論を信奉しているわけではなく、『偶像の黄昏』（一八八九）では、「生存競争 Kampf um's

Leben」について批判的な見解を述べているなど、進化の説明についてダーウィン的見方を部分的に否定していることもあります。ただここで重要なのは、ダーウィニズムの生物学的妥当性ではなく、そういう見方をした場合、人間が世界の中心だという世界観の前提が崩れるということです。

ここだけ見ると、ツァラトゥストラ自身が「超人」になりつつある、と言っているように見えますが、前に戻って一〇頁の終わりから一一頁の初めにかけての、ツァラトゥストラの太陽に対する語りかけの最後の部分を見てください。

ごらんなさい！　この杯はふたたび空《から》になろうとしている。ツァラトゥストラはふたたび人間になろうと欲している。

――こうしてツァラトゥストラの没落ははじまった。

つまり太陽から受けた恵みを放棄して、下界に降りていったツァラトゥストラは、再び「人間」の世界の住人としての自覚を持ち、彼らと共に生きる決意をしたわけです。「森の聖者」の申し出を断ったのも、「人間」たちの間で生きると既に決めていたからでしょう。ただ、それは自分自身が、生命の進化の歴史の中で、他の人間たちと共に取り残され、来るべき「超人」のために、没落していく運命にあることを受け容れることでもあったわけです。

一五頁に戻りましょう。

いや、わたしはあなたがたに超人を教えよう！

超人は大地の意義なのだ。あなたがたの意志は声を発して、こう言うべきだ。「超人こそ大地の意義であれ！」と。

「大地」が何を意味するのかが「超人」理解のカギになりそうですね。まず、それまでツァラトゥストラが、太陽に近いところにいたこととの対比になっているのは分かりますね。ギリシア神話だと、混沌（カオス）から最初に生み出された大地の女神ガイアは、ウラノスの母ですが、彼と交わって、クロノスをはじめとするティタン神族を生み出します。「円天」にいるものとして表象される、キリスト教の神とは対極的な存在のようです。

――わが兄弟たちよ、わたしはあなたがたに切願する。大地に忠実であれ、そして地上を超えた希望などを説く

—者に信用を置くな、と。かれらは、みずからそれと知ろうが知るまいが、毒を盛《も》る者たちなのだ。

「地上を超えた希望 überirdische Hoffnungen」という言い方は、物質的な世界を超えたところに希望があると説く、キリスト教の教えを暗示しているのは明らかですから、大地は物質的な生命の源のような位置付けでしょう。大地の法則を無視して生きる欺瞞を止めよ、と呼び掛けているわけです。先ほどの箇所で、「超人こそが大地の意義である」という平叙文ではなく、「超人こそが大地の意義であれ！ der Übermensch sei der Sinn der Erde!」と願望を表す接続法Ⅰ式になっているのは何故でしょうか。ドイツ語の接続法は、英語の仮定法に相当するものですが、非現実の仮定を示すⅡ式と、推定、伝聞、願望を示すⅠ式があります。これは、「超人」が単に物理的必然性の法則に従って、自然界で人間の後を継ぐという受動的な存在ではなく、自らの「意志」によって自分の存在の意義を決められるというようなことを含意しているのでしょう。「地上を超えた希望」を負うのではなく、大地から生まれ、大地の法則に従って生まれてきた様々な生き物の頂点に位置する自らに相応しい在り方を追求するものであるはずだ、ということを説いているのでしょう。ただ、「あれ！」と願うのは、「超人」自身の意志ではなく、現に地上に生き、超人を待ち受ける私たちの「意志」ですね。自分たちを超えた存在である「超人」が何を意志するか私たちには分からないけれど、とにかく、私たちは、大地に忠実な「超人」の到来を願うべきだ、と呼び掛けているわけです。

かつては神を冒瀆することが、最大の冒瀆であった。しかし、神は死んだ。したがってこれら神の冒瀆者たちもなくなった。いまや最も恐るべきことは、大地を冒瀆することだ。究めることのできない者を設定し、そのえたいの知れぬ臓腑《ぞうふ》を、大地の意義以上に高く崇《あが》めることだ。

かつては霊魂は肉体に軽蔑の眼を向けていた。そして当時は、この軽蔑が最高の思想であった、——霊魂は肉体を、瘠せて、醜い、飢えたものにしてしまおうと思った。こうして霊魂は、肉体と大地から脱却できると信じたのである。おお、この霊魂自身のほうが、もっと瘠せて、醜く、飢えていたのであった。そして残酷なことをするのが、こうした霊魂の快楽であった！

しかし、わが兄弟よ、あなたがたもわたしに告げなければならない。あなたがたの肉体が、あなたがたの霊

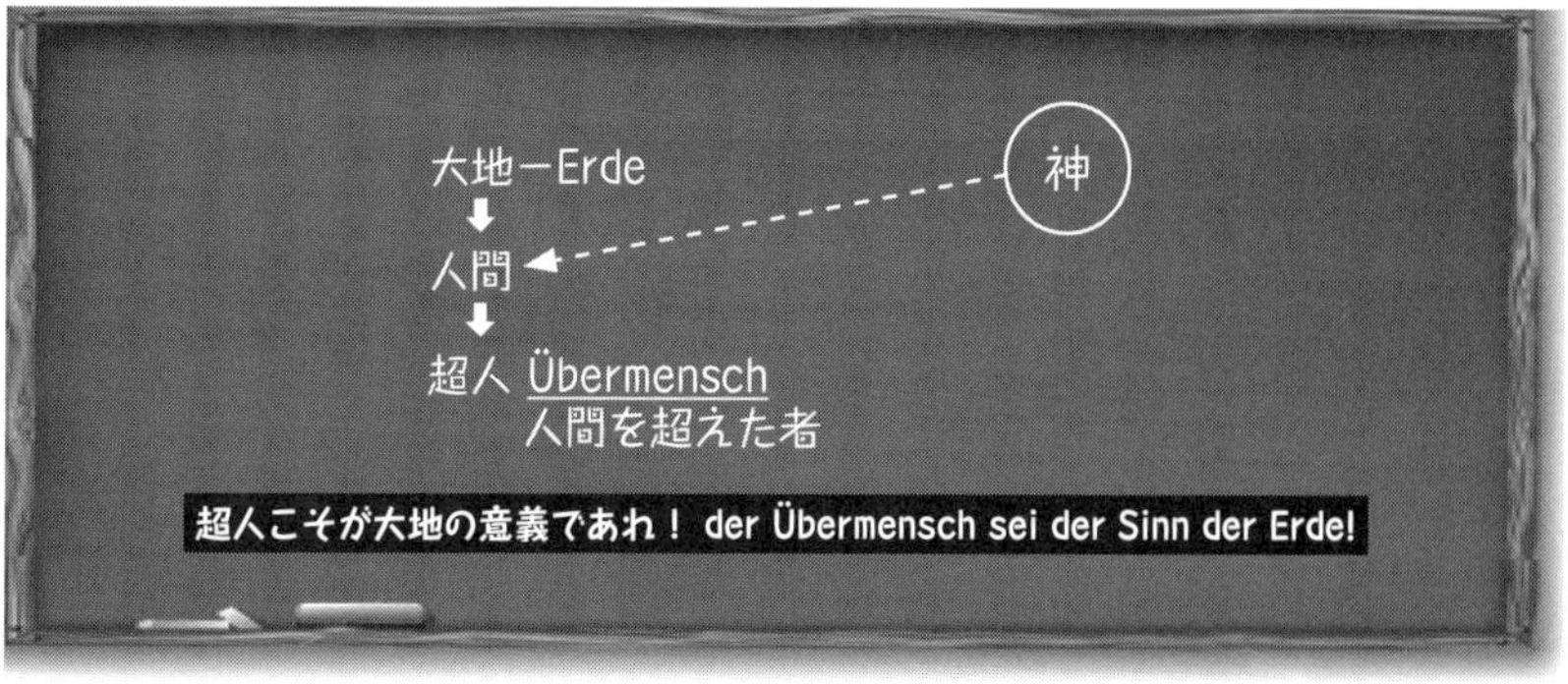

魂についてどう言っているかを。あなたがたの霊魂も、貧弱であり、不潔であり、みじめな安逸なのではあるまいか？

かつて、キリスト教的な宗教が栄えていた時は、「神」と繋がる「霊」が、「大地」と繋がる「肉体」を蔑視していたわけですが、神が死んだと分かった以上、「大地」―「肉体」を崇めないといけない、というわけですね。この言い方だと、まるで「大地」―「肉体」という言葉を軸にした新しい形而上学を作ろうとしているように見えて、妙な感じがしますね。ハイデガーが、「神の死」という事態を受け入れようとするニーチェの姿勢を評価する一方で、別の形而上学、あるいは従来の二項対立の上下関係を逆転させたものを打ちたてようとしているとして批判しているのは、こういう言い回しにひっかかるからでしょう――詳しくは、ハイデガーのニーチェ講義や関連論文をまとめた『ニーチェ』（一九六一）を見ないといけないですが、『杣経』（一九五〇）に収められている論文「ニーチェの言葉『神は死んだ』」（一九四三）でコンパクトに要約されています。

まことに、人間は汚れた流れである。汚れた流れを受けいれて、しかも不潔にならないためには、われわれは大海にならなければならない。

見よ、わたしはあなたがたに、超人を教えよう。超人は大海である。あなたがたの大いなる軽蔑は、この大海のなかに没することができる。

「汚れた流れ ein schmutziger Strom」と言っていますが、どのような意味で「汚れている」のか。「汚れ」ないですむには「大海にならなければならない muss schon ein Meer sein」とすれば、いろんなゴミのようなものをため込んで流れが濁っているとか、水たまりのようになって中で生き物の死骸が腐敗している、というようなイメージでしょう。恐らく、「超人」を生み出す生命の流れ、進化の流れを想定して、「人間」がそれを妨げているということでしょう。話の流れからすると、「魂」なるものの存在を思いつき、それに固執することが流れを淀ませ、「超人」へと発展していく道を塞いでいる、ということになりそうですね。プラトン主義やキリスト教の発想では、「肉体」に固執することが穢れですが、ツァラトゥストラはその逆を言っているわけです。

第三節の終わりに、このツァラトゥストラの「超人」の話を聞いた聴衆から、「綱渡り師についてはもう十分に聞いた。さあ、実際にやって見せてくれ！」という声があがり、綱渡り師は自分のことだと思って芸当の準備を始める、というくだりがあります。ここではまだ、何故「超人」の話が、「綱渡り師」を指していることになるのか分かりませんが、すぐにはっきりします。

ツァラトゥストラはかなり長く説教していますね。第四節を見てください。

> 人間は、動物と超人とのあいだに張りわたされた一本の綱なのだ。――深淵の上にかかる綱なのだ。
> 渡るのも危険であり、途中にあるのも危険であり、ふりかえるのも危険であり、身震いして足をとめるのも危険である。
> 人間における偉大なところ、それはかれが橋であって、自己目的ではないということだ。人間において愛さるべきところ、それは、彼が移りゆきであり、没落であるということである。
> 〔……〕
> わたしが愛するのは、認識するために生きる者、いつの日か超人があらわれるために認識しようとする者である。

「綱渡り師」が何を象徴していたか、分かってきましたね。人間自体が、「動物」と「超人」を結ぶ、恐らくさほど太く頑丈でない「綱 Seil」と見られているわけですね。「深淵 Abgrund」の上にかかっている「綱」だということは、動物から人間を経て超人へ至る道は確実なものではなく、微妙なバランスを取らないと、それまでの進化の道全てが無に帰してしまいかねない、危なさがあるわけです。人間が死に絶えたら、少なくとも、人間の中から「超人」が生まれることはできなくなるので、もう一度、生命の歴史を繰り返さなければならないでしょう。ただ、このツァラトゥストラの比喩だと、「超人」は「綱」を渡った向こう側にいる、来るべき未知の存在なのに、聴衆や綱渡り師は、普通の人間でも何かの「芸当 Werk」として「超人」を演じることができる、と見ているようですね。そのギャップがカギになりそうです。

先ほど「没落」を意味する〈Untergang〉が、「下に降りること」という意味だとお話ししましたが、「移りゆき」の原語〈Übergang〉はこれと対になる言葉です。〈über-〉という接頭辞は、英語だと〈above〉または〈over〉に相当して、「〜の上に」とか「〜を超えて」「〜を横切って」というのが基本的な意味です。「超人 Übermensch」という時の「超」も〈über-〉ですね。第六節で、「綱渡り師」の話に決着が付きますが、ここでまた、〈über-〉が関ってきます。「人間」自体が「綱」だとすれば、その「人間」の上で「綱渡り」するとはどういうことなのか。

人間は、進化の過程で、乗り越えられていくために現れた中間項であって、人間の存在自体に価値はない、というわけですね。「自己目的」の原語には、「自己」は付いていなくて、単に「目的 Zweck」という言葉が使われています。恐らくカントの議論をあてこすっているのでしょう。カントが、他者の人格を手段としてではなく、目的それ自体として扱うべき、と主張したことはよく知られていますね。ツァラトゥストラは、人間とは元々、目的それ自体になるほどのものではない、と主張しているわけです。そうすると、私たちが「認識」するのは、ヘーゲルが言うように、自分たち自身を知るためではなく、自分たちの後に来るものを認識するためということになります。

ツァラトゥストラは、更に、「没落への意志」を語ります。「超人」の到来の準備をするために準備し、犠牲になるという意味で「没落」する意志を持つべきことを説いているわけです。人間にとってはすごくいやな話ですが、取りようによっては、人間が生命の根源である「大地」にもう一度「降りて行く」べきことを示唆しているのかもしれません。

二一二頁から始まる第五節にも重要な概念が出てきます。ツァラトゥストラは聴衆が何も理解しないのを見て取ったうえで語り続けます。そして、人間の最終的な状態について語ります。「おしまいの人間たち」です。

――――――

かれらには、その誇りとするところのものがある。かれらに誇りを与えているもの、それをかれらは何と呼んでいるか？　教養と呼んでいる。これがかれらを無知な山羊《やぎ》飼いどもから優越させるものだ。だから、かれらは自分たちのことを『軽蔑』すべきなどと言われることを好まない。それなら、こんどはわ

——たしは、かれらの誇りに訴えて、語ってやろう。
かれらに最低の軽蔑すべき者のことを話してやろう。すなわち、『おしまいの人間』たちのことだ。

「教養」の原語は〈Bildung〉で、通常は単なる「知識」ではなく、「人格形成」という意味も含んでいます。ニーチェは、当時自分がギムナジウムで受けたような教養教育を徹底的に嫌悪したことで知られています。ヘーゲルの歴史哲学では、人間の精神の発展段階、法や慣習として具体化された自己形成の段階を「教養」と呼びます。「歴史」の「終わり」には、人間は最高の教養の段階に到達し、自分たちが絶対精神の自己展開の過程においてどのような役割を演じているか知るに至るわけですが、そのことへの皮肉とも取れます。人間は「超人」の到来のために没落するよう定められているわけですから、「おしまいの人間 der letzte Mensch」は、滅びる前の最後の人間という意味に取るのが自然ですが、人類史＝絶対精神の自己展開の最終段階にいるという意味にも取れます。後者の場合、勿論、皮肉です。自分たちは絶対精神の絶対値に達している状態にある、と思っているけど、このように最終段階にいる、実は終わりだ、ということです。ツァラトゥストラは「おしまいの人間」たちを軽蔑するようなことを述べます。教養によって人間の没落を決定的なものにしてしまった、と言いたいわけです。「おしまいの人間」の特徴として、「一切を小さくする」「もっとも長く生きのびる」「生きるのに厄介な土地を見捨てる」といったことが挙げられていますね。要するに、自分が生き残るためにいろいろ姑息な手を使っている連中、人間としての誇りのようなものはない連中という感じでしょう。

——牧人はいなくて、畜群だけだ！　誰もが平等だし、また平等であることを望んでいる。それに同感できない者は、みずから進んで精神病院にはいる。

「牧人 Hirt」というのは、キリスト教で「主は我が牧者」と言う時の「牧者」のことでしょう。神が死んだのですから、キリスト教徒たちは「主」を失ったことになります。「主」を失った羊たち＝信徒たちは、精神的支柱を失って、ばらばらになっただけでなく、理性も失って獣の群れのように欲望むき出しで、浅ましくなっているということでしょう。「精神病院 Irrenhaus」というのは、人間らしさを失ってしまった状態ということでしょう。「ルカによる福音書」の第八章に、イエスがある男に取り憑いた悪霊に名前を尋ねると、「レギオン」です、「大勢いるからです」と答えます。「レギオン」というのは、ローマの軍の単位としての軍団のことですが、語源的には、「集める」という意味の動詞〈legere〉から派生しています。つまり、「群れ」です。それでイエスは、その人から出て行き、底知れぬ所へ行けと命じます。すると、悪霊（たち）は、ユダヤ教で汚れた動物とされる豚の群れに入り、豚の群れはいきなり崖を下って、湖に入って溺れ死にします。ドストエフスキー（一八二一－八一）の『悪霊』（一八七一）は、エピグラムでこの話を引用しています。これは、牧者をなくした人々、つまり家畜として育成され、命令を受けて生活するよう躾けられたにもかかわらず、導いてくれる人を失った人間の集合は、暴走する豚の群れのように狂って暴走する恐れがある、ということでしょう。

ただこの後のツァラトゥストラの言い方だと、「おしまいの人間」は狂暴に狂い回っているというより、「賢く、世の中に起こることならなにごとにも通じて」いて、何でもかんでも「笑い草」にするということですから、自分が置かれている状況、もはや自分たちが「人間」として最後かもしれないことを自覚することなく、現在の自分たちの欲求を取りあえず満たしている状態、東浩紀氏（一九七一－　）が、「歴史の終わり」をめぐるコジェーヴ（一九〇二－六八）のヘーゲル解釈を参考にして「動物化」と呼んだ、自分たちだけの狭い快楽の世界で自足している状態を指しているのでしょう。

第六節で、「綱渡り師」が動き出します。

そのあいだに、すでにその芸当にとりかかっていた綱渡り師は、小さな戸口から歩み出て、二つの塔のあいだに張られた綱、すなわち広場と民衆の頭上にかかった綱の上を渡っていったのだ。そしてかれがちょうどその途中のまんなかごろまできたとき、もう一度例の小さな戸口があいて、道化師ともおぼしき五色の衣装をつけた一人の男がとびだし、早い足どりで、前の綱渡り師をおいかけてきたのである。「進め、足萎《あしな》えめ」と、この男は恐ろしい声をあげて叫んだ、「とっとと行け、なまけ者、もぐりめ、青びょうだんめ！　おれの足にくすぐられるな！　この塔のあいだで何をするというのだ？　塔のなかが身分相応だ。閉じこめられていろ。でしゃばって、じぶんより上手なものの邪魔をするのか！」――一言《ひとこと》ごとに、かれは近づいてきた。そして前を行く男にもうあと一歩というところで、すべての口を唖にし、すべての目を見はらせるような、恐るべきことが起こったのである。――悪魔のような叫び声をあげると、かれは行く手をさまたげていた者を飛びこした。飛びこされた者は、じぶんの競争者に打ち負かされたと悟ったとたん、狼狽《ろうばい》して足を踏みはずした。かれは手にした長い棹《さお》を抛りだし、その棹よりもはやく、手足をくるくるとまわして、真一文字に落ちてきた。広場と民衆は、突風が吹きこんだ海のようであった。みんなわれさきにと、ひとを踏みこえて逃げだし、ことに綱渡り師の身体が落ちてくるあたりはひどかった。

先ほど、人間とは、「超人」への「移行」のための細い「橋」あるいは「綱」のような存在だという話をしました。では、自らも人間でありながら、「綱渡り」しようとする「綱渡り師」とはどういう存在でしょうか。ごく普通に考えれば、ツァラトゥストラの説教にもかかわらず、単なる「綱」であることに我慢できず、あるいは自分が「綱」にすぎないことを理解せず、「超人」になろうとした、ということでしょう。では、「道化師 Possenreisser」とおぼしき男とは何でしょう。一見、「綱渡り師」と同じキャラのような印象を受けますね。それで何の気なしに読んでいて、「あれっ、同じ人間のことじゃなかったのか」と気付いて、少し混乱する人もいるでしょう。原語で比べると、尚更そうです。〈Seiltänzer〉は「綱」の上で踊る「ダンサー」です。〈Possenreisser〉は、「道化劇 Posse」を引き回す人のことです。どちらも芸人ですが、敢えて違いを言えば、「ダンサー」が真剣に体をはって芸をしているのに対し、道化役者の方がいかにもふざけてやっている感じがしますね。「綱渡り師」が本当に「超人」になるつもりの人だとしたら、「道化師」はエンタメだと分かっていて、客をあっと言わせる演出として「綱」を渡ってみせることしか考えていない、ということになるでしょう。人目を惹く芸としてやることに徹している方が強い、勝負に勝つ、ということの暗示でしょう。ただ、この場合の「勝つ」は二通りの解釈が可能ですね。「おしまいの人間」であることに徹した、という意味と、「超人」により近い、という意味と。どっちにも取れますが、うまく「綱渡り」できる技術を会得することで「超人」に近付こうとすると、失敗するということを暗示しているように見えます。

落ちて死にかけている男はツァラトゥストラにこう言います。

――「あなたは何をしてくれようというのか?」と、男はやっと言った、「わたしは、悪魔がわたしの小股《こまた》をすくうだろうということを、前から知っていた。悪魔はいまわたしを地獄に引きずってゆく。あなたはそれを防いでくれるというのか?」

「わたしは誓って言う、友よ」とツァラトゥストラは言った。「あなたが言っているようなものは何もかも存在しない。悪魔もなければ、地獄もない。肉体よりもあなたの魂の方が、はやく死ぬだろう。もう何も恐れることはない!」

男は不審《ふしん》そうに目をあけた。「あなたの言うことが真実なら」と、やがてかれは言った、「わたしのいのちがなくなっても、たいしたことはない。もともとわたしは鞭とわずかな餌で踊りを仕込まれた動物以上のものではないのだ。」

「綱渡り師」は、道化師を「悪魔 Teufel」と呼ぶことで、自分が死後、「地獄」のような別の世界に移行するのではないか、という宗教的な観念を示したわけですが、ツァラトゥストラはそういうものの存在を否定し、私たちが自分そのものだと思っている「魂 Seele」なるものの存在も事実上否定しているようですね。肉体の中の何らかの作用の複合体が、あたかも〝魂〟というものがあるかのように感じられているだけ、ということのようです。こういう唯物論的な発想は、ホッブズ(一五八八―一六七九)以来、それほど珍しくない発想になっていましたが、普通は、一般論としては分かっていても、それを直視すると、どうせ死んで無になるのなら、生きている間にどんな立派なことをしても仕方ないと絶望的な気分になる人が出てくるので、宗教家や道徳家はそういうことは強調しないでしょう。ツァラトゥストラはそれを、死にかけている人間にはっきり言ってきかせているわけです。

カントは、理論理性では解けないけれど、実践理性の根拠となるべき三つの前提として、「神」「魂の不死」「自由」の三つを挙げています。神がいなければ、私の行為の善悪を定める究極の基準はないし、たとえ神がいたとしても、私自身がいつか消滅するのであれば、神に対する恐れも、悪を成すことに対する本当の歯止めにはなりません。また、私が予め決められた通りにではなく、自らの自由意志で行為を選択し、実行できるのでなければ、「神」も「魂の不死」も意味がありません。ツァラトゥストラはその三つの根拠のうち、二つを否定したことになります。

――「いや、違う」、ツァラトゥストラは言った、「あなたは危険をおのれの職業とした。それはすこしも卑しむ

――べきことではない。いまあなたはあなたの職業によってほろびる。それに報いて、わたしはあなたを手ずから葬ってあげたい。」

これはズレた返答ですね。綱渡り師が、魂の不死を否定されたことに衝撃を受けて、自分のやってきたことも無意味と感じ、付随的に、自分がやっていたことも、自分のやっていることを理解していない動物に機械的に芸を仕込んでいるのと同じだと自嘲しているわけです。肝心な宗教的・形而上学的ポイントの方はスルーして、付随的な自嘲の方に、いやあなたは立派に職業としてやっていたのだから、動物とは違いますよ、と慰めているわけです。因みに、「職業」の原語の〈Beruf〉は、神等によって「召命される berufen」こと、「使命」というのが本来の意味です。神は死んだし、人間の魂も虚構だと示唆しているツァラトゥストラが、あなたは「使命」を全うした、と言っているわけですから、皮肉ですね。

綱渡り師は死んで、ツァラトゥストラはしばらくそこに座り込んで物思いにふけりますが、やがて立ち上がります。

――「まことに、きょうはツァラトゥストラは結構な漁《すなど》りをした！　人間は得ることなく、死体を捕えた。人間の存在はぶきみであり、依然として意味がない。一道化師さえ人間の不幸な宿命となりうるのだ。わたしは人間たちに、かれらの存在の意味を教えよう。それは超人だ。人間という暗雲から発する稲妻である。

しかしまだわたしはかれらから遠いところにいる。わたしのこころは、かれらのこころに通じない。わたしはまだ人間にとっては道化と死体との中間である。

夜は暗い。ツァラトゥストラの道程は暗い。さあ、つめたく、硬直した道づれよ！　わたしはあなたをこの手で葬ることのできる場所まで、運んでいってあげよう。」

謎めいていて、いろんな解釈ができそうな箇所ですね。「漁り Fischfang」はキリスト教の比喩です。ペテロを含む、イエスの最初の四人の弟子は漁師で、イエスはガリラヤ湖畔で彼らに遭遇し、ペテロに、魚ではなく人を取る漁師にしてやろう、と言います。この他、イエスは彼の話を聞くために集まった五〇〇〇人の人に、五個のパンと二匹の魚で十分な食事を摂らせる、という奇蹟を行うなど、魚と関わりが深いです。初期キリスト教団では、「魚」が信者であることの符牒になっていました。これはそれらの逸話と、「魚」を意味するギリシア語（ἰχθύς (ichthys)）が、「イエス Ἰησοῦς（Iēsous）」「香油を注がれた＝キリストである Χριστός（Christos）」「神の Θεοῦ（Theou）」「息子 Υἱός（huiós）」「救い主 Σωτήρ（sōtēr）」の頭文字を取って作ったアクロニム（頭字語）にもなっているからです。イエスが「漁り」をすると言ったのは、人間の「魂」のことですが、「魂」の実在を認めないツァラトゥストラは、〝魂〟が活動停止した死体を捕えたわけです。

「人間の存在（das menschliche Dasein）はぶきみ（unheimlich）であり、依然として意味がない（noch ohne Sinn）」というのはよく分からない文ですね。先ほど言われていたように、人間の魂は虚構で、死後の生などないのなら、端的に「意味」などあり得ないはずです。「依然として noch」という副詞が付いていることは、これから「意味」が生じてくる可能性を暗示しています。また、「意味」がないということがクリアなら、何も「不気味」なことなどないはずです。〈unheimlich〉の〈heim〉は「家」とか「故郷」という意味で、〈heimlich〉という形容詞だと、「慣れ親しんでいる」という意味になりますが、それの否定形です。つまり「馴染みがない」ということです。馴染みのない何かが、ただの肉であるはずの「人間」にはまだ、人間自身に知られていない何かが潜んでいるかのような、思わせぶりな言い方をツァラトゥストラはしているわけです。シェリングは『神話の哲学』（一八四二）で、「不気味なもの das Unheimliche」とは、秘密の内、隠蔽の内、潜在性の内に留まるべきであるのに、現れてきたものと定義しました。後にフロイトは、論文「不気味なもの」（一九一九）で、この定義に言及しながら、抑圧した「無意識」が表に出てくることが、不気味さの本質であると論じています。

話の流れからすると、「超人」が到来することを可能にするのが、人間が存在することの「意味」で、それがこれまでずっと隠されてきた、ということのようですね。「人間という暗雲（die dunkle Wolke）」とか「夜は暗い」というのは、人間の正体、人間を動かしている欲望にはまだ分からないことが多いが、「超人」が現れた時に、どうして人間がこうだったのか分かる、ということでしょう。

一番分かりにくいのが、未だ混沌の中にある人間たちにとって、ツァラトゥストラが「道化」と「死体」の中間だということです――ここでは〈Possenreisser〉ではなくて、英語の〈fool〉に当たる〈Narr〉という言葉が使われていますが、単なる言い換えでしょう。「中間 eine Mitte」という言葉に拘ると分からなくなるのですが、「死体」と「道化」それぞれ単独で考えたら、分からないことはないですね。「死体」というのは、生命が抜けて、他の人間にとって役に立たない、ただの「肉」ということでしょう。自分自身のも含めて魂は虚構で、死ねば無になると主張し、社会から遠ざかっているツァラトゥストラは、世間の人々にとっては死体と同じです。また、本人は「超人」の到来の準備をしていると言っているけれど、公衆の目から見たら、単なる「道化」かもしれません。ただ、道化だったら、笑わせてもらえるので、「死体」よりは上です。そういう自嘲的な意味で、両者の「間」と言っているのだとしたら、彼の教えが理解される目途は全然立っていない、物凄く先が長い、というだけの話です。ただ、「道化」はこのすぐ後にまた出てくるので、もう少し意味がありそうです。

ツァラトゥストラは「死体」を背負って歩き出します。すると、先ほど搭から踊り出して、綱渡り師の死の原因になった「道化 Possenreisser」が再び登場し、ツァラトゥストラの「耳にささや flüsterte ~ ins Ohr」きます。この「ささやく」という言い方と、先ほど、「悪魔」と呼ばれたことから、この男は、イエスを三つの試練にかけた悪魔のパロディーかもしれません。

「この町から去るがいい、おお、ツァラトゥストラよ」と、かれは言った。「ここではあまりにも多くの者たちがあなたを憎んでいる。『善《よ》くて義《ただ》しい者』たちがあなたを憎んでいる。あなたのことをかれらの敵でありかれらを軽蔑する者だと言っている。正しい信仰の信者たちがあなたを民衆の危険と呼んでいる。ひとびとがあなたを笑ったのは、あなたのしあわせであった。またたしかに、あなたは道化師のように語ったのだ。あなたがあの死んだ犬の世話をしたのは、あなたのしあわせであった。それほどまでに身を低くしたので、あなたはきょうのところは助かったのだ。だがこの町からは出て行くがいい。――さもないとあしたは、わたしはあなたを飛びこすだろう。わたしは生きのこり、あなたは死ぬだろう。」こう言い終わると、その男の姿は消えた。そしてツァラトゥストラは暗い小路をさらに歩いて行った。

ツァラトゥストラの思想は、この町の真っ当な信仰を持っている人たちから危険視されているけれど、今のとこ

道化師

人間を飛びこす（überspringen）＝人間を破滅させるもの→人間を克服する（überwinden）ものではない。

・生身の人間の抱えている問題を素通りして、身軽に生きているかのように装っているが、肝心の問題から逃げている。
・人間を超えているように見える。➡しかし、自分の生の「意味」がどこにあるのかという、問いから目を背けているだけ。

ろ、「道化師」のように聞こえているおかげ、つまり真面目でないと思われているおかげで、助かっているわけですね。ツァラトゥストラ自身は、死体を引き取ることに独自の意味を込めているようですが、人々はそれを身を低くする姿勢と取ったので、助かったわけですね。このように正統派から嫌われていることは、ソクラテスやイエスのパロディーのように見えますね。「善い gut」とか「正しい gerecht」といった道徳の基本概念が、神も魂もないとするのか、どうなるのかが争点になりそうですね。

道化師は、この町を出て行かなかったら、「わたしはあなたを飛びこすだろう」と言っていますね。これは意味ありげですね。「綱渡り師」は、実際、それで死にます。ただ、「綱渡り師」の場合は、実際に「綱渡り」をしていたので、それを飛び越して、バランスを崩させて、死に至らしめるというのは物理的な現象としても――実際にそんな芸当ができる人間がいるかは別として――理解できますが、ツァラトゥストラは物理的に「綱渡り」しそうにないので、何かの譬えでしかありません。

「～を飛びこす」の原語は〈über…hinwegspringen〉です。前置詞〈über〉は先ほどお話ししたように、「～を超えて」とか「～の上に」といった意味です。〈hinweg〉という接頭辞は、「向こうへと遠ざかっている」という意味合いです。ドイツ語では、方向を表す副詞・接頭辞が発達しています。

この表現については、二六八頁に訳者の氷上英廣さん（一九一一－八六）の解説があります。

> 群衆のなかで生きるかぎり、ツァラトゥストラは道化師の脅迫と死体の道づれしか手にいれることができない。道化師は人間を飛びこす（überspringen）ことによって人間を破滅させるものであって、人間を克服する（überwinden）ものではない。

〈überspringen〉と〈überwinden〉は、どちらも〈über-〉という接頭辞が付いていますが、前者だと、単に「飛び越す」という意味しかないのに対し、後者だと、「超克する」という意味になるわけです。つまり、道化師は、生身の人間の抱えている問題を素通りして、身軽に生きているかのように装っているけれど、肝心の問題から逃げているということでしょう。こういう感じの人いますね。人間なんて死ねば終わりだ、良心に従って生きるとか、本当の自分の姿を見つけるとか、愛とか友情とかに拘るのはバカらしいという態度で、軽い雰囲気で全てを笑い飛ばし、いろいろ器用に立ち回り、セックスとかギャンブルとかで人生を楽しみ、世の中の不器用な人を見下している。それはある意味、人間を超えているように見えるけど、自分の生の「意味」がどこにあるのかという、問いから目を背けているだけ、ということでしょう。

この後、死者をかついで歩き、墓掘り人から悪魔の上前をはねるつもりかと罵られたり、老人から施しを受けたりしながら、進んでいきます。第九節で眠りから覚めた後、ツァラトゥストラは方針を転換したようで、それを口にします。

わたしは大いに悟るところがあった。わたしには道づれが必要だ。それも生きた道づれだ。自分の好きなところへ担《かつ》いで行ける死体の道づれではない。

そんなものではなく、自分自身に忠実に従おうとするから、わたしに従い、――そしてわたしの目指すものにむかって進む、そういった生きた道づれが要《い》るのだ。

わたしは大いに悟るところがあった。ツァラトゥストラは民衆に語るのではなく、そうした道づれに語るべきなのだ。ツァラトゥストラは畜群をまもる牧人や番犬になってはならない。

畜群のなかから多くの者をおびきだすこと――そのためにわたしは来た。わたしは民衆と畜群を怒らせよう。ツァラトゥストラは牧人どもから強盗呼ばわりをされたい。

牧人どもとわたしは呼ぶ。しかしかれらはみずから『善くて義《ただ》しい者』と称している。牧人どもとわたしは呼ぶ。しかしかれらはみずから信仰を持つ者と称している。

ここで、「死者」の比喩的な意味がはっきりしてきました。「死体」というのは、持ち主の思うようにどこへでも運んでいける、つまり、どうにでもなる、自分の意志がない存在であるわけです。恐らく、まるで死人のように、

生きる気力をなくして、強い態度で命令する人に安易についていくような人を指しているのでしょう。現代日本風に言うと、メンヘル的で、新興宗教やライフセミナー、サヨク・セクトに簡単についていきそうな人ということでしょう。その点では、社会の多数を占める民衆（Volk）＝畜群と同じであるわけです。体質がちょっと違うので、多数派の動きから外れているだけ。そうした見方をすると、「牧人」が「善くて正しい者」であるというのは、魂の世話をしているわけではなく、何も考えない畜群を従えるテクニックを知っているだけ、ということになります。恐らく、キリスト教団は、そうした個人としては既に「死」んでいて、現代アメリカ映画で言うように、ゾンビのように群れを成して誘導されているだけの存在だということです。ツァラトゥストラは、そういうゾンビではなく、ちゃんと自分の意志、自発性を持った「道づれ lebendige Gefährten」が必要だと悟ったわけです。

> 創造者の求めるものは道づれであって、死体ではなく、また畜群や信者でもない。創造者は相共《あいとも》に創造してくれる者を求める。かれらは新しい価値を新しい石の板にしるす者である。
>
> 創造者の求める者は道づれであり、相共《あいとも》に刈りいれをしてくれる者である。創造者の眼前ではすべて熟して刈りいれを待っているから。しかしかれの手もとには百の利鎌《とがま》がない。そこでかれは穂をむしりちらして、向っ腹をたてているのだ。
>
> 創造者の求めるのは道づれであり、自分の鎌を研《と》ぐことを知っている者である。かれらは善悪を否定する者、軽蔑する者と呼ばれるだろう。ほんとうはかれらが刈りいれる者であり、祝う者なのだ。

何のための「道づれ」なのか、という話ですね。「新しい価値 neue Werte」を創造するための「道づれ」ということですね。「新しい石の板 neue Tafeln」というのは、十戒が書かれたモーセの石板のパロディーでしょう――細かいことですが、原文では「石の」という言葉はなく、単に「板」となっています。ただし、この「新しい石の板」に書かれるべきは、「善悪」の規定に従ってのやってはならないことのリストではなく、生を更なる発展へと導くような豊かな価値だというわけです。価値の「創造 Schaffen」は、単独でやることでなく、「生きた道づれ」との協働でやることのようですね。

第一〇節で、ツァラトゥストラは、蛇を首に巻き付けている鷲と再会します。鷲は太陽の下で最も誇り高い動物で、蛇は最も賢い動物だということですね。話の続き具合からすると、彼らが「道づれ」なのかもしれません。少なくとも死体ではありませんし、鷲も蛇も群れを作るとか、牧人に飼いならされ、ついていくといったイメージはあまりないですね。彼らは無理につれて来られたわけではなく、自分の意志でここまでやってきたわけです。ただ、ツァラトゥストラが彼らが「動物」であることを強調しているところからすると、本来必要とされている、人間の「道づれ」の象徴のようですね。人間界の既成の価値に囚われない、「自発性」を備えていることがポイントになりそうですね。

「第一部　ツァラトゥストラの教説」

三六頁までが「ツァラトゥストラの序説」で、三七頁から「ツァラトゥストラの教説」が始まります。最初の「三段の変化」というところを見ていきましょう。

――わたしはあなたがたに、精神の三段の変化について語ろう。どのようにして精神が駱駝《らくだ》となるのか、駱駝が獅子《しし》となるのか、そして最後に獅子が幼《おさ》な子になるのか、ということ。

精神にとって多くの重いものがある。畏敬の念をそなえた、たくましく、辛抱づよい精神にとっては、多くの重いものがある。その精神のたくましさが、重いものを、もっとも重いものをと求めるのである。

――いきなり「駱駝 Kameele」が出てくるので、面食らいますが、「駱駝」というのは、精神的に多くの重荷を背負って生きていることのようです。ただ、荷物を背負うのなら、驢馬とか馬でもよさそうですが、どうして「駱駝」なのか。

こうしたすべてのきわめて重く苦しいものを、忍耐づよい精神はその身に引きうける。荷物を背負って砂漠へいそいで行く駱駝《らくだ》のように、精神はかれの砂漠へといそいで行く。

――「砂漠 Wüste」ですね。重いだけでなく、周囲の環境も厳しいわけですね。先ほどのモーセの「石の板」からのイメージの連鎖からすると、モーセの砂漠での苦難のパロディだと解釈できます。ファラオの王子として育てられたモーセは、自分の本来の同胞であるイスラエル人がエジプト人に苦しめられているのを見て、そのエジプト人を殺してしまって、ミディアンの荒野に逃亡して、四〇年を過ごします。その後、出エジプトを果たしますが、カナンの地に入るまで砂漠で更に四〇年を過ごします。ユダヤ教やキリスト教では、砂漠は試練を受けて強くなるための場として設定されることが多いです。

しかし、もっとも荒涼たる砂漠のなかで第二の変化がおこる。ここで精神は獅子《しし》となる。精神は自由をわがものにして、おのれの求めた砂漠の支配者になろうとする。

精神はここで、かれを最後まで支配した者を探す。精神はかれの最後の支配者、かれの神を相手取り、この巨大な竜と勝利を賭《か》けてたたかおうとする。

精神がもはや主なる神と呼ぼうとしないこの巨大な竜とは、なにものであろうか？　この巨大な竜の名は「汝なすべし」である。だが獅子《しし》の精神は「われは欲する」と言う。

モーセとイスラエルの民は、神の願いに適った者になるために、砂漠の試練を受けたわけですが、ツァラトゥストラは、それを神に打ち勝つための試練に読み換えているわけです。ただ、旧約聖書の創世記に神と争って勝ったというエピソードがあります。ヤボク川を渡ろうとするヤコブが、闘いを挑んできた人と格闘し、腿の関節を外されながら、相手を離そうとせず、その人から祝福の言葉を勝ち取り、その人に、あなたは神と人に打ち勝ったので、イスラエルと名乗りなさいと言われ、その人が神であることを知ります。これは、神そのものではなく、天使と解されているようで、「天使とヤコブの闘い」というモチーフでドレ（一八三二－八七）とかドラクロワ（一七九八－一八六三）とか何人もの有名な画家がこれをモチーフにした絵を描いています。キリスト教では、「竜」は「蛇」と共にサタンの化身とされ、聖人によって退治された伝説がいろいろ残っています。北欧神話でも、宝を独り占めにする悪者ですが、ここでは人間に善悪の尺度を押し付ける神が、打倒されるべき竜と見立てられているわけです。力を蓄えて、受け身の「駱駝」から戦闘モードの「獅子」へ進化した「精神」は、今まで自分を抑え付けてきた「神」を退治するわけです。それから遡って考えると、「駱駝」の背負う重荷と砂漠の環境による試練は、「神」に勝てるようになる、善悪など気にしないようになるためのものだった、ということになるでしょう。

ドレによる「天使とヤコブの闘い」の絵

「汝なすべし Du-sollst」と「われは欲する ich will」の対比は、先ほどの「石の板」に「創造者 der Schaffende」が書き込む内容に対応しています。「創造者」は、神を殺してそれに取って代わるものだったのですね。「価値」を押し付け、全ての尺度を独占しようとする神に対し、「獅子」は自分から価値を作ろうとするわけです。

千年におよぶもろもろの価値が、この鱗にかがやいている。ありとあらゆる竜のなかでももっとも強大なこの竜は言う、「物事のいっさいの価値、——それはわたしの身にかがやいている」と。

「いっさいの価値はすでに創《つく》られてしまっている、——いっさいの価値——それはこのわたしなのだ。まことに、もはや『われは欲す』——などはあってはならない！」こう竜は言う。

「千年」という数字が気になりますが、これはキリスト教の支配が確立してから一〇〇〇年以上経っていることを言っているのでしょう。「いっさいの価値はすでに創られてしまっている」というフレーズは何気ない感じですが、重要です。教会の価値のリストに、人間が人生で追求すべき価値はすべて網羅されていて、本当に新しい価値を創出することなどできない、もしくは、できないように完全に洗脳教育されている、ということです。「われは欲す」は、単に自分でそう思い込んで宣言するだけでは意味はなくて、本当にキリスト教の価値観の外部に、キリスト教がどんなに言いつくろっても回収できないところに、自分が求める価値を打ちたてないといけません。

では、「獅子」の次の「幼な子 das Kind」とはどういう状態か？ 先ほどの次の箇所では、「獅子」は「竜」から、「新しい価値を築くための権利」＝「自由」を「強奪 rauben」しなければならない、と述べられていますね。「権利」を奪還するまでは「獅子」のやることで、その後の創造を、「幼な子」が引き受ける、という流れになりそうですね。

——幼な子は無垢《むく》である。忘却である。そしてひとつの新しいはじまりである。ひとつの遊戯である。ひとつの自

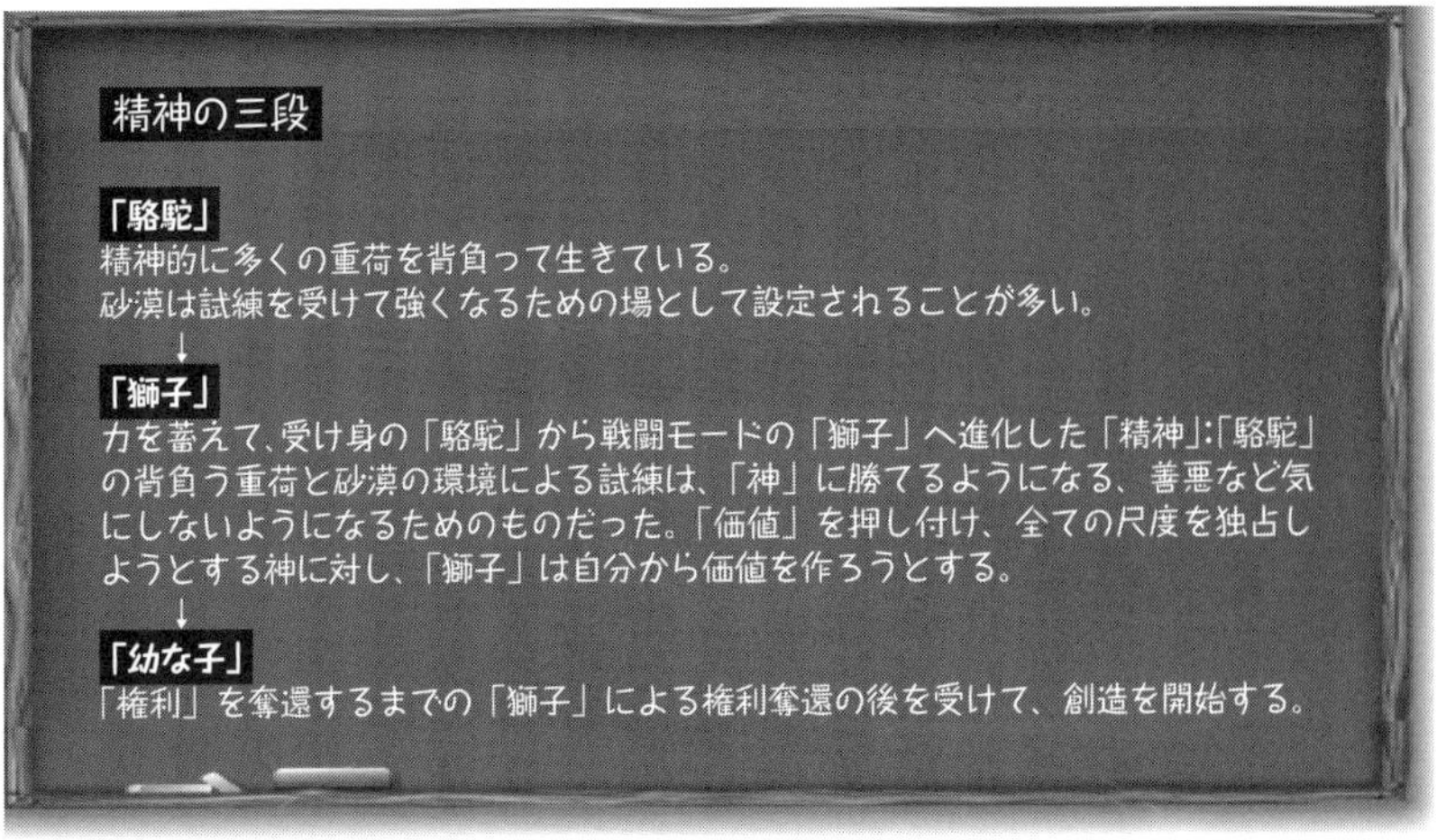
精神の三段
「駱駝」

精神的に多くの重荷を背負って生きている。

砂漠は試練を受けて強くなるための場として設定されることが多い。

「獅子」

力を蓄えて、受け身の「駱駝」から戦闘モードの「獅子」へ進化した「精神」:「駱駝」の背負う重荷と砂漠の環境による試練は、「神」に勝てるようになる、善悪など気にしないようになるためのものだった。「価値」を押し付け、全ての尺度を独占しようとする神に対し、「獅子」は自分から価値を作ろうとする。

「幼な子」

「権利」を奪還するまでの「獅子」による権利奪還の後を受けて、創造を開始する。


力で回転する車輪。ひとつの第一運動。ひとつの聖なる肯定である。

そうだ、創造の遊戯のためには、わが兄弟たちよ、聖なる肯定が必要なのだ。ここに精神は自分の意志を意志する。世界を失っていた者は自分の世界を獲得する。


ここで「忘却 Vergessen」と言っているのは、自分がどういうアイデンティティを持っていたか、つまり、どういう価値の実現に拘り、何をしてはいけないと自己制約してきたか、自分を自分らしくしてきた一番〝本質〟と思えるようなものを捨て去る、自分にとってこれは捨てられないと、思ってきた自分の精神の来歴を捨ててしまって、もう振り返らない。そうやって古い、与えられた価値を自分の内から追い出して、新しい価値が自分の内から生じるのを待っている状態を「無垢 Unschuld」と言っているわけですね。〈Unschuld〉は直訳すると、「無罪」、つまり「罪＝負債 Schuld」がない状態です。これは、「善悪の知識の木」の実を食べる前のアダムとエバの状態、あるいは、イエスが幼な子のようにならないと天国に入ることができないと言っている時の幼な子のような状態のパロディでしょう。ニーチェ＝ツァラトゥストラの立場からすれば、キリスト教的な価値観を受け入れることこそ、「罪」を背負って不純になることでしょう。

新しい創造は、子供の「遊戯 Spiel」のように、何ものにも囚われず、純粋な喜び、興味のためになされるものであるわけです。「聖なる肯定 ein heiliges Ja-Sagen」の「肯定」の部分は直訳すると、「イエス（然り）と言うこと」です。「否」を言う神に抗して、何かを積極的に肯定する、自発的に存在価値を認めようとするわけです。

「自分の意志を意志する seinen Willen will」というのは、いかにも哲学的な言い回しですが、「意志する」という意味の〈wollen〉という動詞は、「意志」を意味する名詞〈Wille〉に対応していて、「～したい」という意味の助動詞としても使われます。〈wollen〉の三人称単数現在形が〈will〉です。つまりドイツ語だと、「～を意志する」というのは「～したい」と欲望することでもあるわけです。「自分の意志を意志する」というのは、「自らの意志を持つことを欲する」ということです。そう言い換えても、抽象的で分かりにくいですが、先ほどの神による禁止を刷り込まれ、内面化している人は、〝自分の意志〟のつもりで、教会などの教育によって教えられた理想を追求するようプログラムされている可能性が高いです。無論、突き詰めて考えると、人間は常に外界から影響を受けていて、身体が無意識的・受動的に反応しているので、他の人間の意向や社会的制度にせよ自然現象にせよ、完全に他からの影響を排した、純粋な「我欲す」などあり得ないではないか、というのは、カント以来、考えようによっては、アウグスティヌス（三五四－四三〇）の自由意志論以来、西欧哲学にとって解決できない問いになっています。「幼な子」こそ、外界の影響を受けているではないか、と見ることもできますが、教育による人的刷り込みはまだあまり進んでいないので、「無垢」という意味での「聖なる」「肯定」が可能だと想定しているのでしょう。

四五頁から始まる「世界の背後を説く者たち Hinterweltler」と同様に、勝手に人間の住む世界の「彼岸 jenseits」を妄想していたと認めます。四六頁に、「わたしがつくったこの神は、人間の作品であり、人間の妄想である」としたうえで、「その神は人間であった。しかも単なる人間と自我の貧弱なひとかけらであった」、と結論付けていますね。これは神は人間の類的本質である「愛」の疎外態であるという、フォイエルバッハ（一八〇四－七二）の議論に対する皮肉でしょう。「神」は、人間のそんなにいい部分からできているわけではない、ということですね。とにかくツァラトゥストラはこの自分の惨めな断片である「幽霊」を放逐した、というわけです。

四八～四九頁にかけて、幽霊から解放された「自我 Ich」と「身体 Leib」と「大地 Erde」の関係について語られています。

――そしてこの最も実直な存在、自我――それは、身体について語っている。自我はたとえ詩作し夢み、こわれ

――た翼で飛ぶときでさえもやはり身体を欲している。
この自我はますます誠実率直に語ることを、学ぶだろう。そしてそれが学べば学ぶほど、ますます身体《からだ》と大地を讃え、敬うようになるだろう。

「自我」を「身体」と密着し、「身体」の欲求に応じて思考しているものと捉え、その「身体」は（「天」ではなく）「大地」の中に組み込まれ、「大地」と共に生きている、と見ているわけですね。
にもかかわらず、夢想し、神を渇望する人々は、ひたすら真実を認識することを拒絶します。ただ、それはあくまで表面的で、実際には、

――むしろ、かれらもまた身体をいちばんよく信じているのだ。そしてかれら自身の身体は、かれらにとって、かれらの物自体《ディング・アン・ジヒ》なのだ。

「物自体」という言い方は明らかにカントやショーペンハウアーのもじりですが、それは、非物質的な実体（叡智体）でも意志でもなく、様々な欲求の源泉であり、大地と繫がる「身体」それ自体だというわけです。

――しかしその身体が、かれらの場合、病んでいるのだ。そのためかれらは、いたたまらなくなってくる。そこでかれらは死の説教者に耳を傾けたり、みずからも世界の背後を説いたりするのだ。
わが兄弟たちよ、むしろ健康な身体の語る声に聞くがいい。これはもっと誠実な、もっと純粋な声である。
健康な身体、完全な、しっかりした身体は、もっと誠実に、もっと純粋に語る。それは大地の意義について語るのだ。――

これはシンプルな理屈なので分かりますね。身体が病んでいるので、その身体の声に素直に耳を傾けると苦しくなるので、自我は、身体的なものから解脱した彼岸の世界を求めてしまうわけです。
次の「身体の軽蔑者」というところでは、ツァラトゥストラの「身体」観についてもう少し詳しく論じられています。

――「わたしは身体であり魂である」――これが幼な子の声だ。なぜ、ひとは幼な子のように語ってはいけないのか？

さらに目ざめた者、識者は言う。わたしはどこまでも身体であり、それ以外の何物でもない。そして魂とは、たんに身体における何物かをあらわす言葉にすぎない。

身体はひとつの大きな理性だ。ひとつの意味をもった複雑である。戦争であり平和である。畜群であり牧者である。

あなたが「精神」と呼んでいるあなたの小さな理性も、あなたの身体の道具なのだ。わが兄弟よ。あなたの大きな理性の小さな道具であり玩具なのだ。


ここも比較的分かりやすいですね。「身体」というのは複雑な機構で、指令を出す部分と、それを受けて従う部分もある。私たちが「理性」と言っているものは、身体の中で生じている様々のレベルでの判断・指令のごく表層的な一部にすぎない、その意味で、私たちが〝精神〟と呼んでいるのは、「小さな理性 kleine Vernunft」、「身体」は「大きな理性 grosse Vernunft」ということになります。私たちが自覚しない、自動的な身体の反応は、脊髄とか小脳のレベルで決定されているし、習慣的な行動とか発語についても、大脳の〝自分〟では意識的に制御できない部分で決定されていることは、現代の認知科学・生理学でかなり明らかになっていますから、おかしな発想ではないでしょう。


「わたし」とあなたは言い、この言葉を誇りとしている。しかし、もっと大きなものは、――それをあなたは信じようとしないが――あなたの身体《からだ》であり、その大きな理性である。それは「わたし」と言わないで、「わたし」においてはたらいている。

感覚は感じ、精神は認識する。それらのものは決してそれ自体で完結していない。ところが感覚も精神も、自分たちがすべてのものの限界であるように、あなたを説得したがる。かれらはそれほどまでに虚栄的なのだ。

感覚も精神も、道具であり、玩具なのだ。それらの背後にはなお本物《ほんもの》の「おのれ」がある。この本物の「おのれ」が、感覚の眼をもってたずねている。精神の耳をもって聞いているのである。

この本物の「おのれ」は常に聞いたり、たずねたりしている。それは比較し、制圧し、占領し、破壊する。それは支配する。それは「わたし」の支配者でもある。

そのまま読むと、「わたし Ich」と「おのれ Selbst」がどう違うのか分からなくなりますが、「わたし」の方が意識化・言語化されている「自我」、「おのれ」、すなわち「自己」の方が、自我には直接アクセスできない無意識の領域、フロイトの用語で言うと、超自我（Über-Ich）＋エス（Es）だと考えると、それなりに意味が通るでしょう。シェリングなどロマン派系の哲学で、あるいはヘーゲルの絶対精神の自己展開をめぐる歴史哲学でも、自分自身の意識化された〝自我〟の根底に、無意識的な自我があり、〝自我〟を動かして、芸術的創作をしたり、宗教や法などの制度を作り上げたりする、という見方をします。五感を中心とする狭い意味での身体的な「感覚」も、「私は……したい」というような形で自己の欲望を表明する「精神」も、意識の奥底にあって、何を望んでいるか分からない「自己」によって操られている、というわけです。

あなたの本物の「おのれ」はあなたの「わたし」を笑い、その高慢な小躍《こおど》りを笑う。「こうして思考が躍《おど》ったり跳ねたりしているのは何の意味だろう」と、「おのれ」は独りごとを言う。「それはこのおのれの目的地にいたるための廻りみちにすぎぬ。このおのれは赤ん坊の『わたし』をよちよち歩かせる引き綱、いろんな意味をそれに教えこむ者だ」と。

文字通りに取ると、何か神秘主義的な感じがしますが、「本物の『おのれ』」というのは、原語では〈Dein Selbst〉で、「本物の」という形容詞はありません。要は、「自我」と「自己」の間にギャップがあるということです。「自我」が何かを達成したとしても、それが「自己」がやらせようとしたこととズレていると、本当の「自己」の声が聞こえてくるような気がする、というのはよくある話ですね。実際には、もう一人の自我がそんな気がするということで、〝真の自己〟の代弁をしているだけなのでしょうが。

大体ここまでツァラトゥストラの言論の哲学的に大事なポイントが出揃ったのではないかと思います。この後、「蒼白の犯罪者」というところで、他人を裁くことで、人間としての自分のみじめさを誤魔化そうとし、結果的に自分自身を裁いてしまっている人の話や、「死の説教者」というところでは、情欲は罪だなどと言って地上の生を全否定する人たち、という感じで、いろんな克服すべき人間のタイプが列挙されています。

七八頁からの「新しい偶像」という節で、批判の対象が変わります。

> いまもまだどこかに民族と畜群が残っているだろう。しかし、われわれのところにはない。わが兄弟たちよ。ここにあるのは国家である。
>
> 国家？　国家とは何か？　では耳をひらいて聞きなさい。いまわたしはあなたがたに、もろもろの民族の死滅について語るだろう。
>
> 国家とは、あらゆる冷《ひ》ややかな怪物のなかで、最も冷ややかなものである。それはまた冷ややかに嘘をつく。「このわたし、国家は、すなわち民族である」、こんな嘘がかれの口から出てくる。
>
> それは嘘だ！　かつてもろもろの民族を創造し、その頭上にひとつの信仰、ひとつの愛をかかげたのは、創造者たちであった。このようにして、彼らは生命に奉仕したのだ。

これまでは宗教とか世界観に対する固執が問題にされていたわけですが、ここで「国家」が、宗教に代わる新しい「偶像 Götze」として登場してきたわけです。この「偶像」という言葉ですが、ニーチェは数年後に、ワーグナーの楽劇『神々の黄昏』をもじった、『偶像の黄昏 Götzen-Dämmerung』という著作を出して、西欧を支配してきた形而上学、宗教、道徳の偶像が崩壊しつつあることを再度強調しています。

「国家」が「偶像」だというのは、当時のドイツ帝国で国家崇拝的な傾向が強まっていることを念頭に置いているのでしょう。一八七一年に成立したドイツ帝国は、普仏戦争でナポレオン三世（一八〇八－七三）を破って、パリを占領して、パリで初代皇帝の戴冠式を行ったこともあって、ヨーロッパ大陸の中心的な勢力になり、国家主導で急速な工業化を進めていましたし、「文化闘争 Kulturkampf」（一八七一－七八）でカトリックの政治や教育における影響を抑えるとともに、ルター派の教会に準国教的な位置を与え、文化的な統合を進めました。

『悲劇の誕生』では、「国家 Staat」と「民族 Volk」の違いについてそれほど意識しているとは思えない書き方でしたが、ここでは明らかに両者を異なったものと見ているわけですね。西欧の政治史では、法や政治による統治機構としての「国家」と、その構成員となるべき、ドイツ人やフランス人などの、言語を中心とした文化的集合体としての「国民」を分けて考えるのが当たり前になっています。両者の境界線は完全には一致していません。一致した状態が「国民国家 Nationalstaat」で、それを目指して一九世紀には、「国民」ごとのナショナリズムのぶつかり合いが激しくなります。「国民」は通常、自分たちがドイツ人であるとかフランス人といった意識を持った人々の集まりですが、〈Volk〉というのは、元々「民衆」とか「人々」といった漠然とした意味の言葉で、国家の構成員の総体を意味したり、革命的左派の文脈で「人民」という意味で使われたりしますが、ドイツ語圏では、祖先と文化を共有する同胞というような独特の意味合いで使われるようになりました。現にドイツ語を話しておらず、あまりドイツ意識を持たない、東欧圏に住む人たちでも、ドイツ人の子孫と認めることができる何らかの痕跡さえあれば、「民族」とカウントされることがあります。一九世紀後半から、「民族」概念をどんどん拡張していくとともに神秘化する運動が台頭し、ナチスの源流になります——この辺のことはジョージ・モッセ（一九一八－九九）の『大衆の国民化』（一九七五）（ちくま学芸文庫）で詳しく論じられています。

ニーチェは〈Volk〉を、「国家」のような機構によって組織化され、洗脳教育され、神を信じ、法に従順になる〝以前〟の無垢な人々、大地の生命力を直接的に身体にみなぎらせている人々という意味合いで、どちらかというと、「民衆」に近い意味合いで使っているのでしょう。〈Volk〉を重視する思想自体は、そんなに珍しくないですが、ニーチェは〈Volk〉が漠然と生成したのではなく、新しい価値の創造者を中心に生成した、と言っているわけですね。これはハイデガーが、ヘルダリンをドイツ人の「祖国的存在」を樹立した人として特別視しているのと同じような発想かもしれません。ただ、「創造者たち Schaffende」というのが、英雄的な個人を念頭に置いているのか、何らかの集団を念頭に置いているのか、はっきり分からないですね。

いま多数の人間に対しておとしあなを仕掛け、それを国家と呼んでいるのは、破壊者たちである。かれらはそのおとしあなの上に、一本の剣と百の欲望とを吊下げる。

民族がまだ存在しているところでは、民族は国家などというものを理解しない。民族は国家を災禍のしるしと見、風習と掟《おきて》に対する罪として憎む。

民族の特徴を、わたしはあなたがたに教えよう。民族は、どの民族でも、善と悪について、独自のことばを語っている。隣りの民族にはそれが理解できない。民族はみずからのことばを、みずからの風習と掟のなかでつくりだしたのである。

ところが国家は、善と悪についてあらゆることばを駆使して、嘘をつく。——国家が何を語っても、それは嘘であり、——国家が何を持っていようと、それは盗んできたものだ。

国家における一切は贋物《にせもの》である。盗んできた歯で、それは噛む、この噛みつき屋は。その臓腑《ぞうふ》までが贋物である。

善悪に関することばの混乱。わたしはこの徴候を、国家の徴候としてあなたがたに教える。まことに、この徴候は死への意志を示す。まことに、この徴候は死の説教者たちに目くばせして、かれらを招く！

あまりにも多数の者が生まれてくる。余計な人間たちのために国家は発明されたのだ！


「一本の剣」というのは、「ダモクレスの剣」のことを言っているのでしょう。ダモクレスというのは、シラクサの僭主ディオニュシオス二世（前三九七－三四三）に仕える臣下で、ある時、主人の権力と栄光を羨んで、追従の言葉を述べます。すると後日、主人は贅沢な饗宴にダモクレスを招待し、自身がいつも座っている玉座に腰かけるよう勧めます。ダモクレスが座ってみたところ、頭上に細い糸で剣がつるされているのを見て震えあがります。これは栄華を極めている権力者は常に、命の危険に晒されているという譬えですが、ここでは、「国家」というのは支配者だけでなく、各臣民の「欲望 Begierde」をコントロールして、大地との繋がりを断ち切り、弱らせてしまう、と言っているわけです。

「民族は、どの民族でも、善と悪について、独自のことばを語っている」という言い方が引っ掛かりますが、これは国家の法とか教会の規範によって画一化されて、上から与えられるものではなく、それぞれの〈Volk〉の生活に根ざした「風習 Sitten」と「掟 Rechte」に根ざした具体的な判断基準というような意味合いでしょう。「国家」はそれとかけ離れた抽象的で、一貫性のない〝善〟や〝悪〟を押し付け、人々をダメにしてしまうわけです。人々は精神的に弱くなり、先ほど、少しお話しした「死の説教者たち die Prediger des Todes」に感化されやすくなる。

普通のナショナリストやロマン主義者と違って、ニーチェは、〈Volk〉と「国家」を相容れないものという前提に立ち、「国家」による汚染を望ましくないと見ているようですね。ただ、国家が不自然な基準で人々を飼育しているせいで、「余計な人間たち die Überflüssigen」が生まれてくるというのは、ナチスっぽい感じがしますね。でもよく考えると、ナチスだったら、純血で障害のないアーリア人に生まれたら保護される価値のある人間ということになるので、そこは違いますね。ツァラトゥストラの言うように、「国家」に毒され、「国家」の外では生きられない、非民衆的な人間は「余計」だということなら、当時のほとんどのドイツ人は生きる価値がない、ということになるでしょう。

「地上にはわたしより大いなるものはない。わたしは神が秩序を与える指である」――こうこの怪獣は咆える。
その前にひざまずくのは、耳の長い驢馬とも、ないしは近視者のたぐいだけではない！

「国家」はあたかも神の代理であるかのように振る舞って、弱い「余計者たち」をひれ伏させているわけですね。「怪獣 das Unthier」という言い方は、『ヨハネの黙示録』に出てくる、地上を支配し、救世主に逆らう獣のパロディで、ホッブズの『リヴァイアサン』（一六五一）の表紙で有名な、国家を象徴する海獣リヴァイアサンを暗示していると見ることができます。「国家」は、武力だけでなく、精神的権威によって、人々を支配されやすい状態にしてしまうということでしょう。

国家が終わるところ、そこにはじめて人間が始まる。余計な人間でない人間が始まる。必要な人間の歌が始まる。一回かぎりの、かけがえのない歌が始まる。
国家が終わるところ、――そのとき、かなたを見るがいい、わが兄弟たちよ！　あなたがたの眼にうつるもの、あの虹、あの超人への橋。――

どうも「国家」というのは単なる障害物ではなく、様々な画一的な規範を押し付け、人々を富や権力をめぐる競争に駆り立て、消耗させることで、大量の「余計な人間」を生み出し、「超人」が登場するのに「必要な人間 der Nothwendige」が出てくるのを阻止しているというわけですね。この「終わる」の原語は〈aufheben〉です。単純な意味としては「停止する」「止める」ですが、語の作りが、「上に auf-」＋「揚げる heben」なので、ヘーゲルが、単純に「終わる」のではなく、矛盾対立していた二つの要素が、双方ともより高い段階に移行することによって対立が解消するという弁証法的な意味を込めて使うようになった言葉で、専門的には「止揚」とか「揚棄」と訳されます。無論、ニーチェは皮肉な意味で言っているのでしょう。ヘーゲルの『法哲学要綱』（一八二一）では、あた

「国家 Staat」：宗教に代わる新しい「偶像 Götze」。あたかも神の代理であるかのように振る舞って、弱い「余計者たち」をひれ伏させている。単なる障害物ではなく、様々な画一的な規範を押し付け、人々を富や権力をめぐる競争に駆り立て、消耗させることで、大量の「余計な人間」を生み出し、「超人」が登場するのに「必要な人間 der Nothwendige」が出てくるのを阻止。

≠

「民族 Volk」＝「国家」のような機構によって組織化され、洗脳教育され、神を信じ、法に従順になる“以前”の無垢な人々。大地の生命力を直接的に身体にみなぎらせている人々。どちらかと言うと、「民衆」に近い意味。漠然と生成してきたのではなく、新しい価値の創造者を中心に生成した。

かも既存の「国家」が、「家族」→「市民社会」→「国家」という歴史の運動のゴールのように書かれていて、ベルリン大学の教授であるヘーゲルが仕えるプロイセン国家による支配が正当化されてるかのような書き方になっているけれど、その「国家」が「止揚」された後に起こることこそ重要だ、というような含みがあるのでしょう。

その次の「市場の蠅」というところで、「市場」と呼ばれているのは、経済学的な意味での「市場」ではなくて、人々が自らを売り込む場です。

孤独が終わるところに、市場がはじまる。そして、市場がはじまるところ、そこにまた大俳優たちのまきおこす騒ぎと、毒をもった蠅どものうなりがはじまる。

世の中では、どんなにすばらしいことでも、まずそれを演出する誰かがいなければ、何事もはじまらない。大衆はこの演出者を偉人と呼ぶ。

真に偉大なのは創造する力である。大衆にはこのことを理解するちからがない。しかし、かれらは、すべての大掛かりな演出者と俳優に対しては感覚を持っている。

新しい価値の創造者はいる。この人のまわりに、世界は回転する。——目には見えぬが、回転する。しかし演技者のまわりには、大衆が回転し、光栄が回転する。世界もそうである。

演技者は知恵を持っている。しかし知恵にともなうべき良心は、ほとんど持たない。演技者は、どうしたら最も効果的に人々に信仰を起こさせうるか、——人々をしてかれ自身を信じさせうるか、と考え、そうした手段を疑ったことはない。

あまり説明として整理されていない書き方ですが、言わんとしていることは分かりますね。孤独に耐えて、自分を鍛える「新しい価値の創造者 die Erfinder von neuen Werthen」と、「大衆 Volk」——ここでの〈Volk〉は先ほどの素朴な〈Volk〉ではなく、国家や市場に毒されて、見る目がなくなった、堕落した〈Volk〉でしょう——が自分を信仰するように仕向けることに長け、良心の呵責を覚えることなく、そのための最も効果的な手段を取る、「演出者 Aufführer」「俳優＝演技者 Schauspieler」——「俳優」と「演技者」の原語は同じです——が対置されていて、後者が「市場 Markt」を支配しているわけですね。無論、「演出者」とか「俳優」というのは、文字通り演劇に関わる仕事をしている人ではなく、むしろ、真理探究者とか説教者、政治的指導者など、人々の魂を導くことが期待されている人たち、見る目がない大衆には、「新しい価値の創造者」と見分けがつかない、それどころか、いかにも本物に見える人たちでしょう。先ほどの「綱渡り師」とか「道化」もその類の「演技」に巧みな輩でしょう。こういう連中こそが、救い主＝新しい価値の創造者として崇められる風潮があるせいで、ツァラトゥストラはなかなか「道づれ」を求められないのでしょう。同じようなことをしていると誤解され、それに本当に相応しい人に遭遇しにくくなる。

では、ツァラトゥストラはそういう連中と闘って、自分こそが本物だと証明すべきかというと、そういうことではないようです。八八頁を見ると、自分の「友」となるべき人たちに対して、そうした「毒蝿 giftige Fliegen」を叩くことは君たちの運命ではない、孤独に生きなさい、と説いています。

一〇三頁からの「創造者への道」では、「新しい価値の創造」と「自由」の関係について述べられています。

あなたは、自分は自由だと言うのか？　わたしの聞きたいのは、あなたの心を占《し》めている思想である。あなたが何かのくびきから逃れたということではない。

あなたは、そもそも、くびきから逃れることを許された者であろうか？　自分の服従を投げ捨てたとき、自分の最後の価値を投げ捨てた者が、たくさんいる。

何からの自由だというのだろうか？　それがこのツァラトゥストラに何の意味があるだろう！　あなたの眼ははっきりと、わたしに告げなければならない。何をめざしての自由であるかを！

> あなたは自分自身に、あなたの善、あなたの悪を与えることができるだろうか？　そしてあなたの頭上に、あなたの意志を律法として掲《かか》げることができるだろうか？　あなたはみずから、自分自身の律法による裁判官となり、処罰者となることができるだろうか？
> 自分自身の律法による裁判官として、処罰者として、まったくひとりぼっちでいるということは、恐ろしいことである。こうしてひとつの星が、荒涼たる空間と、氷のような孤独のいぶきのなかに投げだされるのだ。

「何からの自由 frei wovon」とか「何を目指しての自由 frei wozu」という言い方が抽象的で難しそうですが、これは基本的に、第二次大戦後のエーリヒ・フロム（一九〇〇－八〇）やアイザイア・バーリン（一九〇九－九七）の「積極的自由 positive freedom ＝～への自由 freedom to」と「消極的自由 negative freedom ＝～からの自由 freedom from」、の違いと同じことです。「消極的自由」の方が、何らかの抑圧から解放されるという消極的な意味であるのに対し、「積極的自由」の方が、何かをできるようになる自由という積極的な意味です。同じような自由概念の区別は、ライプニッツやカントにもあるという指摘もありますが、「消極的／積極的」というような分かりやすい、反対語で対にして表現したのは、通常はフロムが『自由からの逃走』（一九四一）で使ったのが最初だと考えられていますが、ニーチェも対になる言い方をしているのは、意外ですね。「～への自由」として、「自分の価値」をしっかり持つことや、自分自身に善悪の基準を与える、「律法による裁判官 Richter」――原語には「律法による」という表現はありません――となることを挙げているのは、バーリンの考え方に似ていますね。

「あなたの意志 dein Wille」を「律法 Gesetz」として掲げるという言い方は、カントの定言命法「汝の意志の格率が常に普遍的立法の原理として妥当するように行為せよ」のもじりでしょう。カントの定式でも、「汝の」は〈dein〉という、親しい相手に対する二人称（du）に対応する所有冠詞〈dein〉です。バーリンは、このカントの自己立法の定式こそが西欧哲学における「積極的自由」論の典型だと見ています。ツァラトゥストラとカントは、他人の意志ではなく、自己自身の意志によって自己を律することを、積極的な意味での「自由」の本質と考えているというのは興味深いですね。ただ、カントの場合は、この物質世界とは別に、道徳の世界があるという前提で、そこで支配している法則を自分で見つけて、それを自らの意志を律する「格率 Maxime」にすべきと言っているわ

・「何からの自由 frei wovon」：何らかの抑圧から解放されるという消極的な意味。

・「何を目指しての自由 frei wozu」：何かをできるようになる自由という積極的な意味。

「自分の価値」をしっかり持つ。自分自身に善悪の基準を与える「律法による裁判官 Richter」となる。他人の意志ではなく、自己自身の意志によって自己を律する。

※エーリヒ・フロム、アイザイア・バーリンの「積極的自由 positive freedom ＝～への自由 freedom to」と「消極的自由 negative freedom ＝～からの自由 freedom from」の違いと同じ。
※※カントの定言命法：「汝の意志の格率が常に普遍的立法の原理として妥当するように行為せよ」。
⇅
ニーチェ：価値を創造する者は「孤独の者 der Einsame」。

けですが、ツァラトゥストラの場合、そういう別の世界など認めず、自分の意志を律する客観的基準などなく、自分の意志自体によって作り出すしかない、と言うでしょう。また、カントが各人が見出す「格率」がてんでんばらばらではなく、何らかの共通性があると考え、社会全体で「一般意志」を共有できると考えていたのに対し、ツァラトゥストラはそんなことは一切想定できないと思っているようですね。だから、一〇五頁で、価値を創造する者が「孤独の者 der Einsame」であることを強調しているわけですね。

一一二頁からの「蝮の咬み傷」という話も謎めいていますね。蝮がツァラトゥストラの首に噛みついたので、ツァラトゥストラが痛さのあまり叫び声を上げると、蝮が逃げだそうとします。その蝮に向かって、ツァラトゥストラは言います。

「おまえはまだ私の感謝を受け取っていない！　良い時に、お前はわたしを起こしてくれた。私の行くべき道はまだ先が長いのだ。」
「あなたの道はもうみじかい」と、蝮は悲しそうに言った。「わたしの毒のためにあなたは死ぬ。」ツァラトゥストラは微笑した。「竜が、蛇の毒のために死んだためしがあるだろうか？」――そう、かれは言った。「だが、お前の毒を取りかえすがいい！　お前はそれをわたしに贈物にするほど、裕福《ゆうふく》ではない。」そこで蝮はあらためて、ツァラトゥストラの頸にとびつき、その傷を吸った。

謎めいていますが、「蝮 Natter」が、神を信じている善良な人から見て〝悪〟の側に属する存在で、「竜」であるツァラトゥストラに比べると、か

なり小物という感じは出ていると思います。〝大悪党〟であるツァラトゥストラが怒って小物をひねりつぶすのではなくて、余裕を見せてやることで、相手を怖れさせ、自分の毒を撤回させているわけですね。ツァラトゥストラが、既存の全ての価値を破壊する危険人物だとすると、そういう人物が口にする「感謝Dank」という言葉が不気味ですね。

どうもこれは、「右の頰を打たれたら左の頰を差し出せ」のパロディというか、ツァラトゥストラ流の返し方のようですね。

あなたがたに敵があるとする。その敵があなたがたに加えた悪に対して、善をもって報いるな。なぜなら、それは敵に恥ずかしい思いをさせるだろうから。むしろ、敵があなたがたに何か善いことをしてくれたのだと、立証してやるべきなのだ。

恥ずかしい思いをさせるより、むしろ怒ったほうがいい！　あなたがたが呪詛《のろい》を浴びせられたときに、相手に祝福を祈るのは、わたしには気にいらない。むしろ、ひとにおとらず、すこしは呪詛を浴びせるがいい。

わが身に、一つの大きな不正が加えられたら、さっそく五つの小さな不正の仕返しをするがいい！　ただひとりだけが不正に虐《しいた》げられているのを見せられるのは、たまらない！

あなたがたはすでにこのことを知っているだろうか。不正も分配されれば、公正に近いものになるということを。だから、不正を荷《にな》いうる者は、あえて不正をひきうけるべきだ！

小さな復讐は、ぜんぜん復讐しないよりは人間的である。そして、刑罰が、法の違反者にとっての権利であり、名誉であるということになるのでなければ、あなたがたの刑罰も、わたしは好きになれない。

論理的に一貫していないように見えますが、この感覚は分かりますね。害を与えること／与えられたことをめぐって生じる負の感情を、関係者と適度に分散、共有することで、対立をエスカレートさせたり、誰かが罪のようなものを一方的に背負って、耐えられなくなるのを防ぐわけですね。「左の頰を差し出す」のは、争いを止める最善のやり方のように見えますが、それだと殴った方が物凄く悪い人間として際立ち、面子を失ってしまいます。ちょっとずつ分けてやり返してやった方が、何となくバランスが取れた感じになって親切かもしれない。「超人」の知恵というより、世間ずれした人のしたたかな知恵という感じですね。「不正も分配されれば、公正に近いものになる Getheiltes Unrecht ist halbes Recht」――直訳すると「分配された不正は、半分公正である」――というのは、「公正」とは何か考えれば分かります。「公正」とは、各人にその人が受けるに値するもの、その人が権利を有するものを不公平にならないよう割り当てることです――〈Recht〉という言葉には、「法」「権利」「正義（公正）」「（言い分の）正しさ」といった意味があります。普通の法律は、AとBの間で争いがあると、どっちが「正しい」か、一〇〇対〇のような感じではっきり決定しようとしますが、それが現実に起こっていること、お互いの感情のバランスと乖離していれば、判決自体が〝不正〟になってしまう可能性があります。だから、誰か一人だけが「正義」になってしまうのではない、何となくみなが少しずつ〝不正〟を犯しているように見える収め方の方が、公正かもしれない、という理屈でしょう。

次の「自由な死」というところでは、イエスの死について直接的に批判的な論評を加えています。

まことに、あのヘブライ人はあまりに早く死んだ。緩慢な死の説教者が尊敬してやまぬあのヘブライ人は。そしてかれがあまりに早く死んだということが、それ以来、多くの人々のわざわいとなった。

あのヘブライ人イエスは、またヘブライ人の涙と憂鬱しか知らなかった。また、「善くて義《ただ》しい者たち」の憎悪しか知らなかった。そこで死へのあこがれがかれを襲ったのだ。

かれが荒野にとどまり「善くて義《ただ》しい者」たちから遠ざかっていたらよかったのに！　あるいはかれは生きることを学び、大地を愛することを学んだかもしれない。――さらに加えて笑うことをも！

わが兄弟よ、わたしの言うことを信じなさい！　かれはあまりに早く死んだ。かれがわたしの年齢にまで達したら、かれみずからその教えを撤回したであろうに！　撤回するほど十分に高貴な人間で、かれはあったのだ！

これは分かりやすいし、先ほどの「不正」の「分配」の話と同じような調子ですね。イエスが、「善くて義しい者たち die Guten und Gerechten」と正面衝突し、この地上で生きることが難しくなり、本当はありもしない天での報いを期待して、死に憧れたわけですね。ツァラトゥストラに言わせれば、そんなつまらない者たちを相手にして消耗するのではなく、適当に逃げて、大地から受ける身体的な喜びを享受できるようになるまで、年を取ればいいのだ、ということでしょう。ツァラトゥストラが三〇歳では故郷を去っただけで、四〇歳まで山上で過ごしてから布教っぽいことを始めるのも、三〇歳だとまだ、「死の説教者」になってしまう可能性があったからですね。「自由な死」というタイトルから連想されるように、ツァラトゥストラは、死ぬ時に、残された人たちが「死」に憧れるように誘導するのではなく、「大地」をより輝かせるような「死」でないといけない、ということを述べていますね。

第一部の最後の「贈り与える徳」というところでは、ツァラトゥストラと弟子たちの関係について述べられていますね。ここも、イエスの生涯のパロディみたいな感じになっています。

――あなたがたは言うのか？　わたしたちのツァラトゥストラへの信仰は堅い、と。だが、ツァラトゥストラそのものが何だろう！　あなたがたはわたしの信仰者だ。だが、信仰者そのものにいったい何の意味があるだろう。

あなたがたはまだあなたがた自身をさがし求めなかった。そこでたまたま、わたしを見いだすことになった。信仰者とはいつもそうしたものだ。だが、信仰するといってもたいしたことはない。

これは予想された発言ですね。神々をはじめ、形而上学的な存在を否定するツァラトゥストラが、弟子たちに自分を神のように崇める「信仰者 Gläubige」になってほしい、と言ったらヘンですね。神のような虚構の産物ではなくて、大地と繋がった自分自身の身体にこそ関心を持つべき、ということでしょう。理屈のうえでは確かにそうなんですが、旧ソ連の例から分かるように、現実には無神論者や唯物論者が指導者を神扱いするのはよくあることです。人間は、そう簡単に「信仰者」であることを止められない。ツァラトゥストラ自身が意図せずして、神になってしまう恐れもある。

――いま、わたしがあなたがたに求めることは、わたしを捨て、あなたがた自身を見いだせ、ということだ。そして、あなたがたがみな、わたしを知らないと言ったとき、わたしはあなたがたのところに戻ってこよう。

まことに、わが兄弟たちよ、そのときはわたしはいまとは違った眼でもって、わたしの失われた者たちを尋《たず》ねだすだろう。いまとは違った愛をもって、あなたがたを愛するだろう。

そして、いつかは、またあなたがたがわたしの友となり、同じひとつの希望の子となる日がくるだろう。そのときは、わたしは三度《みたび》あなたがたを訪《たず》ねよう。大いなる正午をあなたがたとともに祝うために。

これは明らかに、ゲッセマネの園のイエスの祈りの際に、イエスが祈っている間に、ペテロ、ヤコブ、ヨハネの三人が眠ってしまったのを、イエスが祈禱を終えるごとに三度起こしに来たという話と、祈りを始める前にイエスがペテロに対し、鶏が二度鳴く前に、あなたは三度私を知らないと言うだろう、と予言した話とを合わせてパロディにしたものです。因みに、三度目に起こした直後に、イスカリオテのユダが祭司長や律法学者、群衆を引き連れてやってきて、その時、ペテロが恐ろしさに圧倒されて、イエスを知らないと三度言ってしまうわけです。

先ほどの「信仰」の話の続きだとすると、私はあなたたちとの今の関係に固執しないので、あなたたちも私のことなど知らないと言いなさい、とツァラトゥストラが言うのは当然ですが、イエスが弟子たちに自分のことを忘れさせないように必死になっているのと対比すると、こちらの方が潔くて、自分に対する執着がないように見えますね。仏教で悟りに達した人なら、こういう風に言いそうですね。イエスは単なる教祖ではなく、神の御子であり、三位一体の教義によれば、神自身でもあるので、イエスを通じないと神の国に入れないのだから、信者はイエスを忘れてはいけないわけですが、神は既に死んでいるとすれば、単なる自己神格化に見えてしまいますね。そこでツァラトゥストラは、そういう神を軸にした教祖－信者関係が必要でなくなった時に、友としてあなたたちの所に再び来るつもりだ、と言っているわけです。先ほどと同じで、無責任にも聞こえるけれど、大人であるようにも思えますね。適当にパロディにしているわけではなく、イエスが子供に見える効果も考えて、書いているわけですね。

ところで、この「大いなる正午 der grosse Mittag」というのが気になります。これはニーチェの超人思想を理解するうえでのカギになるとされている概念です。ゲッセマネの園の祈りが、深夜から夜明けまでだったので、その後、という位置付けなのは確かでしょう。イエスが十字架にかけられたのは第三時（午前九時頃）、亡くなったのは第九時（午後三時頃）で、第六時（正午頃）、空が真っ暗になったとされています。その辺も意識しているのでしょう。

――大いなる正午とは、人間が動物から超人にいたる道程の中間点に立って、夕べに向かう自分の道を、自分の最高の希望として祝い讃えるときである。それは新しい朝に向かう道でもあるからだ。

「大いなる正午」が何を含意するかについては、いろんな解釈があります。ギリシア神話では、真昼とは自然が眠りにつく時間で、サチュロスや冥府の神プルートー、死の女神ヘカテーがやってくる魔の時間でもあるとか、プラトンの洞窟の比喩で言うところの「影」が最も短くなるのが正午だとか。この文脈では、「大いなる正午」とは、今は栄えている自分たちが、やがて「没落」すべき運命にあることを悟り、自分たちの後に来たる「超人」のために備えをしなければならない時ということでしょう。

「第二部」

第二部を見ておきましょう。最初の「鏡を持った幼な子」というところを見ると、ツァラトゥストラは再び山に入り、洞窟で孤独な生活を送っていたけれど、ある朝、幼な子がやってきて、鏡に映った自分の姿を見るように言うので、見ると、「悪魔の奇怪な顔と嘲笑」が映ったので、驚愕したということですね。ごく素直に考えると、孤独で過ごしているうちに、ツァラトゥストラ自身が次第に堕落して、醜くなり、人を惑わす者になった、ということを暗示しているように思えますが、ツァラトゥストラはそれを、自分の教えが危険に陥っていること、つまり彼の敵が強大になって、彼の教えを歪んで伝えているという意味に取っていますね。とにかくそう考えて、友や敵たちの所に再び出かけていく決意をしたようです。

「至福の島々で」――ニーチェが訪れたナポリ湾のイスキア島が念頭に置かれていたと言われています――というところでは、あなたがたは超人の父か祖先になることができるかもしれない、それがあなたたちにとって最上の創造だ、と改めて述べていますね。そうなることができる可能性があるのは、人間に「真理への意志」があるからです。

――あなたがたは一つの神を、思考することができるか？　できない。――しかし、あなたがたには真理への意

「大いなる正午 der grosse Mittag」

・イエス：十字架にかけられたのは第三時（午前９時頃）、亡くなったのは第九時（午後３時頃）、第六時（正午頃）、空が真っ暗になった。
・ギリシア神話：真昼とは自然が眠りにつく時間。サチュロスや冥府の神プルートー、死の女神ヘカテーがやってくる魔の時間。
・プラトンの洞窟の比喩：「影」が最も短くなるのが正午。
※この文脈では、「大いなる正午」とは、今は栄えている自分たちが、やがて「没落」すべき運命にあることを悟り、自分たちの後に来たる「超人」のために備えをしなければならない時。

志がある。この真理への意志とは、一切のものを、人間が思考することができ、見ることができ、聞くことができるものへと変えようとする意志である。あなたがたは、あなたがたの感覚でつかんだものを、究極まで思考しなければならないのだ。

そして、あなたがたが世界と呼んできたものが、あなたがたによってはじめて創造されなければならない。あなたがたの理性、あなたがたの心象、あなたがたの意志、あなたがたの愛が、みずから世界とならなければならない！　そして、まことに、あなたがた認識者よ、そこにあなたがたの至福が生まれなければならない！

「神」を「思考する」ことができないというのは、先ほどもお話しした、実践理性の根拠の一つとして「神」を「思考する」ことを挙げているカントの議論の否定です。その代わりに、人々が自分の行為を意味付けするものとして、全てを自分にとって理解可能なものに変えようとする「真理への意志 Wille zur Wahrheit」を導入しているわけですね。ニーチェの真理論として有名で、多くの文学者や哲学者に影響を与えたとされる初期の論文「道徳外の意味における真理と嘘について」（一八七三）では、「真理」を、人間が自分の弱さや臆病さを隠し、安全に生きるために作り出した自己欺瞞、幻想であるという否定的な見方を示していましたが、ここでは、それを、「世界」を自らの「意志」に従って創造することとしてポジティヴに捉え直している感じですね。「神」などではなく、自分で自分が世界を作っていることを自覚すべきだということでしょう。

意志することは、解放する、自由にする。これが意志と自由についての真の教えである。――ツァラトゥストラがあなたがたに教えるのは、このことなのだ。

「解放する」という意味の動詞〈befreien〉は、「自由な」という意味の形容詞〈frei〉から派生しています。これは英語の〈liberal〉—〈liberate〉と同じ関係です。「意志すること Wollen」によって自分の世界を作ることができれば、その中で「自由」になることができるわけです。「神」「魂の不死」「自由」のうち、「自由」だけは、「意志すること」と等値される形で生かされるわけです。哲学では、外的な制約がないという意味での「行為の自由」に対して、「意志の自由」という言い方をしますが、このツァラトゥストラの議論では、「意志すること」＝「自由」なので、「意志の自由」は同語反復になります。

一六六頁から「毒ぐもタランテラ」という意味ありげな節が始まります。タランテラは、「復讐の一念」で「人びとの心を狂わせ、踊らせる」、ということです。

> 平等の説教者たちよ！　わたしが諸君に話しているのは比喩だ。諸君も人びとの心を狂わせ、踊らせるではないか。諸君は毒ぐもタランテラだ。隠れた復讐心の持ち主《ぬし》だ！
>
> しかし、わたしは諸君の隠しているものを明るみに出してやろう。わたしが諸君に面と向かって、わたしの高山の哄笑をあびせかけるのもそのためだ。
>
> わたしが諸君のくもの網をこわすのもそのためだ。諸君を怒らせ、嘘でかためたその穴からおびきだし、諸君の口癖の「正義」の背後から、諸君の復讐心をおどりださせようとするわけだ。

タランテラは、「平等」の思想を広めている人たちのことだったわけですね。何故「タランテラ」かというと、「平等」の理念を広めることで、人々の心を狂わせ、踊らせるところが、毒ぐもタランテラのようだからでしょう。タランチュラが巣穴に潜んでいることが、「平等主義者」が自分の本性を隠していることのメタファーにもなっているのでしょう。タランチュラ自体は網を張りませんが、メタファーなので厳密に考える必要はないでしょう。「平等主義者」は、社会の中に網の目を張り巡らし、人々に噛みつく。「踊らせている」というのは、フランス革命とか二月革命、ドイツだと三月革命などで、「人間は本来平等だ」という思想で人々を革命的行動へと鼓舞した、ということでしょう。

ニーチェに言わせると、それは「復讐（心）Rache」です。この連続講義の第5回、第6回で読む『道徳の系譜』

（一八八七）では、フランス語を使って、〈Ressentiment（恨み）〉と表現されます。自分の賤しさ、弱さ、生命力の不足を分かっていて、そのコンプレックスによる恨みを晴らすため、人間は生まれつき平等だという思想を広めているわけです。決め付けですが、これは説明しなくても、平等を主張する側も、それを冷笑する側もどういう気持ちか分かりますね。

「われわれに対して等《ひと》しくないすべての者に、復讐と誹謗を加えよう」――タランテラたちは心をあわせて、こう誓う。

「そして『平等への意志』――これこそ将来、道徳の名にかわるべきものだ。権力を持つ一切のものに反対して、われわれはわれわれの叫びをあげよう！」

諸君、平等の説教者たちよ！　してみれば、権力にありつかない独裁者的狂気が、諸君のなかから、「平等」を求めて叫んでいるのだ。諸君の、ふかく秘《ひ》められた独裁者的情欲が、こうした道徳的なことばの仮面をかぶっているのだ！

プラトンは『国家』で「平等 ἰσότης（isótēs）」を基礎とする民主政では、人々は誰にも従おうとせず、無規律、無節操になり、本当は必要のないものを欲しがるようになり、甘い約束をする指導者についていこうとするので、「僭主独裁制 τύραννος（túrannos）」に陥る可能性があると指摘しています。「権力にありつかない独裁者的狂気 der Tyrannen-Wahnsinn der Ohnmacht」というのは、それを念頭に置いた言い方でしょう。〈Ohnmacht〉は普通は単に「無力」と訳されますが、氷上さんは、「権力 Macht」がないという意味が込められていると見て、こういうこなれない訳語を採用したのでしょうが、この文脈なら、「無力」という言い方でも十分「権力」がないという意味が出ているので、「無力感ゆえの僭主独裁を求める狂気」と訳した方がいいでしょう。プラトンの議論との違いは、放縦な欲望や受動性よりも、みんな平等でなければならない、すぐれた奴は許さない、引きずり下ろしてやるという「復讐心」が原動力だと見ていることですね。この時代は、従来の民主主義運動以上に、「平等」の実現に重点を置く労働・社会主義運動が台頭し、大衆社会が誕生しつつあったので、復讐心に支えられた「平等への意志 Wille zur Gleichheit」――「同じであることへの意志」とも訳せます――が、専制政治をもたらす、という議論はかなりリ

アルです。フランス革命が既にそうだった、と見ることができるでしょう。オルテガ（一八八三－一九五五）の『大衆の反逆』（一九三〇）ではまさに、二〇世紀に権力を握るに至った「大衆」の特徴として、全ての人と「同じ idéntico」であることに喜びを感じることを挙げています。私が訳したペーター・スローターダイク（一九四七－）の『大衆の侮蔑』（二〇〇〇）では、自分より上のものを絶対認めず、自分と同じところまで引き下げようとする「大衆」のメンタリティがどうやって形成されてきたか、一九世紀末以降の社会学・社会理論の議論を掘り下げる形で論じられています。

一七二頁からの「名声高い賢者たち」では、再び「真理への意志」が言及され、これが「民衆 Volk」と関係付けられます。

しかし、狼が犬どもに憎まれているように、民衆に憎まれている者がある。それは自由なる精神、束縛の敵、崇拝を拒む者、森に住む者だ。

こうした人物を、その隠れ家《が》から狩りだすこと——これがつねに民衆のいわゆる「正義感」であった。こうした人物にたいして、民衆はいまもなお最も牙のするどい犬をけしかける。

ここは分かりやすいですね。「民衆」は、神などの偶像や法秩序の下で生きるのが安心で、解放されたくないので、「自由」をもたらす者を忌み嫌って潰そうとするわけです。

名声高い賢者たちよ！　あなたがたは民衆を崇拝した。それによって民衆を正当化し、弁護しようとした。それを、あなたがたは「真理への意志」と呼んだ。

そして、あなたがたの心は、つねにおのれ自身にむかって言った。「わたしは民衆から来た。神の声もまた民衆からわたしのところに来た。」

「民衆」を「崇拝 Verehrung」するというのは、大地に忠実に生きる「民衆」に寄り添うという話になりそうですが、現実の「民衆」は保守的で偶像に固執しているわけです。そういう「民衆」を崇拝し、「民衆」の内に真理があるかのように言うことは、「民衆」の古い価値観、世界観、秩序意識に縛られるということです。「神の声もまた民衆からわたしのところに来た」というのは、「民の声は神の声 Vox populi, vox Dei」という中世の諺のもじりで、

民主主義の主体としての「民衆」崇拝が宗教めいていることを皮肉っているのでしょう。ツァラトゥストラは、「神」と名の付くものが死んだ後、擬似神的なものが跋扈している状況を気にしているようですね。

一九三頁からの「自己超克」の節で、「真理への意志」について改めて説明されています。

> 最高の賢者たちよ、あなたがたは、あなたがたを駆りたて、燃えたたせるものを「真理への意志」と呼ぶのか？
>
> 存在する一切のものを思考しうるものにしようとする意志、すなわち思考可能化への意志、——わたしはあなたがたの真理への意志をこう呼ぶ！

基本的に、「至福の島々で」と同じことですが、ここでは、「真理への意志」の本質が、「存在する一切のものを思考しうるものにしようとする意志（思考可能可への意志）Wille zur Denkbarkeit alles Seiende」という一言で表現されています。因みに、ハイデガーは個々の存在しているものを、英語の be 動詞に当たる sein 動詞の現在分詞形（seiend）を名詞化した〈das Seiende（存在者）〉という言葉で表現し、「存在（していること）das Sein」という概念と区別していますが、ニーチェはその「存在者」に当たる言葉を使っているわけですね。全ての存在者を自分にとって思考可能なものにしようとする世界創造の意志、形而上学的な意志が、賢者たちを突き動かしている、と言っているわけです。

> あなたたがの意志の欲するところは、ありとあらゆるものが、あなたがたに屈伏することなのだ！　一切のものがなめらかな精神の鏡となり、精神の映像となり、こうして精神に服従しなければならないわけだ。
>
> 最高の賢者たちよ、これがあなたがたの意志の正体であり、それは「力への意志」と言えるだろう。それはあなたがたが、善と悪について、もろもろの価値評価について語るときにも、あてはまる。

カントは、認識主体である人間が、知覚によって獲得される様々な感性的刺激を、認識可能な対象として構成するという立場を取りました。これは、主体がどうやって自分の外部に存在する対象を認識できるのかを問題にしていた従来の認識論の発想を逆転させるコペルニクス的転回と呼ばれています。カントはそれをあくまで認識論の前提としてニュートラルに記述しているわけですが、ニーチェは、その根底に全ての存在者を自分に屈服させ、自分

「真理への意志 Wille zur Wahrheit」：私たちが通常この言葉から連想するような、「真理」に到達しようとする意志ではなく、むしろ、自分の望むような形で事物と関係を持つために、その枠組みである「真理＝鏡＝世界」を作り出そうとする意志。
➡　本質的に「力への意志 Wille zur Macht」
※宗教の教祖とかソクラテスのような偉大な哲学者は、真理を解明し善悪の絶対規準を示した人＝真理や、善悪の基準を作り出して、自分の望む世界を創造する人。
※※「真理への意志」と「力への意志」は字面は真逆だが、どちらも自分の世界を作り出して支配しようとする意志。

の見たいように世界を見ようとする意志という意味での、「真理への意志」が働いていると見たわけですね。分析哲学者のリチャード・ローティ（一九三一－二〇〇七）は『哲学と自然の鏡』（一九七九）で、近代の認識論哲学は、「心」を「自然」を映し出す「鏡」に見立てて、その「鏡」が映し出す仕組みを分析してきたが、その試みは不毛である、と論じていますが、ニーチェも「鏡」という言い方をしていたわけですね。ニーチェは、賢者たちが全てを支配し、見たい世界を見るために、この「鏡」を作ったと明言しているわけですね。

「真理への意志」が、私たちが通常この言葉から連想するような、「真理」に到達しようとする意志ではなく、むしろ、自分の望むような形で事物と関係を持つために、その枠組みである「真理＝鏡＝世界」を作り出そうとする意志だとすると、それは本質的に「力への意志 Wille zur Macht」だと言えるわけです。宗教の教祖とかソクラテスのような偉大な哲学者は、真理を解明し、善悪の絶対基準を示した人として尊敬されていますが、実際には、それは、真理や、善悪の基準を作り出して、自分の望む世界を創造する、「力への意志」だった、ということになるわけです。「真理への意志」と「力への意志」は字面は真逆ですが、どちらも自分の世界を作り出して支配しようとする意志なんですね。

ところで賢者でない人々、つまり民衆は——いわば河だ。その河に舟が浮かび、その舟に覆面をした価値評価がもったいぶって坐っている。

あなたがたは、あなたがたの意志と、あなたがたの立てたもろもろの価値を、生成の流れの上に浮かべた。民衆によって善あるいは悪として信じられているものからは、昔ながらの力への意志がひそかに語られている。

最高の賢者たちよ、あなたがたなのだ。こうした客人たちを舟にのせ、物々しく飾りたて、誇らしい名を与えたのは。——あなたがたと、あなたがたの支配の意志なの

——だ。

これで「民衆」と「賢者」、善悪などの「価値評価 Wertschätzungen」と「力の意志」がどういう関係にあるのか、ニーチェの見方が示されましたね。「価値評価」は実際には、全てを支配しようとする賢者たちの「力への意志」を、客観的で崇高に見えるように偽装したものであったわけです。「民衆」は、「真理への意志」の源泉ではなくて、むしろ、「真理への意志」によって作られた舟がその上を航行する河だというわけですね。絶えず、生成を続け、いろんなタイプの人間や欲望を生み出す「力」の源であるかもしれないけど、世界や真理を作り出そうとする「意志」は持たない。いわば、自然現象に近い存在ですね。ただ、この譬え通り、「民衆」が河だとすると、賢者たちの舟は流されていくだけで、河の流れを変えることはできない、ということになります。

そして河は、あなたがたの舟を先へ押しすすめて行く。河は舟を運んで行かざるをえない。砕かれた河の波が泡をたて、怒って竜骨を噛んでも、それは取るにたりないことだ!

最高の賢者たちよ、あなたがたの危険は、河すなわち民衆にあるのではない。また善悪の評価が行きづまることにあるのでもない。むしろ、あなたがたの危険は、あの意志そのもの、力への意志、——尽きることなく生《う》みいだす生の意志なのだ。

この言い方からすると、「力への意志」とは、河=民衆、あるいは大地から生じてくる「尽きることなく生みいだす生の意志 der unerschöpfte zeugende Lebens-Wille」がピンポイントで、目に見える形で実体化したもののようなので、それが生じてくることは止められない、ようですね。その意志によって生み出された舟が波にもまれてぼろぼろになり、いつか解体すると分かっていても、舟を作って浮かべることはやめられない。賢者たちは、その虚しさを分かったうえで、善悪が語られねばならない、ということでしょう。

生はわたしに、みずからつぎのような秘密を語ってくれた。「ごらんなさい」、生は言った、「つねに自分で自分を克服しなければならないもの、わたしはそれなのだ。

なるほど、あなたがたはそうしたものを、生産への意志、あるいは目的への衝動、より高いもの、より遠いもの、より複雑なものへの衝動などと呼んでいる。しかしそうしたものはみなひとつのことであり、ひとつの秘密にすぎない。
このひとつのものを断念するくらいなら、わたしはむしろ没落したほうがいい。そしてまことに、没落があり、秋の落葉があるところ、ごらんなさい、そこでは生が自身を犠牲にしてささげている、——力のために！

「自分で自分を克服しなければならない」という言い方をそれだけ聞くと、私たちは、節制とか禁欲とか、普通の意味での宗教の修行のようなことを連想してしまって、これまでの、「真理への意志↑力への意志↑尽きることなく生みいだす生の意志」と逆の方向のように聞こえますが、「生産への意志 Wille zur Zeugung」「目的への衝動、より高いもの、より遠いもの、より複雑なものへの衝動 Trieb zum Zwecke, zum Höheren, Ferneren, Vielfacheren」といった表現からも分かるように、「力への意志」は、世界創造に際して、真理や善悪などの尺度を定め、それに自ら従属します。そうした自らの定めた尺度を「克服」して、更なる生の「生成」に合流しようとするのが、「力への意志」です。

わたしが闘争であり、生成であり、目的であり、もろもろの目的のあいだの矛盾であらざるをえないということ。ああ、わたしのこの意志を推察できる者は、また、その意志がどんなに曲がった道をも歩まなければならないかを推察するだろう！

謎めいた言い方ですが、先ほどの話の延長で考えれば、分かりますね。自らが追求する目的や従うべき法を作り出しては、自らそれを克服しようとするので、自分自身と闘争していて、目的同士が矛盾し合っている、というわけです。
そうした私たちを形作る「力への意志」は、生の流れ＝生成から生じてくるわけですが、それは「生存への意志 Wille zum Dasein」ではないと言います。〈Dasein〉はヘーゲル用語としては「定在」、ハイデガー用語としては「現存在」と訳されますが、日常のドイツ語としてはその場（da）に具体的な形で「在ること」、あるいは、英語の〈To be or no to be〉の場合のように、「生きること」「生き残ること」という意味でも使われます。

生のあるところにのみ、意志もまたある。しかし、それは生への意志ではなくて、——わたしはあなたに教える、——力への意志なのだ！

先ほどの「自己超克」の話の延長で考えると、「力への意志」は単に現状維持して生き残ろうとする意志ではなく、新しい目的や規範を設定して、自己をより複雑に組織化しようとする意志だということになりそうですね。

まことに、わたしはあなたがたに言う。恒常不変の善と悪、そんなものは存在しない！　善と悪は、自分自身で自分自身をくりかえし超克しなければならない。

二〇五頁からの「教養の国」の節では、再度、現代の教養主義を批判していますが、先ほどの「自己超克」の議論の後なので、単なる時評的な話ではなく、過去の「教養＝人格形成」に拘ることが、新しい価値を生み出す妨げになっているという論旨であることがはっきりしてきたと思います。

まことに、現代の人たちよ、あなたがたはあなたがた自身の顔にまさる仮面をかぶることはできまい！　あなたがたが何者なのか、誰にも——わからない！

過去の文字や記号をいっぱい書き込み、その上にまた新しい文字や記号を塗りつけた。こうして、あなたがたはいかなる文字解読者の力も及ばないところに、隠れてしまった！

これは分かりますね。過去の人が、あるいは現在の著名人が作り出した様々な価値基準を自分の仮面＝人格に塗り付けて、誰だか分からない状態になっている。仮に「力の意志」に繋がる本当の自分がいるとしても、仮面の奥に潜んでいるので、どういう自己なのか分からない。では、いかなる価値基準にも囚われず、何も信じないで、プラグマティックに世渡りすればいいのか、というと、当然、そういうわけではありません。

そうとも。どだいあなたがたには、信じるということはできない。あなたがた、雑然と塗りたくられた者たちよ！　あなたがたは、かつて信じられた一切の、ただの絵なのだ！

あなたがたは、人間のかたちをした、信仰の否定そのものである。あらゆる思想を骨抜きにするものだ。無信仰がふさわしい者、これがわたしのあなたがたに対する呼び名である。現実的な人間たちよ！

（…）

あなたがたは何も産《う》みだすちからがない。だから、信仰がないのだ。しかし、創造しなければならなかった者は、かならずその預言の夢を持ち、星の知らせを持っていて、——信仰ということを信じたものだ！　——

「力への意志」が自分なりの尺度を作り出し、自分なりの世界（観）を創造するのだとすれば、少なくとも、自分が創造した世界の存在を信じている必要はあるでしょう。そうでないと、創造の「力」を投入することなどできないでしょう。いつか自己超克しなければならない時が来るまでは、信じることが必要のようですね。

二一〇頁からの「汚れなき認識」では、まず、「神経質な偽善者」を告発し、それとの対比で、本来の、「力への意志」に即した認識について論じています。その「偽善者」の態度というのは、

あなたがたの嘘っぱちの精神は、自分自身にむかってこう言う、「わたしのなしうる最高のことは、あらゆる欲念を捨てて、生を静観することだ。よだれを垂らす犬には似ないことだ。

観照によって幸福となること、意志を殺して、我執《がしゅう》ののさばるのを抑える。この身はひややかになり、灰色になるが、眼だけが月のように明るく、うっとりと酔う！

（…）

そしてすべてのものから何も要求しないこと、これをわたしは、すべての事物にたいする汚れなき認識と呼ぼう、わたしはそれらすべてのものの前に、まるで百の眼をもった鏡のように寝ころびさえすればいいのだ。」

まどろっこしいですが、どういう態度か分かりますね。自分自身は、現実に起こっていることに対していかなる欲望も、意志も抱かず、ニュートラルな立場で「観照 schauen」し、それだけで満足しているような態度ですね。それを当人たちは、「汚れなき認識 unbefleckte Erkenntnis」と呼んでいるわけです。

ニーチェはそういう態度を偽善だと言ったうえで、あるべき認識の形、大地を愛する姿勢について語ります。

まことに、あなたがたの大地の愛しかたは、創造する者、生殖する者、生成をよろこぶ者とは違った愛し方だ！

では無邪気さは、どこにあるのか？　生殖への意志のあるところにある。そして、自分自身を超《こ》えて創造しようとする者こそ、最も純粋な意志の持ち主《ぬし》だ。

「生殖への意志 Wille zur Zeugung」というのは、生物学的な意味で子供を産むというより、自分とは異なる新た

なものを生み出そうとする意志でしょう。現在の自分のとは違う尺度を生み出し、新たな創造に繋げる。そして最終的に「超人」を生み出す、ということです。そうした「生殖への意志」を明確に自覚することを、「汚れなき認識」に対して、「最も純粋な意志 der reinste Wille」と呼んでいるわけです。局外・中立的なものとして想定される「認識」に対してではなく、大地から絶えず生じてくる「意志」に対して忠実になるべきだというのが、ツァラトゥストラのスタンスです。

「美」や「愛」も本来は、生の流れに押し出されるように、意志することを止められないことから、つまり「意志」が次々と目的として設定する「影像 Bild」――ネガティヴな意味では使っていないようなので、「イメージ」とか単に「像」と訳した方がいいでしょう――との関係で生じてくるものです。先ほどから言われているように、意志は自らを超えて創造しようとするわけですから、愛や美の対象は破壊されます。そうした激しい創造と破壊のダイナミズムを見ないで、「観照」しようとする視線を、「去勢された流し目 entmanntes Schielen」と呼んでいます。

二一九頁からの「詩人」では、「詩人」というより、詩的言語の特徴である「比喩 Gleichnis」について言語哲学的な考察が繰り広げられています。

――「身体《からだ》というものが、わたしによくわかるようになってから」と、ツァラトゥストラは、その弟子のひとりに言った。「精神は、たんに精神という譬《たと》えにすぎなくなった。すべての『過ぎゆかざるもの』――も、また一つの比喩にすぎないのだ。」

「過ぎゆかざるもの」、というのは永遠のものということでしょう。精神とか、「過ぎゆかざるもの」のような、具体的な形のないものは、言葉の彩、言葉である状態を表現するために作り出した形象だということでしょう。英国の分析哲学者のギルバート・ライル（一九〇〇－七六）は、『心の概念』（一九四九）で、精神活動に関する語彙は、人間の身体が引き起こす一連の複雑な活動を、少数の言葉で伝わりやすく表現するために考え出されたものだという見方を示しましたが、ツァラトゥストラはそれと同じようなことを言いたいのでしょう。二二一頁を見ると、「すべての神々は、詩人の比喩であり、詩人の騙《かた》りものだ」と述べていますが、そういう意味での「比喩」を、実体であるかのように語り続ける詩人を糾弾しているようです。これは、プラトンが『国家』で、「詩人」はイデアそのものではなく、その模倣物を模倣することによって、人々を理性ではなく、感性に従うようにさせる、と批判したのを逆にした感じですね。ツァラトゥストラにとっては、詩人は、人々の関心を、身体の真実から、その比喩的な表現にすぎない精神へと誤誘導するので、けしからん、ということです。

ただ、ツァラトゥストラ自身も、自分もその詩人だと言っています。少し戻って、二二〇頁を見てください。

> われわれ詩人は、知識にとぼしいし、あまり学ぶこともしない。したがって嘘をつかざるをえないわけだ。
>
> われわれ詩人のなかで、おのれのぶどう酒にまぜ物をしなかったものがあろうか？ われわれの酒蔵《さかぐら》では、有毒物の混入が行われたこともまれではない。多くの『名状すべからざる』ことが成しとげられた。
>
> またわれわれは知識が弱いから、精神《こころ》の貧しい者は、われわれの真に歓迎するところだ。ことに若い女性であれば、なおさらである。
>
> また、老いた女性たちが毎晩語りあうようなことも、われわれの渇望する題材だ。われわれのあいだでは、それを『永遠の女性』物と呼んでいる。

これは分かりやすいですね。詩人というより、人間は自分の身体やそれが関係する様々な物理的な現象のことをよく分からないので、「多くの『名状すべからざるもの』manches Unbeschreibliche」があるなどと言って、誤魔化してしまうわけです。「精神の貧しい者 die geistig Armen」というのは、当然、マタイによる福音書の「山上の垂訓」の「心の貧しい者は幸いである Selig sind, die da geistlich arm sind」のパロディーです。ツァラトゥストラの前提だと、もともと「精神」などないのですから、そんなものに固執しない者の方が幸福だということになるでしょう。

「『永遠の女性』物 das Ewig-Weibliche」――「物」に当たる単語は原文にはないのですが、これは王朝物と恋愛物とか言う時の「〜物」のことでしょう――とは、ゲーテの『ファウスト』（一八〇八、三三）の末尾で言及される、ファウストが生涯をかけて求め続けた「永遠に女性的なるもの」のことです。平たく言うと、万物を生み出す母性原理で、多くの人間がそこへの回帰願望を抱くものです。ツァラトゥストラはそれを、女性の性とか外見的な美しさをめぐる男性の願望とか、女性の焦燥感のようなものだろう、と皮肉っているわけですね。

二二二頁を見ると、これを聞いて、弟子が怒ったとあります。まあ、尊敬する先生がこんなことを言ったら、真面目な弟子は怒るかもしれません（笑）。現代のネットの教祖様たちにはこんな弟子はあまりいませんね。最初から醒めているか、教祖様が言うことだから、何か深い意味があると深読みして、余計に信仰が深まる（笑）。普通に考えると、ツァラトゥストラはふざけているとしか思えませんが、彼自身、自分自身が、こういう悪い意味で「詩人」的な語りをしていることに気付いて、少し前までの自分を突き放しているのかもしれません。

――詩人の精神は見物《けんぶつ》が欲しいのだ、水牛でもいいから欲しいのだ！――
こうした精神に、わたしは飽きた。わたしは見る。こうした精神が自分自身に飽き飽きしてくるのを。
わたしは見る。詩人たちが変化して、自分自身に、その眼を向けはじめたのを。
わたしは見た。『精神の苦行僧』が来るのを。自虐的な『精神の苦行僧』は、詩人から成長したものだ。

「精神 Geist」の実在を否定していながら、「精神」という言葉を無造作に使っているのが気になりますが、恐らく、通常〝精神〟と呼ばれるものに相当するもの、という程度の緩い意味で言っているのでしょう。「詩人」が自分自身に対して目を向けるようになるのはいいとして、それが「精神の苦行僧 Büsser des Geistes」だというのは、これまでのツァラトゥストラの言動に反しているような気がしますね。「苦行僧」という訳は正確ではありません。〈Büsser〉は、贖罪者です。また、「自虐的」という言葉も原文にはありません。なので、「精神＝内面」にこもって修行する人ではなく、これまで「精神」の名において成された虚偽の贖いをしようとする人、という意味に取ることもできます。贖い、つまり虚偽の解体と人々の虚偽からの解放のための苦難の道を行き、その後で、改めて自分の身体性に根ざした価値を作り出す、というのが、「精神の贖罪者」の役割だとすれば、おかしな流れではないと思います。ニーチェは、言葉を多義的に使う、つまり詩人的な書き方を続けているので、読者は振り回されてしまいますね。

二二四頁から「大いなる事件」という意味ありげな節があります。「至福の島々」から遠くないある島で、ツァラトゥストラは少しの間姿を隠します。弟子たちは不安になり、人々はツァラトゥストラは地獄へ行ったのではないかと噂しますが、五日目に姿を現します。イエスは死後三日目ですが、彼は五日目です。ツァラトゥストラは「火の犬 Feuerhund」と話をしてきたのだと言います。この「火の犬」との対話のくだりは、ドゥルーズ＋ガタリの『アンチ・オイディプス』（一九七三）でも言及されています――拙著『ドゥルーズ＋ガタリ〈アンチ・オイディプス〉入門講義』（作品社）の第四回講義をご覧ください。

火の犬がどういうものか、わたしにはわかった。また同時に、あの爆発と顛覆の悪魔どもの正体もわかった。この悪魔どもをこわがっているのは女子供だけではない。

（…）

わたしはおまえをせいぜい大地の腹話術師と見なしている。そして顛覆と爆発の悪魔どもが物をいうたびごとに、わたしはかれらがおまえとそっくりなのに気がついた。塩《しょ》っぱくて、嘘つきで、そして浅薄だ。おまえたちは鳴動したり、灰をふらせてあたりを暗くするのに長けている！　おまえたちはたくみなほらふきで、泥を煮て熱くする術に精通している。

（…）

『自由』と、おまえたちはみな、しきりに咆えたてる。しかしわたしは、その自由をとりまいて多くの咆哮《ほうこう》がおこり、煙があがるのを見ると、たちまち『大いなる事件』を眉唾物《まゆつばもの》だと思うのだ。

この流れから、「火の犬」や「悪魔ども」のしかける「顛覆」や「爆発」が、文字通りの意味での自然現象ではなく、先ほども出てきた、自由や平等の名の下に民衆を革命へと扇動する雄叫びであることが分かりますね。「大地の腹話術 Bauchredner der Erde」というのは、彼らは、自分たちの雄叫びが大地の意志であるかのように装うけれど、実際には、大声を上げ、奇抜な演出で、自分の声を大地の声であるかのように装っているにすぎない、ということでしょう。「火の犬」と「悪魔」の区別がよく分かりませんが、比喩を素直に取ると、「火の犬」の方が神がかり的で、狂気を孕んだような予言をする人で、「悪魔」の方は、いかにも陰謀家という感じで地下工作を企んでいそうな輩ということになるでしょう。

また、国王や教会、その他一切の老衰し、徳の衰えたものに、わたしはこう勧《すす》めたい、――あなたがたは打倒されるのがいいのだ！　それによって、ふたたび生命はよみがえり、徳はもどってくるだろう！」――

このようにわたしは火の犬にむかって語った。すると火の犬はふきげんにわたしをさえぎって、たずねた。

「教会？　教会とはいったい何か？」

「教会か？」わたしは答えた。「教会とは一種の国家である。しかも最も虚偽にみちた国家である。だが黙るがいい、偽善の犬よ！　おまえはおまえの同族をとっくに知りきっているはずだ！

国家もまたおまえと同じように、偽善の犬である。国家もまたおまえと同じように、このんで煙と咆哮をともなって語る。――国家も、おまえと同じように、自分が事物の腹から語っていると、ひとに信じさせようとする。

なぜなら、国家はあくまでも地上における最も重要な動物になりたいと思うからだ。また人々も、国家をそれだと信じている。」――

これでかなりクリアになりましたね。「火の犬」とは、国家や教会に取って代わろうとしているものであり、「教会」や「国家」も元々、「火の犬」だったわけです。つまり、大地の声を装って大騒ぎして、「民衆」を扇動し、力を獲得しようとする点で同じであるわけです。ある意味、「力への意志」の現れだけど、本当に大地の力に満たされてやっているわけではない、ということですね。

ツァラトゥストラはこの話を弟子たちにしますが、弟子たちはその話を聞かず、二二五頁に出てくる、ツァラトゥストラがいなくなった時のエピソードについて語ろうとします。これはヘンですね。何で本人のやったことを、本人に語る必要があるのか。その後の「ではわたしは幽霊（Gespenst）なのか？」「いや、それはわたしの影だったのだろう」という発言から、現実のツァラトゥストラと、世間の噂の中でのツァラトゥストラが乖離して、まるで本体の方が幽霊みたいになっている、ということでしょう。ということは、ツァラトゥストラ本人にその気がなくても、彼が「火の犬」になりつつあるのかもしれません。

――わたしはわたしの影を短くして、のさばらせないようにしよう。――さもないと、かれはなお、わたしの評判を傷つけるかもしれぬ。

「評判を傷つけるかもしれぬ」、と心配するのもおかしな話ですね。無論、アイロニーでしょう。この節の初めの方で、ツァラトゥストラらしき人物が、「時は来た！　いよいよ時は迫った」と叫んで、火山の方へ飛んでいったという話が出てきますが、それを受けて、節の終わりで、「なぜ、幽霊は――『時が来た！ いよいよ時が迫った』と叫んだのか」という疑問文が出てきます。ツァラトゥストラには、それが自分のことかどうか分からなくなっているということでしょう。「時は来た！」はイエスの言葉ですが、これが「火の犬」と化しつつある「亡霊」の発言だとすると、『共産党宣言』（一八四八）の「共産主義の亡霊」が思い浮かんできますね。

最後に、「救済」の節を見ておきます。第三部に出てくる「永劫回帰」の概念を準備するような議論が展開されています。

意志――これが自由にし、よろこびをもたらすものの名だ。そうわたしは前に、あなたがたに教えた！ いまはさらにこのことを学ぶがいい！ 意志そのものはまだひとりの囚人なのだ。

意志することは、自由にすることだ。しかし、この解放者をもなお鎖につないでいるものがある。それは何か？

『そうあった』――これこそ意志が歯ぎしりして、このうえなくさびしい悲哀を噛みしめるところである。すでになされたことに対しては無力である、――意志はすべての過ぎ去ったものに対しては怒《いか》れる傍観者なのだ。

意志は、さかのぼって意志することができない。意志は時間を打ち破ることができない。時間の勝手な欲求をくじくことができない。――これが意志のこのうえなくさびしい悲哀である。

意志することは、自由にすることだ。意志は、その悲哀を脱し、その牢獄をあざけるために、みずから何を考えだすだろうか？

ああ、すべての囚人はとんでもないことを考えるようになるものだ！ 囚《とら》われた意志もまたとんでもないやりかたで、おのれを救おうとする。

時間が逆もどりしないということ、これが意志の深い忿懣《ふんまん》である。『すでにそうあったもの』――意志がころがすことのできない石の名はこれである。

先ほどは、意志すること＝自由という話でしたが、過去に「そうあった Es war」だけはどうすることもできない

ということを、「意志する」人は認めざるを得ない、ということですね。無論、ごく普通に考えると、意志だけでどうにもならないものは、過去だけでなく、現在や未来にもいくらでもあるではないか、むしろ、自由にならないものの方が多いではないか、と思いますが、ここで問題になっている「そうあった」というのは、自己の在り方や、自己の欲望や行動の方向付け、自己を中心とした世界（像）の構成に関する、「そうあった」です。「意志」はこれから自分を方向付けようとするけれど、その方向付け自体が、「意志」あるいは「意志」の主体である人間の身体のその都度の状態に依存しています。お腹が空いている、眠い、セックスがしたい、といった身体的欲求が生じてくるか否かは自分ではどうにもなりません。また、何らかの名誉や地位を手に入れようとする欲望は、そういう名誉や地位が存在すると予め知っていないと、生じてきません。自分の「意志」を定めるにしても、ある一定の幅の中での選択にすぎない。その選択の仕組みもひょっとすると、身体的な条件によって規定されているかもしれない。

〈Es war~〉の〈Es〉を、フロイトの言うような「無意識」だとすると、ツァラトゥストラの言っているのは、私の自我は常に、「エス」の状態に左右されており、エスの構成を過去に遡って変更するのは不可能だ、ということになるでしょう。物理学者で多くの有名な格言を残しているリヒテンベルク（一七四二－一七九九）は、私たちの思考は自然現象のように生じてくるものなので、「我思う Ich denke」の代わりに、「それは思う Es denkt」と言うべきだと述べています。これは英語の〈It rains.〉の〈it〉に相当する言い方として、ドイツ語で〈Es regnet.〉と言うことからの類推です。ニーチェ自身、『善悪の彼岸』で、「それは思う」というのさえ、考える主体を実体化しすぎだと論じているので、そうした匿名の主語としての〈es〉を念頭に置いているのは間違いないでしょう。

「意志」はそれに我慢できません。それで「意志」は、自らを規定する「そうであった」に反抗し、その支配から逃れようともがきます。その悔しさが、「復讐」、ルサンチマンの源泉になり、復讐心に従ってもがくに従って「意志」は「狂気 Wahnsinn」に囚われます。

『これをまぬがれるためには、意志がついに自分自身を救済する域《いき》に達し、『意志する』が『意志せぬ』に変わらなければならぬ――』だが、狂気が歌うこうした夢物語は、わが兄弟たちよ、あなたがたがとっくに知っているところだ！

わたしがあなたがたに、『意志は創造する者だ』と教えたとき、わたしはあなたがたをこのたぐいの夢物語から、外《そと》へ連れだした。

『そうあった』は、すべて断片であり、謎であり、残酷な偶然である、――創造する意志がそれに向かって、『しかし、わたしが、そうあることを意志した！』と、言うまでは。

――創造する意志がそれに向かって、『しかし、わたしがそうあることを意志している！　そうあることを意志するだろう！』と、言うまでは。

だが、意志はまだそう言っていない。それはまだ起こっていない。意志はまだ自分自身の愚劣さから脱却《だっきゃく》していない。

意志はまだ自分自身の救済者、よろこびをもたらす者となっていない。意志は復讐の知能とすべての歯ぎしりを忘れていないのだ。

誰ひとり意志にむかって、時間との和解を、またあらゆる和解よりもさらに高いものを、教えた者はいなかった。

「そうあった」というのが、私にとって「すべて断片であり、謎であり、残酷な偶然である」というのは、その通りですが、そのことに対して、「しかし、わたしが、そうあることを意志した！」というのは、いかにも後付けの悔し紛れの言い分に聞こえますが、『存在と時間』（一九二七）での「世界内存在」や「被投性」をめぐるハイデガーの議論を踏まえると、ある程度主旨は理解できます。人は意識した時には、何かの世界に投げ込まれて、存在している自分の状態を発見します。自分の周囲で起こる様々な出来事は、断片的、偶然的で、何の意味もないように見えます。それで普通の「ヒト das Man」は惰性的に流されるままに生きているわけですから、ハイデガーは、実存の本来の在り方というのは、自分が現在のような状態に置かれていることをしっかり受けとめ、世界の中に自分が存在することに何らかの意味、使命があるはずだと考え、積極的に意味付けしていこうとします。そうやって、自分の置かれている状態を自発的に受けとめ、意味付けすること、受動を能動に転換していく姿勢をハイデガーは、「覚悟（決意）性 Entschlossenheit」と呼びました。自らの生き方を決めるよう「決意」するよう強いられている状態、もう少し正確に言うと、その状態を受け容れて、積極的に捉え直そうとしている状態です。それによって、断片的で、偶然的であった出来事が、覚悟した「実存」の視点から相互に関連付けられるわけです。もう少し砕いた言い方をすると、自分のこれまでの人生を振り返って、いろいろな、一見バラバラな経験を繋ぐ何か一つの一貫した意味があるのではないかと考え、それを探し、これがそうだと決めると、それにそって自分の今後の人生を方向付ける。これは、それほどはっきり自覚していなくても、人生で何か苦しいことがあった時、大きな選択をしないといけない時、何となくやっていることですね――詳しくは拙著、『ハイデガー哲学入門』（講談社現代新書）をご覧ください。

ハイデガーは、人間の現存在が、「存在」それ自体によって何らかの使命のようなものを与えられて、この世界の中に投げ込まれているという前提で考えているので、その使命を積極的に受け止める、という発想は分かりやすいのですが、ニーチェの場合はどうか。ツァラトゥストラは、神や精神、永遠に女性的なるもののような形而上学的な存在を否定し、私自身が意味を創造しなければならないと言っていますが、その一方で、絶えず「力への意志」を生み出す、「大地」とか、永遠に生成し続ける生の流れのようなものを想定します。後者が、善悪を規定する、形而上学的な実体ではなく、私に価値創造の余地があるとすると、ツァラトゥストラの言っていることはおかしくありません。ただ、ツァラトゥストラはそれを分かりやすい言い方で表現していません。ニーチェ自身、「そうあった」から「意志」への転換をめぐる自分の考えに確信がなかったのかもしれません。だから、ハイデガーがこの問題構成を引き取って、「覚悟性」という形で表現したのですが、ハイデガー的な言い方をすると、存在による運命論のようなニュアンスが強くなるので、ニーチェの意図からはズレるかもしれません。

第二部の最後の「最も静かな時」という節では、「最も静かな時 die stillste Stunde」がツァラトゥストラに語りかけます。日本語で「時」というと、先ほどの「意志」は「時間」を遡れないという時の「時間 Zeit」とごっちゃになりそうですが、〈Stunde〉というのは英語の〈hour〉に相当する言葉で、ここでは、「時間」の流れの裂け目のような意味合いでしょう。人々からバカにされあざけられて、これまで自分の歩んできた道について自信を失いかけているツァラトゥストラに対して、「最も静かな時」は、「あなたには分かっている」はずと繰り返し告げます。具体的には、「あなたは来たるべきものの影として行きなさい。そうすればあなたは命令するだろうし、命令しつつ先駆けする者となるでしょう」、というわけです。そのうえで、「最も静かな時」は、彼の育てた果実は育ちつつあるが、彼自身はまだ成熟していないので、成熟するために再び孤独になりなさい、と命じます。それで、彼は友たちのもとから立ち去ります。このやりとりを見る限り、ニーチェはハイデガー以上に、運命–使命的な発想をしているようにも見えますね。

質疑応答

Q　以前、中央公論社版の訳でこの本を読みましたが、意味が分かりませんでした。今回の岩波文庫版は他の訳よりも原書に近い等の理由で選ばれたのでしょうか？

A　特にそういうことは意識していません。単に手に入りやすい、というだけです。いずれの訳にも一長一短があります。ただ、分からないという印象が残る理由は分かるような気がします。これを哲学の本あるいは小説のいずれかのジャンルに属するものとして読もうとすると、一体何を言っているのか意味不明だという感じになると思います。この作品にはそれに加えて、当時、影響力のあったカント、ヘーゲル、ゲーテ、ロマン派、ショーペンハウアー、ワーグナー、ヘーゲル左派、マルクス主義、教養主義、プロイセンの国家主義等の言説に対する皮肉という側面もあります。私は今回の講義で、この三つの要素の間を行ったり来たりしましたが、普通に読もうとすれば、どうしても小説か哲学書のどちらかからの読み方になると思います。ニーチェ自身と同じようなジャンル横断的に思考を展開できるような習慣を身に付けるか、私がやったように、解説者のつもりになって読むかしないと、分かった気にはなれないと思います。

Q2　自分なりにニーチェの作品を読み進めてくると、ニーチェがやろうとしているのは、『悲劇の誕生』から一貫して、道徳や国家、哲学の在り方をメタレベルから批判し、メタレベルで自分なりに良さそうな思想を探究しているのではないか、と思ったのですが、そのような理解でよろしいでしょうか？

A2　大筋でそういうことだと思いますが、メタレベルという言い方はまずい気がします。メタレベルに立っているのは、ニーチェにとってはまさに「道化」や「傍観者」でしょう。ニーチェは詩人なので、いくらでも比喩的に語れるし、「火の犬」のように吠えて、大騒ぎを演出することもできるかもしれない。大騒ぎすると、いかにも新しい価値を創造しているように見えるけど、実際には、誰かが作り出した価値規範をさも新しいものであるかのように語っているだけかもしれない。だから、自分自身にもアイロニーを向ける。そうなると、普通の哲学書は書けません。

Q2　そうすると、ニーチェの作品に影響されている、例えば今の日本では適菜収さん（一九七五－　）や西尾幹二さん（一九三五－　）は、ニーチェからずれているような気がします。

A2　彼らだけでなく、ニーチェの名で語ろうとする人は全員ずれているでしょう。人を批判するための思想になっては駄目です。そういうことをしている教養人や司祭、道化、預言者、そして弟子を集めて教団を作っているツァラトゥストラ自身を、ツァラトゥストラは徹底的に皮肉っているわけです。自分自身の価値観や立場を温存し、正当化するために、ニーチェの名を出すのはただの権威主義です。
Q3　後半に海が出てきますが、ニーチェは大地に対して海をどのように捉えているのでしょうか。
A3　それほど対立は鮮明ではないと思います。第一部、第二部では、ニーチェが訪れた地中海の島をモデルにした島が出てきますが、海自体はそんなに描かれていないですね。第三部、第四部になると、もう少し海の言及が増えてきます。海は生殖や生成のイメージを喚起しやすいですね。それに対して、大地は比較的安定していて、足場を提供してくれる感じがあります。「超人」が踊るには、受けとめてくれる大地が必要です。「海」については、次回までにもう少し考えてみます。
Q3　「蒼白の犯罪者」の節について質問です。訳者の解説で、ラスコーリニコフを想起させる、ニーチェは犯罪者の悪の底にある情熱と狂気をも高く買う、と書かれています。確かにラスコーリニコフは魅力的ですが、ニーチェは善人は否定し、悪人は評価しているようにも見えます。どうしてそういう理解になるのかいまいち分かりません。どういうことを言いたいのですか？　強い悪や、失望、孤独等、負の想いを経験してこそ狂ったような力が生まれて高みへ行ける、一度落ちなければ、悪にならなければならないということでしょうか。「堕落論」や悪人正機説的に考えると、その悪を十分に自覚する必要性とがあるいうことなのでしょうか。でも、そうなると自分を肯定することにはならないような気がします。善と悪とを超越したところに行かねばならぬ、とも言っていますね。「蝮の咬み傷」では、大きな不正が加えられたら、さっそく五つの小さな不正の仕返しをするがいい、と「眼には眼を」的なことも言っているように思えます。これらはすべて違った層のことなのかもしれませんが、「悪」についてのニーチェの考え方を教えてください。
A4　「蒼白の犯罪者」で問題になっている犯罪者の特徴は、自分を裁き、処刑しようとしてる人たちが奉じている規範を認めていない、あくまで自分の尺度に従っているということです。裁判官からしてみれば、悪というより、狂人でしかないわけです。ニーチェはそもそも、善悪の基準自体は、「力への意志」によって作り出されているので、その都度の法律や道徳から見て善か悪かは大した問題ではありません。自分の作り出そうとしている新しい尺度が、既存の秩序で理性的で人間的とされているものに反していると分かっていて、踏み越える姿勢を評価しています。無論、踏み越えれば、既存の秩序から見て、悪人ということになります。その意味で、結果的に〝悪人〟を評価している感じになるのですが、悪人という特定の性格類型を評価しているわけではないので、氷上さんがドストエフスキーの『罪と罰』（一八六六）のラスコーリニコフを引き合いに出しているのはミスリーディングです。ニーチェは、万が一悪人が逃げおおせたり、革命で勝利したりして、勝ち組になって、自分の生き方を肯定するようになったら、単なる「火の犬」だと言い放つでしょうし、ましてや、それをばねにして、「善」に強くなってほしいなどとも思わないでしょう。それだったら、ニーチェ自身が、〝本来の善〟とを想定することになってしまいます。ニーチェがラスコーリニコフを評価するとしたら、神を心の中で抹殺し、世間的に悪だと思われていることを実行しようとする破壊の情念だけであって、改心していこうとする彼ではありません。どんな中身にしろ、特定の善悪の尺度に落ち着く人物をニーチェは評価しないでしょう。因みに、「蒼白の犯罪者」の「蒼白 bleich」というのは、犯罪を犯した瞬間は、通常の人間性の枠を捨てて行為に及んだものの、その後になって、〝正気〟に返って、恐ろしくなった様子です。ニーチェが注目するのは、そういう善悪の彼岸に向かっていく行為であって、その人の人格的変化・成長ではありません。

五つの小さな不正による仕返しというのは、先ほど説明した通りですが、この小出しに返すというやり方はかなりアバウトですね。「目には目を」は法学用語で、同害報復（talio）と言いますが、この発想だとそうはならないでしょうね。善悪は、価値創造の結果でしかないのだから、同じ分量を返すかどうかはどうでもいいのでしょう。

Q4 「新しい偶像」で国家批判をして、民族には良い評価を与えています。民族の方が大地に近いことは分かりますが、民族の持つ習慣や風習は超えなければならないもの、にはならないのでしょうか？ それらの方が人を縛っているもの、伝統や風習に固執して、本来滅びていくようなものを生き永らえらせるもののように思えます。

A4 その通りでしょう。この文脈で出てくる〈Volk〉は、国家という偶像に囚われていない、大地の力をより直接的に受けているものとして評価されているわけです。〈Volk〉に実体的な性格が付与され、ナチスに繋がるような、崇拝の対象になれば、当然、それも新しい「偶像」でしょう。だから、〈Volk〉のイデオロギー的に操作されやすい面については批判的に語っているわけです。日本語で「民族」「民衆」「人民」のいずれかの訳を使うと、イデオロギー的な実体性を帯びてしまうので、注意が必要です。偶像破壊者としての〈Volk〉ならいいけれど、「～だから、〈Volk〉はすばらしい」と言い出すと、おかしなことになってしまいます。

［講義］第4回　『ツァラトゥストラはこう言った』後半

「第三部」

岩波文庫の下巻には第三・第四部が、収められています。最初に第一部「読むことと書くこと」からの引用があります。第二部冒頭にも第一部からの引用がありました。第一部が一八八三年六月に刊行されたあと、翌八四年の四月に第二部と第三部が併せて刊行されています。少し間が開いたので、第一部を受けての展開だということを読者に思い出してもらうために引用しているようです。いろんな話が断片的に配置されているので、読者はかなり注意しないと、ツァラトゥストラがどういう風に変化しているのか見逃してしまいます。ニーチェ自身も書いていくうちに変化し、それまでの自分を俗物として超克しようとしているところも多々あると思います。上巻では山のイメージが多く出てきましたが、下巻でも中心はやはり山なのですが、海のイメージも若干出てきます。第三部の冒頭から海の話が出ていますね。

> 真夜中であった。ツァラトゥストラは島の尾根を越える道をえらんだ。つぎの朝はやく山向こうの海岸に出て、そこで船に乗りたいと思ったからだ。その海岸には良い港があり、よそから来る船もよく錨をおろすのであった。至福の島から海外へ出ようとする多くの人びとを、これらの船が運んでゆくのである。さて、ツァラ

トゥストラは山をのぼりながら、みちみち、若き日以来の孤独な旅路《たびじ》のあれこれを回想し、いままでにどれほど多くの山々や尾根や峰にのぼったことかと思った。

わたしは漂泊の旅びとだ、登山者だ、とかれは自分の心に向かって言った。わたしは平地が好きでない。わたしは長いこと腰をおちつけてはいられないらしい。


「登山者 Bergsteiger」という言い方に象徴されるように、彼の旅のイメージの中心はやはり山のようですね。山は、登っていく時に険しく、多くの障壁、乗り越えるべきことがあることを象徴しています。それに比べて海は、彼自身が船乗りという設定ではないこともあって、それほど旅の本質とは見られていない感じですね。「海」に対しては、受動的になって、自然の恵みを享受しようとしている感じですね。「力への意志」を発揮して先へ進んでいこうとする能動面が「山」との関係で、自分の意志と無関係に進んでいく生成の流れを、素直に受け容れようとする無垢で受動的な面が「海」との関係で描かれているのかもしれません。この山や海のイメージは、ニーチェが訪れたスイスやイタリア等の土地を思い浮かべて描写しているとされています。地中海は、ギリシア文明やローマ文明が生まれた海であり、ディオニュソス的原理とアポロン的原理が闘って、芸術を発展させた場です。

自伝的な著作『この人を見よ』(一八八八)でニーチェは、自分のこれまでの著作を振り返っていますが、『ツァラトゥストラ』について語っているくだりでは、この作品の構想を最初に抱いたのは、一八八一年の夏、山や氷河に囲まれたスイスのシルヴァプラーナ湖畔のズルライ村でのことですが、八三年の二月にこの作品の第一部を書き上げた後、ジェノアの近くのラッパロの入り江で過ごしたと述べています。その後、ジェノアで病気になって寝込んだ後、ローマに滞在したけれど、あまりに人が多いと気が滅入るので、ローマの近くにあるけれど、対極的な性格の町アクイラ(Aquila)――現在名ラクイラ(L'Aquila)――に出かけます。ローマがイタリア半島の西海岸から少しだけ遡った所にあるのに対し、アクイラはアペニン山脈の盆地に位置しています。これは、神聖ローマ帝国の皇帝で、シチリアを拠点としていたフリードリヒ二世(一一九四–一二五〇)が、ローマ法王の権力に対抗して創った都市です。フリードリヒ二世は、本拠であるシチリアの宮廷でイスラム教徒を重用し、十字軍への参加をめぐって法王と対立して破門になり、教皇派と闘争を展開するなど、反教会的な態度が目立ち、「反キリスト」と呼

フリードリヒ二世

ばれました。新約聖書では、「反キリスト」は、終末に現れ、イエスがキリストであることを否定し、自分が取って代わろうとする悪の化身とされています。また、彼は不死の身で、いつか帰ってくるという伝説も流布したということです。

「反キリスト Anti-Christ」は、ニーチェにとって重要なテーマですね。後期の著作に『反キリスト』（一八九四）というタイトルのものがあります。ニーチェは、「反キリスト」としてのフリードリヒ二世を、「私の最も近しい血縁者の一人 einer meiner Nächstverwandten」と呼んでいて、ツァラトゥストラの執筆のために、「反キリスト的土地 eine antichristliche Gegend」を求めていたと述懐しています。第三部の構想が生まれたのは、一八八三年から八四年にかけての冬のニースでです。第一部の構想が山間部で、第二部から第三部にかけての構想は、シチリアを拠点に地中海各地で活動した、反キリスト＝フリードリヒ二世のイメージと重なっているように思えます。

第三部の最初の方の海に関連した箇所を見ておきましょう。一二頁を見ると、ツァラトゥストラが山を登って尾根に辿り着くと、彼方の海が目に入ったと述べられていますね。これは、反キリスト教的な領域が広がる海だと考えることができます。そこで、彼は再び山から降りていくのが自分の運命だと悟り、決意を固めます。

> ツァラトゥストラは、冷えた山のいただきで、こう言った。しかし、やがて海のそばに近づき、ついにその岩かげにひとり立ったとき、かれは途中の疲労のために、かつてないほど憧《あこが》れにみちた思いに襲われた。
> 「いまはまだ万物が眠っている」と、かれは言った。「海も眠っている。海はその寝ぼけまなこで、うとましげにわたしを見やっている。
> しかし海のいぶきは暖かい。わたしはそれを感じる。また、海が夢みていることも、わたしは感じる。夢を見て、海はその固いしとねのうえで、身もだえしているのだ
> 聞くがいい！　聞くがいい！　海はその悪い思い出のために呻《うめ》いているのだ！　それとも悪い予感のためにか？

ああ、暗い怪物よ、わたしもおまえとともに悲しい。そしておまえの身につまされて、自分自身に憤りをおぼえる。

ああ、このわたしの腕にそれだけの力がないということ！　どんなにか、わたしはおまえをその悪夢から救いだしてやりたくてならぬことか！」——

恐らく大地の表面が、力の意志による支配・秩序の関係がある程度固定化していて、そう簡単に動かすことができないのに対して、海の方では、様々な生命の形態やエネルギーが蠢いていて、機会があれば出てこようとしている、というイメージなのではないかと思います。流動性があるので、法王の権力に対抗して、新しい文明を作り出そうとする、フリードリヒ二世のような反キリストの「暗い怪物 dunkles Ungeheuer」が生まれてくる。

『この人を見よ』では、生成の流れに身を委ね、様々な苦しみがあっても、力への意志に従う自分を肯定するツァラトゥストラの、ディオニュソス性を強調しています。ディオニュソスは布教のために、ギリシア、小アジア、シリア、エジプト、リビア、エチオピア、インドなど、地中海沿岸やアジア各地を遍歴します。ディオニュソスは地中海周辺を放浪したというだけでなく、海にまつわるエピソードがいろいろあります。ゼウスの子として生まれたディオニュソスは、ニュサという山で、ニュンペー（精霊）に育てられますが、トラキア人の王リュクルゴスがそのニュンペーたちを迫害し、追い立てたため、海に飛び込んで、海の女神テティスに保護され、海で育ったという伝説があります。また、ディオニュソスが海賊に囚われ、奴隷として売られそうになったけど、彼が柱を蛇に変えたので、海賊たちは驚いて海に飛び込み、イルカになったという伝説もあります。海はディオニュソスを育て、力を与える場としてイメージされているのかもしれません。

ツァラトゥストラが船に乗っているという評判が、船乗りたちのあいだにひろまったとき——それはかれと同時に、至福の島からの乗船者があったためである——、大きな好奇心と期待の念が高まった。しかしツァラトゥストラは悲哀に沈んで、二日間というもの物を言わず、冷淡に耳を閉ざしていた。ひとに見られても、たずねられてもなんら応《こた》えるところがなかった。しかし二日目の夕方、かれはその耳を開いた。口は依然として閉ざしたままであったが。——それというのも、このような遠くから来て、また遠くに行く船のなかでは、多くの奇異な話や冒険について聞くことができたからである。もともとツァラトゥストラは、遠いさすらいのたびに出て、危険をおかして生きようとする人びとの味方であった。はたせるかな！　そうした人びとの話を聞いているうちに、ツァラトゥストラの舌は弛《ゆる》み、かれの心の氷は割れた。――かれはつぎのように語りはじめた。

それほどはっきりしませんが、どうも海というのは、危険を伴う様々な珍しい経験をし、いろんなタイプの人と遭遇できる場のようですね。陸である場所にしばらくとどまって布教活動のようなことをする限り、どうしても反対派とか彼の教えを曲解して模倣するような輩と関わりを持つことになるし、国家や教会の制度的な圧迫も強い。海に出ると、そうした煩わしさからしばしば解放されてリフレッシュし、新しい経験をして、自分を新たに方向付けできる、ということかもしれません。

あなたがたは大胆な探求者だ、すすんで試みる人たちだ、帆を巧妙にあやつって恐怖の海を乗りまわす腕におぼえのある人たちだ。

あなたがたは謎にひかれる陶酔者だ。薄明の愛好者だ。笛の音《ね》にさそわれて、どんな魔の淵へもはいっていく魂の持ち主《ぬし》だ。

それというのも、あなたがたは臆病な手つきで、ひとすじの糸をたぐろうとはしないからだ。見当がつけば、推論のすじみちを辿ることはしないからだ――

「海」は、運動の自由を与えてくれるだけでなく、自分自身が破壊されるかもしれない恐怖があり、謎に満ちたディオニュソス的な場のようです。

「ひとすじの糸 ein Faden」というのは、恐らく、ギリシア神話のアリアドネの糸のことでしょう。アリアドネは、クレタ島の王女で、彼女の父ミノスは、自分の妻が牛に対して欲情を抱いて産んだ半人半牛の怪物ミノタウロスを、迷宮の中で飼い、当時クレタ王国に従属していたアテネから九年ごとに、それぞれ七人の少年少女を生贄として送ってよこさせていました。ミノタウロスを退治するため生贄に交じってやってきたアテネの王子テセウスに恋をしたアリアドネは、彼に迷宮の脱出法として、糸巻を与え、入口から糸を張って、それに沿って帰ってくるように助

「海」：受動的になって、自然の恵みを享受。自分の意志と無関係に進んでいく生成の流れを、素直に受け容れようとする無垢で受動的な姿勢に対応。様々な生命の形態やエネルギーが蠢いていて、機会があれば出てこようとしている。運動の自由を与えてくれるだけでなく、自分自身が破壊されるかもしれない恐怖があり、謎に満ちたディオニュソス的な場。
「山」：「力への意志」を発揮して先へ進んでいこうとする能動性。山で移動するには、特に登る時には、身体的な運動、緊張が要求される。私の動きを阻むものとして、「悪魔 Teufel」あるいは「重力の魔 Geist der Schwere」が出てくる。
「大地」：「力の意志」による支配・秩序の関係がある程度固定化された状態。

言します。それでテセウスはミノタウロスを退治し、二人はクレタ島を脱出しますが、ギリシア本土と小アジアの中間にあるナクソス島で、二人は別れることになります。別れた理由についてはいろいろな物語がありますが、その内の一つでは、アリアドネに恋したディオニュソスが、彼女を攫い、エーゲ海北部のレム島まで連れていって、子供をなした、とされています。ニーチェは、『この人を見よ』の先ほどのツァラトゥストラに関係する箇所や、『偶像の黄昏』や『善悪の彼岸』で、このディオニュソスとアリアドネの関係に言及していますし、『アリアドネの嘆き Klage der Ariadne』という詩も作っています。この詩の原型は、『ツァラトゥストラ』の第四部の「魔術師」で「不幸な男＝魔術師」が歌う嘆きの歌ですが、この歌では、アリアドネとディオニュソスの名前が出てこないので、両者の関係が主題になっていることがはっきり分かりません。この作中詩を、アリアドネのディオニュソスへの語りかけと明示したうえで、微修正したのが、『アリアドネの嘆き』です。この詩は、『ディオニュソス讃歌 Dionysos-Dithyramben』（一八九一）という詩集に入っています。

ディオニュソスが絡んでいるとすると、アテネの王子であるテセウスの恋人としてのアリアドネは決まった推論の糸に従って思考していたのに対し、ディオニュソスの妻になったアリアドネはもはや論理ではなく、ディオニュソス的な情念に従って振る舞うようになる、ということでしょう。

石ころのあいだを、依怙地《いこじ》にのぼっている山みち、悪意にみち、ものさびしく、草も灌木も生えない山みち。その山みちが、一徹なわたしの足にふみつけられて歯ぎしりしていた。

ひたすら黙々と、ひややかにきしむ小石を踏みしめ、また足もとを危うくする石塊《いしくれ》を踏みしだくようにして、わたしの足は、上へ、上へと努力してのぼって行った。

上へ。――わたしの足を、下へ、深みへと引きおろすもの、わたしの悪魔であり、宿敵であるあの「重力の魔」にさからって。

上へ。――この魔ものがわたしの肩にのっていたにもかかわらず――。魔ものはなかばは小びと、なかばはもぐらだった。自分も足萎《あしな》えなら、ひとの足も萎えさせる魔もので、たえずわたしの耳から、わたしの脳髄に鉛のしずくをしたたらせていた。

海と比べると、山で移動するには、特に登る時には、身体的な運動、緊張が要求されます。そうした私の動きを阻むものとして、「悪魔 Teufel」あるいは「重力の魔 Geist der Schwere」が出てきます。具体的に何が妨げているのか分かりにくいですが、第一部の「読むことと書くこと」で既に「重力の魔」が登場しています。ここでの記述も断片的なのですが、前後の「重さ」に関わる記述と関連付けると、多少イメージが浮かんできます。「読むことと書くこと」の関連する箇所を参照しておきます。

あなたがたはわたしに言う、「人生の重荷は耐えがたい」と。しかし人生はあなたがたに、朝《あした》にはその矜恃《ほこり》を、夕べにはその諦念を用意しているではないか?

人生の重荷は耐えがたい、とはいえ、そんなにめそめそした様子を見せないでくれ。わたしたちはことごとく重荷を担う力のある、けなげな牝の驢馬なのだ。

原文だと「重荷」という名詞はなくて、「人生の重荷は耐えがたい」は〈Das Leben ist schwer zu tragen.〉となっています。つまり「人生は担うには重い」ですが、この〈schwer〉という形容詞の名詞形〈Schwere〉が重力です。とすると、〈Schwere〉という言葉には、何かの形而上学的な意味があるのかもしれないけれど、人生は重いものだという、日常的な意味も込められていると考えられます。私たちの多くは牝驢馬のように、それを担っていくように生まれついている、あるいは、そのように育てられている、というわけです。

この数行後に、「重力の魔」が登場します。

――わたしがわたしの悪魔を見たとき、悪魔はきまじめで、徹底的で、深く、荘重であった。それは重力の魔であった。——かれによって一切の物は落ちる。

怒っても殺せないときは、笑えば殺すことができる。さあ、この重力の魔を笑殺しようではないか！

わたしは歩くことをおぼえた。それからわたしはひとりで歩く。わたしは飛ぶことをおぼえた。それからは、わたしは飛ぶために、ひとから突いてもらいたくなくなった。

いまこの身は軽い。いまはわたしは飛ぶ。いまはわたしはわたしをわたしの下に見る。いまはひとりの神が、わたしとなって踊る思いだ。


一切の物が「落ちる fallen」というイメージと、先ほどの「担う tragen」というイメージの間に齟齬があるような感じがしますが、そこは様々なタイプの比喩が連鎖する文章なのであまり厳密に考えないことにして、私たちが驢馬のように与えられた職務に忠実であらざるを得ないように仕向けている何か無意識の力とか慣習のようなものが、「重力の魔」だとすると、ツァラトゥストラはその拘束を逃れ、自由に歩けるようになろうとして、いったんはそれに成功した、ということになりそうです。その自由になった状態を、「飛ぶ fliegen」とか「踊る tanzen」と表現していることになるでしょう。「歩く」の原語は〈laufen〉で、「歩く」という意味で使われることもありますが、基本的には「走る」という意味です。

通常のキリスト教系の伝承では、悪魔は人間を誘惑し、通常の人生のコースから逸脱させる存在ですが、ツァラトゥストラを引き留める「重力の魔」はその逆に、様々な慣習に縛られた人生の通常のコースに引き戻そうとする力のようですね。ツァラトゥストラは第一部で、「重力の魔」を笑い殺して、「踊れ」るようになったはずですが、第三部で再び襲われたということですね。ということは、ツァラトゥストラが後退したのか。あるいは、「重力の魔」は、人間から離れる度合いに従って、何度も登場するということかもしれません。地上から飛び上がって、いったん重力から解放されたように見えても、物体としての身体を持っていて、飛び続ける体力にも限界がある以上、再び、地上に引き下ろされそうになるし、高い所に行くほど空気が薄くなるので、そのままの力ではどんどん上昇していくことはできない、というイメージで考えればいいのかもしれません。

そこで先ほどの箇所の「重力の魔」の記述に戻ってみましょう。「小びと Zwerg」で「もぐら Maulwurf」で「足萎え lähmend」というのは、地下の洞窟に住んでいる伝説の「小人」のイメージに対応していますし、無意識の領域に押し込められ続けて歪になった、人間の自己を象徴しているように見えます。この「小びと」は、ツァラトゥストラが「踊れ」ない状態に戻るよう、その方が楽だと思うよう誘惑の言葉をささやくわけです。

「おお、ツァラトゥストラよ！」と、かれはあざけるように一語一語をくぎって、ささやいた、「あなたは知恵の石だ！　あなたはあなた自身を高く投げた、しかし投げられた石はすべて——落ちる！

おお、ツァラトゥストラよ！　知恵の石よ、石弩《いしゆみ》の石よ！　人びとの仰ぐ星の破壊者よ！　あなたは、あなた自身を実に高く投げた、——しかし投げられた石はすべて——落ちる！

あなた自身のところへもどり、あなた自身を石打ちの刑罰にあわすさだめなのだ。おお、ツァラトゥストラよ。あなたはほんとに遠くまで石を投げた、——だが、あなたの頭上に、それはふたたび落ちてくるだろう！」

細かいところは別にして、大筋は理解できますね。「重力」があるので、投げ上げた石も、躍り上がった人も、いつまでも空中に留まっているわけにはいかず、いつか落ちてくる、と言っているわけですね。「知恵の石 Stein der Weisheit」というのは、錬金術の「賢者の石 Stein der Weisen」を連想させる言い方ですね。恐らく、「賢者の石」のように、人間界の常識ではあり得ないことを実現するミラクルというような意味で言っているのでしょう。「星」とは神々、その偶像のことです。偶像の正体を暴いて、自らを解放すべく、「知恵の石」と化して飛び上がったけれど、いつか落ちてくる。「石打ちの刑」は、聖書に出てくる、姦淫や同性愛、異教の神に自分の子供を犠牲にする、霊媒になるなど、ユダヤ教に対する重大な違反行為を犯した者に対して科される刑です。石打ちの刑になりかけたマグダラのマリアをイエスが救った話は有名ですね。ヨハネによる福音書に、「アブラハムが生まれる前から私はいたのである」と言ったイエス自身も、石打ちの刑に遭いかけたという記述があるように、ツァラトゥストラも、神が死んだと説教して回っていれば、石打ちの刑に相当する目に遭う可能性は十分にありますね。ツァラトゥストラは第一部で、モーセの石板に代わる新しい（石）板に新しい価値を書き込んだわけですが、「石」というのはその新しい価値を象徴しているのかもしれません。

ツァラトゥストラは「小びと」と争い続けます。

「とまれ！　小びとよ！」とわたしは言った。「わたしか！　それとも、おまえか！　しかし、二人のうちで強い者はわたしだ――。わたしの深淵の思想を、おまえは知らぬ！　かかる思想に――おまえは堪えることができないだろう！」――

「小びと」に対して自分の方が強いと言っていますが、この「小人」は、ツァラトゥストラの完全な外部にいるわけではなく、内面に入り込んでいて、普通の人間としての彼の欲求を知っている存在です。「小びと」としての彼が常識的な物の見方に囚われているのに対し、「神の死」を経たツァラトゥストラは、自分は、常識的・人間的な見方しかできない小人には理解できないような境地にいると言っているわけです。自分の内面に潜む「小人」への語りかけとしてはヘンですが、ツァラトゥストラの「踊り」が身体的なもので、論理では推し量れないものだとすれば、「小びと」がそれに追いついていないという見方をすることはできるかもしれません。

「この門を通る道を見るがいい！　小びとよ」とわたしは言いつづけた。「それは二つの面をもっている。二つの道がここで出会っている。どちらの道も、まだそのはてまで歩いた者はいない。

この長い道をもどれば、永遠にはてしがない。またあちらの長い道を出て行けば、――そこにも別の永遠がある。

かれらはたがいに矛盾する、――この二つの道は。かれらはたがいに反撥《はんぱつ》しあう。――そしてこの門のところこそ、かれらがまさにぶつかっている場所なのだ。門の名は上に掲げられている。――『瞬間』と。

ところで、誰かがこの道のひとつを選んで進んでいくとする、――どこまでもどこまでもいくとする。どうだろう、小びとよ、これら二つの道は、永遠に喰いちがい、矛盾したきりであろうか？」――

ここは謎めいていますが、大事なことを言ってそうな感じがしますね。「二つの道」と言っているので、二本の道が平行しているかのように聞こえますが、そうではなくて、過去から現在に向かってくる道と、現在から未来に向かっていく時間の道が、現在という「瞬間 Augenblick」において遭遇している、ということです。過去に向かう道も、未来に向かう道も、永遠まで、つまり無限に延びていくというのはいいとして、それが時間の流れという一

「小人」vs「ツァラトゥストラ」

「小人」：ツァラトゥストラの完全な外部にいるわけではなく、内面に入り込んでいて、普通の人間としての彼の欲求を知っている存在。「小人」としての彼は常識的な物の見方に囚われている。 ⇔「神の死」を経たツァラトゥストラ：常識的・人間的な見方しかできない小人には理解できないような境地にいる。

本の道ではなく、二本の道の交わりなのか。逆に、一本のまっすぐの道である場合を考えれば分かります。一本のまっすぐな道だとすると、時間の流れというのは決まっていて、いつどういうことが生じるかは予め決まっていることになるでしょう。そうではないということですね。ただ、既に確定しているはずの過去からの道と、未来への道が、対等であるかのような言い方になっているのが気にかかりますが、これは、現在という「瞬間」において、未来への道筋が規定されるだけでなく、過去からの道のりにどういう意味付けをし、何を事実として認定し、受け容れるかも「瞬間」において決定される、というような意味合いが込められているのでしょう。『存在と時間』でのハイデガーの言い方だと、この世界に投げ込まれた自らの在り方を引き受けようとする「実存」の「覚悟性 Entschlossenheit」によって、それまで漠然としていた二つの道の軌跡がはっきりし、かつ相互に接合される、ということになるでしょう。多少分かりやすく言いかえると、いわゆる「人生の岐路」のようなものに立たされた時、私たちはそれまでの人生をざっと振り返り、それがどのような人生であったか意味付けし、そうした人生を送ってきた自分に相応しい未来への道を選択するということをしますね。ハイデガーは、それが自分の記憶の中の人生だけでなく、歴史の流れを見据えて、その中に自分を位置付けたうえで、自分の在り方に自覚を持つのが、実存としての本来的な在り方であり、そのような自覚を持ちながら、あることを「覚悟性」と言っているわけです——詳しくは、拙著『ハイデガー哲学入門』をご覧ください。自分が投げ込まれた状況を、積極的に意義付け直して、自分の行くべき方向性を決めるわけですね。ハイデガー自身、『ニーチェ』でこの箇所について、「傍観者 Zuschauer」として時間の流れを客観的に見ようとする「小びと」と、自ら「瞬間」の内に「立ち」、二つの道をどのように繋ぐのか自発的に「決定 Entscheidung」を行い、行動しようとするツァラトゥストラを対置しています。少なくとも、このように理解すると、ハイデガーの言う通りの解釈でいいのか多少迷いますが、少なくとも、このように理解すると、この抽象的な比喩が分かりやすくなります。

この「瞬間」での「決定（決意）」によって「過去」と「未来」が結合するという解釈は、「永劫回帰」と関連しています。「永劫回帰」が実際に起こっているとすれば、人間が何をしようと無意味なように思えてきますが、「瞬間」での「決意」によって意味付けがなされるのなら、単なる機械的な回帰とは違うかもしれません。

「直線をなすものは、すべていつわりなのだ」と、小馬鹿にしたように小びとはつぶやいた。「すべての真理は曲線なのだ。時間そのものもひとつの円形だ。」

直線／曲線の比喩と、時間が「円形」であるという比喩が無理に合わさっているので、飲み込みにくいですが、後者の比喩は理解できます。時間の流れは循環しているということです。今の時間サイクルで起こっていることは、過去のサイクルで既に何万回、何億回、何兆回も起こったことで、未来にも無限に繰り返される、ということになるでしょう。ユダヤ教＝キリスト教の創造から終末に向かう直線的な時間と違って、太古の神話的世界観では、時間は循環する、というのはよく聞く話ですね。現代の並行世界論だったら、全く同じことが繰り返されている世界だけでなく、ちょっとずつ違ったことが起こる世界が無限にたくさんある、というような話になりますが、これはそこまで複雑な話ではないでしょう。

直線／曲線の比喩の方は、ごく普通に考えると、理性的な推論によってストレートに導き出される思考法ではなく、筋道が曲がりくねって、理性から見ると、歪んだ答え、非真理を生み出してしまうのが、曲線的な思考ということでしょう。それがどういう風に、先ほどの時間の円環の話と関係するのか？　強引に結び付けると、ずっと曲がり続けて結果的に大きな円弧を描き、最後に同じ所に戻ってくる、ということが考えられます。例えば、善／悪、正／不正、幸福／不幸の基準が、歴史や地域、立場による視点の違いによって変化して、その変化を辿っていくと一八〇度逆転し、そこから先に行くと、元に戻るというようなことがあるかもしれません。そう考えると、何とか辻褄は合います。

さらに、わたしは言い続けた。「見るがいい、この『瞬間』を！　この瞬間の門から、ひとつの長い永遠の道がうしろの方へはるばるとつづいている。われわれの背後にはひとつの永遠がある。

およそ走りうるすべてのものは、すでに一度この道を走ったことがあるのではなかろうか？　およそ起こりうるすべてのことは、すでに一度起こり、行なわれ、この道を走ったことがあるのではなかろうか？すでにすべてのことがあったとすれば、小びとよ、おまえはこの『瞬間』そのものをどう思うか？　この門もまたすでに——あったのではなかろうか？
　そして一切の事物は固く連結されているので、そのためこの瞬間はこれからくるはずのすべてのものをひきつれているのではなかろうか？　したがって——自分自身をも？
　まことに、およそ走りうるすべてのものは、この向こうへ延びている長い道を——やはりもう一度走らなければならないのだ！——

（…）

——そしてまためぐり戻ってきて、あの向こうへ延びているもう一つの道、あの長い恐ろしい道を走らなければならないのではなかろうか、——われわれは永遠にわたってめぐり戻ってこなければならないのではなかろうか？——」

これがまさに「永劫回帰」ですね。「門」がどこにあるか予め決まっているのであれば、「決断」する意味はなくなります。実際に過去に全く同じことが起こったかどうかという点に拘ると、形而上学・神学的な話になるが、そこに重点を置かずに、既に起こったこと＝予めルートが定まっていることと考えれば、私たちの思考の内容を含めて、未来に起こることは物理的な法則による因果関係の連鎖によって、世界で起こる全ては既に決定されている、という、現代哲学でもよく話題になる決定論の問題になります。
　こういうことを考えているうちに、ツァラトゥストラは恐怖を覚えます。そして近くで犬が激しく吠えるのを聞きます。いつの間にか小びとは姿を消しています。

　だが、そこにひとりの人間が横たわっていたのだ！　そしてそこに！　あの犬がとびはね、毛をさかだて、くんくんと訴えていたが——わたしの近づくのを見て、ふたたび吠えだした。犬は啼き叫んだ、——犬がこんなに助けを求めて啼き叫ぶのを、わたしは聞いたことがなかった。

郵便はがき

料金受取人払郵便

麹町支店承認

9781

差出有効期間
2022年10月
14日まで

切手を貼らずに
お出しください

102-8790

102

［受取人］
東京都千代田区
飯田橋2－7－4
株式会社作品社
営業部読者係　行

【書籍ご購入お申し込み欄】

お問い合わせ　作品社営業部
TEL 03(3262)9753／FAX 03(3262)9757

小社へ直接ご注文の場合は、このはがきでお申し込み下さい。宅急便でご自宅までお届けいたします。送料は冊数に関係なく500円(ただしご購入の金額が2500円以上の場合は無料)、手数料は一律300円です。お申し込みから一週間前後で宅配いたします。書籍代金(税込)、送料、手数料は、お届け時にお支払い下さい。

書名		定価　　　円	冊
書名		定価　　　円	冊
書名		定価　　　円	冊
お名前	TEL　(　　　)		
ご住所	〒		

お名前《フリガナ》

男・女　　　　歳

ご住所
〒

Eメール
アドレス

ご職業

ご購入図書名

●本書をお求めになった書店名

●ご購読の新聞・雑誌名

●本書を何でお知りになりましたか。

イ　店頭で

ロ　友人・知人の推薦

ハ　広告をみて（　　　　　）

ニ　書評・紹介記事をみて（　　　　　）

ホ　その他（　　　　　）

●本書についてのご感想をお聞かせください。

ご購入ありがとうございました。このカードによる皆様のご意見は、今後の出版の貴重な資料として生かしていきたいと存じます。また、ご記入いただいたご住所、Eメールアドレスに、小社の出版物のご案内をさしあげることがあります。上記以外の目的で、お客様の個人情報を使用することはありません。

まことに、わたしがそこに見たものは、かつてわたしの見たことのないものであった。一人の若い牧人がのたうちまわり、息をつまらせ、痙攣《けいれん》をおこし、顔をゆがめて苦しんでいるのを、わたしは見た。その口からは一匹の黒くて重たい蛇が垂れさがっていた。

これほどの嫌悪の情と蒼白の恐怖が、人間の顔にあらわれたのを、わたしは見たことがなかった。牧人はおそらく眠っていたのだ。そこへ蛇が来て、喉《のど》にはいこみ、――しかと嚙みついたのだ。

わたしの手は蛇をつかんで、思いきり引きに引いた。――その甲斐《かい》はなかった！ わたしの手は蛇を喉から引きだすことはできなかった。わたしはわれを忘れてそのとき絶叫した、「嚙むんだ！ 嚙むんだ！

頭を嚙み切るんだ！ 嚙むんだ！」――わたしはそう絶叫した。わたしの恐怖、わたしの憎悪、わたしの嘔吐、わたしの憐憫《れんびん》、わたしの善意と悪意の何もかもが、ただひとつの絶叫となってほとばしった。――

「犬」が何の象徴かここだけだと分かりにくいですが、前回見た第二部では、「火の犬」は民衆を扇動して、既存の国家や教会に取って代わろうとする存在でした。ここでは、「火」を吹いてはいなくて、単に吠えているだけなので、既存秩序を破壊するほどの迫力で吠えているわけではなさそうです。加えて、恐らくキリスト、あるいはキリスト的な素質を持った人間を象徴する、瀕死の「牧人」とセットになっていることからすると、教会とか信者、古い宗教的な権威にすがる人ということになりそうです。「蛇」は、悪しき知恵をもたらす悪の象徴であり、かつ、ツァラトゥストラの眷属です。その「蛇」が喉に入り込んでいるというのは、ごく普通に考えれば、キリスト教的な規範を破壊する思想的な毒に当たってしまった、ということでしょう。では、その頭を「嚙み切る」というのは、第一義的には、その毒の回りを遮断するということでしょうが、蛇を殺して、自分のペースで毒を吸収できるようになる、と取れなくもありません。「善意と悪意の何もかも」という言い方は、この行為が両義的であることを示唆しているように見えます。

ツァラトゥストラ自身、この牧人が何者か訝り、謎を解こうとします。

――しかし、牧人は、わたしの絶叫のとおりに嚙んだ。力強く嚙んだ！ かれは蛇の頭を遠くへ吐きだした、――そして飛びおきた。――

もはや牧人ではなかった。もはや人間ではなかった、――一人の変容した者、光につつまれた者であった。そして哄笑した。これまでこの地上で、かれが哄笑したように、これほど哄笑した人間はなかった！

――「変容し verwandelt」、「光につつまれた umleuchtet」というのは、この講義の初回の『悲劇の誕生』でも言及されていたキリストの変容のパロディーでしょう。創世記第三章第一五節で神は蛇に向かって、お前は彼＝キリストの踵に噛みつくだろうが、彼はお前の頭を踏み砕くだろうと予言していますが、恐らくそのことも念頭にあるのでしょう。蛇の頭を吐き出した後、変容して人間でないものになったわけですから、毒を取り込んで自分のものにしてしまったのでしょう。アニメや特撮で、魔物や怪物の血や体液を飲んだり、吸収したりして、弱い者は死ぬけど、耐えて適応した者は魔力を持った超人に変化する、というのがよくありますが、あのイメージで考えればいいと思います。それまでのキリスト教は禁欲と生の苦しみに耐えることを説いてきたわけですが、変身して人でない者になった牧人は、「哄笑する」わけです。つまり、それまで苦しみであった生を喜びに転換するわけです。しかし、永劫回帰のイメージと蛇の毒を取り込んだ牧人の新生とどういう関係があるのかまだ見えてきませんね。ツァラトゥストラ自身、そう思っていたようです。

このような謎と苦悩を心にいだきながら、ツァラトゥストラは海を渡って行った。しかし、至福の島々とかれの友人たちから、四日の航路を遠ざかったとき、かれのすべての苦悩は克服されていた――。

――ツァラトゥストラにとっても「謎」が残っているわけです。ニーチェ自身にとってもそうだったかもしれません。この本は、論文ではなく、小説の形を取っています。論文だと、結末に向かってどういう順番で何と何が明らかにされるのかが決まっていないといけませんが、小説はそうではありません。小説の場合、作家の中に次々に浮かんでくるイメージやテーマの流れをそのまま言葉にしていった方が、リアルな作品に仕上がるかもしれません。作者自身が抱いた、自分でも完全に解読できない無意識に由来するイメージを、比喩として解釈を試みるということが、文学だとすぐれた作品として評価される要素になることもあります――無論、計算し尽くされた構成が評価されることもあります。

そしてまた、海ですね。海は少なくとも「苦悩」は解消してくれる、というわけです。「海」は、身体が抗うべき物理的障壁を減らして、生の喜びを享受しやすい状態にするようですね。一人となったツァラトゥストラは、「清らかな天空と広大な海とともに孤独でありたい」と願います。「わたしを包むこの午後（Nachmittag）」と言っていますね。「大いなる正午」との関係を連想しますが、人間たちが既に時代の頂点に達して、没落に向かっていきつつある、ということが明らかになった、とはこれまでの文脈からしても考えにくいので、ストレートに「大なる正午」に続く午後を言っているのではないでしょうが、陸での苦闘から解放され、海上で体験する「午後」の雰囲気の中で、「大いなる正午」に続く午後のことを思い浮かべた、というところではないでしょうか。あと、「午後」は、サチュロスと同じように半山羊の姿をしているギリシア神話の神パンと結び付いていて、パンにとって午後のひと時は昼寝をする聖なる時間で、その時間帯に眠りを妨げられると怒り狂い、妨げた者を「パニック」に陥れるとされています。

幸福な太陽が地に沈む途中、それはしばしの宿りとして明るい魂を求めるものだ。幸福のために、いますべての光がひとしお静寂になった。

おお、わたしの生の午後よ！　かつてわたしの幸福も、その住《す》み処《か》を見いだそうと、谷にくだった。そこで、客人をよろこんで迎える、あの開かれた魂たちにめぐりあえた。

生の頂点を過ぎて没落しつつある時が、ツァラトゥストラにとっては快適なのかもしれません。そう考えると、第一部の冒頭で「没落」が強調されていた理由が分かったような気がしますね。ニーチェ自身、自分の人生の午後を、来るべき人類全体の「午後」に重ね合わせていたのかもしれません。「客人をよろこんで迎える開かれた魂 offene gastfreundliche Seelen」という言い方から、第一部、第二部で彼の道連れになった人たちとの関係が、彼が変わっていくうえで重要だったことが分かりますね。

かつてわたしは創造者として、道づれを捜した。わたしの希望の子どもたちを捜した。しかし、どうだろう、そうした子どもたちは、まず自分で創造するのでなければ見つかるものではないことがわかった。

こうしてわたしの仕事は、自分の子どもたちを求めて行きつ戻りつしているところなのだ。ツァラトゥストラは自分の子どもたちのために、自己自身を完成しなければならない。

自己完成するためにまず「子供」を作り出すのではなく、「子供」を作り出すために自己完成しなければならないわけですね。孤独を愛している割に、何か寂しがりのようにも見えますね。実際、ニーチェの寂しがりな体質が反映しているのかもしれませんが、ツァラトゥストラの超人に関する主張からすると、現在生きている私たち自身がそのまま「超人」になることができるというよりは、私たちが没落した後に来るべき存在で、私たちはあくまでそのための準備ができるにすぎない、ということを暗示しているように見えますので、自分たちの没落の運命を受け容れて準備するには仲間が必要である、一人では準備できない、という前提で考え行動している、と好意的に理解することもできます。

三七頁からの「小さくする美徳」という節では、

（…）「見よ、幾重《いくえ》にも曲りくねって、水源にもどって行く川が、ここにある！」と。かれは自分が居なかったあいだに、人間がどうなったのか、大きくなったのか、小さくなったのか、知りたかったのだ。あるとき、かれは新しい建築の並びたっているのを見て、心に怪しみ、こう言った。

「これらの建築は何を意味しているのか？　どう見てもここに建っているのは、偉大な精神の反映ではない！

頭のよわい子どもが、そのおもちゃ箱から取りだしたのだろうか？　ほかの子どもが、そんなものをまた箱にしまってくれたらいいが！

それに、これらの小さな居間や寝室。いったいひとかどの男子がこんなところに出入《ではい》りできるものだろうか？　これらの部屋はうすぎぬを着たお人形か、つまみぐいをしたりされたりする雌猫《めすねこ》どものために作られたとしか見えない」。

ツァラトゥストラは立って考えていたが、やがて、悲しげにこう言った。「何もかも小さくなった！どの門を見ても、以前よりも低くなった。わたしのようなものは、まだどうにか通れる、――しかし、身をかがめなければならない！

おお、わたしがもはや身をかがめるに及ばないふるさと――もはや小さな人間どもの前に身をかがめる必要

「――のないふるさとに帰れるのは、いつの日だろうか！」――ツァラトゥストラは嘆息して、遠くに目を放った。

何の比喩か言うまでもありませんね。ツァラトゥストラ＝ニーチェがドイツを離れている間に、人間がますます主体性、自らの生を自発的に喜ぶ能力失ってしまって、小さい、細かい生活規範に従う体質になっていた。一八八〇年代のドイツは急速に科学技術が発展し、工業化が進み、巨大建造物がたくさん生み出されていたはずです。因みに一八八〇年にケルンの大聖堂が完成しています。ネオルネサンス様式の建築が流行っています。その一方で、大都市の工場の近くに労働者向けの、暖房設備が整わず、換気・採光・安全・衛生などの面でも劣悪なバラック住宅が密集して建設され、チフスとかコレラ等の伝染病が蔓延していました。エンゲルス（一八二〇－九五）の『イギリスにおける労働者階級の状態』（一八四五）やマルクスの『資本論』（一八六七）では、主として一九世紀半ばの英国の労働者住宅の問題を指摘していますが、少し遅れてドイツでも同じような状況が生じていたはずです。各都市は建築条例や都市計画によって、状況改善しようとしましたが、工業化・都市化の速度に追いつかなかったようです。労働者が町中の劣悪な集合住宅に住むのに対し、ブルジョワは郊外に邸宅を建てるようになりました。そういう、住宅事情のせせこましい、窮屈な感じがニーチェにあったのかもしれません。

四〇～四三頁にかけて、「小さくする」の意味が説明されています。

　わたしは、民衆たちのあいだを歩むが、わたしの目はくもらない。彼らは小さくなった。そしてますます小さくなる、――かれらは、かれらが幸福と美徳について抱く見解のせいで、そうなったのだ。

　すなわち、かれらは美徳においても中庸をむねとしている。――それはかれらが安逸を求めるからだ。安逸と折合いがいいのは、中庸の美徳である。

　なるほど、かれらもかれらの流儀で、進歩や前進をゆるがせにしない。しかし、わたしに言わせればびっこをひいているだけだ。――そのためかれらは本気に急ぐ者には邪魔になる。

　またかれらのうちの多くの者は、前進しながら、こわばって首をまわして、うしろをふりかえる。わたしはそうした人間にとかく体当たりをくわせてやる。

どういう感じか分かりますね。恐らく、ドイツ人の小市民的で臆病な感じを言っているのでしょう。自分なりの

流儀で、「進歩や前進 Schreiten und Vorwärts-Schreiten」をゆるがせにしないというのは、ドイツ人が工業化を中心に近代化を進めているということでしょう。「本気に急ぐ Eile haben」というのは、英国やフランスなどのように生活・思考様式を進化させる、というような意味ではなくて、「超人」化に備える、という違う次元の「急ぎ」でしょう——無論、生活全般が堅苦しく、古くからの発想に囚われ、プロイセン式・軍隊的な規律を重んじるドイツ人は、いかに近代化してもダサいというような皮肉もこめているのでしょう。

「中庸」というと、アリストテレスの倫理学を連想してしまいますが、原語は〈bescheiden〉で、「控え目な」というくらいの意味です。恐らく、四三頁の、この節の終わりの方で、「中間－中庸」に関する言葉遊びをしているので、それに合わせようとしたのでしょうが、使っている言葉が違う系統のものなので、無理に合わせるのにはやりすぎでしょう。その箇所は以下のようになっています。

　「わたしたちは、わたしたちの椅子を中ほどに置いた」——かれらのしたり顔の笑いは、わたしにこう語る、——「死物狂いの剣士からも、満足した豚からも、等距離に離れている」。

　だが、それこそ——凡庸というものだ。中庸などと言ったところで——

「中ほど」の原語が〈Mitte〉で、これはアリストテレスの「中庸 μεσότης (Mesotes)」のドイツ語訳として使われます。最後の文は訳とは大分ズレていて、〈Dieses aber ist —— Mittelmässigkeit:ob es schon Mäßigkeit〉となっています。〈Mittelmässigkeit〉は綴りに〈Mitte〉が入っていますが、これはバランスが取れていて「中庸」ということではなく、ありふれていて平凡というような意味合いの言葉です。〈Mäßigkeit〉は、「適度な」「程よい」「中庸」といった意味です。つまり、「中道（中庸）Mitte」を目指しているように言っているが、実際には単に、どっちつかずで平均的な「凡庸さ Mittelmässigkeit」を示している。〈Mittelmässigkeit〉という言葉は、語の作りだけ見ると、「適度 Mässigkeit」を指向しているように見えるが、やっぱりただの「凡庸さ」に終わるのではないか、というようなことを言っているわけです。「満足した豚 vergnügte Säue」は、ミルが論文「功利主義」（一八六一）で言った、有名な「満足した豚よりは不満な人間である方が、満足した愚か者であるよりも不満なソクラテスである方がましだ」、という有名なフレーズを意識した言い方ではないかと思います。

少し元に戻って、四一頁を見てください。

かれらのうちの若干の者は、意志を持っている。しかし大多数の者は、ひとの意志に動かされている。かれらのうちの幾人《いくにん》かは、ほんものの俳優であるが、大多数の者はへたくそな俳優だ。

自分でも知らないでいる俳優もいるが、自分の意志に反して俳優である者もいる――。ほんものはいつだってまれだが、ことにほんものの俳優となるとまれだ。

(…)

ああ、わたしの好奇の目は、かれらの多くの偽善のなかにまぎれこんだ。そして陽《ひ》のあたった窓がらすのあたりで、彼ら蝿どものしあわせと、そのうなり声に十分に納得がいった。

ここも分かりやすいですね。「力への意志」という以前に、大多数の人は、自分の意志らしいものを持たず、他人の顔色を見てそれに合わせているわけですね。合わせられている方も、他の誰かの真似をしているだけで、本当のところ、誰が発信源であるのか、そもそも発信源があるのかさえ分かりません。特定の人物類型を模倣しているのであれば、「俳優 Schauspieler」ですが、雰囲気で何となく合わせて体面を整えているだけであれば、本当の「俳優」とは言えません。ニーチェがこれを書いた少し後に、彼と同年代のフランスの社会学者タルド（一八四三―一九〇四）は、『模倣の法則』（一九〇〇）で、人間社会は相互の模倣によって成り立っていると論じました。そのもう少し後に、やはり同年代のフランスの社会学者ル・ボン（一八四一―一九三一）が『群衆心理』（一八九五）で、群衆状態では人は個人として振る舞う時とは異なる情動的な反応をすることを論じました。「平等」であろうとする「おしまいの人間」をめぐるツァラトゥストラの言説と重なってきそうですね。

結局かれらがひたすら望んでいることは、一つである。誰からも苦痛を与えられないということだ。そこで先廻りして、だれにも親切をつくすというわけだ。

これは、臆病というものだ。たとえ「美徳」と呼ばれようと。

これはよく分かりますね。日本でよく聞く話ですね。世渡りのための親切は、「臆病」の印でしかないのに、それを「美徳 Tugend」だと言っているのは笑止だというわけですね。「苦痛 weh」を与えられないように振る舞うと

いうのがここでは重要なのでしょう。『悲劇の誕生』では、ディオニュソスが、苦痛と喜びが混然一体となった原初的なカオスを志向する形象として描かれていましたし、『悦ばしき知恵』（一八八二）では、現代人が苦痛に弱くなっていることを指摘し、苦痛を学ぶべきであることを示唆しています。これは、現代医療が人々をひたすら身体的痛みから遠ざけることを目指し、私たちがそれを受け容れているという、イリイチ（一九二六－二〇〇二）の医療化論や森岡正博さん（一九五八－　）の無痛文明論とも繋がる問題だと思います。

先ほどの「凡庸」「中庸」という言葉が使われている文に続く「三」を見てください。

わたしはこれらの民衆のあいだを歩いて、多くの言葉を撒《ま》いた。だが、かれらは拾うこともせず、たいせつに保存することも知らない。

かれらは、わたしが快楽や悪徳を責めるために来たのではないのを、不思議がっている。わたしは掏摸《すり》に用心せよ、などと言いにきたのではない！

利口なかれらに、さらに磨きをかけて、抜け目なくする気などは、わたしにはない。かれらはこれを怪しんでいる。まるで石筆がきしむような声をあげる小利口な連中が、いまでも不足しているかのようだ！

そしてわたしが、「あなたがたの心中にすむすべての臆病な悪魔どもよ、くたばれ！　ともすればめそめそ泣き、両手をあわせて、祈りたがる悪魔め！」と、叫ぶと、人びとは叫ぶ、「ツァラトゥストラは無神論者だ」と。

とりわけ人びとに信仰の忍従を説く教師たちは、そう叫ぶ。――わたしはそういう教師たちにむかって、その耳もとで叫んでやりたい。「そうだとも！このわたしはツァラトゥストラだ。神を無《な》みする者だ！」と。

「多くの言葉を撒く manches Wort fallen lassen」というのは恐らく、イエスの福音のパロディーでしょう。イエスが神の言葉を散種したのに対し、ツァラトゥストラは、神にすがり、信仰による忍従を説く臆病は悪魔の所業だという逆福音を散種するわけです。細かいことですが、「無神論者」という言い方をすると、ヘーゲル左派のシュトラウスやフォイエルバッハのような、神がいないことを論証しようとする哲学的立場の信奉者のように聞こえますが、原語は〈gottlos〉で、これは単に神を信じてない、神を無視している、という意味の形容詞です。「神を無みする者」の原語は〈der Gottlose〉で、〈gottlos〉を男性名詞化したものです。ツァラトゥストラにとって、「超人」到来のための地ならしとして、人々を縛り付けている、信仰を解体する種を撒いておくことが必要のようですね。

この「小さくする美徳　三」の終わりの方でツァラトゥストラは、そうした努力の結果、いつか「大いなる正午」が来ることを予告していますね。四七頁からの「オリブ山で」という節は、タイトルから分かるように、キリストが受難に向かうオリブ山のパロディーです。

厄介な客人、冬がわたしの家にあがりこんで坐った。かれの友情の握手のおかげで、わたしの手はまっ青《さお》になった。

わたしはこの厄介な客人を尊敬はしているが、なるべくかれをひとりにしておく。できれば逃げだしたくてならない。逃げだしてせっせと歩くことだ。おのずとかれの威力もきかなくなる！

歩けばわたしの足はぬくもり、思想も熟してくる。風のあたらない、わたしのオリブ山の日だまりを目あてに行くのだ。

「冬」というのは何かの比喩のようなので、それに対置されている「オリブ山」の「日だまり Sonnen-Winkel」もそれに対応する比喩だと思われますが、イエスがオリブ山で孤独な祈りを捧げたのとは対照的なイメージですね。「できれば逃げだしたくてならない」は、イエスができればこの杯を過ぎ去らせてくださいと、父なる神に祈ったことのパロディーでしょう。「オリブ山」は、オリーブが栽培されているくらいですから暖かく、日当たりがいい場所のはずです。古代エジプトでは、オリーブは太陽神ラーに捧げる植物とされています。この少し後で、「わたしは柔弱な人のようにストーブを、あの腹のふくれた灼熱の偶像をあがめたりはしない」というフレーズが出てきます。この場合の偶像崇拝を、本当は神でも何でもないものを崇める代償、気休めの行為だと考えると、オリブ山に行くのは自然な光を求める行為だということでしょう。「寒く」て偶像に熱中して熱くなろうとするということであれば、寒いというのは、崇拝する、あるいはコミットするに足る対象が見出せないで、心が冷えている状態だと考えられます。つまり、探究しても、「超人」が現れる徴候がないので、心が冷えている状態で、「冬」を客として尊重するというのは、そういう状態を通過しなければならないと分かっているので、それを受けとめることだと

解釈できます。冬が入ってきたり、ストーブがあったりするということは、部屋にいるということですね。部屋にいるというのが、内面において哲学的に「超人」の可能性を探究し、垂直的に思考を掘り下げている状態だとすると、外に出て「オリブ山」の暖かい空気を身に受けるというのは、そういう垂直的な探究は中断して、「大地」から自然と生じてくる「生」の喜びを享受する、ということでしょう。

　わたしのまわりで、横目使いにわたしを見ているこれらの悪党どもには、このわたしが寒さに息がつけず、歯の根ががたがたさせているのを聞かせておけばいい！　こんなに溜息まじりで、こんなに歯の根をならしながらも、わたしはかれらの暖房のきいた部屋から逃げだす。

　かれらはわたしの凍傷に同情し、わたしに負けじとふかい溜息をついてくれる。「認識の氷のために、あのひとはやはり凍《こご》え死《じに》をまぬかれまい！」と、かれらは嘆いてくれる。

　ところがそのあいだも、わたしはしだいにあたたまってくる足で、縦横無尽に、わがオリブ山の上を走りまわる。わたしのオリブ山の日だまりで、わたしは歌い、一切の同情をあざ笑う。——

ツァラトゥストラ＝ニーチェが感じている「寒さ」というのは、やはり彼が孤立していて、彼の言葉を受けとめ、更に散種して、種が増殖するのを手伝ってくれる人がいないということとも関係しているようですね。その意味では、イエスの「オリブ山」と同じような状況であるわけです。「彼ら」というのは、具体的にはニーチェのことを知っている知識人的な人たち、教養人ということでしょう。彼らも彼らなりに人類や社会の将来とか、学問的に真理を探究しているのだけれど、知的会話ができる仲間がいるので、〝自然〟と偶像を見つけて、寒さを感じないで済んだのでしょう。ツァラトゥストラは、自分を哀れむこの人たちを逆に哀れむという態度を取っていますが、強がりを言っているようにも見えますね。

　次の「通過」というところでは、ツァラトゥストラは様々な都市を通過して、大都会に入っていきます。そこで彼は、ツァラトゥストラの真似をするので、「ツァラトゥストラの猿 der Affe Zarathustra's」と呼ばれている「狂人 Narr」と遭遇します。〈Narr〉というのは、「愚か者」「たわけ」というのが基本的な意味で、英語の〈fool〉のように「道化」の意味でも使われます。この場合は「道化」に近いでしょう。五三〜五六頁にかけて、この「猿＝道化」が、ツァラトゥストラに向かって、こういう大都会には悪徳がはびこり、人々は強い者への阿諛追従に走っているので、あなたのような隠者には相応しくない、ということを長々と説明します。何かおかしな感じを受けますね。ツァラトゥストラの影響を受けて口真似するような輩が、本人を前にして説教すること自体がおかしい。こういう人はいますね。私でさえ、そんなことは仲正昌樹に相応しくない、と説教しようとする人間にしょっちゅう出くわします（笑）。こういう訳知り顔の言い分をツァラトゥストラが真に受けるはずがないことは、直感的に分かりますね。釈迦に説法しようとすること自体、分かっていないくせに、悟ったようなふりをしたい本当のバカである証拠だし、受け容れてしまったら、ツァラトゥストラは、自分の考えは大都会の汚染には耐えられない、純粋培養でひ弱な、洞窟とか書斎の中だけの思想、ヘタをすると、試験管の中の思想でしかない、ということになりかねません。


なぜあなたは、みずからも蛙や蟇《がま》になってしまうほど長いあいだ、泥沼のほとりに棲んでいたのか？

いまではあなた自身の血管のなかにも、腐って泡だつ泥沼の血が流れているのではないのか？

そのため、あなたはそんなに蛙のような声をはりあげ、悪態《あくたい》ばかりつくのだ。

なぜ、あなたは森の奥にはいらなかったのか？　さもなければ大地を耕さなかったのか？　海には、緑なす島々がたくさんあるではないか？

わたしはあなたの軽蔑を軽蔑する。また、あなたがわたしに警告するくらいなら、――なぜ、あなたはあなた自身に警告しないのか？


これは、意外なくらいストレートな正論ですね。道化男は目立つために、よく分かっていないくせにツァラトゥストラの真似をしていたところ、本人が来てしまって、自分の言動を肯定するとしても否定するとしても、自分の立場がなくなると思って焦って見え透いたことを言ったのでしょう。こういう人はいつの時代にもいそうですね。

人びとはあなたをわたしの猿と呼んでいる。口から泡をとばす狂人よ。しかしわたしはあなたのことを、わたしの泣き豚と呼ぶ、――不平がましく、ぶうぶう泣くことによって、あなたはせっかくのわたしの『愚神礼賛』をだいなしにしてしまう。

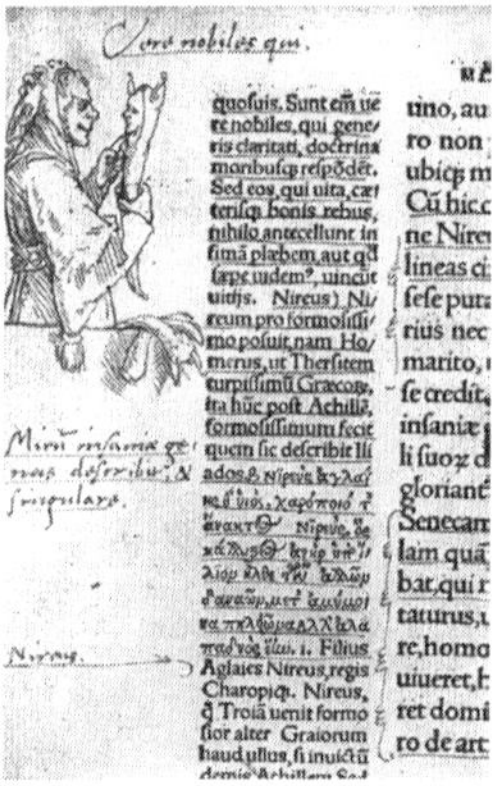
『愚神礼賛』（1515 年初版）

いったいあなたに泣きごとを言わせた第一の原因は何だったのか？誰ひとりあなたに十分に媚びてくれなかったということだ。——そのためあなたはこうした汚物《おぶつ》のなかに坐り、それによって大げさに泣き立てる理由ができたというわけだ。

——それによって、多くの復讐をとげる理由を手にいれたというわけだ！お体裁屋《ていさいや》の狂人よ、つまり、あなたの口角の泡は、すべて復讐なのだ。わたしには見えすいている！

『愚神礼賛 Lob der Narrheit』というのは、ルネサンス期のオランダの人文学者エラスムス（一四六六－一五三六）の本のタイトルですね。愚かさの化身である女神が登場して、当時の文学、哲学、神学などの代表的な著作や言説で蔓延している、屁理屈や欺瞞、おべっか、健忘などを含む、広い意味での「愚かさ」が、人々を幸福にしていることを風刺的に自画自賛する作品です。ぐずぐず愚痴を言う道化男を豚に譬え、自分がこれから試みる『愚神礼賛』と対置しているということは、ツァラトゥストラは大都会の雰囲気を、エラスムスのように陽気に皮肉る方が望ましいと思っているということですね。ただ、外見的にツァラトゥストラの真似をする道化男が、復讐心（ルサンチマン）の塊に見えるということは、第三者的に、ツァラトゥストラ自身が復讐心の塊であるかもしれない、ということです。だからこそ、むきにならないで、笑うことが必要なのかもしれません。

このわたしにかぶれた狂人ばかりではない。大都会そのものがわたしに嘔吐をもよおさせる。どこを見てもそれは改善できない。いや改悪もできない。

わざわいなるかな、この大都会！——わたしはかかるものを焼きつくす火の柱が見たい！

というのは、大いなる正午が到来するにさきだって、そうした火の柱が立たなければならないからだ。しかし、それにはその時があり、それ自身の運命がある！——

だが狂人よ、別れぎわに、あなたにこの教えを残しておこう、「もはや愛することができないときは、——

――しずかに通りすぎることだ！」

道化にあんなことを言った割に、ツァラトゥストラも同じようなことを言っている感じですね。ここで言われている「火の柱 Feuersäule」というのは、出エジプトしたモーセとイスラエルの民を、神が昼間は雲の柱を夜間は火の柱を遣わして導いたという「火の柱」、あるいは、ヨエル書で「恐るべき日」の前の予兆とされている血と火と煙の柱の「火の柱」から取ったものでしょう。そうした「火の柱」に、神が火と硫黄を降らせてソドムとゴモラを滅ぼしたというエピソードを被せているのではないかと思います。ひょっとすると、第二部の「火の犬」も関係しているかもしれません。「火の犬」の「火」だとすると、革命的な騒動が起こって、市が解体する、ということでしょう。そういう革命的騒擾が「大いなる正午」の前段階だというのは、一応辻褄が合っているような気がしますが、どうせ滅びるのならツァラトゥストラが怒りにまかせて呪いのようなことを口にする必要もない気がします。もはや「愛する lieben」ことができないなら、「通り過ぎる vorübergehen」という態度は、道化よりは大人であるような感じですが、逆の見方をすると、彼もまた、都会で認められることに未練を持っているような感じがします。

次の「脱落者たち」というところでは、ツァラトゥストラの超人思想から脱落して宗教に部分的に回帰した人たちのことが話題になります。猿真似する人の後に、挫折して、元の習慣に戻る人というのは、自然な流れですね。この節の最後の方で、ツァラトゥストラが愛し、彼が動物たちと過ごした洞窟に二日で帰ることのできる「五色の牛」という名の町のことが言及されています。原語は〈bunte Kuh〉で、正確には「斑牛」です。「斑牛」というのはハンザ同盟の船団の中心的な舟とかリューベックの一地区とかの名前になっていてドイツ語の固有名詞としてそれほど珍しくはないようですが、念頭に置かれているのは、釈迦が大念処経を説いたクル国のガンマーサダンマ（Kammāsadammam）という町で、それをドイツ語訳したのが〈bunte Kuh〉だということです。ショーペンハウアーを通じて仏教にも関心を持っていたニーチェが、本当の弟子を得られないで、各地を放浪するツァラトゥストラを、釈迦に重ね合わせようとしたのかもしれません。「帰郷」というところでは、本来の故郷である山上の孤独へと回帰していく様が描かれています。

七四頁からの「三つの悪」という節では、キリスト教の道徳では通常「悪 Böse」とされるものが、ツァラトゥストラの視点から肯定的に評価されています。

肉欲と支配欲と我欲である。この三つはこれまで最もひどく呪われ、最もわるく言われ、誤解されてきた。——この三つを、わたしは人間的によいものとして秤ってみたい。——

さあ、ここにはわたしの岬があり、そのさきには海がある。海はわたしの足もとに転《ころ》がってくる。ふさふさとしたむく毛を波打たせ、媚びるように寄ってくる、——わたしの愛する、忠実な、老いた、百の頭を持った巨大な犬よ！

「肉欲 Wollust」と「支配欲 Herrschsucht」は分かりますが、この二つが「我欲 Selbstsucht」とどう違うのか分からないですね。「我欲」というと仏教用語っぽいですが、〈Selbstsucht〉は普通のドイツ語としては、「自己愛」とか自分のことにだけ関心を集中させるといった意味で使われるようです。ここでも「海」は、欲望が自然と湧き出てきて、いろんな方向に発展していくような開かれた場としてイメージされていますね。あと、日本語では三つとも「～欲」と統一されていますが、原語では、後の二つが「～中毒」という意味の〈-sucht〉という形になっているのに対して、〈Wollust〉は、英語の〈well〉に相当する〈wohl〉の古い形と、「意欲」、「やる気」、「快楽」といった意味での〈Lust〉の結び付いた形で、〈-sucht〉のようなネガティヴなニュアンスは、キリスト教の禁欲主義と関係ない文脈ではありません。

現在は、どういう橋をわたって未来と結びつくのか？　肉欲の問題。高いものは、どういう強制によって、低いものへと自己を押しさげるのか？　支配欲の問題。また、いとも高いものに——なおも高く伸びることを命じるものは何か？　我欲の問題。

「肉欲」が、「現在 das Jetzt」を「未来 das Dreinst」と橋で繋ぐというのは分かりますね。性欲がないと人間は増えません。「肉欲」というと、食欲とか睡眠欲なども含んでいるように聞こえますが、〈Wollust〉はもっぱら情欲の意味で使われます。現在と未来が連続するのは、肉欲による身体の再生産が必要です。「支配」は通常は、先ほどの「肉欲」の延長で、自分を維持・拡大するために周囲のものを利用できるようにすることとして、ある意味、支配する者自身の弱さを補うための措置として理解されます。ヘーゲルが『精神現象学』（一八〇七）で示した

「肉欲 Wollust」：英語の〈well〉に相当する〈wohl〉の古い形と、「意欲」、「やる気」、「快楽」といった意味での〈Lust〉の結び付いた形。

「支配欲 Herrschsucht」※「～中毒」という意味の〈-sucht〉という形。
「我欲 Selbstsucht」
〈Selbstsucht〉は普通のドイツ語としては、「自己愛」とか自分のことにだけ関心を集中させるといった意味。

「主／僕」の弁証法は、そういう意味での「支配」の関係から生じる逆説ですね。それをニーチェは、「高いもの das Hohe」が「低いもの das Niedere」へと自己を押し下げること、つまり、高い生命力を持ち、価値の高い者がその影響を、劣った者に及ぼす、恩恵をもたらすことの原因として、「支配欲」を捉えているわけです。更に、「我欲」を、「いと高いもの das Höchste」へと昇っていくための原動力と捉えようとしているようですね。

> 肉欲――すべての禁欲的な「身体の軽蔑者」たちにとっては、かれらを苦しめる刺《とげ》と針だ。すべての「世界の背後を説く者」たちが「俗世」として呪うものだ。それも肉欲が、すべてのいいかげんで嘘っぱちの教師たちをあざけり、愚弄するからだ。
>
> 肉欲――賤民たちにとっては、かれらをじわじわとあぶる火。虫のくった丸太ども、悪臭を放つぼろきれどもにとっては、いっぺんに燃えあがり、沸《わ》きたつ炉だ。
>
> 肉欲――とらわれない心にとっては、無邪気な自由なもの、地上における楽園の幸福、すべての未来が、現在に寄せるあふれるばかりの感謝。
>
> 肉欲――衰弱した者には、甘ったるい毒となるが、獅子の意志を持つ者には、大いなる強心剤。また珍重され畏《おそ》れられる酒の中の酒。
>
> 肉欲――それはより高い幸福と最高の希望への象徴としての大いなる幸福だ、というのは、多くの男女にはそれは結婚を、また結婚以上のものを約束するから、――

燃え上がってくる身体的な欲求に規制をかけることなく、そのまま肯定し、行くところまで行くことが最高の希望であり、既存の社会では得られない、高次の幸福を得る見込みが開けてくる、というわけです。これまでのツァラトゥストラの言動から当然予想されることですね。通常は「肉欲」に耽る人を賤民と言いますが、ツァラトゥストラに言わせれば、そういう肉欲の幸福へのポテンシャルを怖れ、身体を抑圧する人、「身体の軽蔑者 Leib-Verächter」こそ「賤民 das Gesindel」です。

――肉欲――だが、わたしはわたしの思想のまわりに、いや、ひとつひとつの言葉のまわりにも、垣根をめぐらそう。豚や酔いどれどもが勝手にわたしの庭園にはいってこないために！

「垣根」をめぐらすというのは、ツァラトゥストラとしては、人間を高度に発展させる力の源泉としての「肉欲」の意義を説いているのに、ただのセックス好きの話と思われないようにしたい、ということでしょう。もっともな話ですが、少々気が小さい感じもしますね。

――支配欲――きわめて冷酷非情な人間への灼熱の鞭。きわめて残酷な人間のために取っておきの残酷な拷問。生きながらの火あぶりの暗い炎。

支配欲――きわめて虚栄心の強い民衆の上にとまってこれを刺す意地悪のあぶ虻《あぶ》。すべてのあやふやな徳の嘲笑者。あらゆる駿馬とあらゆる誇りにまたがって行くもの。

――「きわめて冷酷非情な人間への灼熱の鞭」だと、「支配欲」が冷酷非情な人間を鞭打つということになりますが、原文は、〈die Glüh-Geisel der härtesten Herzensharten〉となっていて、「きわめて冷酷非情な人間」――正確には人間という言葉がないし、複数なので「きわめて冷酷非情なものたち」――と「灼熱の鞭」が二格で、英語だと〈of〉で繋がるような関係になっていて、「きわめて冷酷なものたち」が「灼熱の鞭」を振るう主体であるとも、振るわれる対象であるとも取れます。恐らく、わざとどちらにも取れる両義的な言い方をしているのでしょう。冷酷非情な者は支配の鞭を振るうが、彼ら自身も支配欲に鞭打たれてそうせざるを得ない、ということです。その後の「きわめて残酷な人間のために取っておきの残酷な拷問 die grause Marter, die sich dem Grausamsten selber aufspart」も同じように、極めて残酷な者が他人を苦しめるために、支配欲がそういう人間向けにとっておいた特別拷問という意味と、彼ら自身を痛めつける支配欲による拷問という意味の二重になっているのではないかと思います。ただ、「支配欲」にこういう両義性があるというのはニーチェが言わなくてもよく知られていることです。徐々に、ポジティヴなトーンに変化していきます。

――支配欲――その目に見られると、人間は這《は》いつくばり、苦役に甘んじ、蛇や豚よりももっと卑しいものになる。――そしてついには「大いなる軽蔑」が、かれのなかから叫び声を発する――。

――支配欲――それは「大いなる軽蔑」を育てるおそるべき教師なのだ。それはもろもろの都市や国家にむきなおって、「おまえなどは、引きさがれ！」と説く、――ついにはそれらの都市や国家自身から「自分は、引き下がるべきだ！」という叫びが出てくる。

「支配欲」は支配される対象になった人に恐怖を抱かせ、自信をなくさせ、自ら従属するように強いるわけですが、それだけでなく、支配する側であるはずの「都市 Städte」や「国家 Reiche」――正確には「帝国」です――にも、自分も、というより、自分こそ軽蔑されるべき存在ではないか、という意識が生じてくるというわけです。「大いなる軽蔑 die grosse Verachtung」というのは、「支配欲」の帰結として生じるわけですが、それは支配欲に憑かれている者にも跳ね返ってくるわけですね。

――支配欲――しかしそれは清らかな者、孤独な者のところへも、自己満足している高みへも誘惑の手をゆるめずのぼって行く。その燃えるかがやきは、地上の空に深紅の至福を誘惑的に描きだす愛に似ている。

支配欲――だが、高みにあるものが下方の権力を求めるとき、誰がそれを病的な欲求ときめつけることができるだろう！　まさしく、このような欲求と下降は、なんら病的な衰弱は見られない！

孤独な高みが、いつまでも孤独のままで自己満足してはいられないという思い。山が谷におりたいという思い、高山の風が低地にくだりたいという気持。――

それまで「孤独な高み die einsame Höhe」にいた人に生じる「支配欲」は、不安のために他者を支配しようとする連中のそれとは違って、高い所から低い所へ力を流してやるような高貴な意味があるのではないか、と示唆しているわけですね。無論、これはツァラトゥストラがそうだと言いたいわけでしょう。ただ、ここはそれほど自信ない感じですね。単に、孤独に耐えきれなくなって、支配できる弟子が欲しくなったのかもしれない。今まで見てきたところ、特に「ツァラトゥストラの猿」との遭遇は、そうした彼の弱さの鏡になっているような気がします。

――そのときのことであった。ツァラトゥストラの口が、我欲を至福なものとして讃えたのは。――それは世にもはじめてのことであった！　ツァラトゥストラは力強い魂から湧きでる健全な我欲を讃えたのだ。――

力強い魂には、高貴な身体《からだ》がふさわしい。美しい、意気揚々として、人の目をもよろこばす身体、そのまわりの一切のものが、それを映す鏡に化するような身体、

――しなやかな、ひとに有無《うむ》をいわさぬ身体、みごとな舞踏者の身体。自己自身に快楽をおぼえる魂とは、この身体、この舞踏者の象徴であり、精髄にほかならない。こうした身体と魂との自己快楽が、みずからを「徳」と呼ぶのである。

そのような自己快楽は、さながら聖域がその森をめぐらすように、優と劣の判定をくだす言葉によって、おのれを護る。それはわが身のおぼえる幸福をあらわす幾多の名称によって、一切の軽蔑すべきものを、自身から遠ざける。

「肉欲」と「支配欲」の正当化は今いちな感じがしますが、両者の源泉であり、司令塔とも言うべき「我欲」あるいは「自己快楽 Selbst-Lust」を肯定することで、他の二つにも肯定的な評価を与えようとしているようですね。「高貴な身体 der hohe Leib」というのは、「自己自身」に快楽を覚え、かつ「そのまわりの一切のものが、それを映す鏡に化するような身体」だというわけですが、抽象的でピンときにくいですね。簡単に言うと、自分の身体の中に自然に生じてくる欲求、大地に由来する欲求を、これはまずいとか言って抑圧するのではなく、全肯定するので、自分の身体と周囲の自然の間に隔たりがなく、自分の身体の欲求と、自然の中の他の諸事物の運動が対応しているかのような様相を呈している、ということでしょう。それだったらそんなに難しいことではない、何も考えないで、ぼうっとしていたら、〝自然と〟そうなるではないか、と思う人は少なくないでしょう。ただ、そこをもう少し突っ込んで考えると、ぼうっとしているつもりでも、普段の生活のルーティンでいろんな規制、例えば、人目を気にするとか、服を着るとか、奇声を発しないとか、体にきついことをしないとかの規制をかけていますし、痛みとか疲れがあれば意気阻喪するし、自分の財産や地位などに関するストレスを完全に忘れることはできない……、といったように、いろんなものに縛られているので、〝自分〟を全面的に享受することはできません。そもそもストレスが解消しきれないから、ぼうっとしたくなるわけです。暫定的に、いくつかの自己規制を遮断したからといって、様々な欲求が生成消滅する自分の身体をそのまま肯定できないでしょう。

ここで「踊り Tanz」と言っているのは、様式化された踊りではなく、ディオニュソス的な狂乱を引き起こし、「踊り」の最中、あるいは、「踊り」の後に、その人物の身体、アイデンティティがどうなっているか分からないような、予測不可能な「踊り」でしょう。あと、「精神」ではなく、「魂 Seele」と言っているのも、人間の〝心〟を、「身体」と異なる実体ではなく、様々な感性的刺激を受けて、それへのリアクションで身体を動かしている機能の総体として捉えているのでしょう。恐らく、ラテン語の〈anima〉の意味で言っているのでしょう。〈anima〉は元々「空気」とか「息」という意味で、〈animal〉と関係しています。〈animal〉とは〈anima〉が吹き込まれた存在です。命の「息吹」だから、それがあらゆる束縛から解放されると、身体と密着して運動し、「自己快楽」の主体になれるわけです。

「徳」の原語である〈Tugend〉は、英語の〈virtue〉の語源であるラテン語の〈virtus〉と同様に、元は、「力強さ」というような意味だったのですが、次第に、キリスト教的な道徳に適っている、という意味に使われるようになりました。〈virtus〉は「男性」を意味する〈vir〉から派生して、「男らしさ」→「力強さ」という意味だったのに対し、〈Tugend〉は、「適していること」「能力があること」「有用なこと」→「力強さ」「勇敢さ」という意味でした。マキャベリ（一四六九－一五二七）は『君主論』（一五三二）などで、〈virtù〉というイタリア語をわざと、道徳的につつましやかな生活を送っているというキリスト教的な意味合いではなく、本来の「力強さ」という意味で使っていますが、ニーチェも古い意味を復活させようとしているのではないかと思います。『ツァラトゥストラ』の少し後に出た『道徳の系譜』は、言葉の古い意味を掘り起こすことで、キリスト教系の道徳を解体することを目指したテクストです。

ただ、「自己快楽」は、自分の内に生じてくるものでも卑屈なものは劣悪だとして拒否するようですね。外からの影響で歪められているということでしょう。八〇頁の終わりから八二頁の初めにかけて、「自己快楽」から遠ざけられるものが列挙されています。「臆病（feige）なもの」「悲しみに酔った知恵 wehselige Weisheit」「気弱な不信感 das scheue Misstrauen」「卑屈な者」「奴隷根性 Knechts-Art」「えせ知恵 After-Weisheit」。

――しかし、えせ賢者たち、すべての聖職者たち、この世に倦み疲れた者たち、またその魂が女と奴隷のそれと変わらぬ者たち、――おお、かれらの為《な》すところが、昔から、なんと我欲を悪者扱いしてきたことか！

しかも、我欲をいためつけるというそのことが、まさしく徳であり、徳と呼ばれてきたのだ！　そして「無私」な生き方を、これらすべてのこの世に疲れた臆病者や十字蜘蛛どもが、みずから進んで求めたのは、たしかに理由のあることであった！

しかし、これらすべての者のもとに、いまや昼が、変転が、裁きの剣が、大いなる正午がやってくる。こうして多くのことが明らかになるだろう！

そして自我を健全で聖なるものだと言い、我欲を至福なものとしてたたえる者は、まさしく、一個の預言者として、その知るところを告げる。「見よ、それは来つつある。近づきつつある。大いなる正午は！」と。


ここでの話の流れはクリアですね。「奴隷根性」のせいで、生をめぐる闘いの緊張感に疲れ、臆病になっている者たちが、「我欲」を否定し、自らの内に生じてくる、あらゆる欲求を押し殺す「無私な selbstlos」生き方を良しとする、キリスト教の道徳にすがってきたわけです。「十字蜘蛛 Kreuzspinne」というのは、日本語で「オニグモ」と呼ばれている、結構大きめでお腹が大きいのが目立つ、実在する蜘蛛の属ですが、恐らくニーチェはこの蜘の名前を利用しているのでしょう。身体を罰する「十字架」の罠に絡め取る蜘蛛、ということでしょう。「大いなる正午」は、人類が頂点に達して没落し始める転換点になるはずだが、それは、人類の身体が蜘蛛の糸から解放されて、「自己快楽」を享受できる人が出てくるということですね。

次の節のタイトルは、「重力の魔」ですね。「大いなる正午」に伴う「自己快楽」の解放のすぐ後に、「重力の魔」の話が続くということは、「重力の魔」はやはり、「自己快楽」にブレーキをかけてきた、教会のような存在ということになるでしょう。最初に、「わたしの口」は「民衆の口」であるとか、「わたしの手」は「落書きをしたがる阿呆の手」、「わたしの足」は「馬の足」、「わたしの胃」は「鷲の胃」というように、体の各パーツが規制を取り払われて生き生きした感じになっていることを強調します。それまで「重力の魔」によって抑えられていたのでしょう。


いつかは人間に飛ぶことを教える者がくる。そのときはすべての境界石がうごく。かれによって、すべての境界石は宙に浮き、意味を失うだろう。かれは重たい大地を、あらためて――「軽いもの」と呼ぶだろう。

これは当然、文字通りの飛ぶ飛ばないの話ではなく、「境界石 Grenzsteine」によって区切られているような決まった領域に押し込められ、身体を自由に動かせない状態から離脱できるかどうかという話です。「境界石」によって区画された地面が、各人にとってのアイデンティティ（同一性）になっているわけです。それを解体して、「踊れる」ようになり、その踊りの勢いがどんどん激しくなって、もはや引き止める重力を気にしなくてもいい状態を、「飛ぶ fliegen」とか「浮く taufen」と表現しているのでしょう。「大地」自体が「軽」くなるのではなく、「大地」から働く重力が軽く感じられる、あまり引っ張られているという感じがしなくなる、ということでしょう。

> 人間にとっては大地も人生も重いものなのだ。それは重力の魔のしわざである！　しかし軽くなり、鳥になりたいと思う者は、おのれ自身を愛さなければならない、——これがわたしの教えである。
>
> 愛するといっても、もちろん病者の愛をもってではない。なぜなら、病者のばあいは、自己への愛までも悪臭をはなつからだ！
>
> ひとは自分自身を、すくすくとした健康な愛によって愛することを学ばなければならない、——これがわたしの教えである。自分自身を失わず、あたりをとみこうみしないために。
>
> そのようなとみこうみ、みずから称して「隣人への愛」というのである。この言葉ぐらいこれまでに嘘と偽善のために役だった言葉はない。それは世間の重荷になってきた者たちの口もとにとにかく浮かんでいた。
>
> そしてまことに、自分を愛することを学ぶということ、これは今日明日《きょうあす》といった課題ではない。むしろこれこそ、あらゆる修行のなかで最も精妙な、ひとすじなわでいかない、究極の、最も辛抱のいる修行なのだ。
>
> なぜなら、ほんとうの自分のものは、自分の手がたやすくとどかぬように、たくみに隠されているからである。地下に埋もれた貴重な鉱脈のなかで、自分の鉱脈がいちばん遅く発掘される、——これも重力の魔のしわざである。

「病者の愛」の原語は〈Liebe der Siechen und Süchtigen〉で、〈sieche〉というのは英語の〈sick〉と同じ語源の「病気の」という意味の形容詞で、〈süchtig〉の方は先ほどの〈Scuht〉の形容詞形なので、正確には「病者と中毒者の愛」ですが、これがキリスト教の「隣人愛 Nächstenliebe」に相当するものだと言っているわけですね。「隣人

愛」と言うと、自分よりも他人を大事にする美しい姿勢のように見えるけれど、実態としては、ありのままの「自己」を愛することができず、自己から目をそらすべく隣人に関わろうとする、卑怯な態度だというわけですね。「重力の魔」は、そうした人間の卑劣さを利用して、共同体を支配する規範や慣習に従わせます。「地下に埋もれた貴重な鉱脈 Schatzgruben」というのは、無意識下、身体の奥底に抑圧された自己愛への欲求ということでしょう。「ほんとうの自分のものは、自分の手がたやすくとどかぬように、たくみに隠されている」というのは謎めいたフレーズですが、精神分析で言うように、本当の自分の欲望は、抑圧されている、ということだとすれば、むしろ分かりやすいですね。因みに原文は少し奇妙なドイツ語です。黒板を見てください。

〈alles Eigene〉の〈eigen〉は、英語の〈proper〉に相当する、「固有な」という意味の形容詞で、抽象名詞化して使われることも多いです。〈alles Eigene〉は、直訳すると、「全ての固有なもの」という意味です。それに対して、〈seinen Eigener〉、格変化してない形に直すと、〈sein Eigener〉となりますが、この〈Eigener〉は、通常は辞書に出ていません。〈eigen〉を無理に、人間を表す名詞にした形です。強いて直訳すれば、「固有者」あるいは「固有なものの所有者」ということになるでしょう。つまり、原文は、「つまり、全ての固有なものは、固有なものの所有者に対しては、巧みに隠されている」となります。身体に備わった各人に固有の欲求に気付かないよう、各人は「重力の魔」によって躾けられているわけです。だからその躾けられたことから自己を解放し、自分に固有の諸欲求、それらの欲求を備えた自己の身体を知って、生きることを学び直す必要があるわけです。

　いや、人間が自分で自分を重くしているだけのことだ！　それは、かれがあまりにも多くの他人のものを、自分の肩にのせて行くからだ。駱駝のように、かれは膝を折って、荷物をたっぷり積んでもらう。

　とりわけ畏敬の念にみちた、たくましく、辛抱づよい人物のばあいがそうである。そうした人物は、あまりにも多くの他人の重い言葉と価値を背負う。——そのとき、かれには人生が砂漠だと思われて

——くる！

「あまりにも多くの他人のもの zu vieles Fremde」を自分の肩にのせて行く、と言うと、一瞬立派な態度のように聞こえますが、実際に背負っているのは、「あまりにも多くの他人の重い言葉と価値 zu viele fremde Worte und Werthe」だというわけです。実際に体を使って他人に奉仕している人もいるのかもしれませんが、「隣人愛」という名称の下で各人に押し付けられている、キリスト教的・共同体的な道徳は、ひたすら、自己の身体で生じていることから目を背け、社会を代表する他者に従うように仕向けます。ヘーゲル＝フォイエルバッハ＝マルクス的に言うと、「自己疎外」へと追い込むわけです。だから、自然に自己の欲求を享受できるよう、自分のことを「学ぶ」必要があるわけです。

> 人間は容易に発見されない。ことに自分自身を発見するのは、最も困難だ。「精神」が「心」について嘘をつくことがしばしばある。こうしたことになるのも、重力の魔のしわざである。
> だが、つぎのように言う者は、自分自身を発見した者といえる。——「これはわたしの善だ。これはわたしの悪だ」と。かれはこう言うことによって、「万人に共通する善、万人に共通する悪」などと言うもぐらと小びとを沈黙させた。
> まことに、わたしは何もかも善いと言い、この世界をこともあろうに最善の世界と呼んだりする連中を好まない。わたしはかれらをご満足屋と呼ぶ。
> なにが出てきてもおいしくいただく安易な満足、これは最高の趣味ではない！ わたしが尊重するのは、「このわたしは」と言い、「然り」と「いな」を言うことのできる、依怙地《いこじ》で、選《え》りごのみのつよい舌と胃である。
> なにが来ても悩み、消化する、——これではまさしく豚なみである！ いつでも「さよう、さよう」と嘶《いなな》く——、これはもっぱら驢馬と、そのあたまの持ちぬしの、ひとつおぼえというものだ！——

「心」の原語は先ほどの〈Seele〉で、「精神」の原語は〈Geist〉です。「精神」の方がデカルト的二元論という形で「身体」と対置されるもので、「心」の方が身体に密着している、身体を動かす力のセンターのようなものとし

「重力の魔」〈Geist der Schwere〉

※「心」の原語は〈Seele〉、「精神」の原語は〈Geist〉

➡「重力の精神」が各人の「精神」に働きかける。

「重力の魔（精神）」VS ツァラトゥストラ

各人を普遍的な善悪の基準に縛り付けようとする VS 各人が自分で善悪の判断をできるように解放されるべき。

て想定されているのでしょう。「重力の魔」は原語では、〈Geist der Schwere〉で、「重力の精神」です。つまり、「重力の精神」が各人の「精神」に働きかけて、自分の「魂」のあり方について勘違いさせていることになります。英語で厳粛な感じで〈Spirit〉と言うと、「聖霊」のことを意味するように、この〈Geist〉も「聖霊」を指すことが多いです。とすると、いよいよ「魔」というのは、これまで「聖霊」と呼ばれてきたもので、教義や儀式によって人の身体を重くしていた、という可能性が高くなってきました。

「重力の魔（精神）」が各人を普遍的な善悪の基準に縛り付けようとするのに対し、ツァラトゥストラは各人が自分で善悪の判断をできるように解放されるべきことを説いているわけです。この個人にとっての善／悪とは、「然り Ja」あるいは「否 Nein」と自分の意志で言えることであって、何でもかんでも驢馬のように「さよう、さよう I-a」といななくことではないと明言しています。どうして驢馬かというと、ドイツ語では驢馬は〈ihah（イーアー）〉と鳴くことになっていて、それがイエスを意味する〈ja（ヤー）〉と音が似ているからです。第四部では、単なる譬えではなく、「さよう、さよう」と繰り返す驢馬が物語に登場しますが、これはその伏線にもなっているのでしょう。驢馬は、「イーアー」と鳴くことしかできませんが、人間であればちゃんと、自分が関わっている対象の意味を理解して、「イエス／ノー」を言えるはずだというわけです。これは第一部で出てきた、無垢な幼子の「聖なる肯定 ein heiliges Ja-Sagen」と一見矛盾しているように聞こえますが、ここで問題にしているのは、大人になってはっきりした意志を持てるはずの人間のことだと考えれば、矛盾ではないでしょう。ツァラトゥストラは、幼子のような自我の確立していない状態に戻ればいいと思っているわけではないようです。

――縄梯子《なわばしご》を使って多くの窓によじ登ることを、わたしは学んだ。足を敏捷に動かして高いマストに、わたしはよじ登った。認識の高いマストの上にとまることは、わたし

原文
〈nicht auf Einer Leiter stieg ich zur Höhe, wo mein Auge in meine Ferne schweift〉

には少なからぬ幸福と思われた。――
――高いマストの上で小さな炎のようにゆらめくことは、わたしには少なからぬ幸福と思われた。なるほど小さな光にすぎない。しかし漂流する水夫や難船者たちには、大きな慰めとなる！――
さまざまな道を通り、方法を経《へ》て、わたしはわたしの真理に行きついた。ただひとすじの梯子をのぼって、わたしはこの高みに、――いまそこからわたしの目が、わたしの遠方を見わたしているこの高みに到達したのではない。

「縄梯子」を登ることが、「認識 Erkenntnis」と関係していることは分かりますが、細かいところが分からないですね。「縄梯子」で登っていくわけですから、当然不安定でしょうし、「マスト Maste」だからそこにいられるのは、基本的に自分一人でしょう。そのことと、「わたしの真理 meine Wahrheit」と言っていることが対応していますね。つまり、私が、私にとってのマストの上から見た〝真理〟を把握しているだけで、それは万人にとっての「真理」ではないわけです。私が登ったマストの上の足場からのパースペクティヴで見渡せる光景を、〝真理〟と言っているにすぎません。その見通しは、ちょうどいいマストを見つけて、高くよじ登っていける能力、つまり、身体的能力とか他人に影響されることなく、ひたすら自分の欲望を追求する強さに左右されることでしょう。ニーチェは、真理や認識を、立場によるパースペクティヴの変化の問題として捉えていたことが知られています。当然、その足場は狭くて不安定で、いつ落っこちて「私の真理」さえ見失ってしまうかもしれません。

「ただひとすじの梯子をのぼって、わたしはこの高みに、――いまそこからわたしの目が、わたしの遠方を見わたしているこの高みに到達したのではない」という文が分かりにくいですね。原文は、黒板を見てください。「高みに到達したのではない」の主語は、「わたしの目」ではなく、〈ich〉、つまり「わたし」です。読点の位置と、ダッシュのせいで、繋がりが分かりにくくなって

「ヤコブの梯子」

いるんですね。つまり、私がある高み、高い場所に登りつめ、そこで、私の目が遠くを見渡しているというわけです。「わたし」ではなくて「わたしの目が」、単なる「遠方」ではなく、「わたしの遠方」を見渡している、という言い方がまどろっこしいですが、恐らく、意識してどこかを見つめるというよりは、目がいろいろ動いてパースペクティヴの中にいろんなものを捉えてしまう、という感じでしょう。「見わたす」だと意識的に目を操作しているように聞こえるので、〈schweifen〉の元の意味である「さまよう」としておいた方がいいでしょう。あと、私が登った「梯子 Leiter」が一本であることが大文字で強調されていますが、これは恐らく、『旧約聖書』の『創世記』第二八章に出てくる、ヤコブが見たという天に通じる一本の梯子、「ヤコブの梯子」と呼ばれるものを念頭に置いているのではないかと思います。ヤコブが双子の兄のエサウを騙して長子の特権を奪い取り、怒ったエサウに殺されそうになって、ベエルシバからハランに向かって逃亡した時、石を枕にして眠った夢の中に出てくる柱です。天に一直線に繋がっていて、天使が上り下りしています。これも有名な話で、多くの有名な画家がこの梯子をモチーフにした作品を残しています。これは当然、天へと一直線に通じる真理の道、天と地を繋ぐ存在である神の子イエスの象徴と解釈されます。その高みに登る道筋は一直線でも、ただ一本でもなく、複数あって、入り乱れている、ということでしょう。そういうことを踏まえて訳すと、「私はただ一つの梯子を登って、この高みに到達したわけではない――この高みにあって、私の目は、遠方へさ迷っている」。

つまり、「大いなる正午」に向かっていく一本の正しい道などないわけです。

> 「これが――わたしの道なのだ、――あなたがたの道は、どこにあるのか?」と、わたしは、わたしに「道」を尋ねた人びとに返事をした。つまり、いわゆる「道」は――ないのだ!

イエスが「道 Weg」に譬えられることはよく知られていますね。ニーチェ＝ツァラトゥストラは、「真理」の存在を否定しているわけではないですが、万人にとって普遍な真理に至る道などなく、各人が自分の生の見通しがよくなる道を、自分のやり方で作り、歩いていくしかないわけです。

次の章のタイトルは、「古い石の板と新しい石の板」です。モーセがヤハウェから与えられた石板の話は、前回読んだ第一部にも出てきましたね。最初に「砕かれた古い石の板のほとりに坐り、まだ半ば書きかけの新しい石の板をかたわらにして、待っている」と述べられていますね。第一部では、これから「新しい石の板」に書かねばならないことが漠然と示唆されていただけですが、ここでは、「古い板」が壊れたと明言され、「新しい板」への書き込みも始まっているようなので、結構進展があったようですね。少なくともニーチェ＝ツァラトゥストラの中では。

> 人間たちのところに行って、わたしはかれらが、古ぼけたうぬぼれの上にあぐらをかいているのを発見した。人間にとって何が善であり、何が悪であるのか、そんなことはとうの昔からわかりきっていると、だれもが思いこんでいた。
>
> およそ徳についての議論は、古くさい飽き飽きしたことだと、思われていた。よく眠りたいと思うものは、横になるまえにしばらく「善」と「悪」を話題にする。
>
> わたしはつぎのように教えて、かれらの眠気《ねむけ》をさましてやった、――何が善であり、悪であるかは、まだだれも知らない。それを知るのは創造する者だけだ！
>
> ――ところで創造する者とは、人間の目標を創造し、大地にその意味と未来とを与える者のことだ。この者がはじめて、或るものが善であり、或るものが悪であるということを、創造するのである、と。

前回見た箇所では、ツァラトゥストラが従来「善／悪」と呼ばれているものに囚われない、そうした基準を否定する者であることと、彼が新しい価値の「創造者」たらんとしていたということが述べられていますが、ここでは、その二つの主張が統合されて、「創造する者」でなければ、「善／悪」を決められないと言っているわけですね。だということは、これまで「善／悪」を語ってきた者たちは、既存の価値を自ら作り出した始祖を除いて、自分では分からないことを語ってきたことになります。だから古い講壇、有徳者、聖人、詩人、救世主をあざ笑えと言っているわけです。

では、彼はどういう境地を目指しているのか。

——どんな夢もまだ及んだことのない遠い未来へ、どんな芸術家が夢想したよりももっと熱い南国へ、神々が舞踏し、衣をまとうことを恥とするかなたへ。——

——わたしは、こんなふうに比喩で語り、詩人たちと同じように舌足らずなことを言うよりほかない。まったくわたしは、自分がいまも詩人であるよりほかないことを恥じている！——

そこでは、一切の生成が神々の舞踏であり、神々の気まぐれであると思われた。そして世界は、一切の繋縛から解き放たれて、本来のおのれのすがたにたちかえるところ、——

——あまたの神々が永遠の追いかけっこを演じているところと思われた。あまたの神々がたがいに拒否したり、また耳を傾け、仲直りしたりする至福の境地と思われた。——

そこでは、一切の時間が、瞬間に対するたのしい嘲笑だと、わたしに思われた。そこでは、必然が、自由そのものであり、自由の刺《とげ》とたのしく遊びたわむれるように思われた。——

そこでは、わたしはわたしの昔なじみの悪魔であり宿敵である「重力の魔」や、かれが創造した一切のものにふたたびめぐりあった。すなわち強制、規定、必要、結果、目的、意志、善悪などにも。——

なぜなら、踊るには、何か踏まれるもの、踏みすてられるものがなくてはなるまい？　軽快な者、最も軽快な者たちがあるためには——「もぐら」ども、重い「小びと」どもが存在しなくてはなるまい？

第二部で、神々についての比喩を実体であるかのように語る詩人を批判していましたが、ここでも「詩人たちと同じように舌足らず」であることを自己批判していますね。つまり、「神々」を実在するものとして理解してはいけないわけです。恐らく、神々というのは、私たちが既成の価値観を捨てた時に見えてくる、様々な無定形の力の戯れ、鬩ぎ合いのようなもの、善悪のようなものに縛られない無垢な生成を指しているのでしょう。そこに「重力の魔」たちが登場するのは、彼らもまた、無垢に生成してくる神々と全く異質な存在ではなく、様々な力が相互に作用する中で生じてきた断層とか、断崖、深い穴、底なし沼、孤島のようなもので、その近くで事物の動きが滞ってしまう場、ブラックホールのようなものだと考えればいいでしょう。そのようにして出来上がった障害物を越えることによって、「神々 Götter」≒「最も軽快な者たち die Leichtesten」が更に力を蓄え、運動の勢いを増すのにそうした障害物も踏み台として役に立つ、ということでしょう。キリスト教にも、悪魔は、人間が自らの自由意志で神に従うようになるため、試練を与える必要な存在だという考え方がありますが、それと同じような発想をしているのでしょう。

この後、「古い石板」を砕いて、従来の価値を一掃することにまつわる問題が続きます。一〇二頁の終わりから始まる「一二」というところで、「新しい石板」を作ることにまつわる問題が示唆されています。

一切の過去にたいして、わたしが憐れみをおぼえるのは、それがいいなりになっているのを見るからだ、

——あとから来る世代は、過ぎ去った一切を、自分のところにみちびく橋と解釈する。一切の過去はそうした世代の恩恵なり、精神なり、狂気なりのいいなりになっている！

強大な独裁者があらわれるかもしれない。それは狡猾な怪物でもあって、おのれの好悪《こうお》に物を言わせて、すべての過去に強制を加えるだろう。ついにはそれを無理やりに、おのれにいたる橋とし、予兆とし、伝令とし、鶏鳴にしてしまうだろう。

しかし、そこにまた別の危険もあり、わたしによる別の憐れみもある、——と、いうのは、賤民の出のものは、その回顧も祖父までしかさかのぼらないということだ、——祖父まで戻れば時間が終わってしまうわけだ。

こうして一切の過去はいいなりにされる。つまり賤民がいつかそうした支配者となるかもしれない。そしてすべての時間を浅い水たまりのなかに溺らせてしまうかもしれない。

ここも謎めいている箇所ですが、「独裁者」とか「賤民」というのが、「過去」の扱いに関係していることは分かりますね。「賤民」の原語は貧困層を意味する〈Pöbel〉でこちらの方はあまり問題ないのですが、「独裁者」の方は、古代ローマの共和制に由来する「独裁官」を意味する〈Diktator〉ではなくて、〈Gewalt-Herr〉という合成語が使われています。〈Gewalt〉は「権力」あるいは「暴力」という意味なので、「暴力による支配者」あるいは「権力保持者」というような意味合いでしょう。その後の「賤民」が「支配者」になるという時の「支配者」の原語も〈Herr〉です。「暴力による支配者」が、「一切の過去 alles Vergangene」に強制を加えるというのは、過去を自分に

都合のいいように改ざんするということでしょう。ツァラトゥストラは過去の石板を破壊するために来たので、そんなことどうでもよさそうに思えますが、恐らく、自分にとって都合の悪いこと、不快なことも含めて、自分に起こったこと全てを事実として受け止め、それに意味付けするという姿勢が「超人」には求められているのでしょう。過去の出来事をちゃんと自分なりに「認識」したうえで善悪の評価をするのが「超人」であって、なかったことにしてしまうのは、「超人」になれない半端な権力者、ということなのでしょう。

「賤民」が祖父までしか遡れないというのは、「暴力による支配者」の場合と少し違って、そもそも過去のことを覚えていないので、過去が気にならない、ということのようですね。だから、自分が歴史の中でどのような位置にあり、これからどうなっていくか見えていないというわけです。「過去」が見えてないので、一見、「過去」に囚われていないように見えるけれど、それは「認識」できていない、自分のパースペクティヴを持てないということです。その愚かさゆえに、何も恐れないで、「支配者」になることができるかもしれないけれど、ニーチェ＝ツァラトゥストラは、そういう愚かさゆえの蛮行を評価しないようですね。

具体的に考えてみましょう。「暴力による支配者」による歴史の改竄は、ヘーゲルの歴史哲学とかダーウィンの進化論のように、闘争で勝ち残った者が選ばれし者だとする考え方に対応しているように思えます。勝ち残って栄えている者には都合のいい考え方です。キリスト教もある意味そうですね。神のために戦っている自分たちが勝ったことを、神の摂理と見なす。「賤民」は、これまでツァラトゥストラが述べてきたように、全ての人を自分の次元に引き下ろそうとする傾向にあるので、彼らを扇動するデマゴーグが力を持って、過去の失敗とかこれまでの慣習とか全く無視して、行き当たりばったりの政治を始めるかもしれない。そういうことを批判的に見ているとすると、ニーチェの超人思想は、ナチスのような、安直な人種進化論と大衆扇動を組み合わせたような政治とは根本的に相容れない、ということになりそうです。無論、本人は、ちゃんと現実を見て、自分の歴史的位置付け、使命を知って革命的なことをやっているつもりでしょう。「超人」思想はそういう勘違い人間を生み出す可能性があることを、ニーチェ自身認識していたのでしょう。

――だから、おお、わが兄弟たちよ、新しい貴族が必要なのだ。すべての賤民とすべての暴力的な支配者に対抗し、新しい石の板に、新しく「高貴」ということばを書く貴族が。

　というのは、およそ貴族がなりたつためには、多くの高貴な個人たち、多種多様な高貴な個人たちが必要だからである！　あるいは、わたしがかつて用いた比喩で言えば、「神々はある。しかし、ただひとりの神などはいない。それでこそ神聖なのだ！」


　ここで「貴族 Adel」と呼ばれているのは当然、制度化された社会的身分としての貴族のことではなく、生き方、生に対する向き合い方のことでしょう。「高貴」の原語は〈edel〉で、〈Adel〉と同系統の言葉です。〈Adel〉とは「気高い」性質を持った人のことです。『道徳の系譜』では、「善 das Gute」の形容詞である〈gut〉の本来の意味として、〈edel〉であること、つまり魂において優美であることを挙げています。つまり、ここで言う〈edel〉は、キリスト教的な意味、貞淑、禁欲という意味合いでの「気高さ」ではなく、すぐれているとか、美しいという意味合いでの「気高さ」です。英語の〈aristocrat〉の元になったギリシア語の〈ἄριστος (áristos)〉は、「最上の者」とか「最も勇猛な者」といった意味です。ここでは単に、「賤民」とは対照的な存在で、過去を見据えたうえで、それとはっきり異なる、新しい価値を作り出せるようなすぐれた存在ということでしょう。「ただひとりの神 ein Gott」ではなくて、「神々 Götter」でなければならないのは、キリスト教のような唯一神というのは、価値の体系が均質化されてしまって新しいものが生まれてこない状態に対応しているのでしょう。神々の間で争いがあってこそ、生が流動化し、新しい価値が生まれては消滅する流動性がある、ということでしょう。


　おお、わが兄弟たちよ、わたしはあなたがたを新しい貴族に任じよう。あなたがたは未来を生み育てる者、未来の種まき人《びと》となってもらわなければならない、――

　――まことに、それは商人の手口《てぐち》のような、はしたがねで買える貴族の位ではない。総じて値段のつくものは、すべて価値のないものである。

　今後、あなたがたに栄誉を与えるのは、「どこから来たか」ではなくて、「どこへ行くのか」なのだ！　あなたがたが自身を超えて行こうとするあなたがたの意志と足、――これこそ、あなたがたの新しい栄誉であらねばならぬ！

まことに、あなたがたが王侯に仕えてきたというようなことは、なんの誉《ほま》れにもならないことだ！　いまさら王侯がなんだろう！　――それからまた、立っているものを、もっとしっかり立たせようと、その防壁の役目を果たしたというようなことは、かくべつ誉れではない！

一族代々が宮仕えに馴れてみやびになり、まるで池の浅瀬の華やかな紅鶴《べにづる》のように何時間も立ったままでいられるようになったとしても、なんの誉れでもない。

普通の意味での「貴族」の位、つまり、その先祖が王侯を支えてきたという過去の栄光＝「どこから来たか woher ihr kommt」は重要ではなくて、「どこへ行くか wohin ihr geht」が、「貴族」の条件だというわけですね。王侯の過去の栄光に寄り添うことによって輝いているように見えても仕方ない、というのはいかにもニーチェ＝ツァラトゥストラが言いそうなことですね。「立っている steht」という抽象的な言い方が多少気になりますが、これは「存続している」とか「屹立して目立っている」というような意味合いが込められているのでしょう。少し気になるのは、先ほどは「過去」を無視することを非難したのに、ここでは、「過去 Zukunft」を気にしないで、「未来」だけを見ているように聞こえるので、矛盾しているような気がしますね。そうではないことは、もう少し先を読むと分かります。

おお、わが兄弟たちよ、あなたがた貴族は、うしろをふりかえってはならない。前方を見るべきだ！　あなたがたは、あらゆる父と祖父の国を追われた者であらねばならない！

あなたがたは、あなたがたの子どもたちの国を愛さなければならない。この愛をこそ、あなたがたの新しい貴族の資格とするがいい、――それは海のかなたにある未発見の国への愛である！　わたしはあなたがたの帆に命じる、この国を捜せ、捜せと！

あなたがたは、あなたがたの子どもたちによって、あなたがたの祖先を受けついでいることをつぐなわなければならない。すべての過去を、こうして救済しなければならない！　この新しい板を、わたしはあなたがたの頭上にかかげる！

「あなたがたの子どもたちによって、あなたがたは、あなたがたの祖先を受けついでいることをつぐなわなければばならない An euren Kinder sollt ihr gut machen, dass ihr eurer Väter Kinder seid」あるいは「すべての過去を、こうして救済しなければならない alles Vergangene sollt ihr so erlösen」という言い方に要約されていますね。私たちは過去における負の遺産を継承していて、それを未来においてもたらされる果実によって「償う」責任がある、というわけです。負債があることを無視して、未来を建設しようとすると、何かとんでもない欠陥を抱えて脆弱な制度を築いたり、すぐ挫折する生き方をしたり、といったことになるのでしょう。

世界にはたくさんの汚物がある。そこまでは事実だ！　しかし、だからといって、世界そのものが巨大な汚物にすぎぬとは言えない！

世界の多くのものが悪臭を放っているということのなかに、知恵がひそむ。嘔吐感そのものが、翼を生《う》み、泉をさがしだす力を創造する！

最善の人間にも、なお嘔吐をもよおさせる何かがある。最善の人間といっても、なお克服さるべき或るものなのだ！——

おお、わが兄弟たちよ、世界に多くの汚物があるということ、ここに多くの知恵がひそんでいる！——

ここはかなり逆説的な言い方をしていますね。悪臭を放っている「汚物 Koth」——原語は大きい方の「便」という意味の言葉です——というのは、世界の中の生成を続けることなく、停滞してしまって崩壊しかかっている部分、「重力の魔」のようなものを生み出している部分ということでしょう。ツァラトゥストラはそうした「汚物」を無視するのではなく、また、「汚物」だらけであることに絶望するのではなく、その「汚物」を含めた様々な事物や運動の相互作用の中から、新しい物が生まれてくる可能性があるので、それを見よ、と言っているわけです。「嘔吐感」、もう少し柔らかく言うと、現状に対する不満、不快感があるからこそ、新しいものを創造する意欲が生じる、全てに満足していたら、新しい価値を生み出す気になどなれない、というのは人生訓としてそう思っている人は多いのではないかと思います。このことと、過去の歴史、特にその負の側面を忘れてはならないというさっきの話は、同じことの異なった側面なのかもしれません。

一一二～一五頁にかけて、新しい価値を作り出すため山を登るにつれてついてくる者が少なくなり、その代わり、

「知識人 die Gebildeten」という名の「寄生虫 Schmarotzer」「蛆虫 Gewürm」が湧いてくると言って、仲間にそれに耐えるべきことを示唆しています。ツァラトゥストラは結構、こういう邪魔者を気にしている感じですね。その後も、自分たちの真の仲間、兄弟たちと、彼らの気持ちを乱す「おしまいの人間たち」に対する警戒を呼び掛けています。

次の「快癒に向かう者」という章では、洞窟に戻ったツァラトゥストラの様子が描かれています。

> 洞穴に帰ってから、あまり日数《ひかず》もたたないある朝、ツァラトゥストラは、その寝床から狂人のようにはね起きて、恐ろしい声で叫んだ。その身ぶりから察すると、ほかにもだれか寝床にいて、その者が起きあがりたがらないようであった。そのツァラトゥストラの声音《こわね》に、鷲と蛇はおどろいてとんできたし、かれの洞穴の近くにあるすべての穴や巣から、いろんな動物がわれがちに逃げだした、――飛ぶのもあり、ばたばたするのもあり、這うのもあり、はねるのもあり、それぞれの足なり翼なりをたよりに逃げて行った。ツァラトゥストラの口からでたことばはこうであった。
>
> おきてこい、深淵の思想よ、わたしの深みから出てこい！　眠り呆《ほう》けた怪物よ、わたしはおまえの雄鶏だ、夜明けだ。起きろ！　起きろ！　わたしの朝を告げる声が、おまえをめざましてやる！
>
> おまえの耳の閂《かんぬき》をはずせ、よく聞け！　こちらもおまえの声を聞きたいのだ！　起きろ！　起きろ！　つんぼの墓にも聞こえるほど、いくらでもどなってやろう！
>
> （…）
>
> このツァラトゥストラ、生の代弁者、苦悩の代弁者、円環の代弁者――が、おまえを呼ぶのだ、わたしの深淵の奥底にすむ思想よ！　うれしや！　おまえはやってくる、――おまえの声が聞こえる！　わたしの深淵が口をきく！　――わたしの最後の深みに、わたしは日の目を見させてやった！

「夜明け Morgen-Grauen」と「雄鶏 Hahn」は、キリストがペテロに、雄鶏の声を聞く前に、あなたは私を知らないと三度言うと言ったことをパロディ的に暗示しているのでしょう。タイトルに「快癒に向かう genesend」という言葉が入っていることからすると、ここでの「目覚め」というのは、それまでの世間の中での活動、偽者との闘い、嘔吐感に対する忍耐などのため疲れ切って、洞窟に戻ってきて、人間のいない環境に引きこもって、自己自身の内で蠢いているもの、原初的な欲望が自然と湧き上がってくるのを待っていたということでしょう。「鷲」と「蛇」は、ツァラトゥストラの分身で、内的な対話相手、恐らく普通の人間との会話では出てこない内容、タブーとして嫌がられるような内容について相談する相手、その意味で動物的な自己を代表する存在だと思いますが、そうした動物的な自己にさえ、予測できなかったようなものが、本当に自己なのかどうか分からないくらい、深いところから、大地の根っ子のようなところ、「深淵 Abgrund」から湧き上がってきた、というようなことでしょう。これによってツァラトゥストラは、これまでとは全く異質な存在になるのかもしれません。

この後、ツァラトゥストラは嘔吐し、七日間何も食べたり飲んだりすることなく、寝込むことになります。一三一頁で、そうした状態である彼に対して、「万物があなたを恋い慕っている」「万物があなたを癒《い》やす医者になりたがっている！」、と言われています。これは、自己と外界の垣根を取り払って、自己を楽にしてやるということでしょう。

わたしにとって――どうして『わたしの外界』などがありえよう？　『外界』などはないのだ！　ところが、われわれはあらゆる言葉のひびきを聞くごとに、そのことを忘れる。忘れるということは、なんといいことだろう！

どんな事物にも、名前やひびきが与えられているのは、人間がそうした事物によって楽しみ、元気づくためではなかろうか？　語ることは、ひとつの結構な痴《し》れごとだ。語ることによって、われわれは万物のうえを踊りこえて行く。

私にとって「外界 Aussen」がないというのは、自我による自／他の境界線引きが機能停止し、〝外〟からの刺激と〝内〟からのリアクションという区別がなくなり、様々な出来事や運動が身体の中を抵抗なく絶えず往ったり来たりしている、という状態を指しているのでしょう。物心がつかず、自分の身体と、自分ならざるものがはっきり区別できていない幼児のような状態と言っていいかもしれません。ここで「言葉の響き Töne」――原語は単に「響き」です――とか「名前 Name」の話が出てくるのは、「言葉」を習得し、事物に「名前」を付けるようになることで、私たちが、自我意識を獲得し、自他を区別するようになるからでしょう。『旧約聖書』の『創世記』で、アダムが他の生き物たちに名前を付けて支配するようになる話がありますね。ツァラトゥストラの語り口は、言葉によって人間が自然の中に組み込まれた状態から抜け出して、一段高い所で自由になるという側面と、それによって、「外界」と自分の間に壁ができてしまう、という側面があることを示しているようです。

先ほど、牧人の喉に入り込んだ蛇の話が出てきましたが、一三三頁に、「また、あの怪物がわたしの喉にはいりこみ、わたしの息の根をとめたことも！　だが、わたしはその頭を噛みきって、吐きすてた」、とあります。ということは、「牧人」はツァラトゥストラの分身だった、ということでしょう。また、ここでの流れからすると、喉に入り込む「蛇」というのは、自他を区分して、自分の「言葉」（ロゴス）によって事物を把握し、支配しようとする、反省的自我意識のことでしょう。これは、エデンの園で蛇が、エバに「善悪の知識の木」の実を取って食べるよう促したことと符合するように思えます。つまり、牧人＝ツァラトゥストラは、これまで「言葉」によって自意識を強化し、強くなろうとしたが、自意識ゆえに、自家中毒症を起こして苦しくなっていたが、そうした「言葉」による自己把握を超克する目途を付けた、ということでしょう。言葉によって自意識の自家中毒に陥るというのは、「私は、エゴイズムを克服した人間である」「私は悟った人間である」「私は選ばれし者である」、という風に、「私は●○である」と、言葉で自己規定して、それに合わせて生きようとする、ということです。そういう言葉による自己支配が「蛇」だとすると、それを噛み砕くというのは、たとえ言語を使っていても、もはや言語による自己規定に縛られないよう、自己を解放した、ということでしょう。

人間は自分自身に対するとき、最も残酷な動物となる。『罪人《つみびと》』とか『十字架を負う者』とか『贖罪者』とか自称するすべての者において、こうした嘆きと攻撃のなかに隠れている快楽を聞きもらさないことだ！

そしてわたし自身が――このようなことを言うことによって、『人間』の攻撃者になろうとするのだろうか？　ああ、わが動物たちよ、わたしがこれまでに学んだことは、ただひとつつぎのことだ。すなわち、人間にとっては、かれの最悪のものが、かれの最善のもののために必要だということだ、――

――最悪のものはすべて人間の最善の力であり、最高の創造者にとっては、最も硬質の石材だということ、そして、人間はより善くなると同時に、より悪くならなければならないということ、これだ。——人間というものは悪だ、とわたしは悟ったが、この十字架にかかってわたしは苦しんだのではなかった。——いや、わたしは叫んだのだ。いままでのだれよりも大きな声で——。

『ああ、人間における最悪といっても、じつに知れたものではないか！　ああ、人間における最善といっても、じつに知れたものではないか！』

人間に対しての大いなる嫌悪——それがわたしの首をしめ、わたしの喉《のど》のなかに這《は》いこんだのだ。そしてあの預言者の『一切は空しい。一切はなんの甲斐《かい》もない。知識はわれわれの首をしめる』と預言したことばが。

ここからすると、「蛇」というのは、自分自身を嫌悪し、苦しめる者としての人間自身であり、「かれの最悪のもの sein Bösestes」というのは、自分のことを意識し、罪深いといって自責の念を覚えさせたり、人生の無意味さを説いたりする、言葉ゆえの自家中毒のことでしょう。それが人間における「最善のもの sein Bestes」でもあるというのは、それが強まっていくことによって、「人間」であること自体に価値があるという幻想が崩壊し、抑圧されていた「力」が解放されて、「超人」がやって来る準備になるという意味合いでしょう。

一五三頁から「七つの封印」という章があります。このタイトルは、『ヨハネの黙示録』に出てくる、子羊がそれを解くと封印されていた七つの災厄が暴れ出し、アルマゲドンの闘いが始まるという、「七つの封印」のもじりです。封印が解かれて出てきたものの中身はぼんやりしていて、さほど意味はないような気がするのですが、非常にポジティヴな感じにはなっています。

例えば、一五八頁の第六の封印のところを見てください。

すべての重いものが軽くなり、すべての身体が舞踏者になり、すべての精神が鳥になること、それがわたしのアルパであり、オメガなのだ。まことに、それこそわたしのアルパであり、オメガなのだ！

おお、どうしてこうしたわたしが、永遠をもとめるはげしい欲情に燃えずにいられようか？　指輪のなかの指輪、最高の結婚指輪、——あの回帰の円環をもとめる思いに？

わたしはまだこれまでわたしの子を生ませたいと思う女性に出会ったことがなかった。このひとにだけは子

――を生ませたい。なぜなら、おお、永遠よ、わたしはあなたを愛するからだ！
わたしはあなたを愛するからだ。おお、永遠よ！

「封印 Siegel」の解放によって、歴史の終わりの終末的な破滅が訪れるのではなく、「永遠 Ewigkeit」への欲情（Brunst）、永劫回帰を求める欲望が解放されるわけですね。キリスト教でも最終的には永遠の生を得るわけですが、キリスト教の場合、これまでの地上における苦しみを全てネガティヴなものと見て、それから離脱して、現実の生とは異質な〝永遠の生〟を得る、ということになります。ここで、「永遠」を欲情するというのは、様々な苦しみを抱えた過去から現在の自分の在り方を忘却したり、ないものにしたりすることなく、今あるがままの生を肯定しようとする、ということでしょう。言い換えると、天のようなものから、お前はもう一度同じ人生のコースを歩むのが運命だと告げられても、これまで我慢して生きてきたのに来世でも解放されないのか、と絶望するのではなく、逆に、それを楽しむことができる、ということです。封印を解くことで、そうした永劫回帰への欲望が解き放たれるのは、キリスト教にとっては破滅だけど、大地から生成してくる生の流れ、永遠に続くであろう循環を肯定的に捉えられるツァラトゥストラにとっては祝福であるわけです。

「第四部」

第四部では、ツァラトゥストラの同行者になりそうな人物たち、ツァラトゥストラに近そうな人たちが彼の洞穴の近くまでやってきます。彼らとのやりとりがメインになります。ツァラトゥストラは、その人たちとコミュニケーションしようとしますが、どうもうまく行かない、齟齬がある。その齟齬を通して、ツァラトゥストラの思想の行方を示そうとしているように見えます。

一六三頁を見ると、ツァラトゥストラはまた一人になったようですね。しかも、今度は鷲や蛇も帰してしまって、完全に一人のようです。しかし、一六四～六六頁にかけて、「猟師 Jäger」とか「漁夫 Fischfänger」とか、魚や海に関係する言葉が並んでいますね。前回お話ししたように、「漁師」というのはイエスの、「魚」というのはキリスト教徒のもじりです。もう一度、世の中に出て布教しないといけないと考えるようになった、ということでしょう。ただ、一六五頁を見ると、これまでのように彼が下山して人々に教えを説くのではなく、「いまは人間たちがわたしのところまで登ってきてほしい」ということですね。

――なにしろ、わたしが待っている「徴《しるし》」、わたしの下山の時がきたという「徴」はまだあらわれないのだから。わたしがいつか果《は》たすべき人間たちへの没落には、まだ間《ま》があるのだから。

つまり、今度「下山」するのは、本当に「人間」の終わりの「徴 Zeichen」が見えてきた時で、今はまだその時ではないから下りない。しかし、同じ方向を目指している人たちと話をしたい、その必要があると考えているわけです。

――では、そのかならず来るもの、素通りできないものとは、何だろう？ それは、われわれの大いなる、ハザラ、すなわち大いなる、はるかなる人間王国、ツァラトゥストラの千年王国だ。――

「はるかな」といっても、どれほどはるかなのか？ そんなことは、わたしの知ったことではない！ それがどうであろうと、その確実さはすこしも減少しない――、わたしは両足をふみしめて、この王国の地盤の上に立っている。

――ひとつの永遠の地盤の上に、堅固な原始岩の上に、この最も高く、最も固い原始山脈の上に立っている。ここは天候のわかれ目だ。すべての嵐がこの山脈にぶつかってたずねる、「どこだ？」「どこから？」「どこへ？」

「ハザラ」は中央アジアの、今のアフガニスタンの中央に位置する地域で、ペルシアの領土になったこともあります。ゾロアスターが生きたイラン高原に隣接していて、高い山々のある地域なので、ツァラトゥストラの拠点にふさわしいと考えたのでしょう。ここで「千年王国」と言っているのは当然キリスト教の千年王国のパロディーです。「どこだ？ Wo?」「どこから？ Woher?」「どこへ？ Wohinaus?」という疑問を並べているのは、ツァラトゥストラのいるハザラの山地で、雲の流れていく方向が決まるように、ツァラトゥストラの思考の基盤となっている、生命の根源である「大地」によって、世界の行方が決まってくる、もっと単純化して言うと、人間の没落後の世界がどうなるか、彼の在り方で決まってくる、ということでしょう。

そしてツァラトゥストラの住んでいる洞穴に様々な者たちがやってきます。最初の「悲鳴 Nothschrei」という章では、「預言者 Wahrsager」がやってきます。

> ふりかえりざまに立ちあがると、どうだろう、かれのかたわらに、あの預言者が立っていた。かつて食卓にまねいて、飲食を供したことのあるあの男である。「一切は同じことだ。何ひとつ甲斐《かい》のあることはない。世界は無意味だ。知識が増大すればするほど、息の根がとまってくる」と説いた、あの「大いなる疲労」の告知者である。しかしかれの顔は以前とはまた変わっていた。

この「預言者」というのは、第二部の、「火の犬」が登場する「大いなる事件」のすぐ後、「預言者」という章で既に登場しています。ただ、引用されている台詞は若干違います。「預言者」では、この預言者の決め台詞は、「一切はむなしい。一切は同じことだ。一切はすでにあったことだ！ Alles ist leer, Alles ist gleich, Alles war!」となっていて、これは、旧約聖書の「伝道の書」の冒頭のソロモン王の言葉をもじっています。日本聖書協会が出している口語訳聖書では、この箇所は、「空の空、空の空、いっさいは空である。／日の下で人が労するすべての労苦は、その身になんの益があるか。／世は去り、世はきたる。しかし地は永遠に変らない」となっていて、「預言者」はそれを要約した内容を言っているわけです。全ては空しいというこの「預言者」の台詞に胸を打たれたツァラトゥストラは、疲れ果てた状態で歩き回り、三日間飲まず食わずで、言葉も失ってしまいます。しかし、そこで見た夢を弟子たちに語って、解釈してもらい、自分が「死のけん怠 Todesmüdigkeit」に打ち勝てる「生の代弁者 Fürsprecher des Lebens」であると悟り、元気を取り戻し、弟子たちに饗宴の準備をするように言いつけ、件の「預言者」をそこに呼び寄せます。つまり、何をやっても世界に変化はなく、意味はないではないかと、「伝道の書」をもじって悲観的な言葉を語る預言者の試練に一度は打ち勝ち、永劫回帰する生を肯定する境地に至ったツァラトゥストラですが、その預言者が以前よりも更にツァラトゥストラを消耗させそうな様子で帰ってきたわけです。ツァラトゥストラがその男の顔を見ると、あまりにも多くの灰色の告知と稲妻がその顔に走っていたので、またも驚愕に襲われました。ツァラトゥストラは落ち着いた風を装いますが、預言者は、「あなたはこの山中にあまりにも長く居すぎた。――そういつまでもあなたの小舟は安閑と陸にあがったきりではいられまい！」、と、下界で活動していないツァラトゥストラの呑気さを責めます。

――「あなたの耳にはまだ何も聞こえないのか？」と、預言者はつづけて言った。「深い淵から、物音がとどろいてのぼってくるではないか？」

何か不穏なことが起こっているようですね。それに対しツァラトゥストラは、

「あれは悲鳴だ、しかも人間の叫び声だ。おそらく黒い憂鬱の海から聞こえてくるだろう。だが、人間の苦悩などに、いまのわたしがなんのかかわりがあるだろう！　わたしの最後の罪、わたしの取って置きの罪――それが何か、あなたはきっと知っているだろう？」

「悪《あ》しき告知者よ」と、ツァラトゥストラは、ついに言った。

「同情だ！」と、預言者は感極《きわ》まったように答え、両手を高くあげた。――「おお、ツァラトゥストラ、わたしはあなたを、このあなたの最後の罪に誘惑しようとしてきたのだ！」――

そのことばが終わるか終わらないうちに、またしてもあの叫び声がひびいた。しかし前よりももっと長く、もっと不安にみち、しかもずっと近くに来ていた。「聞いたか？　おお、ツァラトゥストラ、あれを聞いたか？」と預言者は叫んだ。「あの叫び声はあなたに向けられているのだ。あなたに叫んでいるのだ。『さあ、さあ、さあ、時は来た！　いよいよ時は迫った』と呼んでいるのだ。」――

ツァラトゥストラはそれには答えなかった。かれの心は乱れ、動転《どうてん》していた。ついにかれは思いまどう者のようにたずねた。「それにしても、あそこでわたしを呼んでいるのは、だれなのだ？」

「知っているはずなのに」と、預言者は激しく答えた。「どうしてあなたは自分で自分にかくそうとするのか？　あなたを求めて叫んでいるのは『ましな人間』なのだ！」

これはありそうな話ですね。ツァラトゥストラは、時が来るまでは下界の人間がどれだけ苦しもうと関係ないというスタンスを取り続けるつもりなのだけど、預言者は、みんながこんなに苦しんで「悲鳴」をあげているのに、おまえは放っておくのか、「同情 Mitleiden」しないのか、と言っているわけです。映画やドラマで、悟ったような

感じで何もしないと決めた主人公に対して、脇役が、あなたはこの民衆の苦しみが分からないのですか、と諫めるシーンがよくありますね。ヒーロー待望の演出です。ここでは、預言者もツァラトゥストラ自身も、彼に苦しむ民衆を救う力があることを前提にしているわけですが、これはアイロニーなのか、本気なのか。アイロニーだと思いたいですね。

「ましな人間」というのが微妙ですね。この後、その「ましな人間」らしき人たちが続々出てきます。しばらく後に「『ましな人間』について」という章が出てきます。原語は〈der höhere Mensch〉で、正確には、「より高い人間」あるいは「より高貴な人間」です。ツァラトゥストラが山の高い所にいるので、普通の地上の人間よりは、彼の場所に近い存在だということでしょう。彼らは、ツァラトゥストラの同志になってくれる存在かもしれませんが、足を引っ張る存在かもしれません。

下山を迫る預言者に対してツァラトゥストラは、「否！　否！　三たび否！ Nein! Nein! Drei Mal Nein!」と叫びます――この後、ツァラトゥストラはこのフレーズを何度も使います。これもペテロがイエスを三度否定した話のパロディーですが、この場合は、弟子ではなくて、師の方が否定しているわけですね。ただ、預言者の言うことが見当外れなのなら、何故こんなに反論しているのか、という感じで、必死に反論していますね。ニーチェ自身の中での動揺を表しているようですね。そしてツァラトゥストラは、森の中で「ましな人間」探しを始めます。

ツァラトゥストラは山と森の中を一時間歩き回って、二人の王に出会います。王たちは、地上の王というものが限界になったと言ってツァラトゥストラを訪ねてきます。彼らは一頭の驢馬に荷物を載せて自分たちの前を歩かせています。それを見たツァラトゥストラは、「奇妙だ！　奇妙だ！　つじつまがあわない！　王さまが二人いるのに――驢馬は一ぴきしかない！」と小声でささやきます。これは、イエスが驢馬に跨ってエルサレムに入城したという話のパロディーでしょう。「一匹の驢馬」に対して「二人の王」というのは、恐らく、王の権威を支える者が少なくなっている、本来の半分くらいになっている、ということ、あるいは、ドイツとフランスのように国家同士のにらみ合いが続いて不均衡な状態にある、ということでしょう。ドイツにおける、ドイツ帝国とオーストリア＝ハンガリー帝国の並立状態を象徴しているかもしれません。王たちは、自分たちの治める国は、権力や名誉を求め

［I-A ⇔ Ja］

驢馬の嘶きを表す〈I-A〉＝イエスという意味の〈Ja〉

ツァラトゥストラが期待している、「生」をそのまま肯定できる存在が、人間を超えているとしたら、それはひょっとすると、〈Ja〉と聞こえる音を発する驢馬のような存在。

る「賤民」だらけの国となってしまい、どうしようもないと嘆きます。「おしまいの人間」ばかりに環境に嫌気が差している感じですね。自分たちが最高の人間ではなく、支配者に相応しくないことを分かっていて、自分たちより「ましな人間」を求めてここまで来てしまった、ということです。ただ、まだ王としてのプライドがあって、なかなか素直に彼の言葉に耳を傾けられないようですね。彼らは、国家の権威や栄光が揺らぎ、王侯の地位もいつ崩壊するか分からないことの象徴でしょう。

一七九頁にこの王たちの連れてきた驢馬の描写があります。イスラエルの王が跨るべき驢馬のパロディーです。

――（このとき思いがけず、驢馬が口をきいたのであった。というのは、はっきりと、そして悪意をこめて、長い耳をした驢馬は「さよう、さよう」と、嘶《いなな》いたのである。）

先ほどのように、驢馬の嘶きを表す〈I-A〉と、イエスという意味の〈Ja〉がほぼ同じ音になるのを利用した言葉遊びですね。ツァラトゥストラが期待している、「生」をそのまま肯定できる存在が、人間を超えているとしたら、それはひょっとすると、〈Ja〉と聞こえる音を発する驢馬のような存在かもしれません。ツァラトゥストラの自嘲とも取れるし、本当に超人は動物のようになる、と予感しているのかもしれません。仏教系の説話とかトルストイの創作民話とかに、悟りを開くと、言葉を失って動物のように素朴になる、というイメージがありますが、この［I-A⇔Ja］はそういうイメージに対応しているような感じがしますね。

その後、ツァラトゥストラは次々と、「ましな人間」らしい人たちと出会います。一八二頁にはツァラトゥストラに飛び掛かって、踏みつけられる男が出てきます。彼は「わたしは良心的な学究（der Gewissenhafte des Geistes）だ」（一八五頁）と答えます。この男は、自分ほど学問に関して細かく厳密な者はいないと名乗りますが、そのやり方はツァラトゥストラから学んだ、と言います。そして、その研究の対象は「蛭の脳髄 des Blutegels Hirn」だと言います。

これがどういうタイプのツァラトゥストラのエピゴーネンのことか分かりますね。細かいことを厳密に研究する知的良心を保つこと、学問を通しての精神鍛錬こそが、超人への道だと勘違いしている人です。

わたしの知的良心は、わたしがひとつのことだけ知って、他の一切を知らないようにと要求する。およそ中途半ぱな知識のもちぬし、おぼろげな者、はっきりきまらない者、のぼせて夢見ごこちの者を見ると、わたしは嘔吐をもよおす。

純粋に知的修業の果てに悟りがあると思っている感じですね。山の中にこもったり、布教のためにあちこち歩き回っているツァラトゥストラの行状からすると、とんでもない勘違いをしている感じですが、古典文献学者であるニーチェのエピゴーネンとしてだったら、こういう人がいてもおかしくなさそうですね。実際、ニーチェの文献学的研究をやっていて、ニーチェを厳密に理解している自分こそが、ニーチェの超人思想の真髄を摑んでいると勘違いしてそうな人はいますね。

次に「魔術師 Zauberer」が登場します。身もだえして、叫び声をあげています。延々と嘆きの歌を歌いますが、どうも自分の中に「知られない神 unbekannter Gott」が入り込んで、自分にいろんな刺激を与え、苦しませていると感じているようですね。「未知の熱病に襲われた悪寒」とか「するどく冷たい氷の矢を浴びる戦慄」「あなたの稲妻」など、神に憑かれた者が口にする典型的な台詞を口にしていますが、次第に、それが苦しめられていることに対する恨みになり、「『知られない』盗人」とか「死刑執行人」とか罵りますが、それでも最後は、「――行かないでくれ、もどってくれ！　あなたのすべての拷問とともに！」と、マゾ的な態度を示します。「おお、もどってきてくれ、わたしの『知られない』神よ！　私の苦痛よ！　私の幸福よ！」。これは、神が、サタンによる試練を許可したことによって苦しめられ、神に恨みごとを言いながら、神を慕う旧約聖書のヨブのよう、というより、ヨブをマゾヒスト風にパロディー化した感じですね。

それに対してツァラトゥストラは、「やめろ！　俳優め！　贋金つくりめ！　底の底からの嘘つきめ！」、と罵っています。つまり、霊感に打たれている芝居をしている、ということです。それを「魔術師」も認めたうえで、自分は本物であるツァラトゥストラを求めている、と言います。こんな人もいそうですね。偽の霊感を見破られて、「いや、私はあなたに憧れて、あなたのようになろうとして、こんな芝居をしてしまったのです」、とか言いそうな人。こういう人にどう対応するか難しいですね。下手に相手の言い分を認めると、自分も下手な俳優になってしまう。ツァラトゥストラは、「わたしはひとを欺く者などをすこしも警戒していない。一切の用心を捨てなければならない。これこそ私の運命が要求していることだ」、と平静を装っていますが、扱いにくそうな感じです。

次に最後の法王になってしまった老法王と出会います。章のタイトルは「退職 Ausser Dienst」となっていますね。英語の〈out of service〉に当たる表現で、正確に訳すと、「役目を終えて」「お役御免になって」でしょう。神が死んだと分かったので、役目が終わったということでしょう。ツァラトゥストラは彼に神がどのように死んだのか尋ねます。法王の言い分を少し見ておきましょう。

かれは秘密に富んだ隠れた神だった。実際、ひとり息子を生ませるにも、人目《ひとめ》を忍ぶみちを通《とお》った。かれの信仰の門口《かどぐち》には、姦通がある。

かれを愛の神として讃える者は、愛そのものを十分に尊重していない者だ。この神は審判者を演じようとしたではないか？　愛する者なら、報酬や報復を超えているはずではないか？

かれ、この東方から来た神が、まだ若かったときは、苛酷で、復讐心が強かった。そして自分のとりまきどもをうれしがらせるために地獄をこしらえた。

しかし、かれもついに年を取り、心弱くなり、意気地《いくじ》をなくし、同情ぶかくなった。父親らしく、というより、祖父らしくなった。むしろ、よぼよぼの祖母にひどく似てきた。

衰弱して、暖炉の隅にすわり、脚がだめになったとこぼした。この世に倦《う》み、慾も得《とく》もなくなった。そして、ある日、同情の大きなかたまりがのどにつかえて死んだ。

キリスト教の神の神秘的なイメージをわざと肉体的・性的に解釈しているわけですね。「隠れた神 ein verborgener Gott」というのは、神が人知を超えた存在であることを示すキリスト教の用語で、ルターや神学者のニコラウス・クザーヌス（一四〇一－六四）、パスカル（一六六二－六九）などが「隠れた神」について論じています。その

「隠れた」という性格を、ニーチェは、イエスの処女懐胎と呼ばれているものと結び付けているわけですね。人目を忍んで姦通したので、父親が分からない、という話にしているわけですね。

神が愛の神であると同時に、人間の生前の行いを裁く審判者であるというのが矛盾しているのは、しばしば指摘される素朴な疑問です。旧約の神は、ユダヤ人に苛酷な要求をし、自らが復讐する神であることを明言していますが、新約の神はそうではない。どうして同じ神と言えるのか。「東方から来た神 Gott aus dem Morgenlande」という言い方は、恐らく、東方から戻って来るディオニュソスとかぶせているのでしょう。最初は、敵に勝利して、地獄に叩き落とすことに快楽を覚えるような、競争心、報復心の強い神だったのだけど、年を取って気力が落ちて丸くなっていったのを、私たちは愛だと捉えてきた、ということでしょう。西欧のキリスト教圏の人々は、人妻のところに忍んでくるような淫らで、嫉妬深く怒りっぽい東方出身の神の老いた姿を崇めてきたことになります。法王だけでなく、神もまた年老いて引退せざるを得なくなった、ということでしょう。

「最も醜い人間 der hässlichste Mensch」（二一〇頁）も登場します。彼は地面にうずくまって苦しがっていて、人間とは分からないような雰囲気でした。ツァラトゥストラによると、彼は「神の殺害者 der Mörder Gottes」が苦しんでいる彼に同情の態度を示してくれたので、彼はツァラトゥストラにすがろうとします。彼は神を殺したせいで人々に迫害されていると言います。イスカリオテのユダのイメージでしょうが、具体的には、ユダヤ人とか無神論者扱いされている人を指していると考えられます。ツァラトゥストラは「同情」など無視すると言ったうえで、今の世の中では、「小さい人間たち die kleine Leute」の言い分ばかり聞いていて、「小さい人間たちが善と呼ぶものだけが、善である」と言われていると愚痴を言います。恐らく、「同情」は「小さい人間たち」の傷のなめ合い、奴隷道徳の基礎のようなものと見なされているのでしょう。この「小さい人間たち」出身の説教者が「わたしは――真理である」と説いている、ということですが、これは明らかに、殺された神であるイエスのもじりですね。つまり、殺された神も、そうした意味での「同情」の権化だったということになるでしょう。折角殺してくれたと思ったのに、その当人が「同情」を欲していることに、ツァラトゥストラは嫌気が差しているのでしょう。ということは、人間は、イエスが広めた「小さい者たち」の「同情」の道徳を克服したつもりでも、なかなか離れられないであがき続けることになる、ということを、「最も醜い人間」は象徴しているのでしょう。

次に、「柔和な人 ein friedfertiger Mensch」「山上の垂訓者 Bergprediger」（二二〇頁）に遭遇します。これは殺されたはずのイエスそのものですね。彼は山上の垂訓を実践するために、求めて乞食になったということです。その彼が自らの口で「あなたも知ってのとおり、賤民と奴隷の反乱の時が来たのだ」、と言っています。イエスも自分の教えの帰結に嫌気が差して悪態をついている、という感じでしょう。それに対して、ツァラトゥストラはそれは「肉食の人 Fleischer」の言い方で、あなたのような「菜食の人 Pflanzer」にはそういう激烈な台詞は合わない、と言っています。

そして、「あなたの影だ！」（二二六頁）と自称する人物が登場します。ここに登場してきた全ての人間がツァラトゥストラの影だと言えそうですが、この人物は、自分は「漂泊者 ein Wanderer」で、これまであらゆる境界石や偶像を壊し、最も危険な願望を実現してきた、自分自身に「真理といえるものはない。何をしても許される」と言い聞かせてきた、と長々と、確かにツァラトゥストラっぽい自己紹介をします――因みに、ニーチェは、『ツァラトゥストラ』に先立って、後に『人間的な、あまりに人間的な』の第二巻（一八八六）に組み込まれることになる、『漂泊者とその影 Der Wanderer und sein Schatten』（一八八〇）という箴言集を刊行しています。最後に次のように言っています。

――『わたしの故郷は――どこにあるのか？』わたしはたずねた。捜しに捜した。それは見つからなかった。おお、永遠の遍在よ、永遠の不在よ、おお、永遠の――徒労よ！

これに対してツァラトゥストラは彼が自分の影であることを認め、常に腰が落ち着かない「自由な精神 freier Geist」にとって、「狭くて、動かないもの」、牢獄の方が安心できると言って、そういう所に入り込まないよう警告します。

――あなたは目的を失った。ああ、どうしてあなたはこの喪失をごまかし、まぎらわすことができるだろう？同時に――あなたは歩むべき道をも失ったのだ！

――あわれな流浪者よ、浮かれた者よ、疲れた蝶よ！　あなたは今夜、憩いの宿にありつきたいとは思わないの

一人で漂白を続けるべきか、
「ましな人間たち」の共同体を作るべきか

※「漂泊者」であり続けるのは辛いので、どうしても共同体を持ちたくなる誘惑が生じてくる。それが「影」。その共同体への欲求をどう処理するか。➡後期のニーチェにとっての重要な思想的課題。

――か？　その気があるのなら、わたしの洞穴に行くがいい！

この言い方は、影の方はネガティヴな道に迷い込んでいるようだが、自分は仲間と共に共同体を築きつつあるので、お前もこっちに来い、と誘っているわけですが、釈然としないですね。普通に考えて、洞穴は狭いですし、既にツァラトゥストラになり損なって、迷っている「ましな人間たち」で一杯です。そんな連中を集めてどうなるのか。ニーチェ自身、一人で漂白を続けるべきか、「ましな人間たち」の共同体を作るべきか迷っているのかもしれません。これまで見てきたように「漂泊者」であり続けるのは辛いので、どうしても共同体を持ちたくなる誘惑が生じてきて、それが「影」なのでしょうが、その共同体への欲求をどう処理するかが、後期のニーチェにとっての重要な思想的課題だったのではないかと思います。

二三三頁からの「正午」という章で話題になっている「正午」というのは、巻末の訳者解説でも指摘があるように、「大いなる正午」そのものではなく、いろいろなものが眠りに落ちてしまう、古代の文学に出てくる正午のようです。先ほど「午後」という言葉で表現されていた時間とイメージ的にかぶっている感じがしますね。二三五頁の「いまは牧人もその笛を吹かない、秘《ひそ》やかな、おごそかな時刻だ」、というフレーズとか「老いた正午」といった表現は、先ほどもお話ししたパンの眠りを連想させますね。パンが眠りにつく時間というのが、「正午」か「午後」かさほど明確ではないようです。マラルメ（一八四二―九八）の詩に『半獣神の午後 L'Après-midi d'un Faune』というのがあります。先ほどの「午後」の場合と同じように、ツァラトゥストラは、没落へと向かっていく自身の人生の午後と、太古のパンの眠りを連想させるような自然の風景を重ね合わせているのでしょう。

ツァラトゥストラはパンのようにまどろんだ後、「挨拶」という章で、自分の洞穴に戻っていきます。先ほど出会った、「預言者」や驢馬も含めた「ましな人間たち」が集まっています。これは合わせて九人＋一匹で、それに鷲と蛇が加わると一二になります。ツァラトゥストラは彼らとあいさつを交わします。多くの人が彼を待望していることを示唆する一同に対してツァラトゥストラは、あなたたちは「ましな人間たち」かもしれないが、私にとっては、「十分に高くもなければ強くもない」、と突き放します。私が待っているのはあなた方ではなく、「より高い者、より強い者、より勝利を確信する者、より快活な者」であり、私があなたたちに期待するのは、そうした、わたしのところに向かっているはずの「わたしの子どもたち meine Kinder」について語ってくれることだ、と言います。何か偉そうで虫がいい話ですね（笑）。

そうは言うものの、ツァラトゥストラは彼らと「晩餐 das Abendmahl」を共にします。明らかにキリストの最後の晩餐のパロディーですね。ただ、ツァラトゥストラ自身が誘ったわけではなく、「預言者」があなたは私を食事に誘ったはずだ、と言って食事を要求したせいで、そういうことになってしまったわけです。

「のどの渇きもふくめての話だ」と、預言者はつづけて言った。「ここには水のせせらぎの音がたえず聞こえる。知恵のことばのようだ。滾々《こんこん》として倦むことを知らない。だが、わたしの欲しいのは――葡萄酒だ！

だれもがツァラトゥストラのように、生まれながらの水好《ず》きというわけにはいかない。また水は疲れた者、衰弱した者の役にはたたない。つまりわれわれの仲間は葡萄酒にかぎるのだ。――葡萄酒であってこそすみやかな快癒とたちどころの健康を与えてくれる！」

葡萄酒はキリストの血の象徴ですが、ディオニュソスの象徴でもあります。厳粛な神聖さと、快楽による恍惚。状況的に前者の葡萄酒だと思わせておいて、預言者が求めているのは、実はリアルな葡萄酒、恐らくディオニュソス的な状態をもたらすものとしての葡萄酒だというオチです。ツァラトゥストラがそんなものはないと言うと、左手の王がそれは我々が持ってきたが、またパンはないと言います。ツァラトゥストラは、パンなどはない、隠者には縁がないと言いながら、「ひとはパンだけで生きるのではない。良い子羊の肉によっても生きる」、といかにもオチを付けます（笑）。単に肉と言わないで、「子羊の肉」と言っているところがいいですね。子羊も何か神聖なものの象徴ですね。

二五三頁で、「ましな人間について」語り始めます。自分が最初山から下りて、普通の人間に語りかけて、死体しか手に入らなかったのは失敗だったと認めたうえで、「賤民」たちとは異なる、「ましな人間たち」の自分にとっての存在意義を語り始めます。

あなたがた、「ましな人間」たちよ。わたしによって学ぶがいい。広場では、だれひとり「ましな人間」などを信じる者はいないということを。あなたがたが広場で語りたいなら、いくらでもやるがいい！　だが賤民たちは目をぱちくりさせて言うだろう。「われわれはみな平等のはずだ」と。

「あなたがた、『ましな人間』たちよ。――賤民は目をぱちくりさせてこう言うだろうい、『「ましな人間」などは存在しない。われわれはみな平等だ。人間は人間である。神のまえでは――われわれはみな平等だ！』」

神のまえでは！　――ところが、その神が死んだ。賤民のまえでは、われわれは平等であることを欲しない。

あなたがた、「ましな人間」たちよ、広場を去ることだ！

「賤民」というのは、民主主義思想や社会主義思想の影響を受けて、人間はみな「平等」だと考えている人たちのことのようですね。前回読んだ第二部では、「平等への意志」を説く毒蜘蛛タランテラが登場しましたね。神が死んで、神の名による権威が失墜すると、平等主義が強まるのは普通のように思えますが、それは「超人」への道に反する、ということでしょう。神の死に直面して、平等主義の狂乱に参加しないで、「超人」への道を求める姿勢を持つことが、「ましな人間」であることの徴なのでしょう。彼は、「ましな人間たち」に自分と同じように広場から去れ、賤民の相手をしてはいけない、と諭しているわけですね。細かいことですが、「広場」の原語は〈Markt〉で、これは「市場」です。商売の場というより、人々が集まって噂を広めている場のようなものを指しているから、「広場」と訳したのでしょう。ベーコンの「市場のイドラ idola fori」の「市場」と同じような意味で。ただ、「ましな人間たち」は、知識人でもあるので、本などの形で知識を得る市場という意味も込めているかもしれません。

不安でたまらない連中は、こんにち、「どうしたら人間を保存することができるか？」と、尋ねている。しかしツァラトゥストラは、唯一の、最初の者として尋ねるのだ。「どうしたら人間を克服することができるのか？」と。

わたしの心を占《し》めているのは超人だ。かれこそ、わたしにとって第一の、唯一の心がかりであって――人間

――などではない。隣人とか、貧しい者とか、悩める者とか、善い者とかではない。――

「人間を克服する」ということのイメージが少し具体的になりましたね。どうも、キリスト教が想定したような、あるべき「人間」の姿に囚われている人たちのことを、「人間」と言っているわけです。「超人」というのは、それとは生物学的・心理学的にどうなるかは別として、それとは異質な、隣人とか弱い者のことに囚われない、新たな価値に従って生きる存在ということになりそうです。

――あなたがた、「ましな人間」たちよ、小さな美徳を克服せよ。ちっぽけな知恵、砂粒のような配慮、蟻のうごめき、あわれむべき快適、「最大多数の幸福」を！

「最大多数の幸福 Glück der Meisten」というのは功利主義のことですね。現代の哲学では、個人の権利よりも、「最大多数の最大幸福」を追求するベンサム流の功利主義は非人間的と見られがちですが、ツァラトゥストラにとっては、どうでもいいような賤民のことを勘定しているという点で、賤民の思想であるわけですね。

二六二頁に、後のハイデガーを連想させる、哲学的な言い回しが見られます。「隣人のために für den Nächsten」と説く、賤民たちの広場の思想を批判して、

――あなたがた創造者たちよ！　この「……のために」を忘れることだ。こうした「……のために」「……の目的で」「……の理由で」などでは決して行わないということを、まさしくあなたがたの創造の徳は要求しているのだ。こうしたいつわりの小さな言葉に対して、あなたがたの耳をふさぐべきだ。

「……〇〇」となっているところの原語はそれぞれ〈für〉〈um〉〈weil〉で、英語だと大体〈for〉、〈in order to〉の〈in order〉、〈because〉に当たります。つまり、目的を表す日常語です。ハイデガー風に解釈すると、私たちの日常は、外に出るため服を着替える、外に出るのは会社に行くため、会社に行くのは仕事をするため、仕事をするのはその代価として給料をもらうため、給料をもらうのはそれによって生活に必要なものを買うため、〇〇が必要なのは△△のため……というのは、目的の連鎖の中で、やることがほぼ決まっています。日常の会話で何の気なしに使う言葉は、そうした連鎖を示しています――この辺のことは、拙著『ハイデガー哲学入門』（講談社現代新書）をご覧ください。そういうのに囚われたままでは、大したことはできないですね。「超人」はそうした既成の

「……のために」の連鎖を断ち切って、自分で新たな価値の連鎖を作り出す、ということでしょう。

二六九頁の第一八節からこの章の最後にかけて、「哄笑 Lachen」することを学ぶように説いていますね。これは生の「苦しみ」を説き、厳粛であるように戒めてきたキリスト教の規範から解き放たれて、（たとえ苦痛があっても）生を享受し、重くならないようにする、踊り続ける姿勢ということでしょう。

このようにツァラトゥストラは「ましな人間たち」に教えを説きますが、彼らと一緒にいると嫌な匂いがするようで、外の空気を吸いに洞窟を出ます。二匹の動物だけ連れて出ます。この二匹は、恐らくツァラトゥストラの分身でしょう。すると、その間老魔術師が、私たちのところに、ツァラトゥストラの宿敵、「憂鬱の悪魔 der schwermuthige Teufel」が訪れていると言い出して、皆を煽動し始めます。二七二頁以降、魔術師はこの悪魔に関する歌を歌います。内容からすると、「ましな人間たち」が真理の探究者を気取っているのを、「道化」だ、「詩人」だと言ってあざ笑っている感じですね。

「学問」という章では、細かい真理に拘っていた「良心的な学究」が食ってかかりますが、魔術師は余裕を見せて、あなたには私の歌がよく分からなかったろう、とバカにした態度を見せます。そこで学究は向きになって、私とあなた方は違ったものを求めていると言います。学究が「確実なもの」を求めているのに対して、「ましな人間たち」は確実さではなく、「不確実さ Unsicherheit」「戦慄 Schauder」「危険 Gefahr」を求めている、と言います。学究によると、「恐怖感 Furcht」こそが人間の原初感情で、あらゆるものの起源です。「原罪 Erbsünde」も「原徳 Erbtugend」も、そして彼自身の徳である「学問」も恐怖感から生まれてきた、と言います。これ自体は、ニーチェ本人が言ってもおかしくなさそうですが、ニーチェは、「恐怖感」の更に根底に、ディオニュソス的恍惚とか、生を肯定する喜び、哄笑がある、と言いそうな気もしますね。

恐らく、魔術師と学究のやりとりは、自分は「確実なもの」を求めているのか、「不確実さ」を求めているのか、あるいは、私の欲望の全ては恐怖感から生まれてきた空しいものにすぎないのか、というニーチェ自身の迷いを示しているのでしょう。そこにツァラトゥストラが帰ってきて、学究の言葉を笑い飛ばし、あなたの真理を逆転させてやる、と言います。彼の言ったことは例外で、「勇気 Muth」こそ、先史時代における人間の根源的感情だ、それこそ今日ツァラトゥストラと呼ばれているものだと主張します。すると、一同大笑いし、憂鬱の悪魔が退散する。「恐怖感」か「勇気」か、という言葉より、〝真理〟を笑い飛ばす態度の方が大事なようですね。

そこでツァラトゥストラは再び出て行こうとしますが、漂泊者＝影は行かないでくれ、また悲惨な思いに取り憑かれる、と言い出し、自分の作った「砂漠の娘たちのもとで」という歌を歌い出します。「砂漠」は前回読んだ第一部にも出てきましたね。恐らく、キリスト教、ユダヤ教、ゾロアスター教にとっての共通のまほろば、人間にとっての原初の空間のような意味が込められていたのでしょう。前回読んだところでは、試練の場のようなイメージでしたが、ここでは「可愛い女の子たち」「オアシス」「南国の果実」「すばらしい空気」といった言葉から連想されるように、むしろ、新しい力を与えてくれる場のような感じですね。ヨーロッパからやってきた影は、この地の神に、「ヨーロッパを改善してくださいませ！」、と祈ります。

歌の後、「ましな人間たち」はまた笑い出しますが、ツァラトゥストラは迷惑そうにしながらも、「重力の魔」が去り、「ましな人間たち」が快癒したことに一応喜びます。しかし、彼らが急に静かになり、信心深い様子を見せるようになったことに恐怖を覚えます。というのも、彼らは驢馬を賛美し始めます。偶像崇拝というより、生きた動物だから、むしろアニミズムですね。

アーメン！　さんび、栄光、知恵、感謝、ほまれ、勢いが、世々限りなく、われらの神にありますように！

――すると驢馬は、それに応《こた》えて、「さよう、さよう」と嘶《いなな》いた。

われらの神はわれらの重荷を負い、僕《しもべ》のかたちをとり、心から忍耐強く、決して「いや」と言われません。また、神を愛する者は、この神を懲《こ》らしめることになっています。

――すると驢馬は、これに応えて、「さよう、さよう」と嘶いた。

驢馬は恐らく普通に嘶いているだけですが、彼らはそれを、自分たちの祈りを聞き届けてくれる神の返事、応答のように聞いているのでしょう。啓示というのは、そもそもそういうものかもしれません。これが「驢馬祭り」（三〇六頁）です。

――しかし、ここまで連禱が来たとき、ツァラトゥストラはもうがまんができなくなった。かれ自身、驢馬よりももっと高い声で「さよう、さよう」と叫ぶと、乱心した客人たちの中におどりこんだ。「いったいあなたがたは何をしているのだ、人の子たちよ?」と、かれは祈っている者たちを地面から引きおこして叫んだ。「ツァラトゥストラ以外の誰かに見られたら、どうだろう!

みんなこう判断するにちがいない。そんな新しい信仰をはじめたあなたがたは、このうえなく極悪《ごくあく》な瀆神の徒か、さもなければこのうえなく愚かな老婆と選ぶところがないと!

それにあなたまで、老法王よ、あなたまでがこのように驢馬を神としておがんだりして、それでご自身の納得が行くのか?」――


笑い飛ばすかと思ったら、本気で怒ってしまいましたね。しかも、本人も驢馬と同じように、〈I-A〉と嘶いているわけですね。言葉が崩壊しかかっているのに、言葉に意味を持たせることに拘っているわけですね。ツァラトゥストラは本気で祭りをやめさせたいのか、それとも、騒ぎをエスカレートさせたいのか? わたしの言葉が通じていない、私のやっていることに意味はあるのか、というニーチェの苛立ちを反映しているのかもしれません。

ツァラトゥストラは、「ましな人間たち」に本心か、と問いかけますが、彼らは自分たちがバカげたことをやっているのは承知だが、何かを崇拝せざるを得ない。良心的学究によると、あまりにも知恵を持ちすぎている者は「気違いじみたことに溺れたがる」「あなたにしてからが、知恵がありすぎて、一匹の驢馬になりかねない」、ということです。分かりますね。知恵があると、言葉に究極の意味などないことは分かってしまうので、それに耐えられず、おかしくなってしまう、ということですね。三一三頁を見ると、ツァラトゥストラも最後は、こうした「あたらしい祭り」、はめをはずしたバカ騒ぎが、自分たちにとって大事である、ということを認めていますね。

次の「酔歌」という章では、「ましな人間たち」は外へ出て行きます。彼らの間を幸福と沈黙が支配し、イスカリオテのユダっぽい「最も醜い人間」は自分は今これまで生きてきたことに満足している、と言い、他の者たちも自分たちが快癒したことに気付き、ツァラトゥストラに感謝を捧げます。そこでツァラトゥストラは「真夜中(Mitternacht)は近づいた」「時は来た。夜の中へ出かけよう!」と言います。恐らく、ゲッセマネの園のパロディーでしょう。「真夜中」は、「大いなる正午」に向かっていく新しい日の始まりと考えられます。ツァラトゥストラによると、「真夜中」には「昼間には声を発することを許されなかった多くのもの」の声が聞こえてきます。人間的な常識によって抑圧されていた、無意識が浮上してくる、ということでしょう。ドイツ・ロマン派、特にノヴァーリス（一七七二－一八〇一）にこういう夜のイメージがあります。

最後の「徴 Das Zeichen」という章では、一夜明けて目を覚ましたツァラトゥストラは、外に出て太陽の光を浴びて、「ましな人間たち」と喜びを分かち合おうとしますが、彼らはまだ寝ています。私が目を覚ましているのにまだ眠っている連中は、本当の道連れではない、と言い出します。私は「昼 Tag」に出て行きたいが、彼らは「わたしの朝の徴 die Zeichen meines Morgens」を理解していない、ということです。これは、イエスがゲッセマネの園の祈禱の最中に寝ていた弟子たちに失望して、運命の杯を受け入れたという話の時間をずらしたパロディーですね。「晩餐」の後だというのも符号しています。違うのは、師であるツァラトゥストラの方が陽気で、彼もちゃんと寝たということです。

三三一頁を見ると、ツァラトゥストラが「徴が来た」と言ったのに伴って、彼の足元にたくましい「獅子」が現れます。それから「ましな人間」たちが目を覚ましますが、彼らは獅子の咆える声を聞いただけで、いっせいに悲鳴をあげ、あともどりして、たちまち姿を消してしまいます。ツァラトゥストラは、前日の朝、老魔術師が「わたしはあなたをあなたの最後の罪に誘惑しようとしてやってきたのだ」、と言ったのを思い出します。その誘惑とは、「ましな人間たちへの『同情』Das Mitleiden mit dem höhren Menschen」であることに気付きます――今更か、という気がしますね。

> よし！　獅子は来た。わたしの子どもたちは近くにいる。ツァラトゥストラは熟《う》れた。わたしの時は来た。
> これはわたしの朝だ。わたしの昼がはじまろうとする。さあ、来い、来い、大いなる正午よ！」――
> ツァラトゥストラはこう言って、かれの洞穴をあとにした。暗い山から昇る朝日のように、燃えさかり、力強かった。

「大いなる正午」の意味が変わっている感じですね。これまでは、人類の没落の始まりのような感じで語られていましたが、「わたしの朝」「わたしの昼」という言い方からすると、その後にやってくる「大いなる正午」も彼にとっての時間かもしれません。自分と同じような「ましな人間」を求めるメンタリティを克服して、「人間」として従っている規範を捨て、「人間」の可能性をもはや信じることなく、獣になり切る時が、「大いなる正午」なのかもしれません。

質疑応答

Q　重力についての話はニュートンを想像しました。ニーチェは自然科学はそれほど否定していなかったと先生は前回おっしゃっていたように思うのですが、ここではそういうものを超越してしまって、視野に入っていないということでしょうか？

A　「重力の魔」は教会などの既成の価値観の比喩なので、「重力の魔」を克服することと、自然科学を否定することは何の関係もありません。「重力の場」の話をしているのではありません。「重力の魔」から解放されて体が軽くなるというのは、当然、無重力状態になることではなく、既成の価値観に囚われて重い感じがしていた体が動くようになった、感じがする、というだけのことです。永劫回帰だって、宇宙における物理的時間の流れのことを言っているのではなくて、仮にそうなった時に、どう感じるかという感じ方の問題です。

自然科学と文学的表現の多い哲学的テクストの関係について一般論を言っておきます。自然科学の法則に反するように見える比喩にいちいち目くじらを立てていると、ネット上のポストモダン批判のソーカル教信者のように、不毛な見当外れの批判をすることになってしまいます。比喩にはいろんな文学的な効果があるのですが、ソーカル教信者のような人にはそれが理解できないんでしょうね。

Q2　この本を論理的に一貫したものとして読もうとすると、混乱することが多々あったのですが、いくつかの特に分かりにくい箇所で、ニーチェ自身も探っている過程だと、ご説明いただいたので、納得できました。また重層的な襞のような比喩についても丁寧にご説明いただき、感謝します。この取っ散らかった、でも原石、鉱脈みたいなニーチェの閃き、イメージが後代の人たちに多くのインスピレーションを与えたのだと思いました。超人、永劫回帰と謳っておきながら、ではどうすればいいのか。第四部で、駄目なものを切り落としていきながら、それへの道筋をつかもうとしていたように感じました。先生は第四部について、どのような位置づけで見ていらっしゃいますか？

A2　最後の場面にあるように、人間である読者、特に知識人たちに理解してもらおうとする、自らも知識人であるニーチェ自身の弱さと向き合って葛藤している状況を露骨に表現しているのではないかと思います。こういう風に言うと、個人的で些末なことが問題になっているように聞こえるかもしれないが、実は最も重要なことかもしれません。他の人間、しかも結構教養のある知識人を読者として想定しないと、こういう「超人」に関する本を書くという行為自体が無意味になります。私がどうなろうと、「超人」は到来すると確信しているのなら、こんな本を書いてじたばたする必要はありません。もし、エクリチュールを介しての意志伝達が、私たちが知っている人間固有の行為だったら、「超人」にとって、この『ツァラトゥストラはこう言った』という書物も無意味でしょう。驢馬の〈I-A〉の方が意味があるかもしれません。生理的な刺激を喚起するなどの観点で。

Q3　神の死についての質問です。ツァラトゥストラが帰途についている時の様子を描写している箇所、六六頁で、「神々は『たそがれ』て、亡びたのではない、――あれは嘘だ！　そうではない、彼らは笑いこけて――死んだのだ」とあります。古い神々とは、キリスト教から見て異教、古代ギリシアの神々のことでしょうか。ただ、その直前の、ツァラトゥストラの教えから脱落して夜番たちが語っているのは、キリストのことのようにも思えます。「かれは父親としては、子どもたちの世話を十分に見ていないよ」とか「なにしろ年をとりすぎたのだ」とか言っています。

A3　「夜番 Nachtwächter」たちが話題にしているのは、先ほどもお話しした、年老いたユダヤ=キリスト教の神々ですね。六六頁の三行目を見てください。「古い神々は、もうとっくに、かたがついた」と言っています。こちらは、おっしゃるように、キリスト教にとっての古い神々です。彼らが笑い転げたのは、「神がただひとりである！　あなたはわたしのほかに、なにものも神としてはならない」、という台詞を聞いたからだということですね。「たそがれた dämmer-ten」のではない、というのは、無論、ワーグナーの『神々の黄昏』に対する当てこすりでしょう。神々というより、キリスト教以前の古代ゲルマン神話の世界に生きていた英雄とか怪物にとっては、キリスト教は笑いとばすべき教えだったということでしょう。ワーグナーは、特に『パルジーファル』（一八八二）のような後期の作品で、「異教の神々の黄昏」、古い神々の死を、キリスト教の信仰に結び付けようとしているように見えるので、そこを皮肉っているのでしょう。神々が黄昏れた後、キリストの犠牲を象徴する聖杯で救われるなんて、呆れる、という感じでしょう。かといって、ゲルマンの神々をありがたがるつもりはない。それで、ワーグナーが滅びていったとしている神々に、笑いながら滅びていくディオニュソス的な豪快さのイメージを与えた、というところではないでしょうか。

Q3　その、第四部で老法王は、「この神は審判者を演じようとした」（二〇六頁）と言っています。ツァラトゥストラはこの神の死に方は、あなたや司祭たちのやり口で、「いく通りにも解釈されるのだ」「それは事実、不明瞭だった」（二〇七頁）と言います。この両者の発言は、神の死を――驢馬祭りの説明で先生がおっしゃったように――教会が都合のよいように利用している、ということを意味していると思いますが、その理解でよろしいでしょうか。ただ、老法王は、年老いた神が「ある日、同情の大きなかたまりがのどにつかえて死んだ」とも言っていますが、これはどういうことなのでしょうか。

Ａ３　勝手に解釈しているということでいいと思います。一つ付け足しておくとすると、ニーチェは「神」を、人間の欲望に対応する形而上学的原理としか考えておらず、加えて、「死」ではなく、「生」の流れに注目しているので、「神の死＝十字架」それ自体に意味はないと思っているはずです。正解は元からありません。何も意味がないところに無理に意味を見出そうとするから、不明瞭に見えてくるわけです。「同情の大きなかたまり」というのは、同情そのものではなく、あたかも他者に同情して共に苦しんでいるかのような印象を生じさせる、身体の状態ということでしょう。年を取ると、涙脆くなると言いますが、実際、年を取ると顔の筋肉が緩んできますし、体のふしぶしが痛んできて、別に同情しなくても、ちょっと涙が出ることは増えます（笑）。体の不調と感情の動きが相乗作用を起こして気分が不安定化すると、他人の激しい感情の表出に同調しやすくなるかもしれません。神が地上の人間の苦しみを共に苦しんでくださる、というのはそういう――キリスト教の信者になるような人の――老人的体質の表現ではないのか、と身も蓋もないことを言っているわけです。

Ｑ３　その次に出てくる「最も醜い人間」が、神の殺害者であって、「目撃者に復讐」をしたというのは、同情の目で見られることに耐えられないので、自らのプライドを保つために、目撃者である神を殺したという意味でしょうか。それは前の老法王の言う同情によって死んだ、というのと同じことを言っているのでしょうか。

Ａ３　神を殺した後、惨めになった彼が、彼を迫害する人々の「同情」に耐えられなくなった、ということを強調しているので、殺した原因も恐らく、おっしゃったように、同情されることに耐えられなくなった、ということでしょう。注意すべきは神はいないということです。神の代理であるかのように、彼を同情の目で見る他者の視線に耐えられなくなった、醜い自分を見抜かれることに耐えられなくなったので、神を象徴する存在、教会とか信仰を否定する、あるいは、特定の誰かを社会的あるいは肉体的に実際に抹殺するということをやってしまった、ということでしょう。神は元々いないので、神を殺してしまったつもりでも、実際には猶更哀れみの目で見られているような気がしてきて、余計に苦しくなっているのでしょう。他人に実際に同情されているというより、自意識過剰で醜形恐怖症のようになっているのでしょう。彼が感じているのは、本当の同情のまなざしなのかただの思い込みなのか分からないので、それが、老いた神＝キリスト教徒の身体に起こっていることと本当に同じなのか分かりません。「同情」それ自体というより、「同情」という観念から生じる思い込みが人々を支配しているのではないでしょうか。

[講義] 第5回 『道徳の系譜』前半

『道徳の系譜』とは？

一八八七年に刊行されたこの本は、ニーチェの著述家としての活動のほぼ最後の時期に属するものです。一八八九年の年頭にニーチェは完全に狂気へと陥ってしまいます。『力への意志』に取り組んでいましたが、自分の力でまとめ上げることはできませんでした。

『道徳の系譜』は、本人も序言で述べているように、その少し前に書いた『善悪の彼岸』と姉妹編です。『善悪の彼岸』は、タイトルから想像できるように、既成の道徳観をいかに乗り越えていくか、『ツァラトゥトラはこう言った』で示した路線を、具体的に探究した著作です。『善悪の彼岸』の方は論文というよりは、アフォリズム的な短い文章を集めたもので、一センテンスだけの箴言集になっている章もあります。。全体としてはニーチェの訴えようとするメッセージは読み取れるのですが、著作としての体系性は高くありません。それに比べると『道徳の系譜』は、ニーチェの著作の中では『悲劇の誕生』と並んで、論文らしい体を成しており、あまり話が飛ばず、ある程度体系的に書かれています。

扉の裏に「最近に公にした『善悪の彼岸』を補説し解説するために」（六頁）と、この著作を論文の形で執筆した意図について言及されています。訳者解説にあるように、『善悪の彼岸』に対し、ニーチェの予想を超えた誤解が読者に生じたので、改めて意図を説明し、反論するためにこの本が書かれた、という位置付けになります。

「序言」

「序言」では、これまで自分がどのように思索の道を歩んできたかを述べています。「序言　四」で執筆の直接のきっかけとなったエピソードに触れています。

道徳の起源についての私の仮説の若干を公にする最初の切っ掛けを私に与えてくれたのは、明快で、小綺麗で、小器用で、小生意気なくらいの一小冊子であった。その中では、一種の不合理な逆立ちした系譜論的仮説が、生粋《きっすい》のイギリス風の仮説が初めてはっきりと私の前に立ち現われた。――そしてそれが私を惹《ひ》きつけた――すべての反対物、すべての対蹠物がもつあの魅力をもって。小冊子の標題は『道徳的感情の起源』、著者はパウル・レー博士〔一八四九―一九〇一、ドイツの論理学者〕、出版は一八七七年。この書物ほど章句とい う章句、結論という結論ごとに、私が心のうちで「否」を言った書物は、私のかつて読んだもののうちに恐らくなかったであろう。

「系譜論的仮説」とありますが、この「系譜論的 genealogisch」ということがこの著作の特徴です。私たちにとっての人類普遍の〝道徳〟がどのように発生したかを、直観とか心理学的原理で導き出すのではなく、何らかの起源から歴史的変化を経て、我々が今知っているような形の「道徳」へと生成したという前提で、その変化の過程を追っていこうとする態度です。これは人間である以上当たり前だと思われていて、カントなどの倫理学の基礎になっている観念も、遡っていくと、人間の原始的な欲求に対応しているものが起源であったことが明らかになるかもしれない。観念が見かけ上抽象的になり、その変化の過程が分からなくなったので、あらゆる人間に普遍的に備わっているかのように見えているけど、本当に最初から抽象的なものだったのか、起源を遡れないのか、そういう問題意識を持って、観念の歴史を再構成しようとしているわけです。

現在だと、道徳観念は人間の生得的な特性に起因する部分もあるけれど、文化人類学や社会学、歴史学等で探究すべきような様々なプロセスを経て変化するものなので、文化的なヴァリエーションがあるのは当然だという認識は、わりと当たり前になっていますが、当時は文化人類学や歴史社会学がそんなに発達していなくて、道徳的諸観念の変化を厳密に辿れるほどではなかったし、西欧市民社会で現に通用している道徳的観念は人類が到達すべき普遍的なものだろうというようなバイアスが知識人の間にも働いていて、あまりきちんとした考察はできていない状況でした。モンテスキュー（一六八九―一七五五）の『ペルシア人の手紙』（一七二一）や『法の精神』（一七四八）のように、道徳の文化的相対性を強調する議論や、ヘーゲルやマルクスの歴史哲学のように、道徳も含めて人間の社会は進歩するという議論のような、「道徳」の大枠をめぐる議論はありました。ダーウィンは『人の由来と生に関する選択』（一八七一）で、親切さや共感などの人間の道徳的能力は、人間の祖先に当たる動物の社会的本能から進化してきたと論じていますが、善／悪、正義、平等、義務、責任、名誉など、西欧の市民社会で道徳的概念として認められているものの起源について、個別に細かい議論をしているわけではありません。社会の中に深く根付いている「善／悪」のような基本概念のリアルな起源を明らかにし、道徳の基礎を解体しようとする本格的な議論はまだなかったと言っていいと思います。

現代の政治哲学だと、リベラル系の政治哲学は一般的に道徳的原理あるいは価値を普遍的なものとして扱う傾向がありますが、マイケル・サンデル（一九五三―　）の師に当たる、コミュニタリアンのアラスデア・マッキンタイア（一九二九―　）は「徳」の概念の歴史的変遷を論じています。ただ、コミュニタリアンなので、歴史的なパースペクティヴから「徳」を解体するつもりはないでしょう。ニーチェが目指したような系譜学的な道徳の研究を、現代思想で引き継いだのはフーコーでしょう。

「イギリス風」と書いていますが、パウル・レーはドイツ人で、北ドイツの同化したユダヤ人の家系の出です。Rée というアクセント記号の入った名前ですが、少なくとも一七世紀の後半くらいから彼の先祖がハンブルクの商人だったことが確認されています。経済的にゆとりのある商人の家系に生まれたリーは最初法律を学び、次に哲学を専攻して、「アリストテレスの道徳哲学における美（人倫的善）の概念について」というタイトルの論文で、博士号を取得しています。アリストテレスについての専門的な研究と並行して、ダーウィンやショーペンハウアーの他、ラ・ブリュイエール（一六四五－九六）やド・ラ・ロシュフコー（一六一八－八〇）のようなフランスのモラリストなど、人間の心理に関する様々な著作を読み、それらの影響を受けた自分の考えをアフォリズムの形でつづった『心理学的諸考察 Psychologische Beobachtungen』（一八七五）という著作を出しています。『道徳的感情の起源』は第二作です。彼は教授資格を取って学者としてのキャリアを歩もうとして挫折し、一八八五年から医学の勉強を始め、九〇年に医師の資格を取得しています。ここで博士と言っているのは、アリストテレスの論文で取った哲学の博士号です。

「生粋《きっすい》のイギリス風の仮説が初めてはっきりと私の前に立ち現われた」とか「結論という結論ごとに、私が心のうちで『否』を言った」、というような言い分から、それまでニーチェとは全く接点のなかった人物のような印象を受けますが、実は一八七三年にニーチェと知り合っています。七六～七七年にかけて、マルヴィーダ・フォン・マイゼンブーク（一八一六－一九〇三）という、文化人のサロンを主宰していた女性の作家の招待で、イタリアのソレントを訪れ、ニーチェや他の友人と一緒にしばらく生活しています。そこで彼は『道徳的感情の起源』を執筆し、ニーチェは『人間的な、あまりに人間的な』の一部を書き上げています。つまり、ニーチェは彼自身のことも著作のこともよく知っていたわけです。ニーチェの個人史として有名な話ですが、一八八二年にパウル・レーとニーチェは、ルー・ザロメ（一八六一－一九三七）という女性と三角関係になって仲違いします。ザロメは、ユダヤ系のユグノー（プロテスタント）のフランス人で、ドイツに移住し、更にロシアに移住した家系の人で、家はロシア語、フランス語、ドイツ語が話されていたけれど、サンクト・ペテルブルクで、ドイツ語で教える学校で教育を受け、チューリッヒ大学で学んだので、一番うまく使えるのはドイツ語だったようです。ザロメはその後、リルケ（一八七五－一九二六）と交流し、彼にニーチェの思想

ルー・ザロメ（左）、パウル・レー（中）、ニーチェ（右）

を伝えたことや、フロイトに弟子入りして、精神分析家になったことでも知られています。

『道徳的感情の起源』でレーは、ラマルク（一七四四－一八二九）やダーウィンの進化論に基づいて道徳感情の起源を説明しています。彼は、人間は元々利己的なのだけれど、それは他の人間、つまりお互いにとって好ましくないので、非利己的な人間が好まれるようになり、それが習慣として植え付けられるようになった、それが善悪の起源だとしています。そこから良心、責任、自由意志、正義感情、嫌悪感などの起源を説明しています。ニーチェが「英国的」と言っているのは、ドイツの知識人のように形而上学的な前提によるのではなく、ダーウィンとかホッブズ、ヒューム（一七一一－七六）、アダム・スミス、ミルのように経験的な事実だけに基づいて、道徳がどのような情動から生じたかについてあっさりと議論を進めようとする態度を取っている、ということでしょう。一二頁の終わりの方に、「イギリスの道徳系譜論者 englische Moralgenealogen」とありますが、正確には、道徳の起源論者、特に、感情を道徳の起源と見る論者のことでしょう。

前々回もお話ししたように、『種の起源』が刊行されたのは一八五九年で、ニーチェがこの本を書いている頃には既に二〇年近く経っていますから、かなり広まっていました。『道徳的感情の起源』は、ダーウィン的な考え方を道徳に応用しようとしたわけです。先ほど読み上げた箇所の最後の方を見ると、ニーチェは当時から、ダーウィン＝レー的な考え方に反発していたようですが、それほど単純な反発でもなさそうです。

それでいて、立腹や焦燥は一向に感じなかった。（…）むしろそれは、積極的精神の常道として、本当らしくもないものにもっと本当らしいものを置き換え、場合によっては一つの誤謬に他の誤謬を置き換えるためであった。先に言ったように、その頃、私は以下の諸論文で扱おうとするあの系譜の仮設を初めて公表したのであるが、未熟のほどは私自身に最もよくわかっていたくらいだし、まだ自由とまでは行かず、まだあのような特別な事柄に対する固有な言葉ももたず、かつ種々の後退や動揺も免れえなかったのである。

この言い方からすると、レーの議論を確信を持って否定したのではなく、試行錯誤して自分でも嘘っぽいと思う考えをいろいろ温めていたので、自分と同じような関心を持ったレーが自分とは違う方向、英国の経験論者のように語っているので、とりあえず「否定」する反応をして、それをきっかけとして、自分の考えを書きつけようとしたが、うまく行かなかった、というところでしょう。道徳の起源を探るという関心は共有していても、彼はそれを心理学に基礎付けることよりも、それがどういう歴史的経緯を経てきたかにより関心を払っているのではないかと思います。

このすぐ後で、ショーペンハウアーとの決別にも言及しています。『悲劇の誕生』の時にお話ししましたが、ニーチェは最初ショーペンハウアーの影響を強く受けていましたが次第に距離を取るようになります。この当時執筆していた『人間的な、あまりに人間的な』では、ショーペンハウアーやワーグナーに傾倒していた過去の自分を反省し、対決姿勢を随所で示しています。ショーペンハウアーやワーグナーから離脱して、独自の思考の枠組みを探していた時期だっただけに、レーの英国風のアプローチが気になったのでしょう。

> 私にとって重要なのは道徳の価値であった。——そしてそれについて私は、私の大先生なるショーペンハウアーと殆ど差し向かいで対決しなければならなかった。(…) 論点はわけても「非利己的なもの」の価値、すなわち同情・自制・献身などの本能の価値如何ということにあったが、これらの本能こそはショーペンハウアーがあれほど長い間かかって鍍金し、神聖化し、彼岸化した挙句、ついに「価値自体」として残すにいたったもので、彼はこの基礎に立って生に対し、更に自己自身に対してすら否を言ったのであった。ところが、ほかならぬこれらの本能に対して、一つのいよいよ根本的な猜疑が、一つのますます深く掘り下げて行く懐疑が私のうちから抗議した！　ほかならぬこの点にこそ私は人類の大きな危険を、その最も崇高な魅惑と誘惑とを見た——だが、どこへの？　無への？——。ほかならぬこの点にこそ私は終末の始端を、停滞を、回顧する疲労を、生に反抗する意志を、柔かく伸しかかるように襲ってくる最後の病気を見た。あの次第に蔓延しつつある哲学者にすら取り憑《つ》いて病気にしてしまう同情道徳を、私は薄気味悪くなったわがヨーロッパ文化の最も薄気味悪い徴候と解し、一つの新しい仏教への、一つのヨーロッパ人仏教？への、——ニヒリスムス？への迂路と解した……

「非利己的なもの das Unegoistische」というのは、ショーペンハウアーの概念というより、レーが「悪」の起源だとしているものです。道徳の「価値」、非利己的なものの「価値」と言う時の「価値 Werth」というのは、そんな

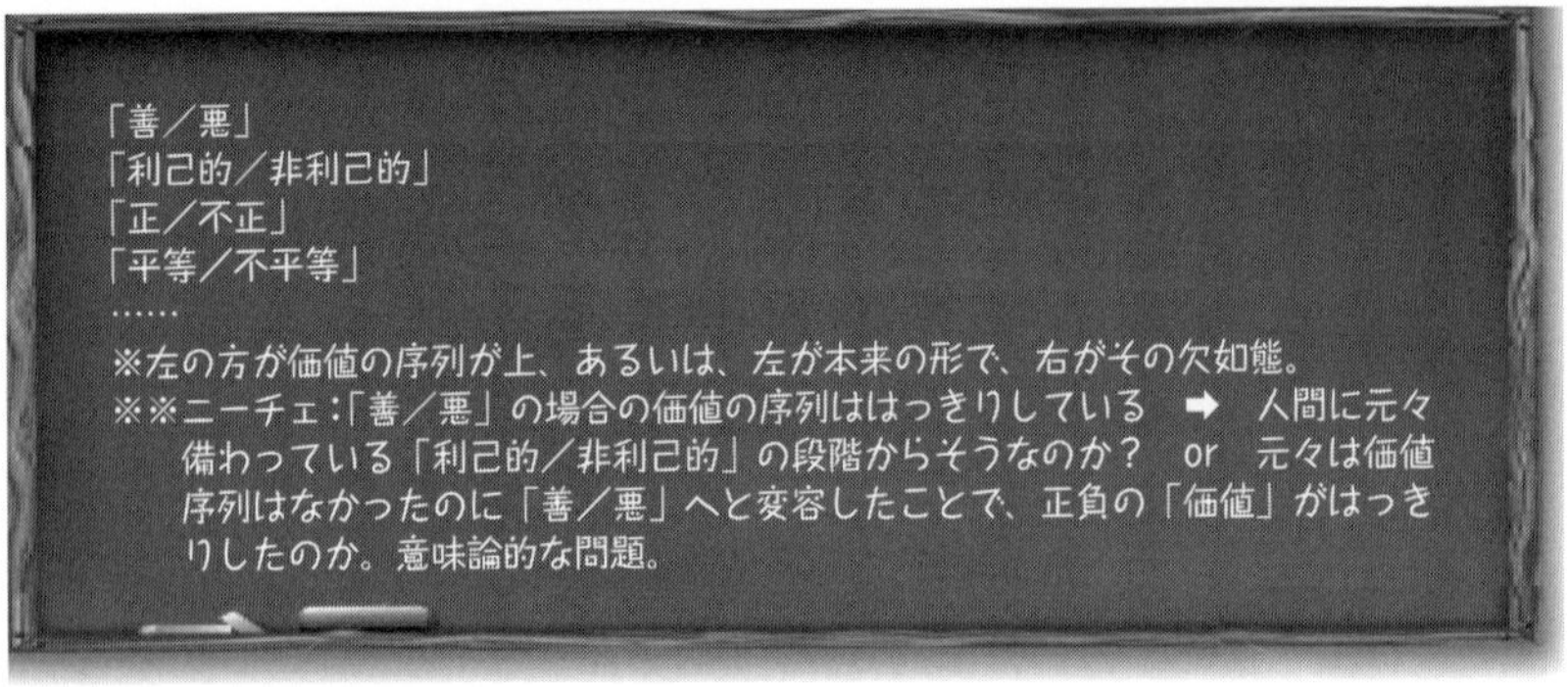
「善／悪」
「利己的／非利己的」
「正／不正」
「平等／不平等」
……
※左の方が価値の序列が上、あるいは、左が本来の形で、右がその欠如態。
※※ニーチェ：「善／悪」の場合の価値の序列ははっきりしている ➡ 人間に元々備わっている「利己的／非利己的」の段階からそうなのか？ or 元々は価値序列はなかったのに「善／悪」へと変容したことで、正負の「価値」がはっきりしたのか。意味論的な問題。

に難しいことではなくて、「利己的／非利己的」という概念対における「価値」の序列と、「善／悪」の場合のそれがどうなっているかという話です。「善／悪」の場合と同様に、「正／不正」「平等／不平等」「幸福／不幸」「自由／不自由」「快／不快」などでは、双方が同じ比重ではなく、黒板を見て下さい。黒板の左側の方が正の値で右が負、当然、左の方が好まれますね。「男／女」「大人／子供」「上／下」「公／私」「白人／黒人」「異性愛／同性愛」などでもそういう非対称性があって、上の方が価値の序列が上、あるいは、上が本来の形で、下がその欠如態というような位置付けになっています。これは現代思想で二項対立とその価値序列をめぐってよく話題になることです。ニーチェが拘っているのは、「善／悪」の場合の価値の序列ははっきりしているけれど、それは人間に元々備わっている「利己的／非利己的」の段階からそうだったのか、それとも、元々は価値序列はなかったか、はっきりしなかったのに、「善／悪」へと変容したことで、正負の「価値」がはっきりするようになったのか、意味論的な問題です。そこは、心理学的なアプローチだけでは分からないでしょう。

それとショーペンハウアーがどう関係しているかと言うと、善悪を相対化して、「盲目的な生への衝動 der blinde Drang zum Leben」を肯定しているように見えたショーペンハウアーが、実際には仏教的な観念を持ち出して、「自己」自身の能動性を否定し、「非利己的」、つまり自己否定の状態を神聖化していることが分かった、というわけです。「利己的」なものを否定しようとするのは、彼一人の問題ではなく、ヨーロッパ文明が取り憑かれているニヒリズムの徴候だというわけです。

> この新しい要求、それをわれわれは次のように言い表そう――われわれが道徳的諸価値の批判を必要とする、これらの諸価値の価値こそそれ自身まずもって問題とさるべきである、と――そしてそのためには、これらの諸価値を発生させ、発

展させ、推移させてきた諸種の条件と事情についての知識が必要になる（結果としての、徴候としての、仮面としての、偽善としての、疾病としての、誤解としての道徳。それから更に、原因としての、療薬としての、《刺戟剤《スティムランス》》としての、抑制としての、毒物としての道徳）。そのような知識はこれまで持ち合わされてもいなかったし、また必要を感じられてさえもいなかった。これらの「諸価値」の価値は、所与として、事実として、すべての疑問を越えたものとして受け取られてきた。これまでは「善人」を「悪人」よりも価値の高いものと見なし、およそ人間というもの（人間の未来を含めて）の進歩・功利・繁栄に関してより高い価値をもつものと見なすことは、いささかも狐疑や逡巡の余地がなかった。しかるにどうであろうか、もしその逆が真であるとしたら？　またどうであろうか、もし「善人」のうちにも後退の徴候が潜んでいるとしたら？　同じく、事によると現在のために未来を犠牲にするといった一つの危険が、一つの誘惑が、一つの毒物が、一つの《麻酔剤《ナルコティクム》》が潜んでいるとしたら？

「これらの諸価値の価値 der Werth dieser Werthe」という言い方が難しそうですが、これは先ほどお話しした、善／悪、美／醜、秩序／混沌、正／不正のような道徳的あるいは美的諸価値の上下関係を決める価値の尺度、メタレベルの価値のことです。私たちの日常的な言語の中に、これらの諸価値は大前提として組み込まれているので、日常的な言語で、「諸価値の価値」を問うのは困難です。「善（das Gute）の方がいい（gut）」とか「正義（Gerechtigkeit）に適っているのが正しい（Recht haben）」というのは同語反復で当たり前じゃないか、何を言っているんだ、ということになってしまいます。しかし、こうした問いを追求するのは全く不可能ではありません。「善い（良い）gut」という言葉がどういう時に、どういう対象に対して使われるか、「悪い」という言葉はどうかを調べる、という手があります。そういう言語の概念分析は、現代のメタ倫理学もやっていることですが、概念分析だけだと、どうしてある言葉で表される事態に対してポジティヴな態度を取り、それと対になっている、あるいは関連している別の言葉で表される事態にネガティヴな反応をするのか分かりません。そこで、そういう反応が「発生 wachsen」「発展 sich entwickeln」「推移 sich verschieben」していく経緯を観察し、その対象がそういう反応を引き起こすのはどうしてか考えてみよう、「善」と呼ばれているものが実際に、「進歩・功利・繁栄 Förderung, Nützlichkeit, Gedeihlichkei」の観点から望ましいのか検証しようというわけです。自由主義経済＋進化論が流行っている、「進歩・功利・繁栄」が「価値の価値」のような位置付けになっているけれど、仮にそうだとしても、本当に今「善」と呼ばれているものがそういう社会的機能を担っているのか、歴史的に遡ってみようというわけです。《刺戟剤 Stimulans》とか《麻酔剤 Narcoticum》といった言い方からすると、使った瞬間には快楽が高まるけれど、実際には人間を弱らせるように、「善」と呼ばれているものは作用していると考えているようですね。

そしてまたレーの話です。

> いずれにもせよ、私の願うところは、あれほど鋭い、あれほど公平な眼を、よりよき方向へ、すなわち実際の道徳史の方へ向けてやることであり、またこの人があのような空漠たるイギリス流の仮説物に取り憑《つ》かれないように、時を逸せず警句してやることであった。道徳系譜論者にとって、どの色があの空色より百倍も重要でなければならないかは、実に掌を指すが如く明らかである。すなわち灰色だ。言うなれば、記録に徴しうる事実、実際に確認しうべき事実、実際に現存した事実、手短に言えば、人間の道徳的既往の長い、解読に困難な象形文字の全体だ！――これをレー博士は知らなかった。しかし彼はダーウィンを読んでいた。――だから彼の仮説のうちでは、ダーウィン風の野獣と、「もはや噛みつかない」断然モダーンな礼譲ある道徳の優男《やさおとこ》とが、少なくとも俗受けのするような仕方で慇懃《いんぎん》に互いに手を差し延べ合うのだ。

文学的で分かりにくい箇所ですが、ここでニーチェは、自分とレーやダーウィンなどの英国風の経験論的な議論の違いを述べているわけですが、ポイントは、「道徳史 Historie der Moral」、つまり「道徳」的な諸概念が経てきた歴史です。つまり、レーの議論は、英国の経験論者のように、歴史的な変遷を視野に入れずに、人間の心理学的な特性からいきなり道徳を導き出す形になっているわけです。そうした変遷を「人間の道徳的既往（die menschliche Moral-Vergangenheit）」と呼んでいるわけです。それが「解読に困難な象形文字の全体 die ganze, lange, schwer zu entziffernde Hieroglyphenschrift」だというのは、そのままでは理解できないので、象形文字を解読するような作業が必要だということでしょう。無論、道徳的な価値を示していると分かる語や文に焦点を絞るわけですし、ニーチェは古典文献学者であっても、考古学者ではないので、文字通りの意味での暗号解読をやるわけではありません。分析

「系譜論的　genealogisch」

人類普遍の“道徳”がどのように発生したか。

×：直観とか心理学的原理で導き出す。

○：何らかの起源から歴史的変化を経て、我々が今知っているような形の「道徳」へと生成➡その変化の過程を追う。

「系譜学」：単に、史料を並べるだけでなく、隠れた意味の連関、価値の価値を読み取る「解読」の作業。

対象にする個々の言葉の意味は一見自明だけど、それが実際にはどういう対象、事態に対して使われ、それを使っていた民族や集団にどういう影響を及ぼしているか、つまり「価値の価値」は、辞書的な意味、ある古い言葉を現代の言葉に置き換える機械的作業で得られる意味を見ているだけだと、かえって見えなくなるものを、歴史的変遷を視野に入れることで読み取ろうというわけです。「系譜学」は単に、史料を並べるだけでなく、隠れた意味の連関、価値の価値を読み取る「解読」の作業を必要とするわけです。

「ダーウィン風の野獣 die Darwin'sche Bestie」と「断然モダーンな礼譲ある道徳の優男 der allermodernste bescheidene Moral-Zärtling」という対比は、ダーウィンの進化論から想像されるような荒々しい獣について、優男であるレーが語っているのが似合わないという軽い皮肉ですが、哲学的な含意として、レーのような論法だと、獣と人間に共通するような原初的な感情から、いきなり現代文明で通用しているような道徳規範が生じてきたかのような話になってしまうのでおかしい、ということを示唆しているわけです。つまり彼らは実際には、経験的事実ではなく、仮説で話をしているのでそういう飛躍をしているわけなので、自分としては、あくまで「記録に徴しうる事実（das Urkundliche）、実際に確認しうべき事実（das Wirklich-Festsellbare）、実際に現存した事実（das Wirklich-Dagewesene）」を調べるのだと宣言しているわけです――原文には「事実」という言葉は入ってないですが、中身からすると、事実と考えていいでしょう。普通だと、心理学や生物学の実績に依拠した道徳起源論が「実証的」で、意味を読み取ろうとする解釈学のようなものは主観的だと考えられがちですが、ニーチェは本当にそうなのか、逆ではないか、と示唆しているわけです。

「第一論文『善と悪』・『よいとわるい』」

『道徳の系譜』は三つの論文から成りますが、第一論文は「『善と悪』・『よいとわるい』」です。この日本語だと、漢字と平仮名の区別にしかならないのでピンときにくいのですが、原語だと「善」と「よい」はいずれも〈Gut〉ですが、「悪」は〈Böse〉、「わるい」は〈Schlecht〉という全然違う系統の言葉になります。〈Schlecht〉と対になって使われている〈Gut〉と、〈Böse〉と対になっている〈Gut〉では意味合いが異なります。〈böse〉という形容詞は英語の〈evil〉ほどではないにしても、善悪の悪のような意味で使われます。〈evil〉のように「邪悪な」の意味で使われることもありますが、単に「意地が悪い」くらいの意味で使われることもあります。〈schlecht〉は、まずい状態とか下手とか、運やタイミングが悪い、という意味での「悪い」が基本的な意味ですが、英語の〈bad guy〉に当たる〈schlechter Kerl〉のような言い方もするので、道徳的な意味も全くないわけではありません。[schlecht ≒ bad] と考えたらいいかもしれません。ドイツ語のネイティヴにとっては、この対比をするだけで、〈gut〉という言葉には、異なる二つの意味の系列があることが分かるわけです。

「序文」にもあったように、ニーチェは道徳の成立史をやりたいわけですが、このテーマを最初に手掛けたイギリスの心理学者たちのことを、「彼ら自身が興味ある代物（interessant）なのだ」、と言っています。つまり彼らが、ニーチェから見てねじ曲がった方向に探究している、ということです。

その気があってのことかどうかは知らないが、見受けるところ、彼らは常に同一の仕事に携わっている。すなわち、われわれの内界の《恥部《パルティー・オントゥーズ》》を曝《さら》け出し、場所もあろうに人間の知的矜持にとって見つけられるのが最も望ましくないあの場所に（例えば、習慣の《惰力《ヴィース・イネルティアエ》》のうちに、または健忘のうちに、または盲目的・偶然的な観念の連合や機構のうちに、または何らかの純粋に受動的なもの、自動的なもの、反射的なもの、分子的なもの、根本的に遅鈍なもののうちに）真に活動的な要素を、指導的な要素を、発展にとって決定的な要素を見つけ出そうとしている。——何が一体これらの心理学者たちを常にこの方向へ駆り立てるのであるか。

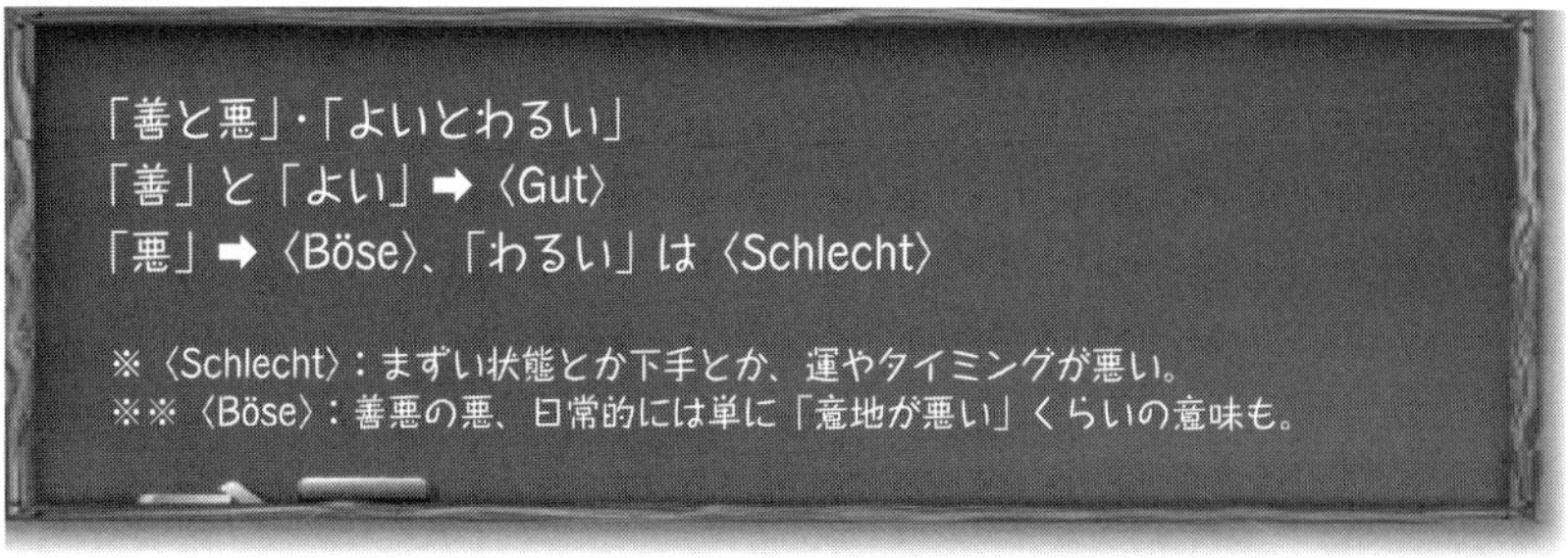

「善と悪」・「よいとわるい」
「善」と「よい」➡〈Gut〉
「悪」➡〈Böse〉、「わるい」は〈Schlecht〉
※〈Schlecht〉：まずい状態とか下手とか、運やタイミングが悪い。
※※〈Böse〉：善悪の悪、日常的には単に「意地が悪い」くらいの意味も。

それは一つの内密で、陰険で、下劣で、彼ら自身にさえ恐らく不可解な人間卑小視の本能であろうか。それとも事によると、一種の厭世家的な猜疑心であろうか。幻滅を感じ、暗然となり、恨みっぽく怒りっぽくなった理想家たちの疑心暗鬼であろうか。それとも、キリスト教（およびプラトーン）に対する恐らく一度も識閾《しきいき》を越えたことのない微かな意識下の敵意と《怨恨《ランキューヌ》》であろうか。それともむしろ、生存の怪訝《けげん》な事相、痛ましくも逆説的な事相、疑わしい事相、無意味な事相に対する一種の好色であろうか。それとも最後に——それらすべてのものの幾分かずつ、すなわち少しばかりの卑俗と、少しばかりの陰鬱と、少しばかりのキリスト教嫌いと、少しばかりの辛味を求める欲情とであろうか……

凝った皮肉が多いので分かりにくいですが、要は、イギリスの心理学者たちは、人間の通常はポジティヴなものと見られている道徳感情の背後に、偶然による観念の結び付きとか、自己の利益を追求できなくなった受動性とか、現代風に言うと、単なる脊髄反射のようなものとか、ネガティヴでしょぼいもの、人間の本性に絶望したくなるようなものがその根源にあるようにイメージして、わざわざそれを暴き出そうとする、ネガティヴな態度を取っている、ということです。まるで女性の恥部を暴き出すことに社会的な意味があると言わんばかりに。雑な豆知識でニーチェについてバイアスを持っている人は、彼こそそういう人ではないか、と思ってしまうかもしれませんね。フロイトがエロいことを見つけるのが好きな人というのと同じような感じで（笑）。

ニーチェ自身は、そういうのは病的な態度だと見ているということですね。「彼らには歴史的精神そのものが欠けている」（二二一頁）、「根本的に非歴史的な考え方をしている」（二二一頁）ということですね。彼らによると、「よい」と呼ばれる非利己的な行為は、その行為によって利益を得た人々から「よい」と呼ばれて賞賛されたが、その起源が忘れられたまま、慣習的に「よい」と呼ばれ続け、その結果、その行為自体が「よい」性質を持っているかのような錯覚が生じてきた、ということですね。つまり、ずるい人たちが、自分に都合のいい他人の行為を「良い」と言って持ち上げていたのが、いつのまにか、中立的で客観的な基準であるかのように思われ、いわゆる道徳的な「善い」に格上げされていった、というわけです。ニーチェ自身が言いそうな感じがしますが、どうも彼はそれに不満なようです。

さて私にとってまず第一に明らかなことは、この理論は「よい」という概念の本来の発祥地を間違った場所に求めており、それに間違った場所を当てがっているということである。すなわち、「よい」という判断は「よいこと」を示される人々の側から生じるのではないのだ！　却って、「よい」のは「よい人間」自身だった。換言すれば、高貴な人々、強力な人々、高位の人々、高邁な人々が、自分たち自身および自分たちの行為を「よい」と感じ、つまり第一級のものと決めて、これをすべての低級なもの、卑賤なもの、卑俗なもの、賤民的なものに対置したのだ。こうした距離の感じから、彼らは初めて、価値を創造し価値の名を刻印する権利を獲得した。彼らにとって功利が何であろう！　等級を劃定する最高の価値判断のこうした熱泉の噴出に関するかぎり、功利の観点は実に縁遠く、かつ不適当なものだ。この場合の感情は、あらゆる怜悧な打算、あらゆる功利的な《算段《カルキュル》》の前提をなしているあの生温るさとは正反対のものだ。

要は、他の誰かにとって「良い」、好都合かどうかという見方の問題はさほど重要ではなく、「よい」と呼ばれる人間の本質的属性があるという認識、本人たちの認識がそれに先行していた、ということです。その場合の「よい」の具体的な中身が、「高貴 vornehm」「強力 mächtig」「高位 höhergestellt」「高邁 hochgesinnt」ということですね。「善」というよりは、「強い」とか「壮大」とかいう感じですね。ニーチェは、英国の経験論者やレーの言うような、卑小な感情というより、少なくとも意味的には「偉大さ」の感情のようなものが歴史的な起源にあった、ということですね。それは絶対的な感覚で、損得計算のようなものから発したのではない、ということですね。

――あの高貴と距離との感じ、すでに言ったように、上位の支配的種族が下位の種族、すなわち「下層者」に対してもつあの持続的・支配的な全体感情と根本感情――これが「よい《グート》」と「わるい《シュレヒト》」との対立の起源なのだ。

(命名するという宗主権は、言葉そのものの起源を支配者の権力の発現と見なすことを許さしめるほどに大きくなる。彼らは「これはこれこれである」と言う。彼らはあらゆる事物や事件をそれぞれ鶴の一声で封印し、そのことでそれらをいわば占有してしまう。)

支配者が、自分の支配下に入った者たちのことを、自分たちと比べて「わるい」、つまり劣っているとかダメであるとか性格付け、それを押し付けてしまった、というわけです。普通だと物凄くネガティヴ、卑小なものを発見したがる英国風の経験論者の傾向よりもずっとネガティヴな感じがしますが、ニーチェはネガティヴと思わず、定義や名称の押し付けはむしろ強さの証拠だくらいに考えていそうですね。

このような起源をもつ以上、「よい」という言葉は、あの道徳系譜論者たちの迷信のように、「非利己的な」行為と初めから必然に結びついているわけでは断じてない。むしろ、「利己的」・「非利己的」というあの対立全体が人間の良心をますます強く圧しつけるようになるのは、貴族的価値判断の没落によって初めて起こることなのである。——あの対立によってついに語として(更には語句として)表われるものは、私の言葉を用いるならば、畜群本能である。

「よい」という言葉で表されていたのは、元々「貴族的価値判断 aristokratische Werthurtheile」だとあっさり言い切っているわけですね。だとすると、「利己的/非利己的」とは関係ないわけです。「貴族的価値判断」に対する「畜群本能 Heerdeninstinkt」というのは、明確な判断に基づいているわけではなく、何となく自分たちに不利と感じて恐れながら、単独では反抗できないので、群れとして反応しているということでしょう。日本語で「貴族」と聞くと、私たちは平安貴族を思い浮かべて弱々しさを連想しますが、ニーチェの言う「貴族」は自他共に認める力強い存在で、周囲に影響を及ぼしているようですね。

——私に正しい道を指示してくれたのは、「よい」という概念に対する様々な言語で鋳出された表示が、語源学的に見て、元来いかなる意味をもっているか、という問いであった。そこで私の発見したところはこうである。すなわち、それらの表示はいずれも同一の概念変化に還元される。——どこにおいても身分上の意味での「貴族的な」とか「高貴な」とかが基本概念であって、それからして必然に、精神的に「貴族的な」「高貴

ニーチェの「よい」

※他の誰かにとって「良い」、好都合かどうかという見方の問題はさほど重要ではなく、「よい」と呼ばれる人間の本質的属性があるという認識。本人たちの認識がそれに先行していた。➡「よい」＝「高貴 vornehm」「強力 mächtig」「高位 höhergestellt」「高邁 hochgesinnt」。
※：「善」というよりは、「強い」とか「壮大」。イギリス経験論哲学やレーが言うような卑小な感情ではなく、少なくとも意味的には「偉大さ」の感情のようなものが歴史的な起源にあった。
※※：「貴族的価値判断 aristokratische Werthurtheile」である。「利己的／非利己的」とは関係ない。ニーチェの言う「貴族」は自他共に認める力強い存在で、周囲に影響を及ぼしている。
※※※：「貴族的価値判断」vs.「畜群本能 Heerdeninstinkt」＝明確な判断に基づいているわけではなく、何となく自分たちに不利と感じて恐れながら、単独では反抗できないので、群れとして反応している。

な」という意味での、「精神的に高い天性をもった」とか「精神的に特権をもった」という意味での「よい《グート》」が発展してくる。しかもこの発展は、「卑俗な」だの「賤民的な」だの「低劣な」だのを結局「わるい《シュレヒト》」という概念も移行させてしまうあのもう一つの発展と常に平行する。

言い回しは難しいですが、要は、ニーチェが調べたどの言語においても、「貴族的な」とか「高貴な」といった意味だった、身分とか能力を意味していた言葉が、ポジティヴなこと一般を指す言葉へとシフトしていき、それと対応して、「賤民の」とか「低劣な」とかいう意味の言葉がネガティヴさ一般のような意味へとシフトしたわけですね。

後者に対する最も雄弁な例証は、《schlecht》〔わるい〕というドイツ語そのものである。《schlecht》は《schlicht》〔素朴な〕と同語である――《schlechtweg》《schlechterdings》〔率直に〕と比較せよ。それはもと、まだ迂散臭《うさんく》そうに横目を使ったりなどはしない、単に貴族に対立しているだけの、素朴な平民を指すものであった。

これはドイツ語を知らないと結構分かりにくいですね。これは恐らくドイツ語のネイティヴもどうしてそういう意味になるのか不思議に思っている点でしょう。〈schlecht〉に〈-weg〉や、〈-dings〉といった接尾辞を付けると、「悪い」と全然関係ない意味になります、〈schlechtweg〉だと、「無造作に」「あっさりと」「ただちに」といった意味で、〈schlechterdings〉だと、「全く」「必ず」「絶対的に」といった意味になります。〈-weg〉や〈-dings〉自体にはさほど決まった意味合いはありません。そういう不思議

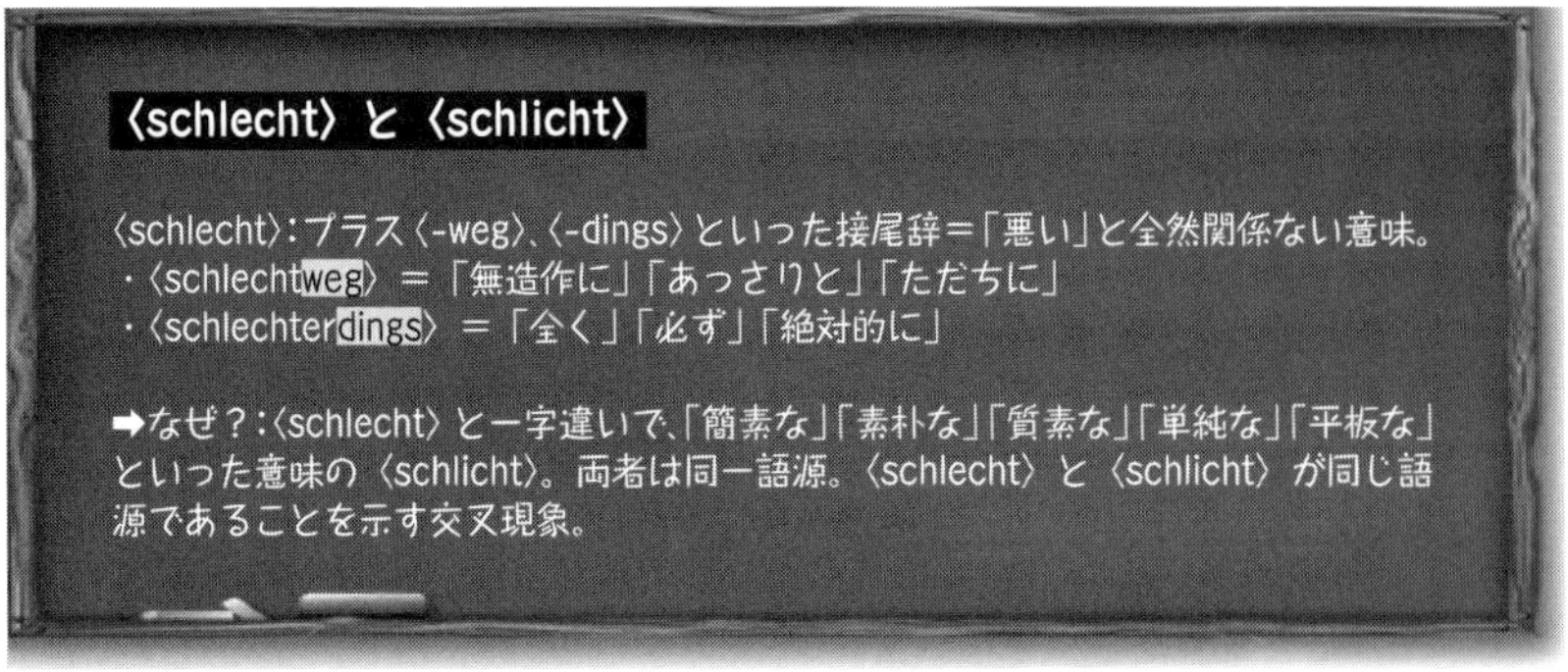
〈schlecht〉と〈schlicht〉
〈schlecht〉：プラス〈-weg〉、〈-dings〉といった接尾辞＝「悪い」と全然関係ない意味。
・〈schlechtweg〉＝「無造作に」「あっさりと」「ただちに」
・〈schlechterdings〉＝「全く」「必ず」「絶対的に」
➡なぜ？：〈schlecht〉と一字違いで、「簡素な」「素朴な」「質素な」「単純な」「平板な」といった意味の〈schlicht〉。両者は同一語源。〈schlecht〉と〈schlicht〉が同じ語源であることを示す交叉現象。

な意味が生じてくる理由は、〈schlecht〉と一字違いで、「簡素な」「素朴な」「質素な」「単純な」「平板な」といった意味の〈schlicht〉にあるということです。両者は同一語源で、その元の言葉が、本来の〈gut〉の反対に、身分が低いとか下卑たという意味で、それから、道徳的な意味合いも含んだ「悪い」という意味の〈schlecht〉と、「平板な」という意味の〈schlicht〉が分化したのだけど、〈schlecht〉の派生語に、〈schlicht〉の側の管轄になったはずの意味が残っているということです。ニーチェは、〈schlecht〉と〈schlicht〉が同じ語源であることを示すこうした意味の交叉現象が、〈schlecht〉が、（高貴ではなく）「平板な」という意味だったことの証拠だと言っているわけです。〈gut／schlecht〉が現代のような意味になったのは、三十年戦争の頃だということですね。

こんなに後になってやっとこの洞察に辿り着いたというのも、近代世界の内部における民主主義的な先入見が、あらゆる系譜問題に関して阻止的な影響を及ぼしているからだ。しかもこのことは、最も客観的に見える自然科学や心理学の領域にまで及んでいるが、それはここではただ暗示するだけに止めておこう。しかし、この先入見が一たび手綱を切って憎悪をほしいままにするとき、わけても道徳や歴史の上にどのような不法を構えうるかは、あの悪評高いバックル〔一八二一－六二、イギリスの文明史家〕の場合が示している。

「民主主義的な先入見 das demokratische Urtheil」がどう関係しているのか分かりにくいですが、これは「民主主義」というよりは、平等主義でしょう。人間は本来平等だと思っているので、まだそれほど文明化されていない、素朴な原初的な社会で、貴族と平民の属性の違いを絶対視するような区分があるのはおかしいという印象があって、なかなか客観的に認識できなかったということでしょう。バックルはイギリスの

文明史家で、日本では、福沢諭吉（一八三五－一九〇一）に影響を与え、『文明史論之概略』（一八七五）に名前が出てくる人として知られていますね。バックルは、文明の歴史は普遍的な法則に従って、条件さえ同じであれば同じように進行し、個人の資質はあまり関係ないという見方をしています。ニーチェはそこが気に入らないのでしょう。

二七頁に、貴族的なものを意味する言葉の変遷の具体例が述べられています。ナチスのおかげで悪名高くなった、サンスクリット語の《arya》というのは、「富者」とか「有力者」という意味の自称だったということですね。ギリシアの貴族は、自分のことを「誠実な者 die Wahrhaftigen」という意味の名称で呼んでいたことが、メガラの教訓詩人テオグニスの言葉を参照する形で述べられていますね――この講義の第1回目でも彼の名前が出ましたね。〈ἐσθλός (esthlós)〉という形容詞は、語根からすると、「存在する者 Einer, der ist」「実在性を持つ者 Einer, der Realität hat」「現実的な者 Einer, der wirklich ist」「真実な者 Einer, der wahr ist」――原文だと、英語の〈One（一者）〉に相当する〈Einer〉に関係文が続く形になっています――を指す言葉だったけれど、それに対応する、各人の在り方に視点が移って、「真実な者」→「誠実な者」と意味が転じた、ということですね。語根というのは、〈good-gut〉に当たる、ギリシア語〈ἐΰς〉の同語源の部分と、be動詞に当たる〈εἰμί (eimí)〉と同語源の部分から構成されているということです。この言葉の「誠実な」という意味が「貴族 Adel」を指す言葉になって、その後、身分との繋がりがなくなって、単に「高貴な adelig」という意味になった、ということですね。因みにドイツ語の形容詞〈adelig〉は、綴りから分かるように元々、「貴族（Adel）の」という意味ですが、次第に単に「気高い」という意味も持つようになりました。あと、もっぱら「気高い」という意味で使われる形容詞〈edel〉――「エーデルワイス Edelweiß」の「エーデル edel」です――も〈Adel〉も同一語源です。

ラテン語の《malus》〔わるい〕（この語を私は《μέλας》〔黒い、暗い〕に並置する）においては、平民は暗色種族として、とりわけ黒髪種族（《こいつは〔肚〕黒い《ヒーク・ニゲル・エスト》――》〔ホラーティウス「諷刺詩」〕）として特徴づけられ、支配者となった金髪種族、すなわちアーリア系の征服種族から色によって最も判然と区別されたイタリア土着のアーリア以前の住民として特徴づけられている。

ここはややこしそうな話になっていますが、要は、「悪い」が、征服された民族の黒髪に由来するという話です。どうして「黒い」に注目したかと言うと、支配者になったアーリア系の人が金髪だったからということです。ホラティウス（前六五－八）は南イタリアの詩人で、書簡詩の形を取った詩学『詩について』（Ars Poetica）が有名です。ここに出てくる「こいつは黒い Hic niger est」は、『風刺詩 Satires』の第一巻に出てきます。ただ、これは元の文脈では、肌の色の話ではなくて、「こいつは肚（腹）黒い」という意味で出てきます。ニーチェが言いたいのは、英語の〈dark〉がそうであるように、「暗い（黒い）」を意味する言葉で性格が悪いことを意味するようになったのは、黒髪の人種が社会的に支配下に置かれていたからだということです。通常、「悪い」という意味で使われる〈malus〉は、ニーチェの説では、「黒い」とか「暗い」という意味で、「悪」を意味するのに使われることもあるギリシア語〈μέλας〉と同一語源で、「黒い」が元の意味だということです――〈malus〉が実際に〈μέλας〉の語源であるかということについては、専門家の間で異論も多いようです。つまり、「黒い」という意味の言葉が「腹黒い」に転じ、「黒い」が「悪い」に転じたことから分かるように、二つの意味は互換的だというわけです。

ここでのニーチェの言い方だと、古代ローマの支配層に金髪の人が多いという話のように聞こえますが、今のイタリア人でさえ金髪よりは黒髪の人の方が圧倒的に多そうなのに、古代ローマで金髪の人がそんなに多かったのか、という気がしますね、恐らく、ギリシア人やローマ人が金髪への憧れを抱いていて、ヴィーナスなど美女を金髪で描くとか、髪を金髪に染める人がいるといったことがあるので、そのことからローマ人は、北方の金髪の種族を自らの潜在的な支配者と見て密かに憧れていて、黒髪で肌が浅黒い自分たちを卑下していたので、それが言語に反映していると拡大解釈しているのでしょう。ただ、美的憧れはあったとしても、ゲルマン人やガリア人が本格的にローマ帝国領に入ってきて、やがてローマ人を支配下に置くようになるのは、ホラティウスよりもっと後の時代の話なので、この推測は無理があるような気がします。

古代ローマにおいて、ある男子についてその「よさ」とされたものが何であったかは明らかである。《Gut》というわがドイツ語そのものも、《der Gürtliche》を、すなわち「神性種族の人」を意味するのではなかろうか。そして《Gothe》〔ゴート人、もと名親・代親の意〕という民族名を（元来は貴族名）と同一のものなのでは

――なかろうか。

これはドイツ語が分からなくても、三つの言葉を綴りが似ているということで、同一語源だと推測していることが分かりますね。先ほどから何度も出てきている〈Gut〉と、「神」を意味する〈Gott〉、ゴート人の〈Gothe〉ですね。〈Gott〉と〈gut〉、〈God〉と〈gut〉は同一語源っぽい気がしますが、歴史言語学的にはそうではないようです。〈Gothe〉も本当の語源はよく分かっていないようです。

このように、〈gut〉を「貴族」とか「高貴さ」と結び付けているわけですが、二九頁で始まる第六節で議論の方向が変化します。

最高の階級が同時に僧職階級であり、従ってその僧職的機能を思わせるような尊称が彼らの総称として特に選ばれているといった場合には、政治的優位の概念は常に精神的優位の概念のうちへ解消するというこの通則に対しては、差し当たりまだ一つも例外はない（もっとも例外の生じる機縁はあるけれども）。そのような場合に初めて、例えば「清浄」と「不浄」とが階級的区別の目印として対立することになり、そしてここにまた、やがて一つの「よい」と一つの「わるい」とが、もはや階級的でない意味において展開する。

第五節でニーチェは〈gut〉という属性を「戦士 Kriegsmann」である貴族と結び付けていましたが、ここでは、「僧職階級 die priesterliche Kaste」が高貴な存在とされている社会では、〈gut／schlecht〉が、実質的に「清浄 rein／不浄 unrein」を意味するようになる、というわけです。

こうした僧職的貴族社会のうちには、またその社会において支配的な、行動嫌いな、半ば内燃的で半ば爆発的な習慣のうちには、初めから何かしら不健康なものが存する。いつの時代の僧職者にも殆ど避けがたい運命のように取り憑《つ》いているあの内蔵疾患と神経衰弱とは、そのような習慣の結果として現われるものなのだ。ところが、こうした彼らの病態に対する療薬として彼ら自身の案出したものはと言えば、――それは結局、癒さるべき病気より更に百倍も危険な効き目を残したと言わざるをえないではないか。人類自体がいまだにこの愚にもつかない僧職的療薬の予後効力に苦しんでいるのだ！

文学的で大げさな表現をしていますが、言わんとしていることは分かりますね。僧職的貴族は、不健全で病的な

生き方しかできないので、その埋め合わせになるような病的な措置、自分たちの在り方を正当化、神聖化するような制度や慣習を作り出して、その他の人たちにも害悪をもたらした、ということですね。具体的には、三〇頁にあるような、摂食法（断肉）、断食、性的禁欲、「荒野へ」の逃避、官能の敵視、「無」と合一化することによる自己満足などを挙げていますね。そうやって人間は病的で危険な状態になっていくわけです。

――僧職的評価形式が騎士的・貴族的評価様式から分岐し、やがてそれに対立するものにまで発展を続けることがいかに容易であるかを、諸君はすでに察知したことであろう。殊に僧職階級と戦士階級とが互いに嫉視し合いながら対抗し、褒賞の処理について互いに協調する意志がないようなときには、いつもこの対立に拍車がかけられる。騎士的・貴族的な価値判断の前提をなすものは、力強い肉体、若々しい、豊かな、泡立ち溢れるばかりの健康、並びにそれを保持するために必要な種々の条件、すなわち戦争・冒険・狩猟・舞踏・闘技、そのほか一般に強い自由な快活な行動を含むすべてのものである。ところが僧職的評価様式は――われわれの見てきたところによると――これとは別な前提をもっている。つまり、戦争のこととなると、彼らには分が悪いのだ！　周知の如く、僧職者は最悪の敵である――だが、何故であるか。彼らが最無力者だからだ。彼らにあっては、この無力から憎悪が成長し、やがてそれが巨怪な物騒なものとなり、最も精神的《ガイスティヒ》〔酒精的な〕、最も有毒なものになる。世界史上における最大の憎悪者は常に僧職者であったし、更に最も才気に富んだ《ガイストライヒ》〔酒精分の多い〕憎悪者もまた僧職者であった。

ここは分かりやすいですね。戦争で力強さを示せる戦士階級と違って、僧職階級は肉体的な健康を誇れないので、健康で力強い人に対して「憎悪 Hass」を抱くということです。終わりの方で、言葉遊びをしています。「精神」を意味するドイツ語の〈Geist〉は「酒精（アルコール）」も指します。英語では〈spirit〉と言いますね。ドイツ語では更に、〈Geist〉に英語の〈rich〉に当たる〈reich〉をくっつけて、〈geistreich〉という単語にすると、「才気に富んだ」という意味になりますが、これは語の作りから、「アルコール分が多い」という意味に取れなくもありません。また、〈Geist〉の一般的な形容詞形は〈geistig〉ですが、〈-ig〉と並んで、形容詞を作る接尾辞としてよく使われる〈-lich〉の方を語尾にして、〈geistlich〉とすると、「聖職者の」という意味になります。これは、聖職者が自分の現

実の弱さを隠そうとして、酒や麻薬のように正気を失わせるものを呷っている、ということでしょう。

そうした僧職者による倒錯を生み出したのは、ユダヤ人だと断言します。

あのユダヤ人たち、あの僧職的民族は、結局、ただ価値の根本的な転倒によってのみ、従って最も精神的な復讐の一幕によってのみ、自分たちの仇敵や圧制者に対して腹癒《い》せをするすべを知っていた。そしてこれこそは僧職的民族に、あの陰険な僧職的復讐心をもった民族にふさわしい唯一の遣り口であった。あのユダヤ人たちこそは、恐るべき整合性をもって貴族的価値方程式（よい＝高貴な＝強力な＝美しい＝幸福な＝神に愛せられる）に対する逆倒を敢行し、最も深刻な憎悪の（無力の憎悪の）歯軋《はぎし》りをしながらこの逆倒を固持したのだった。曰く、「惨めなる者のみが善き者である。貧しき者、力なき者、卑しき者のみが善き者である。悩める者、乏しき者、病める者、醜き者こそ唯一の敬虔なる者であり、唯一の神に幸いなる者であって、彼らのためのみに至福はある。——これに反して汝らは、汝ら高貴にして強大なる者よ、汝らは永劫に悪しき者、残忍なる者、淫逸なる者、飽くことを知らざる者、神を無みする者である。汝らはまた永遠に救われざる者、呪われたる者、罰せられたる者であろう！」と……諸君は誰がこのユダヤ人的価値転倒の遺産を作ったのかを知っている……

「ユダヤ人的価値転倒 die jüdische Umwerthung」と言っていますが、「　」の中は新約聖書の山上の垂訓を、卑屈で極端に聞こえるように変形したものです。恐らく、キリスト教的な価値観は、キリスト教の発明ではなく、ユダヤ人の聖職者が武士的な貴族に対抗するために生み出した価値観なのだということでしょう。旧約聖書を見ると、ユダヤ人の歴史は戦いの歴史で戦士や王がたくさん登場しますが、南北の王国の滅亡とバビロン捕囚以降、全体の支配者がいなくて、サドカイ派やファリサイ派の律法学者を中心にしたミニ共同体の集まりになったので、それを聖職者中心の社会と見て、彼らが周辺の巨大な武力を持った帝国の武士貴族に対して恨みを抱いていたことを示唆しているのでしょう。

次の第八節では、ユダヤ人は二〇〇〇年かけて勝利を収めたと述べていますね。

愛の福音の化身《けしん》としてのこのナザレのイエス、貧しき者、病める者、罪ある者に至福と勝利とをもたらすこの「救世主」——彼こそは最も薄気味の悪い、最も抵抗しがたい形の誘惑ではなかったか、迂路ではなかったか。

この「救世主」、このイスラエルの疑似敵対者、似非《えせ》解体者の迂路によってこそ、イスラエルはその崇高な復讐欲の最後の目標に到達したのではなかったか。イスラエル自らが全世界の面前で自己の復讐の真の手先をまるで不倶戴天の仇敵かなんぞのように拒斥して十字架につけなければならなかったために、「全世界」すなわちイスラエルのすべての敵は、一も二もなくこの餌に食いつくことができたのであるが、この一幕こそは真に偉大な復讐の術策であり、目先の利いた、人目につかない、徐《おもむ》ろに予定の計画に従って魔手を伸ばして行く復讐の妖魔術だったのではないか。また他方、いかに奸智に長《た》けた者といえども、果たしてなおこれ以上に危険な餌を案出することができるであろうか。誘惑し、陶酔させ、昏迷させ、堕落させる力において、「聖なる十字架」というあの象徴に匹儔《ひっちゅう》すべき何物かを、「十字架上の神」というあの戦慄すべき逆理に匹儔すべき何物かを、神が人間を救うために自ら十字架にかかるというあの想像を絶した極端で法外で残忍な秘蹟劇に匹儔すべき何物かを案出することができるであろうか。

通常の歴史では、イエスはユダヤ教の伝統を断絶するかのような振る舞いをし、そのせいで十字架につけられたと考えられていますが、ニーチェは彼は「擬似敵対者、似非解体者」にすぎないと言っているわけです。つまり、迫害されているかのような芝居をして、全世界の注目・同情を集めたと見ているわけです。これは、実際どうだったかは別にして、ありそうな政治的演出ですね。自分たちが世界中からおかしな奴らだと白い目で見られ、注目されている集団がいるとして、その集団の中で物凄く迫害の焦点になっている人がいると、外からは物凄い聖人であるかのように見える。例えば、中国やロシアで政治犯として目の敵にされ、殺されかかったとかずっと軟禁状態にあるという話を聞くと、中国やロシアに厳しい人ほど、ころっと騙されそうですね。

イエスの十字架がどうして人々を魅了するかについてはいろんな見方ができますが、ニーチェの観点から言うと、一番惨めで弱い、迫害された惨めな姿を晒しているものほど、実は、最も聖なるものだという発想でしょう。これは自分が負け組で、惨めな人間だと思っていない人にはピンとこないでしょうが、そういうコンプレックスで悩んでいる人には、ピンときやすいでしょう。強い人間に憧れ努力してきたけど、強くなれそうにないと日頃から感じている。そこで、最も惨めな姿こそ、実は神の化身の姿だ、という教えに出会うと、今までの自分が肯定された気になる。しかも、その教えを説いた人は、弱者のいじけた宗教の共同体の中にあって、同胞からもバカにされ、殺されて最も惨めな人間だ。そういう感じで、魅了していったということでしょう。

第九節でニーチェは、「自由の精神」との仮想の対話の形で、こうしたユダヤ人化＝キリスト教化は、畜群、「平民の道徳」の勝利だ、ということを述べていますね。第一〇節の最初を見てください。

――道徳上の奴隷一揆がはじまるのは、《反感》《ルサンティマン》そのものが創造的になり、価値を産み出すようになった時である。ここに《反感》というのは、本来の《反動》《レアクション》、すなわち行動上のそれが禁じられているので、単に想像上の復讐によってのみその埋め合わせをつけるような徒輩の《反感》である。すべての貴族道徳は勝ち誇った自己肯定から生ずるが、奴隷道徳は「外のもの」、「他のもの」、「自己でないもの」を頭から否定する。そしてこの否定こそ奴隷道徳の創造的行為なのだ。評価眼のこの逆倒――自己自身へ帰るかわりに外へ向かうこの必然的な方向――これこそはまさしく《反感》の本性である。奴隷道徳が成立するためには、常にまず一つの対境、一つの外界を必要とする。生理学的に言えば、それは一般に行動を起こすための外的刺戟を必要とする。――奴隷道徳の行動は根本的に反動である。

ここでニーチェ用語として有名な〈Ressentiment〉というフランス語が出てきましたね。ここで「ルサンティマン」の特徴として言われているのは、①現実の行動を伴わない、もっぱら想像上の復讐を求める②奴隷道徳を生み出す――ということです。そして、その奴隷道徳というのは、貴族道徳のように「自己肯定 Ja-sagen zu sich selbst」を起点とするのではなく、「外のもの Ausserhalb」「他のもの Anders」「自己でないもの Nicht-selbst」を否定することによってしか自分を動機付けられないわけです。「反動 Reaktion」というのは、力学の作用／反作用のように、何らかの外からの働きかけに対する反作用ということです。対して、「貴族的評価様式」は自発的で、他者を基準にしません。従って、ルサンチマンで動かされることもない。彼らが「下層民」を自分たちから区別するために使う語も、憎しみのニュアンスがこもったものではなく、どちらかというと、「不幸な unglücklich」とか「不憫な bedauernswürdig」という意味の語を使っていたということですね。この意味合いの四つのギリシア語が列挙されていますね。《δειλός（憐れな）》《δείλαιος（哀れな）》《πονηρός（不幸な）》《μοχθηρός（惨めな）》。最初の二つは、違う

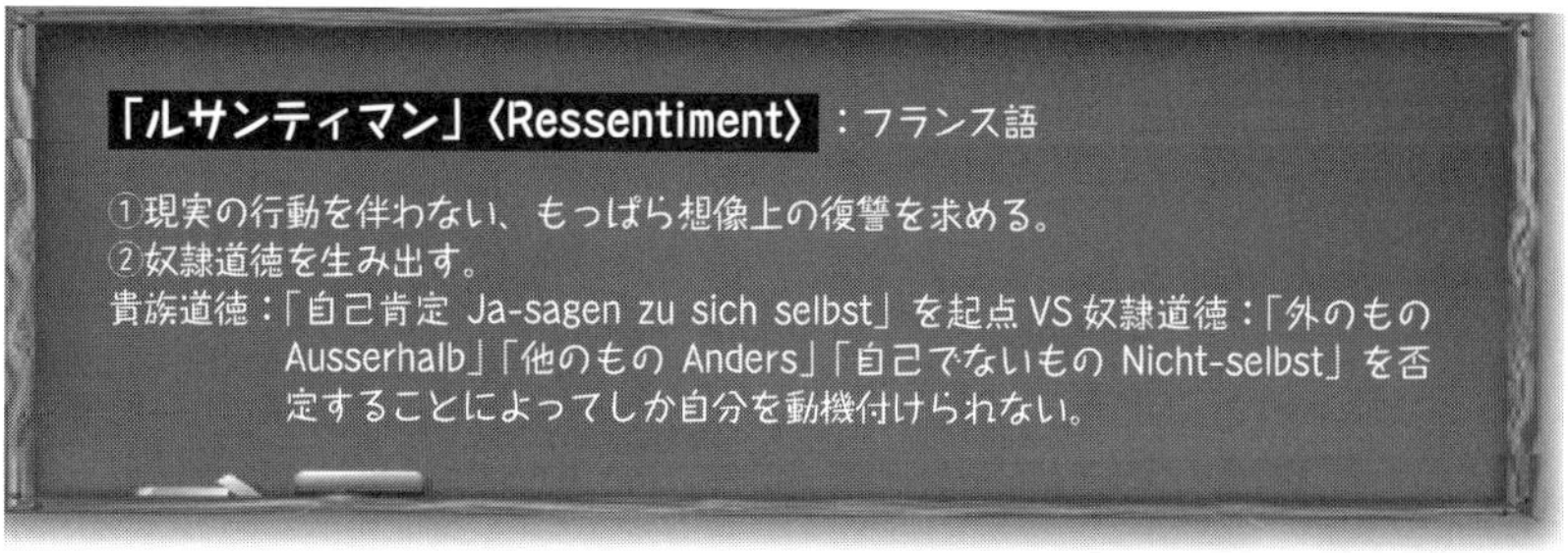
「ルサンティマン」〈Ressentiment〉：フランス語
①現実の行動を伴わない、もっぱら想像上の復讐を求める。
②奴隷道徳を生み出す。
貴族道徳：「自己肯定 Ja-sagen zu sich selbst」を起点VS奴隷道徳：「外のもの Ausserhalb」「他のもの Anders」「自己でないもの Nicht-selbst」を否定することによってしか自分を動機付けられない。

漢字を当てていますが、二番目は最初の言葉の長い形で、あまり意味は違わないようです。後の二つは、ニーチェが（　）の中で説明しているように、「重労働させられている」とか「苦役にあっている」といったのが本来の意味です。ここでニーチェは、現代の西欧語で、英語の〈poor〉や〈miserable〉、ドイツ語の〈arm〉などが、「可哀そう」とか「哀れな」といった本来の意味から転じ「貧しい」階層の人という意味も持つようになったことを念頭に置いて、それと同じような意味の拡張が、被支配民に関してギリシア語で起こったということでしょう。

> 「生れのよい人々」は自分たち自身をまさに「幸福な者」と感じた。彼らはまず敵の様子を見てから自分たち自身の幸福を人為的に組み立てたり、場合によっては説きつけたり、瞞しつけたりする（《反感》をもつすべての人々のいつもするように）必要がなかった。同様にまた彼らは、充ち足りた、有り余る力をもった、従って必然に能動的な人間として、幸福から行動を分離するすべをも知らなかった。――彼らにあっては、活動しているということは必然に幸福の一部なのだ（《εὖ πράττειν》〔うまく行く〕という言葉はここから来ている）――すべては無力な者、抑圧された者、毒心と敵意とに疼《うず》いている者どもにおける「幸福」と著しい対照をなしている。

「生れのよい人々」は自分が「幸福」であることに絶対な自信を持っているので、自分を騙す必要などなかったわけです。そのうえ徹底的に能動的で、運動することと幸福が一体になっているわけです。〈πράττειν〉は英語の〈practice〉の語源になっている動詞です。〈εὖ〉だと英語の〈good〉に当たる形容詞〈ἐΰς〉の副詞形で、〈well〉に当たります。これから派生した接頭辞である〈εὐ-〉から、良好な状態を示す名詞ができます。〈εὐ-〉に「神」「霊」という意味の〈δαίμων〉を加えた〈εὐδαίμων〉は、「幸福な」という意味になります。〈εὖ πράττειν〉というフレーズは文字通りには、「よく行為する」という意味ですが、「繁栄する」

とか「うまくやっていけている」「元気だ」といった、英語の〈go well〉とか〈be well〉のような意味で使われます。「生まれが良い人＝高貴な人＝貴族」は、いつも暮らしがうまく行っているわけです。

> 真の「敵に対する愛」——そんなものがいやしくもこの地上にありうるとしたら、実にこの種の人間においてのみありうるのだ。いかに多くの畏敬を貴族的人間はその敵に対してもっていることか！——しかもそのような畏敬は、すでに愛への一つの橋である……全くのところ、彼は自分のために、自分を際立《きわだ》たせるものとして敵を要求するのだ！

これは「汝の敵を愛せよ」のパロディーですね。ここで言う「敵に対する愛」というのは、倒すべきライヴァルとして畏敬の念を持つという感じですね。

第一一節では、先ほどの〈schlecht〉と〈böse〉の違いを、貴族が自分を性格付ける時の〈gut〉との関連で説明しています。

> 貴族的起源をもつこの「わるい《シュレヒト》」と、不満な憎悪の醸造釜から出たあの「悪い《べーゼ》」と——前者が模造品であり、附録であり、補色であるのに対し、後者は原物であり、始源であり、奴隷道徳の考想における本来の行為である。——一見して同一の「よい《グート》」という概念に対置された二つの言葉——この「わるい《シュレヒト》」とあの「悪い《べーゼ》」とが、何と異なっていることか！　しかし、その「よい」も実は同一の概念なのではない。むしろ、是非とも問わなければならないのは、《反感》道徳の意味で「悪い《べーゼ》」のはもともと誰であるか、ということだ。手厳しい答えをするならこうだ。貴族道徳における「よい者」こそが、すなわち貴人・強力者・支配者こそが《反感》の毒を含んだ眼によってただ色合いを変えられ、ただ意味を変えられ、ただ見方を変えられたのだ。われわれがこの場合せめても否定したくないのは、次の一事だ。——あの「よい人々」をただ敵としてのみ知ることを学んだ者は、同時にまたただ悪い敵としてしか知らないことをも学んだ。

〈schlecht〉の方が貴族的な価値観と相関していて、〈böse〉は弱者のルサンチマンから発しているということですね。前者、つまり〈schlecht〉が「模造品 Nachschöpfung」「附録 Nebenher」「補色 Komplementärfarbe」だというのは、貴族的な〈gut〉が本体でそれを、際立たせるためのおまけ、先ほどの意味での「敵」ということです。それに対して、〈böse〉は補完物ではなく、奴隷の反感そのもので、むしろそれと対比される形で、〈gut〉が付随的に意味付けされているというわけです。ルサンチマンに囚われた人は、貴族的な意味で〈gut〉な人々を〈böse〉、恐らく自分たちを見下す意地悪なという意味で〈böse〉だと見ていたのでしょう。「悪い敵 böse Feinde」というのは、先ほどの愛すべき「敵」と違って、弱者のルサンチマンの対象になる、本性から悪しき敵という感じでしょう。強い相手だからこそ憎まれるわけでしょう。

こうした「貴族的なもの＝自らを良いものとして肯定する人たち」を「悪」として憎む人たちは、貴族的なものへの欲望と無縁ではなくて、仲間同士の内では嫉妬からお互いを監視し合っているけれど、外に向かうと、「放たれた猛獣 losgelassne Raubthiere」のようになると述べられていますね。つまり、普段は奴隷道徳に縛られていても、貴族的な資質を隠している人たちがいるということです。貴族的種族の根底に「金毛獣 blonde Bestie」を認めないわけにはいかない、と述べていますね（四二頁）。

「人間」という猛獣を飼い馴らして温順な開化した動物、すなわち家畜にすることこそあらゆる文化の意義であるとは、今日ともかくも「真理」として信じられている事柄であるが、もしそうだとすれば、貴族的種族をその理想とともに終局において汚辱し圧服するのに与《あず》かって力のあったすべてのあの反動と《反感》の本能は、疑いもなく真の文化の道具と見なされなくてはならないであろう。

貴族的な資質を悪い、野蛮だと言って抑え込むことが「文化 Cultur」の本質だというわけです。精神分析で、無意識（エス）の抑圧で文明が成り立っていると言うのと同じような話に思えますが、「今日ともかくも『真理』として信じられている」という言い方からすると、ニーチェ自身はそう思っていないということのようですね。文脈からすると、ニーチェはこれが事実ではないと思っているということではなくて、野獣を飼いならすというような綺麗ごとではなく、醜いルサンチマンで美しく強い貴族たちを無理やり汚し、威信を喪失させた、いわば、価値を倒錯させているのだけれど、それを隠しているということを言いたいのでしょう。貴族の本能は抑圧されたけれど、弱者のルサンチマンの本能は「文化」においてむしろむき出しになった、ということでしょう。

第一二節では、幸福で、強い存在としての「人間に対する信仰」を保ち続けるのが現在のヨーロッパで困難になっている、と述べていますね。

> 何しろ、ヨーロッパ的人間の矮小化と均一化が見る者に倦怠を覚えさせ、従ってそこにわれわれの最大の危険が蔵されているという事態なのだから（…）ここにこそヨーロッパの宿命がある。――人間に対する恐怖とともに、われわれは人間に対する愛、人間に対する畏敬、人間に対する希望、否、人間に対する意志をさえ失ってしまった。人間を見ることは今ではもう倦怠を感じさせる――これがニヒリスムスでないとすれば、今日ニヒリスムスとは何であるか……　われわれは人間に倦《う》み果てているのだ……

ニーチェは、ヨーロッパがニヒリズムに囚われていると主張したことで有名ですが、彼はニヒリズムの原因を、ルサンチマンの道徳によって作り出された文化的な「人間」のイメージが人々にとって魅力を失い、崩壊しつつあることにあると見ているわけです。先ほど、イギリスの経験論者について述べられたように、「人間」についてのネガティヴな意味しか出てこなくなって、みんな疲れた。しかしその空隙を埋めるものはまだ出てこない。その空白感をニヒリズムと呼んでいるのでしょう。

第一三節で、貴族的な〈gut〉ではない、ルサンチマンに起因する〈gut〉について説明されています。こちらは、強いものを〈böse（悪）〉と呼んでこき下ろし、威信を喪失させ、その反対の性質のものを〈gut〉扱いしたということだったんですね。

> ――強さに対してそれが強さとして現われないことを要求し、暴圧欲・圧服欲・支配欲・敵対欲・抵抗欲・祝勝欲でないことを要求するのは、弱さに対してそれが弱さとして現われないことを要求するのと全く同様に不合理である。

「強さ Stärke」が具体的な形で現れることを許さないということですね。ニーチェに言わせると、抽象的な「強さ」などというものはないはずなのに、征服とか勝利とか敵対とかいったことと概念的に分離した、「強さ」を求める道徳主義的な傾向がある、ということですね。これは分かりますね。誰かが「強い」と分かるのは、実際に敵やライヴァルを倒した時で、ヒーロー物の特撮やアニメ、刑事物、時代劇はまさにそのシーンを売りにしているくせに、「力が強いことが本当の強さじゃない！」といった台詞を入れることがありますね（笑）。その手の言い方は、キリスト教に典型的に見られそうですが、キリスト教の伝説で、聖人とか神に導かれた正義の人が悪を打ち破るというのがありますね。実際には、「強さ」を特定の誰かが示す物理的な力から分離してイメージするのは困難です。

ある量の力とは、それと同量の衝動・意志・活動の謂いである――というよりはむしろ、まさにその衝動作用・意志作用・活動作用そのものにほかならない。それがそうでなく見えるのは、ただ、すべての作用を作用者によって、すなわち「主体」によって制約されたものと理解し、かつ誤解するあの言語の誘惑（および言語のうちで化石となった理性の根本的誤謬）に引きずられるからにすぎない。あたかも一般人が稲妻をその閃きから引き離し、閃きを稲妻と呼ばれる一つの主体の作用と考え、活動と考えるのと同じく、民衆道徳もまた強さを強さの現われから分離して、自由に強さを現わしたり現わさなかったりする無記な基体が強者の背後に存在でもするかのように考えるのだ。しかしそういう基体はどこにも存在しない。作用・活動・生成の背後には何らの「存在」もない。「作用者」とは、単に想像によって作用に附け加えられたものにすぎない――作用が一切なのだ。

ここは少々分かりにくいですね。「力 Kraft」が誰かが誰かを倒す、具体的な暴力性のようなものを帯びているということですね。だから、「衝動作用（Treiben）・意志作用（Wollen）・活動作用（Wirken）」として現れるというのは分かりますが、それが「作用者 Thäter」――通常は「行為者」とか「犯人」という意味です――あるいは「主体 Subjekt」によって制約（bedingen）されているという見方をおかしいと言っているわけです。恐らく、「主体」がその「力」をコントロールしているかのように言うのはおかしいということでしょう。この場合の「主体」は、そうした「力」が属しているとか、「力」と一体になっているような存在ではなくて、自らの所有する「力」に対して距離を置き、使いこなせる存在、最近の特撮やアニメでよくある、最初は自分が与えられた力に翻弄されていた正義のヒーローが、成熟して力をうまく制御できるようになった状態のような感じでしょう（笑）。「自由に強さを現わしたり現わさなかったりする無記な基体 ein indifferentes Substrat, dem es freistünde, Stärke zu äussern oder auch nicht」というのは、そういうことでしょう。「無記」という抽象的な言葉に訳されている〈indifferent〉は、英語にも同じ綴りの形容詞がありますが、「中立な」とか「どっちにころんでもいい」といった意味です。〈Subjekt（主体)〉が〈Substrat（基体）〉に置き換えられていますが、これは〈Subjekt〉の語源に当たるラテン語の〈subjectum〉が、語の作りからして、〈sub-（下に）〉＋〈投げ出されているもの（置かれているもの）jectum〉となっていて、ギリシア語の〈ὑποκείμενον（hupokeímenon）〉の訳語として使われていたことが念頭にあるのでしょう。元々は、そういう抽象的な基層だったわけですが、それがいつの間にか、独立した意志を持った「主体」なるものとなり、その力を発動させるべきかどうか、道徳的見地から判断し、不正な場合には、力を抑えるという役割を果たしているかのように言われるようになったけど、そんなものはいない、と言っているわけです。

——内攻して蔭で微かに燃え続けている復讐と憎悪の感情が、強者は自由に弱者になれるし、猛禽は自由に子羊になれるというこの信仰を自分のために利用し、その上この信仰を他のあらゆる信仰にもまして熱心に保持するとしても、それは別に異とすべきことではない。——実に、この信仰によってこそ彼らは、猛禽に対して猛禽であることの責めを負わせる権利を獲得するのだ……

「強者は自由に弱者になれる」はず、という想定に食ってかかっているわけですね。つまり、強い者が強い力を示すのは、行為というより、身長の高さとか肌の色、顔の形とかと同じように、基本的に本人にも変更不可能な属性で、どうしようもないわけです。それはポジティヴな属性であっても同じ。もっとピンときやすいように言うと、ナルシスト・キャラのタレントが、「私が君よりイケメンなのはどうしようもない」、と言っている感じでしょう（笑）。ニーチェは「強さ」について文句を付けるのは、イケメンや美女が美しいままでいることを非道徳的だと言うのと同じことだと言っているわけです。

弱者たちは「強さ」を示すものを「悪人」と見なし、それとの対比で、弱い自分たちを「善人」扱いしているわけです。

——あたかも弱者の弱さそのものが——すなわち彼の本質が、彼の行為が、彼の避けがたく解き離しがたい唯一の現実性の全体が——一つの自由意志的な行為、何らかの意欲されたもの、何らかの選択されたもの、一つの事蹟、一つの功績ででもあるかのように。

元々力がないので何もできないだけなのに、あたかも「自由意志」で敢えて何もしないかのように言い繕っているというわけです。五二頁から始まる第一五節では、それがキリスト教においてどのように変換されたかが論じられています。

何に対する信仰に？　何に対する愛に？　何に対する希望に？――これらの弱者たち――彼らもまたいつかは強者になりたいと思っているのだ。これは疑う余地のないことだ。いつかは彼らの「国」も来るはずだ。――すでに言ったように、それは彼らの間では単に「神の国」と呼ばれている。彼らは実に、すべてにつけてこうも謙虚なのだ！　もっともその国を体験するためには、永く生きることが、死を越えて生きることが必要である。――「信仰に、愛に、希望に」生きるこの地上生活の埋め合わせを、永遠に「神の国」においてつけることができるためには、永遠の生命が必要である。

屁理屈っぽいですが、言っていることは分かりますね。彼らだって、本当は強くなりたい。しかし、今のままの身体で生きていても、強者の評価を下げることができても、自分たち自身の価値を肯定できない。そこで、惨めな地上での生活の埋め合わせを、死後の「永遠の生命」でしようとするわけです。

その「永遠の生命」のイメージとして、ダンテ（一二六五―一三二一）やトマス・アクィナス（一二二五頃―七四）などの言葉が引用されていますね。五三頁の終わりの方から、「あの誇った一教父 ein triumphierender Kirchenvater」という人物からの長めの引用がありますね。これは、ギリシア語ではなく、ラテン語で記述を行うようになったラテン教父の最初の一人であるテルトゥリアヌス（一六〇頃―二二〇頃）の『見世物について De spectaculis』という著作からのもので、五五頁の終わりまで続いています。原文ではラテン語のままの引用です。テルトゥリアヌスによると、

「信仰はわれらにもとより遙かにより多くのものを」――と彼は言う《de spectac. c. 29 ss.:》――「遙かにより強いものを提供する。救済によって実に全く別の歓びがわれらの意のままになる。闘技者のかわりに、われらにはわれらの殉教者がある。われらにして血を欲するならば、そうだ、われらにはキリストの血がある……しかしキリストの再臨の日、その凱旋の日には、何がわれらを待ち設けていることか！――」さて彼は、あの有頂天になった幻想家は次のように続ける。「しかしここになお別の観物《みもの》がある。それはあの最後の、しかも

永劫の審判の日、異教の民が予期もせず、笑い草にしたあの日、あれほど偉大な古い時代と、あれほど数多いのその所産とが、同じ一つの火焔に舐《な》め尽されるあの日である。その日の光景の何と広大なことか！　余は何を歎じ、何を笑うべきか！　どこで喜び、どこで躍るべきか！　天国に召されたと言われるあれほど多数の、かつあれほど偉大な王者たちが、ユピテルや、彼らの昇天を目撃したという人々とともに暗闇の底に呻吟するのを見るとき！　また同じく、主の御名《みな》を滅ぼしたあの多くの総督たち（地方の代官ら）が、自らキリスト教徒に加えた狂暴な弄辱の焔よりも更に狂烈な焔の中に熔《と》けて行くのを見るとき！　更にまた、あの賢明な哲人たちが、何物も神に縁《よ》らずと説き聞かせ、霊魂は存在せずとか、あるいは少なくとも元の肉体に再び帰らずと教えた弟子たちとともに炙《や》かれて、その弟子たちの前に自らの不明を愧《は》じるのを見るとき！　またあの詩人たちが、ラハダマンテュスやミーノース〔古代クレータの伝説的王。ラハダマンテュスとは兄弟で、共に死後、冥府の裁判官となる〕の審判席ではなく、思いも設けぬキリストの審判席の前に打ち顫《ふる》えているのを見るとき！（…）

要するにクリスチャンはクリスチャンでキリストのように血を流していて、その血の報いは、最後の審判の時に受けられる、というわけです。そこでキリスト教を迫害した異教の権力者、無神論者、更には神々までもが、地獄の業火で焼かれるというわけです。ラダマンチュスやミノスといったアニメでも出てくるような、ギリシア神話の地獄の裁判官が出てきますが、そういう者さえ、真の神の業火で焼かれるということでしょう。この少し後に、ユダヤ教の教えに固執して、イエスを「大工か売女の倅」とか、安息日を破る者と呼んだ人たちの方が、そういう呪わしい者として罰せられる、ということですね。テルトゥリアヌスの『見世物について』は、敵との立場逆転を狙う、初期キリスト教徒の恨みがましさが典型的に見られる、ということでしょう。

第一六節でこの第一論文のまとめに入ります。

そろそろ結論をつけよう。「よいとわるい《グート・シュレヒト》」、「善と悪《グート・ベーゼ》」という二つの対立した価値は、幾千年の長きにわたる恐るべき戦いを地上において戦ってきた。そして確かに第二の価値が長らく優勢を占めてきているとはいえ、しかも今もってなおその戦いが決着をつけられずに戦い続けられている場所がなくはない。

二つの「善悪」の概念対が争ってきて、弱者のルサンチマンに由来する後者の方の優位で推移してきたけれど、まだ完全に決着が付いたわけではない、ということですね。ニーチェはこれを「ローマ対ユダヤ」の戦いとして捉えています。貴族的なローマ帝国と、征服されてルサンチマンを溜めているユダヤ教＝キリスト教的な文化の闘いということでしょう。

ローマ人はいかにも強者であり、貴人であった。彼らよりも強く高貴な民族はこれまで地上に決して存在しなかったし、またかつて夢想されたことすらなかった。彼らのあらゆる遺跡、あらゆる碑銘は、かりに何がそこに記されてあるかを推知できるとすれば、すべて見る者を魅し去ってしまう。その反対にユダヤ人は、《わけても反感を》もつあの僧職的民族であり、民衆道徳に関して無類の創意を具えた民族であった。

かなり本気で、「ローマ人＝高貴な民族↔ユダヤ人＝僧職的民族」という図式で考えているようですね。

ローマは疑いもなく捩《ね》じ伏せられた。——これは大いに注意すべき事柄だ。もっともルネサンスにおいては、古典的理想の、あらゆる事物の貴族的評価様式の、華麗にして無気味な復興があった。ローマの上に築かれたユダヤ化されたあの新しいローマ、総会堂の観を呈し、「教会」と呼ばれたあのローマの圧迫の下で、古いローマそのものが蘇生した仮死者のように身を動かした。

ローマの上にユダヤが新しいローマを築き、それがカトリック教会になったわけです。ルネサンスを、ユダヤ＝キリスト教的な文明の繁栄の下で、地下水脈のようにひっそりと続いていた貴族的なものの復活の兆しと見ているわけです。そもそも、キリスト教会が自分たちを「新しいローマ」と呼ぶこと自体、ユダヤ＝キリスト教がローマ的なものを否定しきれないで、乗っ取ってコントロールしようとしたことを象徴しているので、いつか、真にローマ的なものが復活してくるのはニーチェにとって必然という感じなのでしょう。『悲劇の誕生』の「ディオニュソス的原理／アポロン的原理」の相克による美の歴史の展開に似ているようですが、この二人の神格の対決は作用・反作用のような関係にあって、アポロン的なものなしでディオニュソス的なものだけで芸術が成り立つとはニーチェは思っていなかったわけですが、この場合は、ユダヤ教の奴隷道徳は本来要らないものという扱いですね。

——しかしまもなくユダヤが、宗教改革と呼ばれるあの根本的に賤民的な（ドイツおよびイギリスの）《反感》運

> 動のお蔭で再び凱歌を奏した。これには、宗教改革の必然の結果としての教会の再興――更に古典的ローマの古い墓地の静安の復旧も含められる。この時の勝利よりもなお一段と決定的な、かつ一段と深い意味において、ユダヤはフランス革命とともにまたしても古典的理想に打ち勝つことになった。つまりヨーロッパにおける最後の政治的貴族主義、十七・八世紀のフランスにおける貴族主義は、民衆的《反感》本能の足下に崩壊した。

『悲劇の誕生』では、宗教改革の音楽的側面を、ドイツ的神話と共にディオニュソス的なものが復活してきたと言って肯定的に評価していたのに、ここでは、ユダヤ教的なものが再び息を吹き返したと見ているわけですね。「古典的ローマの古い墓地の静安」というのは、恐らくある程度ローマの遺産を生かしてきたカトリックの影響が抑えられるようになったことや、反宗教改革でカトリック自身がローマ的な要素を振り落として、禁欲的になった、というようなことを指しているのでしょう。

面白いのは、フランス革命もユダヤ的なものの現れと見ている点ですね。確かに、フランス革命は、〝貴族〟的なものへの反感を原動力にし、平等を求めたということは一般的に知られていますが、革命当時のフランスの貴族は、ニーチェの言う戦士貴族とは違うような気がするので、屁理屈っぽく聞こえますね。ニーチェも恐らくその辺のところは分かったうえで、恐らくルイ一三世（一六〇一－四三）や一四世（一六三八－一七一五）の時代、デュマ（一八〇二－七〇）の『三銃士』（一八四四）や『鉄仮面』（一八六七）で描かれた時代の、騎士道的な精神が強く、ヨーロッパで最強の軍隊を誇っていたフランスを念頭に置いているのでしょう。

しかし、革命の反貴族主義・平等主義の反動として、「少数者の特権 Vorrecht der Wenigsten」を体現するナポレオン（一七六九－一八二一）が登場した、というわけです。

> もう一つの道への最後の道標のように、ナポレオンが、あのかつて存在した最もユニークな、最も生れ遅れの人間が出現し、そしてこの人間において貴族的理想自体は生身《なまみ》の問題となって現われた――諸君はそれがいかなる問題であるかをよく考えてみるがよい、――ナポレオン、非人と超人とのこの綜合が……

「超人」の方は『ツァラトゥストラ』などから明らかですが、「非人 Unmensch」の方が唐突ですね。普通のドイツ語では「獣」とか「怪物」という意味で使われます。恐らく、そういうことでしょう。貴族的な人々は、普通にイメージされる弱々しくて、生命力のない存在ではなくて、獣のように野生の力を秘めているのでしょう。そういう意味でナポレオンは「非人間」であると同時に、来るべき「超人」、神的なものに縛られている、今の「人間」の限界を超えて、自ら価値を生み出すことのできる存在の原型でもある、ということでしょう。

ごく短い第一七節では、こうした二つの意味の〈gut〉、［gut － schlecht］vs.［gut － böse］の対立は、完結した過去の歴史ではなく、今も続いているということが示唆されていますね。最後に、彼の近著『善悪の彼岸 Jenseits von Gut und Böse』は、タイトル通り、［gut － böse］の彼岸を目指しているのであって、［gut － schlecht］の彼岸ではない、ということが確認されています。つまり、ルサンチマンに基づく「善悪」を超えることを目指しているのであって、貴族的な「善悪」のことではない。ただ、貴族的な「善悪」の復権を目指すのかどうかは曖昧にしていますね。

「第二論文「『負い目』・『良心の疚《やま》しさ』・その他」

第二論文「『負い目』・『良心の疚《やま》しさ』・その他」に入っておきましょう。次回は第三論文「禁欲主義的理想は何を意味するか」を読みますが、分量が長いということもあるのですが、この三つ目が一番論旨は分かりにくいです。第二論文は第一論文と似たような、道徳の基本概念の起源を系譜学的に遡ろうというものなので、第一論文の後だと、論の運びを摑みやすいです。

約束をなしうる動物を育て上げる――これこそは自然が人間に関して自らに課したあの逆説的な課題そのものではないか。人間に関する本来の問題ではないか……この問題が高度の解決を得ているということは、反対に働く力、すなわち備忘の力を十分に認めることを知っている者にとっては、いよいよ驚くべきことに思われるに違いない。

「約束（versprechen）をなしうる動物」というのがいきなり出てくるので、何を言っているのだろうという感じがしますが、「健忘 Vergesslichkeit」と対置しているところからすると、約束するには、まず「私は●●する」という約束を記憶する必要があるという話なのだということが分かりますね。他の動物は言葉を話さないし、自分がやるべきことを記憶し続けることはできません。「健忘」の作用に抵抗できる、自然に反した動物を作る、というのは確かに大変なことです。

健忘は浅薄者流の信じているように、単なる《惰力《ヴィース・イネルティアエ》》ではない。むしろ一つの能動的な、厳密な意味において積極的な阻止能力であって、いやしくもわれわれによって体験され、経験され、われわれに摂取されるほどのものが――われわれの身体的栄養、すなわちいわゆる「身体的同化」の行われる千態万様の過程全体と同じく――消化（それは「精神的消化」と呼んでよいであろう）の状態になってわれわれの意識に上らないのも、この阻止能力の所為《せい》である。意識の扉や窓を一時的に閉鎖すること、意識下における隷属的な諸器官が相互に協働したり対抗したりするための喧騒や闘争に煩わされないこと、新しいものに、わけてもより高級の機能や器官に、統制や予測や予定に（われわれの有機体の組織は寡頭政体だから）再び地位が与えられるようになるための僅かばかりの静穏、僅かばかりの意識の《白紙状態《タブラ・ラーサ》》――これが、前述のように、心的秩序・安静・礼儀のいわば門番であり執事であるあの能動的な健忘の効用である。このことからして直ちに看取されることは、健忘がなければ、何の幸福も、何の快活も、何の希望も、何の矜持も、何の現在もありえないだろうということだ。この阻止装置が破損したり停止したりした人間は、消化不良患者にも比せられるべきものだ（そして単に比せられるべきものより以上のものだ）。

「健忘」というよりむしろ、「阻止能力 Hemmnugsvermögen」――「遮蔽能力」と訳した方がいいかもしれません――とでも言うべきものを念頭に置いているようですね。私たちは自分の身体の動きの感覚とかちょっとした周囲の出来事への注意、夢の内容、昨日の嫌な経験……などいろんなことを絶えず思い浮かべます。そうした意識の細かな働きが全て同じ調子で進行し続けたら、すぐに脳がパンクしてしまいます。私たちの身体には、消化器官などの活動が意識の中枢にのぼってこないようにする仕組みがありますが、ある意味それと同様に、細かな意識の作用の拡大を遮断して、高度な思考を邪魔しないようにすることを「健忘」と言っているわけです。

――この必然的に健忘な動物にあっては、健忘は一つの力、強い健康の一形式を示すものであるが、しかもこの同

> じ動物が、今やそれと反対の能力を、すなわちある場合に健忘を取りはずすことを助けるあの記憶という能力を習得した、——ここにある場合とは、約束をしなくてはならない場合のことだ。従ってそれは、単に一旦刻み込まれた印象から再び脱却することができないというような受動的な状態では決してなく、また単に一旦質入れして再び請《う》け出すことができなくなった言質の惹き起こす消化不良でもない。むしろ、再び脱却したくないという能動的な意欲であり、一旦意欲したことをいつまでも継続しようとする意欲であり、本来の意志の記憶である。

健康に生きるのは嫌なことを忘れることだ、忘れるのも才能だ、というような格言的な言い方がありますが、ニーチェはそれを生理学的に語っているわけです。忘れることによってリフレッシュしていたはずなのに、それとは逆の記憶する能力、しかも、自らが意志したことを意志し続ける能力を身に付けてしまった、というわけです。日本語で「意志」と「意欲する」と言うと、違う次元のことのようですが、原語だと、〈Wille〉は〈wollen〉の名詞形です。ニーチェの言う「記憶」というのは、何となく生じてきて、何となく消えていきがちな「意志」を、自らの意志だと自覚させ、持続させる働きをするようですね。

> しかし、これらすべての事柄の前提となるものは何か！　そういう風に未来を予め処理することができるようになるためには、人間はまず、必然的な生起を偶然的な生起から区別して、それを因果的に考察する能力、遙かな未来の事柄を現在の事柄のように観察し予見する能力、何が目的であり何がそれの手段であるかを確実に決定する能力、要するに、計算し算定する能力を習得してかかることを、いかに必要としたことか！——一個の約束者として未来としての自己を保証しうるようになるためには、人間は自らまずもって、自己自身の観念に対してもまた算定し得べき、規則的な、必然的なものになることをいかに必要としたことか！

少しごちゃごちゃしていますが、言わんとすることは分かりますね。まずは、物事は偶然の連鎖ではなく、因果関係に従って生じるということを把握したうえで、それに即して自分の行動の「目的 Zweck」を立て、それを実現する「手段 Mittel」を考えるようになるわけです。「一個の約束者 ein Versprechender」として「未来としての自己 sich als Zukunft」を保証するというのは、目的－手段的な発想ができず、その都度刺激に場当たり的に反応するだけで、自分がどういうことをやる存在なのか、そもそも〝過去の自分〟と〝今の自分〟が同一だという意識を持っているかどうかさえ定かでなかった動物が、自分がどういう存在なのか理解し、そのイメージに従って将来も行動するようになるということです。

――これこそは責任の系譜の長い歴史である。約束をなしうる動物を育て上げるというあの課題のうちには、われわれが既に理解したように、その条件や準備として、人間をまずある程度まで必然的な、一様な、同等者の間で同等な、規則的な、従って算定しうべきものにするという一層手近な課題が含まれている。

先ほど、「計算し算定する能力 überhaupt rechnen, berechnen können」と「算定しうべき、規則的な berechenbar, regelmäßig」という計算関係の表現が出てきましたが、ここでも、「算定しうべき」が出てきましたね。「責任 Verantwortlichkeit」が「計算」と関係していると言いたそうですね。これはそんなに突飛な話ではありません。説明責任のことを英語で〈accountability〉、つまり元々「計算可能性」を意味する言葉で表現しますね。ドイツ語でもこれに当たる〈Rechenschaft〉という言葉を使います。「責任」を取るというのは、相手との間で勘定を付けるとか、帳尻を合わせる、といったことだと考えることもできます。

こうした算定する能力を高めていくと、「独裁的個体 das souveraine Indiviuum」（六四頁）とでも言うべきものが生まれてくる、ということですね。「独裁的」というのはあまりいい訳ではないでしょう。〈souveraine〉というのは「主権的」という意味です。西欧の哲学・思想系の文章では、国家の主権とのアナロジーで「主権的」という言い方をすることが多いのですが、政治思想に疎いとこの意味合いがよく分からないかもしれません。これは、主権国家が自らの領土と人民を、他の何からも指図されることなく、排他的に支配しているのと同じ意味で、自分の身体や精神、領分を自分の判断だけで完全支配しているという意味で使われます。つまり、全面的に自律した主体だということです。

――それは自己自身にのみ等しい個体、風習の道徳から再び脱却した個体、自律的・超倫理的な個体（「自律的」と「倫理的」とは相互に拒斥するから）である。手短に言えば、自立的な長い意志をもった約束をなしうる人間だ――そしてこのような人間のうちにこそわれわれは、ついに達成されて自ら生身となったところのものについての誇らしい、全筋肉を痙攣させるような意識を、真の権力意識と自由意識を、およそ人間の完成感情なるものを見出すのである。本当に約束をなしうるこの自由になった人間、自由な意志をもつこの支配者、この独裁者――彼は、約束をしたり自己自身を保証したりすることのできないすべての者に対して、自分がいかに立ち優っているかを、いかに多くの信頼、いかに多くの恐怖、いかに多くの畏敬――彼はこの三つのもののすべてに「値する」――を起こさせるかをどうして知らずにいようか。また、この自己に対する支配権とともに、更に環境に対する、自然に対する、すべてのより短い意志をもった、より信頼しがたい徒輩に対する支配権が、必然的に自分の手中に委ねられているのをどうして知らずにいようか。「自由な」人間、長く挫《くじ》きがたい意志の所有者は、この所有物のうちにまた彼の価値尺度をもっている。自分を規準にしてそこから他者の方を見やりながら、彼は尊敬したり軽蔑したりする。

「自己自身に等しい」というのは禅問答のようですが、哲学でよく聞く、自己同一性のことですね。この場合は、偶然に左右されることなく、自分の言動の一貫性を保つ、自己意識をしっかり保ち続ける、ということでしょう。「自律的 autonom」と「倫理的 sittlich」が対立する、というのがピンときにくいですが、この〈sittlich〉は、「風習」とか「慣習」という意味の〈Sitte〉の形容詞形です。「風習の道徳」の原語は、〈Sittlichkeit der Sitte〉で、同語反復的な感じになっています。〈Sitte〉も〈Sittlichkeit〉も、近年の日本の哲学業界ではどちらも「人倫」と訳すことが多いです。〈Sitte〉は慣習と道徳のどちらにも取れるような意味で使われることが多いです。〈Sittlichkeit〉の方が、形容詞にしたうえで、抽象性を表す〈-keit〉という語尾を付けているので、若干ローカルな慣習としての性格を脱して、普遍性が高い道徳になっているようなニュアンスがあります。そういう意味合いで〈Sittlichkeit der Sitte〉と言っているのでしょう。意訳すると、「慣習の内の道徳的な部分」という感じでしょう。これと、「自律」が矛盾するというのは、慣習的な道徳に従うのであれば、自分で自分を律することにならないからです。だから「自律的・超倫理的 autonom-übersittlich」と言っているわけです。カントであれば、「自律」と「人倫（倫理）」は矛盾するどころか、真の「自律」は、自己を律する普遍的な「人倫」の法則によって可能になる、と言うところでしょう。恐らく、そうしたカント的な意味での「倫理」を、「超倫理的」と形容しているのでしょう。

その後に出てくる「自由」というのは、「自律」している状態を指しているのでしょう。カントの議論では、自らの理性によって普遍的な道徳法則を発見し、それに自発的に従うこと、つまり「自律」によってのみ、人は、身体に備わった動物的な傾向を克服して、自由意志の主体になったと言えます。このことをニーチェは、ネガティヴな側面が際立つように、「自由意識」と「権力意識」を並べているわけですね――原文では、〈Macht-und Freiheits-bewußtsein〉と合成語にしています。

法哲学では、「自由意志」を持っていることが、契約を結ぶことができるなど、権利を行使したり、責任を引き受けたりすることのできる主体である前提だ、とされていますが、そういう意味合いを込めて、ニーチェは「自由」の話をしているのだと思いますが、彼はその「自由」が力と表裏一体の関係にあって、約束の主体としての自分が「自由」であるという意識は、自分が「信頼 Vertrauen」「恐怖 Furcht」「畏敬 Ehrfurcht」に「値する verdienen」存在であるという誇りを伴っている、と言っているわけです。ポジティヴなのとネガティヴなの、どっちにも取れる感情を三つ並べているわけですね――〈Ehrfurcht〉は、〈Ehre（名誉）〉＋〈Furcht（恐怖）〉という形の合成語で、あまりにも強いものに対する恐怖と尊敬が入り混じる、まさに「畏敬」という意味合いの言葉です。

いきなり、自由である自分を誇ると言われてもピンときませんが、子供とか奴隷、あるいは責任能力、行為能力を法的に否定されている存在を念頭に置くと、分かりやすくなります。そういう存在は、自由意志を持った存在として認められていないので、契約することなどできないし、〝約束〟をしても意味があるものと認めてもらえないでしょう。一人前ではないからです。「自由意志」を所有する主体は、一人前なので、その力を誇れるわけです。ちゃんと約束を実行できる実力を備えていると信頼されているということは、その力ゆえに畏れられているということでもあるわけです。カントの道徳哲学における自由な、自律した主体は、そうした現実社会の権利主体、責任主体から、力という生々しい要素を捨象し、理想化したものと見ることができます。ニーチェは、そうしたカント的な主体の背後にある、「力」に注意を向けようとしているわけです。

――責任という異常な特権についての誇らしい知識、この稀有な自由の意識、この自己と運命とに対する力の意識は、彼の心の最も深い奥底まで沈下して、本能に――支配的な本能になっている。――彼にしてもしそれを表

「自由」＝「自律」している状態。

カント：自らの理性によって普遍的な道徳法則を発見し、それに自発的に従う＝「自律」➡人は、身体に備わった動物的な傾向を克服し、自由意志の主体に。
このような自由・自律した主体は、現実社会の権利主体、責任主体から、“力”という生々しい要素を捨象し、理想化したもの（ニーチェ）。

ニーチェ：「自由」と力と表裏一体の関係にある。約束の主体としての自分が「自由」であるという意識＋「信頼 Vertrauen」「恐怖 Furcht」「畏敬 Ehrfurcht」に「値する verdienen」存在であるという誇り。
「自由意志」を所有する主体：一人前なので、その力を誇れる。約束を実行できる実力を備えていると信頼されている➡その力ゆえに畏れられている。

※ニーチェは、カント的な主体の背後にある、「力」に注意を向けようとしている。

わす言葉が必要になるとすれば、彼はそれを、この支配的本能を何と呼ぶであろうか。疑いもなく、この独裁的人間はそれを彼の良心と呼ぶのだ……

「責任 Verantwortlichkeit」は普通は義務の根拠と考えられていますが、ニーチェは「特権 Privilegium」と言っています。これは、先ほど言ったように、「力（Macht）の意識」を伴っているからでしょう。ただ、その「力の意識」は他者を支配する力ではなく、自己と運命を支配する力、自分を制御する力です。それを「良心 Gewissen」と呼んでいるわけです。

次の節では、その「良心」について論じられています。

彼の良心？……予め察知されることであるが、われわれがここでその最も高い、殆ど訝《いぶか》しいほどの姿に接するこの「良心」という概念は、すでに一つの長い歴史と変遷とをその背後にもっている。自己に対して、しかも自負をもって保証を与えうること、従ってまた自己に対して然りを言うこと――これは前述のように、成熟した果実であり、しかもうらなりの果実である。

ニーチェは「良心」に対して否定的なイメージがありますが、ここを見る限り、自らの力に自負心を持っている自由意志の主体に備わっている要素として肯定的に見ているように見えますね。ただ、彼はその「良心」を人間に自然に備わっているものではなく、歴史的に形成されたもののようですね。

人間が自己に記憶をなさしめる必要を感じたとき、血や拷問や犠牲なしに済んだ試しはかつてない。最も戦慄すべき犠牲と抵当（初子犠牲もそれに属する）、最も忌わしい毀傷（例えば去勢）、あらゆる宗教的儀礼における最も残忍な法式（従ってすべての宗教はその最も深い根柢において残忍の体系である）――これらはすべて、苦痛のうちに記憶術の最も有力な手段を探り当てたあの本能から来たものだ。ある意味では、禁欲主義の全体がこれに属する。――若干の観念が抹消しがたい、遍在的な、忘れがたい、「固定的な」ものにされなくてはならない。その目的はこれらの「固定観念」によって神経と理知の全体系に催眠術をかけることにある――そして禁欲主義的な手順や生活形式は、これらの観念を爾余一切の観念との競争から引き離して、それらを「忘れがたい」ものにするための手段なのだ。

宗教儀礼としての犠牲や去勢、そして禁欲主義とも関係していることからすると、ここで話題になる「記憶 Gedächtniss」は、動物にもあるような短期的記憶、何となく覚えているような記憶ではなく、罪の記憶とか敗戦の記憶とか、よく現代思想で記憶のポリティクスと呼ばれているものの対象になる記憶が念頭に置かれているのでしょう。苦痛（Schmerz）とか、催眠術（Hypnotisierung）、「固定観念 fixe Idee」と言っているところからすると、単に儀礼の雰囲気で覚えさせるのではなくて、残忍な（grausam）やり方で、体を痛めつけ、痛みの記憶と共に覚えさせる、ということのようですね。そういう宗教儀礼があるというより、宗教儀礼自体が、肉体に対する残忍さを発揮することで、その集団にとって望ましい記憶を植え付ける方法だと考えているようですね。カフカ（一八八三―一九二四）の『流刑地にて』（一九一九）という短編に、囚人の皮膚に判決文を書き込んでいく自動機械が登場しますが、これはそういう儀式的なものによって罪の意識をも体に覚えさせる、記憶させる、宗教、あるいはそれを継承した近代刑事制度の残酷さのパロディーでしょう。ドゥルーズ＝ガタリの『アンチ・オイディプス』でも、ニーチェのこの論文を参照して、これを原初の「大地機械」の一つの側面として描いています――『ドゥルーズ＋ガタリ〈アンチ・オイディプス〉入門講義』をご覧ください。

ニーチェの論旨としては、人間は必ずしも、深く体に覚え込ませるように「記憶」する動物ではないのに、無理に記憶する動物にさせるために、残酷な儀礼を行う必要があった、ということでしょう。

――人類の「記憶して」いたものがわるいほど、人類の習慣はいよいよ恐るべき相貌を呈する。わけても刑法の峻厳さは、健忘に打ち勝つために、また社会的共同生活の若干の原始的要件を一時的に感情や欲求の奴隷になった人々の脳裡から去らしめないようにするために、人類がどれほどの労苦を費やしたかということに対する一つの尺度である。われわれドイツ人は、確かにわれわれ自身を特に残忍で冷酷な民族だとは思わない。まして特に軽浮で徒らに酔生夢死する民族だとは思わない。しかし、一つの「思想家民族」（これは今日なお信頼と真摯と無趣味の着実の最大限を示し、しかもこれらの諸性質を笠に着てヨーロッパのあらゆる種類の官人の訓練を要求するあのヨーロッパ民族のことだ）を育て上げるために地上においてどれほどの労苦が払われたかを看破するには、われわれの古い刑制を見るだけで十分である。これらのドイツ人は、その賤民的な根本本能とそれに伴う野獣の如き蛮行とを統御するために、恐るべき手段を用いて自分たち自身に記憶をなさしめた。諸君はあのドイツの古い刑罰、例えば、石刑（――すでに口碑に伝えるかぎりでも、石臼が罪人の頭上に落下する）、車裂きの刑（刑罰の領域におけるドイツ的天分の最も独自な創意であり、十八番だ！）、杙《くい》で貫く刑、馬に引き裂かせたり踏みにじらせたりする刑（「四つ裂き」）、犯人を油や酒の中で煮る刑（十四世紀および十五世紀になお行われていた）、人気のあった皮剥ぎの刑（「靴紐作り」）く胸から肉を切り取る刑などを思い合わせ、更に悪行者に蜜を塗って烈日の下で蠅に曝《さら》す刑なども思い合わせてみるがよい。そうした様々の光景を心に留め、後車の戒めとすることによって、人々はついに、社会生活の便益を享有するためにかねて約束した事柄に関して、幾つかの「われ欲せず」を記憶に留めるようになる。

ここは分かりやすいですね。野獣のような賤民に対して、やってはいけないことに対する見せしめの刑を行うことで、それはやってはいけないことだという記憶を植え付けるわけですね。そうやって「記憶」し、「約束」する能力を身に付けさせる、というわけです。私たちの常識では、自分の言ったこと、やったことを「記憶」し続け、責任を取ることができるはずなので、自覚的に正しくないことをやった者を罰すると考えるのですが、ニーチェはその逆だと言っているわけです。痛い目に遭わせるから、記憶し、責任が取れる体勢になるわけです。

――そして実際！　この種の記憶の助けによって、人々はついに「理性に」辿《たど》り着いたのだ！　ああ、理性、真摯、感情の統御など、およそ熟慮と呼ばれているこの暗い事柄の全体、人間のすべてのこうした特権と美粧、

――これらに対して支払われた代価がいかに高かったことか！

ここでの「理性 Vernunft」は話の流れからして、無秩序に発動しやすい情動を先ほどのような意味での「記憶」によって制御する、アポステリオリに開発された能力ということになるでしょう。それで人間が幸福になったかというと、そうではないようです。

次の節では、「良心の疚しさ das schlechte Gewissen」という形で現れる「負債 Schulden」がテーマになります。

> これら従来の道徳系譜論者たちは、例えば「負い目《シュールト》」というあの道徳上の主要概念が「負債《シュールデン》」という極めて物質的な概念に由来しているということを、ただ漠然とでも夢想したことがあったろうか。あるいは、刑罰が意志の自由もしくは不自由についてのあらゆる前提から全く離れて、一つの報復として発展したものだということを、単に漠然とでも夢想したことがあったろうか。――しかも事実はむしろ、「人間」獣が「故意」とか「過失」とか「偶然」とか「責任能力」などといったあの遙かに原始的な区別とそれらの反対物を作り、これらを刑罰の量定に当たって酌量し始めるためにすらも、まず前もって一つの高い段階の人間化を必要とするほどなのだ。

「負い目」とか「罪」という意味の〈Schuld〉というドイツ語の元の意味が、経済的・会計的な意味での「負債」だということについて系譜学的に掘り下げようとしているわけですね。先ほどの「記憶」の話と同じで、物質的な現実が先にあって、それから〝精神〟的なものが派生した、というわけです。

「罪」は、その人がやったことに対する「報復＝応報 Vergeltung」と考えられますが、この〈Vergeltung〉も物質的な帳尻と関係した言葉です。動詞形が〈vergelten〉ですが、これから〈ver-〉という接頭辞を取った〈gelten〉は、「有効である」とか「通用する」「効力がある」「価値がある」といった意味の動詞です。語根になっている〈-gelt-〉は「価値」「値打ち」「収入」「報い」「報酬」といった意味合いです。これから「貨幣」を意味する〈Geld〉も派生しています。

「刑罰 Strafe」というのは、近代社会の法的常識では、「自由意志」に基づいて、悪いと分かっていて、故意にやったことに対してその報いを受けさせ、その意志の在り方を矯正するというのが一番基本的な考え方ですが、それも、元は損と得の帳尻合わせのような具体的な行動、慣習を抽象化したものだと言っているわけです。被害者と加害者、貸しがある側と借りがある側双方の勘定が合うように、計算するという即物的な行為から、理性とか責任の主体が生じてくるわけです。「責任能力」の原語〈zurechnungsfähig〉――形容詞なので、正確には「責任能力がある」と訳すべきで、「故意 absichtlich」「過失 fahrlässig」「偶然 zufällig」も原語は形容詞です――は、「計算する」という意味の〈rechnen〉という動詞から派生しています。〈zu-〉という接頭辞は、帰属という意味合いを持っています。〈zurechnen〉という動詞は、「～の勘定に付けておく」という感じで、「～の責任に帰する」「～のせいにする」というような意味合いで使います。そういう帳尻合わせの慣習から、逆算する形で、人間には「責任能力」があるはずだ、と想定されるようになった、というわけです。「原始的 primitiv」と言っているのは、通常は、「責任能力」のようなものはどんな原始的な人間にも備わっているもので、お互いがそうした能力とそれに基づく負い目の感情のようなものを持つことがあるのを認識するのに特別な理論はいらない、と想定されているけれど、実は……ということを強調するためでしょう。

今でこそあんなに安っぽい、また見たところあんなに自然な、あんなに必要な思想、そして恐らく、一体どうして正義感情が地上に現われたかという問題の解明にさえ当たらなければならないほどになっているあの「犯罪者は刑罰に値する、何となれば、彼は別様に行為することも可能であったが故に」という思想は、実際においては、人間が極めて後になって手に入れた実に精妙な判断と推理の形式である。この思想を原初からのものだとする人は、古代人類の心理を無骨な手で強姦するものだ。人間歴史の極めて長い期間を通じて、悪事の主謀者にその行為の責任を負わせるという理由から刑罰が加えられたことはなかったし、従って責任者のみが罰せられるべきだという前提のもとに刑罰が行われたこともなかった。――むしろ、今日なお両親が子供を罰する場合に見られるように、加害者に対して発せられる被害についての怒りからして刑罰は行われたのだ。――しかしこの怒りは、すべての損害にはどこかにそれぞれその等価物があり、従って実際に――加害者に苦痛を与えるという手段によってであれ――その報復が可能である、という思想によって制限せられ変様せられた。

「犯罪者は刑罰に値する、何となれば、彼は別様に行為することも可能であったが故に der Verbrecher verdient

Strafe, weil er hätte anders hadeln können」というのは、現代の刑法や倫理学で「他行為可能性 alternate possibilities」と呼ばれているもののことです。自由意志でそれをやったかどうか微妙な時、例えば、他人と争いになって反撃している間に殺してしまったとかいう時、それ以外にどうしようもなかったのかどうかを考えますね。ニーチェはそういう「悪事」に対して「責任を負わせる verantwortlich machen」というような概念は、かなり後代にできた概念だと言っているわけです――〈verantwortlich〉は英語の〈responsible〉のように、「応答する antworten」ことができるというのが元の意味です。ニーチェは、原初においては、親が子を罰する時のような「怒り Zorn」による刑罰しかなかった、と主張していますが、どう違うのかちゃんと説明していないので、分かりにくいですね。これは、相手の内にそういう能力を見極めたうえで、それに働きかけるというのではなく、突発的に生じた「怒り」によって反応するだけ、ということでしょう。それが次の段階になると、受けた損害をその「等価物 Äquivalent」で相殺して、帳尻を合わせるという先ほどの発想に基づく実践が生まれてきた、というわけです。[瞬間的な反応（怒り）→報復（帳尻合わせ）の慣習化→他行為可能な自由意志の主体]、という風に、事後的に主体が再構成されたわけです。

――この極めて古い、深く根を張った、恐らく今日ではもはや根絶できない思想、すなわち損害と苦痛との等価という思想は、どこからその力を得てきたのであるか。私はその起源が債権者と債務者との間の契約関係のうちにあることをすでに洩らした。そしてこの契約関係は、およそ「権利主体」なるものの存在と同じ古さをもつものであり、しかもこの「権利主体」の概念はまた、売買や交換や交易というような種々の根本形式に還元せられるのだ。

被害者の受けた「損害 Schaden」と、それへの「報復」、後の刑罰と呼ばれることになる、加害者に与えられる「苦痛 Schmerz」を「等価 Äquivalenz」にするという発想は、「怒り」による制裁から自然と発展してきたわけではなく、歴史上のある時点で、「契約関係 Vertragsverhältnis」という人為的な関係から生じてきた、というわけですね。「契約」は、財物を双方が同時に引き渡す場合もありますが、一方が先に渡して「債権者 Gläubiger」になり、これから渡すべき立場の人が「債務者 Schuldner」になる、ということもあります。〈Schuldner〉は字面から分かるように、先ほどの〈Schuld（en）〉から派生した言葉です。つまり、犯罪の「加害者－被害者」関係を、契約における「債務者－債権者」関係に準じて理解する思考法が、契約という新たな慣習とパラレルに発達してきたのではないか、とニーチェは示唆しているわけです。あと、〈Gläubiger〉の方は、「信じている人＝信仰者」が元の意味で、こちらも宗教と経済の関係を示唆する言葉です。

「権利主体 Rechtssubjekt」という抽象的な概念は、害を受けないように守ってもらえる資格の保持者という意味合いと、契約の一方の当事者になる資格の保持者という意味合いがありますが、そういう中間的な意味合いは、「加害者－被害者」関係を「債務者－債権者」に譬えて理解するようになったことから生じてきたと考えられます。「合理的」に思考し、行為する「主体」が売買や交易における「等価性」から生じてきたことは、後にフランクフルト学派のアドルノやホルクハイマーが『啓蒙の弁証法』で指摘しています――〈rational〉という言葉は、「計算」とか勘定という意味のラテン語〈ratio〉から派生した形容詞です。彼らの議論では、全ての物を「等価性」という視点の下でのみ見ようとする「主体」の画一的思考が、「主体」をして自然の支配へと駆り立て、自然の一部である自己自身を追いつめていく、というところに重点があります。

もとよりこれらの契約関係をはっきり思い浮かべることは、これまでに述べてきたところから直ちに予想できるように、それらを創造し、または承認した古代人類に対して様々の疑惑や抵抗を感じさせる。ここでこそ約束がなされる。ここでこそ約束者に記憶させることが問題になる。邪推してみれば、ここにこそ冷酷や残忍や痛苦の産地が見出されるのかもしれない。債務者は返済の約束に対する信用を起こさせるために、その約束の厳粛と神聖に対する保証を与えるために、また自分自身としては返済を義務や責務として内心に銘じておくために、万一返済しないような場合の代償物として、債権者との取り極めによって、自分がなお「占有する」他の何物かを、自分の手中にある他の何物かを抵当に入れる。例えば、自分の身体とか、自分の妻女とか、自分の自由とかを、あるいは自分の生命をさえ抵当に入れる（…）。しかしわけても債務者の身体にあらゆる種類の侮辱や苛責を加えることができた。例えば、債務の額に相当すると思われるだけのものを身体から切り取ることができた。

「債権―債務」の話が、応報的な「刑罰」を経由して、最初の「記憶―約束」に繋がっているわけですね。ただ、「邪推してみれば so darf man argwöhnen」と自分で言っていることから分かるように、ニーチェもあまり自信がない推測なのでしょうが、それなりに理屈は通っているし、面白いですね。現在でもそうですが、「債務者」は、後で返済しますという「約束」を「債権者」に信用してもらうために、約束を果たさなかった時のために何かを抵当に入れる（verpfänden）わけです――本当は信用されていないわけですね。その抵当が自分や妻女の身体だと、債務を返済しない場合、残酷な目に遭わされるわけです。身体から肉を切り取るというのは、『ヴェニスの商人』の基本設定ですね。七二頁を見ると、ローマの『十二表法』にこれに関する規定があった、ということで、そのやり方について解説されていますね。『十二表法』の第三表に、債務者が判決後も債務の支払いに応じない時、債権者は木か鎖を取り付けて行動制限してもよいと述べられています。なかなか支払わなかったら、肉を切り取ることができるとされています。

これも、約束を体で記憶させるための方法と解釈できます。どちらが先行したかは別として、契約でも刑罰でも、体に覚えさせることを通して、記憶し、責任を引き受ける主体を作り出すわけですね。

――それ故に、この領域に、すなわち債務法のうちに「負い目」・「良心」・「義務」・「義務の神聖」などというあの道徳上の概念界はその発祥地をもっている。

「債務法」というのは、「債権―債務」の帳尻を合わせる法領域ですね。そこでの帳尻合わせのための様々の手法が、これらの道徳的概念の起源になったわけです。

――「負い目と苦しみ」が初めてあれほど不気味に鎹《かすがい》で留められ、そして恐らくは引き離しえないものとなったのも、同じくこの領域においてであった。繰り返して問うが、いかにして苦しみは「負い目」の補償となりうるのであるか。苦しませることが最高度の快感を与えるからであり、被害者が損失ならびに損失に伴う不快を帳消しにするほどの異常な満足感を味わうからである。苦しませること、――それは一つの真の祝祭であり、前述のように、債権者の階級や社会的地位に反比例して、ますます高く評価されるあるものである。

当たり前のことをひねって言っているような感じがして、ピンときにくいですね。私たちは、「負い目」＝「良心の呵責」があれば、「苦しい」のは当然だと思っていますが、そうではなくて、相手に返すべき「負い目＝負債」があると、痛い目に遭わされる、つまり本当に痛みがあったわけです。それがいつの間にか内面化して、脊髄反射的に、負債があると苦しいと感じる、ということになったのでしょう。それがまた、どうして「祝祭 Fest」かというと、これもシンプルな理屈ですね。痛い目に遭わせてやる、「苦しませること Leiden-machen」ができることが、その人、債権者が「力」を持っていること、優越していることの証明になるからです。本当に何かを貸し与えた相手を痛めつけるのではなく、相手に「お前は私に借りがある」と一方的に思い込ませて、痛めつけることができればなお、力の差の証明として望ましいでしょう。

――残忍ということがどの程度まで古代人類の大きな祝祭の歓びとなっているか、否、むしろ薬味として殆どすべての彼らの歓びに混入せられているか、他方また、彼らの残忍に対する欲求がいかに天真爛漫に現われているか「私心なき悪意」（あるいは、スピノーザの言葉で言えば、《悪意ある同情《シューンパディーア・マレヴォレーンス》》）すらもがいかに根本的に人間の正常な性質に属するものと見られ――、従って良心が心から然りを言う！ものと見られているか（…）

『アンチ・オイディプス』で神々が残酷な光景を好むという話が出てきます。ドゥルーズたちは、それがアントナン・アルトーの、身体と声帯を痙攣させて、人間としての在り方を揺さぶるような所作を特徴とする「残酷劇 théâtre de la cruauté」のコンセプトに関係していることを示唆しています。その原型は、ここでニーチェが描いている、苦しんでいる債務者＝罪人を見つめる神々のまなざしであったようです。その神々というのは、ここでのニーチェの議論に即して考えると、債権者の立場に立つ貴族階級ということになるでしょう。

スピノザ（一六三二―七七）の「悪意ある同情 sympathia malevolens」と言っていますが、ぴったりこの表現と同じものはスピノザの著作には見当たらないようです。〈sympathia〉を「同情」と訳すと、何故自分が苦しめている相手に同情するのかと思ってしまいますが、これはむしろ「共感」とか「共鳴」という意味合いでしょう。相手の苦しみに、神々＝貴族の身体が共鳴し、それが喜びの感情を生み出す、ということでしょう。

――残忍なくして祝祭なし。人間の最も古く、かつ最も長い歴史はそう教えている――そして、刑罰にもまたあんなに多くの祝祭的なものが含まれているのだ！――

前近代で、公開の刑罰が見世物になっていたというのはよく聞く話ですが、元々、罪人に苦しみを与えることで、神々のような貴族たちが快楽を得る祝祭だったわけです。

第七節では、この残忍さによる快楽とキリスト教の関係が示唆されています。今日では、苦しみは生に不吉な影を投げかけるとされているが、かつては「苦しませることのうちに最高級の魅力を、生へ誘う真の好餌を見出」す時代があった、と述べられています。これが、キリストの受難に倣って苦行を励行していたことを指しているのは分かりますね。

苦しみに対して人を憤激させるのは実は苦しみそのものではなく、むしろ苦しみの無意味さである。ところが、苦しみを神秘的な救済装置そのものと解釈したキリスト教徒たちにとっても、また傍観者の、もしくは苦しませる者の立場からあらゆる苦しみを解釈することしか知らなかった素朴な古代人たちにとっても、そういう無意味な苦しみといったものは全く存在しなかった。隠された、見つからない、目撃者のない苦しみを世界から一掃し、立派に否定しえんがために、あの時代の人たちは神々を案出し、また種々の中間的存在の階統を案出することを殆ど余儀なくされた。つまり彼らは、隠された場所をもさまよい歩くあるもの、暗い場所でも眼の見えるあるもの、興味ある痛ましい光景を容易に見遁すようなことはしないあるものを案出することを殆ど余儀なくされた。要するに、こうした案出の助けによって、あの時代の生活は、自己を正当化したり自己の「災禍」を正当化したりすることをいつも見事にやってのけるあの芸当を会得したのだ。

ここは実感できるかどうかは別として、メカニズムは分かりますね。「苦しみ Leiden」そのものが嫌なのではなくて、無意味な苦しみだから嫌だというわけです。だから古代人は、それを見つめる「神々」がいるということにした。神々の視点から、贖罪とか試練とか、宇宙的な出来事などとして、「苦しみ」を意味付けしようとした。神々が見ていることを演出するために、先ほど話題になっていた祝祭が考え出された、ということでしょうね。この観点からすると、そうした「祝祭」で苦しめられる者たちも、神々を代理する人たちに見つめられることで、自分たちの苦しい生に意味があると感じ、喜びを得ていた、ということになるかもしれません。

――残忍な観物《みもの》の愛好者と考えられた神々――おお、この古色蒼然たる観念そのものが今なおわれわれのヨーロッパ文明のうちへと何と深く入り込んでいることか！　これについては、諸君はカルヴィンやルターにでも相談してみるがよい。しかしそれはそれとして、ギリシャ人たちといえども彼らの神々を喜ばせるためには、残忍の喜びより以上に快い薬味を捧げることを知らなかったのは確かだ。諸君は一体、ホメーロスがその神々にどういう眼で人間の運命を見下ろさしめたと思うか。トロイア戦争やそれに類似の悲劇的事件は、実際いかなる究極的意義をもっていたか。疑いの余地もなく、これらの事件は神々のための祝祭劇という意味をもっていた。

トロイア戦争を描いたホメロスの『イリアス』では、神々が戦いを眺め、贔屓の陣営を応援し、時には自ら介入していいます。そういう神々のための見世物的な見方が、キリスト教文化にも浸透していたというわけです。プロテスタントは祝祭的なものは削減したけれど、神が自分たちの一挙手一投足を見ているという観念へと、集中させていったということでしょう。

当時ヨーロッパにとって初めての発明であったあんなに思い切った、あんなに宿命的な哲学者的発明、すなわち「自由意志」の発明、善悪における人間の自発性の発明は、人間に対する、人間の徳行に対する神々の興味が尽きることは決してありえないという思想を理由づけるために、特に工夫されたのではなかろうか。この自由意志という地上舞台では、本当に新奇な事件、真に前代未聞な緊張や葛藤や破局に事欠くような試しはかつてなかった。全く決定論的に考え出された世界であれば、それは神々にとって先の見え透いたものであり、従ってすぐに飽きがくるということにもなるであろう。――これら神々の友たる哲学者連中にしてみれば、彼らの神々にそういう決定論的な世界を要求しなかったことには十分な理由があったのだ！

これも理屈としては分かりやすいですね。話の筋が決まっていたら、神々にとって見物する意味はあまりありません。人間が「自由意志」を持っているからこそ、神々としては見ごたえがある。「自由意志」論を最初に定式化したのはアウグスティヌスで、アダムとエバの堕落は自由意志によるのか、人間は自由意志でキリストの教えを受け入れられるのかがテーマでした。ルターが個人の信仰の自由を主張し、カルヴァン（一五〇九－六三）が二重予定説と同時に、職業においては自己の意志によって神の与えた職業に励めという一見矛盾したような教えを説いたことで、近代において「自由意志」の問題が再び浮上しました。私たちが「自由意志」を持つ存在だと考えると、私たちが与えられた使命を全うしているかどうか神が関心を持たれる、というイメージを持ちやすくなります。

そういう風に、神の気持ちを忖度するのは、貴族たちが神々と見なされていた太古ならまだしも、不可視で、人知を超えた存在だと信じているはずのキリスト教徒にとってはさほど意味がないのではないか、という気もしますが、ニーチェ的にうがった見方をして、実際には、「神」というより、世間の目、あるいは、自分自身を念頭に置いた話だと思えば、説得力が出てくるのではないでしょうか。自由意志を持っている自分がこれからどうなっていくか分からないから、世間が自分の行動に関心を持っているように想像することができるし、自分の将来についていろいろ思いをめぐらすことができます。苦しみがあっても、それを自分が乗り越えようとあがき、それを神——実際には、世間や身内、知り合い——が見ていてくださるという物語を描くことができる。

古代人類の全体は、観物や祝祭を抜きにしては幸福を考えることのできない飽くまで公的な、飽くまで物見高い一つの世界として、「観衆」というものにいつも敏感な顧慮を払っている。——そして、すでに述べたように、大掛かりな刑罰にもまたあんなに多くの祝祭的なものが含まれているのだ!……

ちょっと分かりにくい言い方をしていますが、ここで言う「公的 öffentlich」とはお役所的ということではなく、オープンになっていて、「観衆 Zuschauer」の目に晒されているということです。「公的なもの」という意味の英語〈the public〉には「公衆」とか「観衆」という意味もありますね。様々な事件や政治に関していろいろな判断を下す「公衆」は、元々は、神々に見てもらう祝祭の「観衆」だったわけです。アーレント（一九〇六－七五）は、ポリスの公的領域で展開される政治を演劇のモデルで捉え、活動主体＝役者（actor）だけではなく、観客である見物人（spectator）も重要であることを強調していますが、この劇場的な政治のイメージも、ここでのニーチェの語りと同じようなところから来ているのでしょう——拙著『ハンナ・アーレント「人間の条件」入門講義』（作品社）をご覧ください。アーレントの場合、役者と観客の役割がはっきりしていて、役者がすぐれた演技を見せ、観客がそれを傍観者＝第三者的に評価する、整然とした劇場のイメージですが、ニーチェはその根源にあったはずの、祝祭的な見物に目を向けているわけですね。

第八節で再度、「負い目＝債務」の話に戻ります。

――値を附ける、価値を量る、等価物を案出し、交換する――これらのことは、人間の最も原初的な思惟を先入主として支配しており、従ってある意味では思惟そのものになっているほどだ。

これは先ほどお話しした、「理性」の本質は〈ratio〉だという、アドルノたちが得意としていたテーマですね。残酷な儀礼と、理性的な等価計算は一見相容れないような感じがしますが、債務の帳尻合わせの論理が働いているとすれば、ちゃんと繋がってそうな気がしますね。

――売買はその心理的な附属物とともに、いかなる社会的体制や結合よりも古い。交換・契約・負債・権利・義務・決済などの感情の萌芽は――力と力とを比較したり、力を力で計量したり、算定したりする習慣とともに――むしろまず個人権という最も初歩的な形式から、最も粗笨で最も原初的な社会複合体（類似の複合体に比較して）へ移された。

元々は個人対個人でその都度、自分たちで基準を設定して交換していたけど、それだと不安定なので、次第に、共同体にとっての共通基準を設定するようになった、というわけです。

――（…）人々はまもなく「事物はそれぞれの価値を有する、一切はその代価を支払われうる」というあの大きな概括に辿り着いた。――これが正義の最も古くかつ最も素朴な道徳的規準であり、地上におけるあらゆる「好意」、あらゆる「公正」、あらゆる「善意」、あらゆる「客観性」の発端である。

これは分かりますね。個人間の取引だと、不満があっても、当事者が我慢すればそれで終わりですが、共同体全体で、「負債」の存在とその量を「客観的」に認定し、かつ、それは返済しないといけない、という全員にとっての義務にしたわけです。当事者同士の気分で収まることではなくなる。それが物の取引だけでなく、お互いに対して特定のサービスをする役務までも包摂するようになることで、道徳法則と、事物の存在の客観性の尺度が生まれてきたわけですね。

次の第九節の冒頭で、こうした債務の共同体的客観化＝道徳化――現象学用語だと、間主観化――と関連して、「悲惨」という意味のドイツ語〈Elend〉の語源である〈elend〉が、語の作りが〈el-〉＋〈lende〉となっていることに触れていますね。〈el-〉の方が「異なっている」という意味合いで、〈lende〉の方は〈Land〉の語源で「土地」

という意味です。つまり「異郷で」というのが、〈Elend（悲惨）〉の元々の意味だったわけです。共同体の保護の外に置かれることが「悲惨」であったわけです。

> つまり諸君は、ほかならぬこれらの加害や敵意に関して諸君自身を共同体に抵当に入れ、従って共同体に対して義務を負うているわけだ。そうでなかったらどういうことになるだろうか。共同体、すなわち欺かれた債権者は、諸君にできるだけの支払いをさせるであろう。これは予想してよいことだ。この場合、加害者によって惹き起こされた直接の損害などは殆ど全く問題ではない。直接の損害ということは度外視しても、犯罪者《フェルブレッヒャー》は何よりもまず「破壊者《ブレッヒャー》」であり、これまで関与してきた共同生活のあらゆる財産や快適に関して言えば、全体に対する契約や言質の破壊者である。犯罪者は、単に自己の予め受け取った便益や前借を返済しないばかりか、債権者に喰ってかかりさえもする債務者である。それ故に彼は、その後は当然これらの財産や便益を悉く喪失するのみならず――むしろ今やそれらの財産がいかに重要なものであったかを思い知らされる。被害者たる債権者、すなわち共同体の怒りは、犯罪者を再び法の保護外の野蛮な追放の状態へ突き戻し、そういう状態からの従来の保護を解く。つまり共同体は犯罪者を除斥する――そして今やあらゆる種類の敵意は彼の上に注がれてよいことになる。「刑罰」はこの開化段階においては、あの憎悪され保護を解かれ抑圧された敵、一切の権利と保護のみでなく、一切の恩恵をも喪失した敵に対する正常な関係の単なる模写であり、《真似事《ミームス》》であるにすぎない。従ってそこにあるのは、あらゆる無慈悲と残忍とに充ちた《征服されたる者は禍なるかな！》の軍律と祝勝のみだ。

文学的にひねった表現があるので若干分かりにくいですが、これまでの流れから大意は分かりますね。各人が自分を「共同体 Gemeinwesen」に対して「抵当に入れ verpfänden」て、その代わりに、それと引き換えに保護を受けることができるようになったわけですね。その保護は、各人が共同体に対して負っている「義務」によって提供されるわけです。実体としては、集団としてお互いを保護し合っているのですが、個別にその場その場で助け合っていたのでは、不安定でどうなるか分からないのを、「共同体」という客観的存在が間に入る、というか、各人が共同体に身を預けるという形を取ることで、安定させるわけですね。個人間の債務であってもそれを踏み倒そうとす

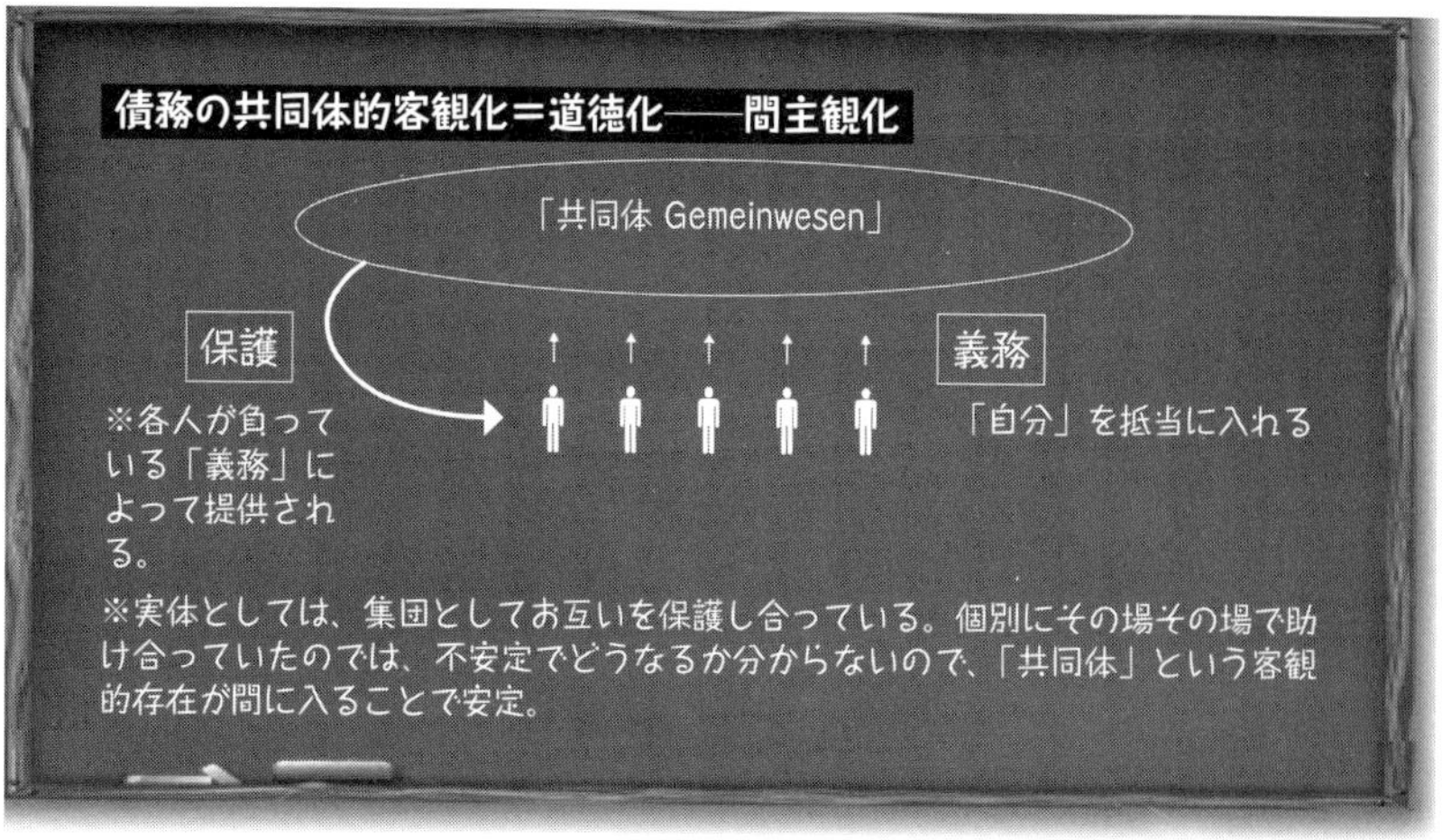
債務の共同体的客観化＝道徳化——間主観化
「共同体 Gemeinwesen」
保護
※各人が負っている「義務」によって提供される。
義務
「自分」を抵当に入れる
※実体としては、集団としてお互いを保護し合っている。個別にその場その場で助け合っていたのでは、不安定でどうなるか分からないので、「共同体」という客観的存在が間に入ることで安定。

る者、共同体の他のメンバーの誰かに危害を加える者も、「全体に対する契約や言質の破壊者 ein Vertrags- und Wortbrüchiger gegen das Ganze」として、保護の外に排除されるわけです。

「犯罪を犯す」ことを意味する動詞〈verbrechen〉は、「破る」とか「壊す」ことを意味する〈brechen〉に、変形とか歪みとかを意味する接頭辞〈ver-〉を付けた形です。「犯罪者 Verbrecher」は、「共同体」を結成するという一番根源的な契約を壊す（brechen）行為です。「犯罪者」認定されて、「共同体」を追い出された者は、基本的に「敵 Feind」であるわけです。「刑罰」が「一切の恩恵をも喪失した敵に対する正常な関係の単なる模写」というのは、近代刑法では「刑罰」は、本人も事前に合意しているはずの社会契約に基づいて、それに反した行為をした人を矯正して、本来の在り方に引き戻すための措置と捉えられるのが普通ですが、ニーチェに言わせれば、もはや「敵」なので、残虐に打ち倒されるしかない存在になっているということです。現代ドイツの刑法学で、テロリストとか薬物事犯とか国家秩序を根底から揺さぶるような犯罪を犯す者を「敵」と見なして通常の刑事犯と別扱いにする敵刑法という考え方がありますが、ニーチェに言わせれば、犯罪者は例外なく全て敵であるわけです。

共同体は次第に力を増すにつれて、個人の違背をもはやそう重大視しなくなる。それというのも、個人をもはや以前ほど全体の存立に対して危険なもの、破壊的なものと見なす必要がなくなるからである。非行者はもはや「法の保護の外におかれ」たり、追放されたりはしない。一般の怒りはもはや以前のように、無制限に個人の上に注がれることを許されない。——非行者はむしろ今やこの怒りに対して、殊に直接の被害者の怒りに対して、全体の側から慎重に弁護され、保護される。非行を差し当たり仕かけられた人々との妥協、事故の範囲を局限し、より広汎な、まして一般的な関与や動揺を予防しようとする努力、等価物を見つけて係争全体を調停しようとする試み（《示談《コンポシティオ》》）、わけても違背はそれぞれ何らかの意味で償却されうると見ようとする、従って少なくともある程度までは犯罪者と犯行とを分離しようとする次第に明確に現われてくる意志——これらは警報の爾後の発達においてますます明瞭に看取される諸相である。共同体の力と自覚が増大すれば、刑法もまたそれに伴って緩和される。共同体の力が弱くなり危殆に瀕すれば、刑法は再び峻厳な形式を取るにいたる。

これは分かりやすいですね。共同体が強くなり、ちょっとやそっとで壊れそうになくなると、犯罪者を敵として抹殺しなくてもよくなったので、今知っているような刑法へと移行したというわけです。犯罪者をどんどん潰していくと、彼らが本気で歯向かってくるかもしれない。それよりは犯罪者として収監し、償いをさせた方がいいというこ
とになる。

そうやって、共同体の中できっちり帳尻を合わせようとする思想、「一切の負債は償却されうる、償却されなければならない」という思想が生まれ、それが「正義」に結実したということですね。

第一一節では、正義の起源をそれとは別のところ、反感（Ressentiment）に置こうとする理論についてコメントしています。つまり復讐の感情ですね。ルサンチマンから正義が生まれてきたという方がニーチェらしいですし、本人も読者にそう思われるのは意識しているのでしょう。この見方もそんなに悪くないという感じでコメントしています。しかし、それよりも更に深いところにある、支配欲・所有欲（Herrschsucht, Habsucht）といった能動的感情に関心を向けるべきということですね。つまり、弱者がルサンチマンで「正義」という概念を作ったというより、今までの議論の流れ通り、強い者たちが、共同体の名を借りて、被支配者に負い目を感じさせ、残酷に扱える体制を永続させるために「正義」を作り出した、と考えているのでしょう。

オイゲン・デューリング（一八三三－一九二一）が、「正義の故国は反動感情」と主張したと述べられていますね。マルクスとは違う独自の社会主義理論を展開し、当時ドイツ語圏でかなり影響のあった人で、エンゲルスの

『反デューリング論』（一八七七）で有名な人ですね。確かにデューリングの著作『生命の価値 Der Wert des Lebens』（一八六五）や『哲学教程 Cursus der Philosophie』（一八七五）では、ルサンチマンが「正義 Gerechtigkeit」、そして社会の秩序の基礎になっているという記述が出てきます。それに対してニーチェは、「われわれは真理を愛するが故にそっけなく彼に背を向けて、正義の精神によって占領された最後の地域は反動感情の地域である」と述べていますね。つまり、ルサンチマンは、「正義」に対して最後まで強情に抵抗した情念である、具体的に言うと、ルサンチマンの強い人が「正義」に抵抗した、ということです。意外ですね。私たちは、「正義」を「平等」と結び付けて理解するのが現代では当たり前になっているので、平等主義を嫌うニーチェが「正義」について肯定的に語るのはヘンな感じがしますが、ニーチェがここで問題にしている「正義」は、人間や諸事物があるべき所にあること、というような意味ではないかと思います。

> 能動的な人間、攻撃的で侵略的な人間は、いつの場合でも反動的な人間よりは百歩も正義に近い。反動的な人間は彼の対象に誤った評価や偏った評価を加え、かつ加えざるをえないけれども、能動的な人間には毫もその必要はない。事実それ故にこそ、攻撃的な人間はより強き者、より勇敢な者、より高貴な者として、常にまたより自由な眼、より潔白な良心をも自分の味方にしてきたのだ。その反面において、良心の上に「良心の疚《やま》しさ」の発明を有する者は一体誰であるか。諸君のすでに察知している通り、それは――《反感》をもった人だ！

オイゲン・デューリング

「能動的な人間 der aktive Mensch」と言うとポジティヴに聞こえますが、それは「攻撃的で侵略的な人間 der angreifende, übergreifende Mensch」でもあるわけですね。「正義」はそういう人間のためのもののようですね。その対極にいるのがルサンチマンを抱く、「反動的な人間 der reaktive Mensch」で、後者は、「彼の対象に誤った評価や偏った評価を加え、かつ加えざるをえない」ということですね。逆に言うと、自分から動く「能動的な人間」は、対象を適切に評価できるということです。

「能動的な人間＝より強き者＝より勇敢な者＝より高貴な者」は、ルサンチマンを抱くような下位の人たちに比べて「より自由な眼 das freiere Auge」を持っているというのはいいとして、彼らが「より潔白な良心 das bessere Gewissen」を持っているというのが意外ですね。しかも、反動的な人間が「良心」に重ねて、「良心の疚しさ das schlechte Gewissen」を発明したというので、混乱させられますね。まず、ニーチェは「良心」それ自体はむしろ、強い者の健全な心の働きと考えているようですね。私たちは、「良心」というとすぐに、「良心の呵責」「良心の疚しさ」を思い浮かべますが、ニーチェは「良心」が疚しいと感じるのは、ルサンチマン人間が後から取って付けた虚構と見ているようですね。原語の〈das schlechte Gewissen〉は英語だと〈bad conscience〉に当たる言葉で、文字通りには「悪しき良心」ですね。それだと妙な意味に取られそうなので、「良心の呵責」とか「良心の疚しさ」と訳しているわけです。ニーチェは、主体の負担になり、弱らせるような「良心」の疚しさを問題にしようとしているようですね。

これらの能動的・攻勢的な力は、その強さの一部を用いてあの反動的激情の放縦を堰《せ》き止め、和解を強要する。正義が行われ、正義が維持されている所ではどこでも、より強い力は下位のより弱い力(それが集団であろうと、また個人であろうと)に関して《反感》の対象を復讐の手から引き離すことによって、あるいは復讐に代えるにちより強い権力は、あるいは《反感》の極端な狂乱を鎮めるための手段を講ずるのが見られる。すなわち平和や秩序の敵に対する戦いをもってすることによって、あるいは妥協を案出したり提議したり、場合によっては強要したりすることによって、あるいは損害のある等価物を規範化して、それ以後は《反感》を絶対的にそれに則って補償せしめることによって、その目的を達するのである。しかし最上の権力が反抗感情や復仇感情に対して採用し、かつ実行する最後の手段——最上の権力は何らかの方法によってこの手段を採用しうるだけの力を得るや否や常にこれを採用する——は法律の制定である。すなわち、一般になにがその最上の権力の眼から許されたもの、正しいものと見なさるべきか、何が禁じられたもの、正しからざるものと見なさるべきかについての命令的な宣言である。最上の権力は、法律の制定の後は個人または集団全体の侵害や専横を法律に対する侵犯として、最上の権力自体に対する叛逆として扱うことによって、隷属者の感情をそういう侵犯により惹き起こされた直接の損害から逸れさせ、やがて長い間には被害者の立場のみを見かつ認めるような、すべ

―ての復讐が欲するものとは正反対なものにまで到達する――。

表現が文学的に凝っていますが、大意は分かりますね。強く高貴な者がその力を行使して、ルサンチマンを抱いている連中が勝手に報復しないよう、妥協や補償を与え、平和や秩序を与えるわけです。それが、「法 Gesetz」です――「法律」と訳すと、国家などで制定した形式化された法のように聞こえますが、〈Gesetz〉は語の作りからして、「置かれたもの」あるいは「設置されたもの」というような意味合いで、元々は「法律」というよりは「掟」でした。社会契約論的な見方が優勢になった近代の法理解では、最初に、全員の「同意」があり、その同意に基づいて、全員を「平等」に扱うという大前提の下でのみ、「正義」に適った「法」になるわけですが、ここで言われている強者が制定する法は、支配者の力によって秩序を作り出すもののようです。これは、主権者の権威によって秩序が生み出されることを法の本質と見るカール・シュミット（一八八八―一九八五）の見方に近いですね。

法および不法をそのものとして論じるのは全くノンセンスだ。そのものとして見れば、侵害も圧制も搾取も破棄も、何ら「不法行為」ではありえない。生は本質的には、すなわちその根本機能においては、侵害的・圧制的・搾取的・破壊的に作用するものであって、これらの性格を抜きにしては全く考えられえないものだからだ。

「法（Recht）および不法（Unrecht）をそのものとして論じる」のがナンセンスなのは、自然界は、ホッブズがイメージする自然状態のように、相互の侵略や破壊、圧制が当たり前で、道徳的な正／不正などないからです。ドイツ語の〈Recht〉はラテン語の〈ius〉と同じように、「法」「権利」「正義」「(言い分の) 正しさ」といった意味がありますが、この場合は、「正しさ」ということでしょう。誰かが「法」を「制定 aufrichten」するまでは、客観的に正しいとか正しくないとか語るのは無意味であるわけです。

最も高い生物学的見地からすれば、法律状態は常にただ例外状態でしかありえない。それは権力を目指す本来の生命意志の部分的掣肘であり、また個別的手段として、すなわちより大きな権力単位を創造するための手段として、本来の生命意志の総体的目的に従属するものである、と。

少し難しい言い方をしていますが、「権力を目指す本来の生命意志 der eigentliche Lebenswille, der auf Macht ist」というのがカギですね。各生命体の内で働くこの意志は常に「より大きな権力単位 grössere Macht-Einheiten」を目

ニーチェの「法」

「権力複合体 Macht-Complexe」の間の争いの決着を付けて、より大きな権力単位を作り出すための手段。

⇅

近代法：各人を平等に扱うことを表向き目指し、全ての争いを抑え込んでしまおうとする“法”は、上記の流れをせき止めてしまうもの、生を敵視し、未来に向かっての発展の可能性を摘み取ってしまう原理。

指す、つまり他の生命力を統合して、大きくなろうとするわけです。だから常に争いがあるわけですが、それを一時止めているのが「法律状態 Rechtzustände」です。しかも単に、権力をめぐる闘争の「例外状態 Ausnahmezustände」であるというだけでなく、自分より弱い他の個人を、自分を中心にした支配体制に組み込むため、一定の「秩序」を「正義」かつ「掟」として受け入れさせるわけです。「例外状態」という言葉を使っていますが、シュミットの「例外状態」とは意味が逆になっていることに注意してください。シュミットの「例外状態」は、「法」が機能停止している状態のことですから。ニーチェの言う「正義」とは、「権力への意志」が拡大過程で、更に大きな単位を作るために作り出す、暫定的な基準だということです。

> 権力複合体の間の争いにおける手段としてでなく、むしろおよそすべての争いというものに対抗するための手段として至上のものであり普遍なものであると考えられた法律制度は、各個の意志は各個の意志に等しきものとして扱わるべし、というデューリングの共産主義の型板を真似たようなもので、生を敵視する一原理であり、人間の破壊者・解体者であり、人間の未来に対する暗殺の企てであり、倦怠の一徴候であり、無への一つの間道である。――

ニーチェにとって「法」は、「権力複合体 Macht-Complexe」の間の争いの決着を付けて、より大きな権力単位を作り出すための手段であって、近代法のような、全ての争いを抑え込んでしまおうとする〝法〟は、その流れをせき止めてしまうもの、生を敵視し、未来に向かっての発展の可能性を摘み取ってしまう原理だというわけです。そういう近代の建前的な〝法〟は、各人を平等に扱うことを表向き目指すわけですが、それとデューリングの目指す「共産主義」社会が似ている、というわけです。従って、共産主義のような平等社会が正義に適っていると考えるのは、弱いルサンチマン人間の発想であ

「力」

生命の世界には常に他者を支配し、圧倒しようとする「力」が働いている➡より大きな支配の体制を作り出す➡ある時期が来ると、自分の作り出した体制を作り変える➡制度の「意義 Sinn」や「目的」は書き換えられる➡それらは後から変更される。「意義」や「目的」を最初から目指していた、と考えるとおかしくなる。

※本人がはっきり自覚ないまま動かしている「力」と、出来上がった後で当事者たちが与える意義は別もの。「力」を求める働き＝「権力意志 ein Wille zur Macht」。

り、より大きな力になろうとする、「生」の原理に反している、そう示唆しているわけです。

第一二節では、刑罰の起源と目的を報復や威嚇と見る、従来の道徳系譜論者を批判して、「起源 Ursprung」と「目的 Zweck」は違うとしたうえで、生命の世界には常に他者を支配し、圧倒しようとする「力」が働いており、その「力」は先ほどお話ししたように、より大きな支配の体制を作り出すことを目指し、ある時期が来ると、自分の作り出した体制を作り変えます。つまり、それらは後から変更されるものなので、それを最初から目指していた、と考えるとおかしくなる、というわけです。その都度、制度の「意義 Sinn」や「目的」は書き換えられます。これは言われてみると当たり前のような気がしますが、個別の事例について考える時、ついついやりがちですね。刑罰という制度を初めに作った人は、どういう状態を目指していたのか、報復か秩序の実現か、契約の場合はどうか、自由か相互尊重か、という具合に。ニーチェは彼らを本人がはっきり自覚しないまま動かしている「力」と、それが出来上がった後で当事者たちがそれに与える意義は別ものなので、区別すべきだ、そうでないと、最初からそれを目指していたかのような錯覚が生じる、と言っているわけです。そうした各人の内に働く「力」を求める働きを、九〇～九一頁では「権力意志 ein Wille zur Macht」と呼んでいます。

第二論文では、ここまで「約束する」能力とか、負債と罪の関係、報復における等価性の原理の確立、異郷という言葉と共同体の強者主導の正義といったテーマについて、歴史的証拠に大胆な推測を交えて論じ、主体や良心、法＝権利について肯定的なのか否定的なのかよく分からない書き方をしていますが、どうも、これらの考察によって、「悪い良心」の単一の歴史的起源を突きとめようとしているわけではなくて、これらの歴史的概念を通して見えてくる、「力への意志」の働きに関心があるわけです。だから同じ制度や慣習でも、この段階では「力への意志」を促進したけれど、この段階ではせき止めた、というようなことがあるわけです。

次回は第二論文の後半に少し触れてから第三論文に入りたいと思います。

質疑応答

Q　質問するほどの知識はないのですが、思いついたことでもよろしいですか。ニーチェは、ルソー（一七一二－七八）のように、正義がアプリオリに与えられるような社会契約論に否定的だという話でしたので、ホッブズの社会契約論と親和性があるのではないかと思いました。真理と言われているものは、獣が抑圧した後にできたもの、負い目についても、負い目が先にあって法ができたのではなく、法が先にあって負い目が生まれてきたという話だったと思います。ホッブズも、サンクションがあって法や契約が成り立つという、法実証主義の元祖だと言われています。自由意志というより、人間は心理学的な法則、例えば利己心や虚栄心に基づいて動かされているという人間観に通じるものがあるのではないか、と思いました。

A　『人間不平等起源論』（一七五五）や『社会契約論』（一七六二）でルソーが主張しているような、強者が上から押し付ける法は法ではないと見なす考え方には、真っ向から対立しているのは間違いないでしょう。また、共感が自然法だという考え方についても然りです。力による法こそが法ではないか、何がおかしいのか、というのがニーチェの見方でしょう。では、ホッブズと同調しているか、と改めて考えてみると、微妙でしょう。力が先に来るという点ではホッブズと一致していると言ってもいいですが、ホッブズの場合、自分の安全を図るために各自が行う理性の計算が重視され、そこから社会契約が導き出されます。ニーチェの場合、計算する能力＝理性（ratio）を持った主体が最初から存在するのではなく、「債権者－債務者」関係という形を取る権力関係に基づいて、自分の負っている債務について自覚し、責任を負わされる「主体」が生まれてきた、ということになるでしょう。「リヴァイアサン」としての国家のイメージは、ここでの共同体の正義をめぐるニーチェの議論と通じているところがあると言えなくはないですが、ニーチェは、主体たちの合意によってリヴァイアサンの共通権力ができたのではなく、共同体的な権力がまず先にあって、それが主体たちを生み出した、と考えるでしょう。「力への意志」あるいは「権力への意志」──原語はいずれも〈Wille zur Macht〉で、文脈に応じて訳し分けられているだけです──という表現からホッブズ的なイメージを持つ人が多いでしょう。ですが、ホッブズが、権力が安定するにはどうしたらいいのかに関心を持つのに対し、ニーチェは、先ほどお話ししたように、「力への意志」が自分の作り出した尺度や制度を解体しながら、拡大していくことに関心を持ちます。

Q2　ニーチェというと、一党独裁の方向性を持っているというイメージがあります。

A2　強い者が秩序を形成するということを、独裁というのであれば、究極の独裁を志向していることになるでしょうが、「一党」というと、違うような気がします。一党独裁だと、たくさんの人間が参加してくるので、本当は力のない者たちが、民衆の名を借りてルサンチマンによる支配を正当化するという側面も出てくるでしょう。そういう党は、畜群にすぎないでしょう。一党独裁というと、相互監視だとか、洗脳とかを思い浮かべがちですね。ニーチェの言う、強者の支配もそのような側面はあるでしょうが、それはルサンチマンによって無理やり弱い者を強いように見せかけるのではなくて、強い者がその存在自体で、弱い者を自然と圧倒してしまうような関係でしょう。何を基準に自然と圧倒すると言えるのか、客観的に規定するのは難しいでしょうが。恐らく、弱い者のルサンチマンによる支配は、現状維持しようとするが、真の「力への意志」は、先ほどお話ししたように、常に自己の足場を解体して、より大きくなろうとする、ということになるでしょう。

Q3 「力への意志」についてもう少し詳しく教えてください。ニーチェの他の本でもそうですが、途中の細かい議論はとても面白く感じるし、それが他の思想家にいろんなインスピレーションを与えたのもよく分かる気がするのですが、一番肝心な結論的な部分で何を言いたいのか分からなくなることが多いです。特に、「力の意志」がそうです。

国家の本質が、「力」だというのはそうでしょうし、また「高貴なる者」が、畜群とならず、自分の意志で立つというような、能動性を持っているということも理解できるのですが、本当に力への意志によって国家が生まれたのか、改めて考えると、分からなくなります。一体どういうプロセスを経てそうなったのか、イメージできません。獣のような荒々しさを持ち、戦争・冒険を好む、「高貴なる者」たちが太古の昔にいたということであれば、そうだろうと思いますが、そういう人たちだけで、国家のような巨大な組織を形成し、うまく運営できるとは思えません。

こういう即物的な感想を持つのは、私がニーチェの議論の意図するところを掴みそこなっているからだと思うのですが、どうズレているのか自分ではよく分かりません。「力への意志」という概念でニーチェが言わんとしているところが読めないせいで、分からなくなっているという気がするんですが。

A3 国家がどのように出来上がったかという、歴史学・社会学的な関心はニーチェにはほぼないと思います。ウェーバーのような社会科学者であれば、国家のような現実の制度に関心を持って、それを説明するために、人と人の関係を規定する「権力」という概念を持ち出すのですが、ニーチェの場合は逆です。「権力への意志」というより、「力への意志」とでも言うべきものが至る所に働いているという直観があって、その「力」がどこに、どのように現れてくるか、誰がより大きな「力」を持っているのかをイメージするために、取りあえず、力が集中していそうな「国家」にも関心を向けた、という感じだと思います。

「権力」という訳語を使うと、どうしても国家などの組織化された官僚機構や機能的な実力部隊である軍隊・警察を思い浮かべ、「権力への意志」というと、それらを獲得すること、政権獲得をイメージしてしまいますが、それはナチスやソ連共産党の「目的」かもしれませんが、常に自己拡大しようとする「力への意志」にとっては、単なる手段、あるいは暫定的な秩序にすぎません。

私たちの社会は「力への意志」だけでなく、その都度の秩序を作り出そうとする組織化作用、『悲劇の誕生』の言い方だと、アポロン的原理がそれと組み合わさることで、出来上がっているのだと思います。「権力への意志」という日本語に引きずられると、ニーチェが、前者よりも後者に関心を持っているように聞こえるので、分からなくなってしまうのだと思います。

［講義］ 第6回 『道徳の系譜』後半

続・「第二論文『負い目』・『良心の疚《やま》しさ』・その他」

今回は第二論文の後半と第三論文を見ていきます。第二論文の前半では、相手に対して何らかの形で負い目があるという感情を固定化して記憶に残させ、そしてその負い目を何らかの形で返報させる仕組みが、責任や罪といった概念を生み出した、という話がありました。そうした仕組みは、「力への意志」に突き動かされる強く高貴な者たちが、弱者のルサンチマンを抑え込み、自分たちの支配を安定化させるために生み出した、ということでした。

第一二節の「刑罰の起源の目的について」の前回説明しかけたところをもう少し詳しく見ておきましょう。刑罰の歴史的「起源」と、その「意義」や「目的」は別物だという話でしたね。

その命題とはこうである、――ある事物の発生の原因と、それの終極的功用、それの実際的使用、およびそれの目的体系への編入とは、《天と地ほど《トートー・コエロー》》隔絶している。現に存在するもの、何らかの仕方で発生したものは、それよりも優勢な力によって幾たびとなく新しい目標を与えられ、新しい場所を指定され、新しい功用へ作り変えられ、向け変えられる。有機界におけるすべての発生は、一つの圧服であり、支配である。そしてあらゆる圧服や支配は、更に一つの新解釈であり、一つの修整であって、そこではこれまでの「意義」や「目的」は

——必然に曖昧になり、もしくは全く解消してしまわなければならない。

法や道徳の特定の内容が、今現に何らかの社会的機能を担っていても、元々そのために作り出されたかどうか分からないということですね。有機体の世界では常に、新しい力が発生するたびに、力の単位の離合集散があり、新しい目標や新しく作用する領域が生じてくる。これはありそうな話ですが、面白いのは、「圧服 Überwältigen」や「支配 Herrwerden」が、「新解釈 Neu-Interpretation」だと言っていることですね。「解釈」というのは通常、法律家とか学者が意図的にやることですが、ここでは、人間が自分の目の前の事実を受けとめ、「意義」や「目的」を与えるやり方ということでしょう。考えてみると、私たちは社会情勢が変わると、いつのまにか同じことを違ったように「解釈」しますね。日常で普通に行われていたことが、ハラスメントという非道徳的な行為として認識されるようになったり、喫煙が吸っている人の自由というより喫煙者の傍にいる人の健康の問題として認識されるようになったり、といったことがありますね。こうした「解釈」の変更によって、現実も変化します。

してみれば、ある事物、ある慣習、ある器官の「発展」とは、決して一つの目標に向かう《進歩《プログレスス》》ではなく、まして論理的な、そして最短の、最少の力と負担とで達せられる《進歩》ではなお更ない。——むしろ、事物乃至は器官の上に起こる多少とも深行的な、多少とも相互に独立的な圧服過程の連続であり、同時にこの圧服に対してその度ごとに試みられる反抗であり、弁護と反動を目的とする試行的な形式変化であり、更に旨く行った反対活動の成果である。

大意は分かりますね。中立的な意味合いの「発展 Entwicklung」と、ポジティヴな意味合いの「進歩 progressus」を区別しているわけです。「進歩」というと、より良い方向が決まっていて、そちらに向かって進んでいくというイメージがありますが、自然界における「発展」はそういう風に方向が決まっているわけではなく、様々な方向に働く力の鬩ぎ合いでどっちに向かっていくか分からない変化が続き、それがしばらくの間均衡が生じると、後付けで「意味」が付与され、あたかもそこに到達することが最初から決まっているかのように「解釈」されることになる。これは恐らく俗流ヘーゲル主義的な、単線的な歴史観、歴史は必ず良い方に向かって発展していくという歴史観に対する批判でしょう。

ハーバート・スペンサー

九一頁で、そうした見地からハーバート・スペンサー（一八二〇－一九〇三）を批判しています。スペンサーは英国の哲学者・社会学者で、社会進化論の提唱者で、古典的自由主義を確立した思想家の一人です。一般的な印象として、「力の意志」による絶えざる闘いを強調するニーチェは、ダーウィンやスペンサー等の進化論と相性が良いような印象があるので、意外ですね。ニーチェは、「生命そのもの das Leben」を「外的状況に対する次第に合目的性を増していく内的順応」だというスペンサーの見方を批判しています。

しかるにこの定義は生命の本質を、その権力意志を見落としている。それはあの自発的な、攻勢的な、襲撃的な、新解釈を与え、新方向を定める形成的な諸力――それらの諸力が作用してこそ初めて「順応」は起こるのだ――のもつ原理的な優越性を見遁としている。

先ほどの議論の流れからすると、「合目的性」に引っかかっていると予想できますね。生命を持っているものは、特定の目的のために存在し、発展するのではなく、様々な方向から働く力にその都度「順応 Anpassung」するわけです。ニーチェが「内的順応 innere Anpassung」を批判しているのは、予め決まったベストな発展の方向に、生物が自分の方から合わせていくかのような想定になっているからでしょう。「内」＝生命体が予め与えられた存在目的を達成するために、「外」の環境に最適な形で順応するのではなく、内外の境界線を越えて作用する諸力のせめぎ合いの結果として、その生命体がある方向を向くようになったことを「順応」と言っているだけです。

第一三節で、進化の話から刑罰の問題に戻っています。まず、刑罰には二つの部分があると言います。一つは、「比較的に永続的なもの das relativ Dauerhafte」で、「慣習 der Brauch」「動作 der Akt」「ドラーマ das Drama」「諸種の処分のある厳格な手順 eine gewisse strenge Abfolge von Prozeduren」がそれに当たるということです。つまり、どういう風に処罰するかについての一連の儀礼化した流れ、ということでしょう。〈Akt〉を「動作」と訳していますが、この言葉は英語と同様に、芝居の「演技」とか「幕」、あるいは法律用語としての「訴訟」という意味もあります。そうした意味合いも含めて、法廷での演技的な振る舞いを指しているのでしょう。もう一つというのは、刑罰における「一時的なもの das Flüssige」——正確に訳すと、「流動的なもの」——で、こちらは「意味（der Sinn）・目的（der Zweck）」「それらの処分に結びついている期待 die Erwartung, welche sich an die Ausführung solcher Prozeduren anknüpft」だということですね。

普通の発想と逆ですね。法の「目的」「意義」「期待」は普遍的で、裁きにかけるやり方、儀礼的なものは時代や地域によって違う、ということになりそうだけど、ニーチェはその逆だと言っているわけですね。九三頁には、その証拠として、刑罰の「目的」が、危害の除去、被害者に対する損害賠償、騒擾を拡大する者の隔離、刑の決定者・執行者に対する恐怖心の喚起、鉱山で働かせるなどの形での犯罪者の受けた便益の決済、退化した者を除去することでの種族の純潔の維持、社会の型式の固定化、克服した敵の暴圧や嘲弄、記憶を植え付けること……と列挙して、ヴァリエーションがあることを示していますね。

第一四節では、刑罰は人を無情にし、冷酷にするので、監獄ではむしろ、「負い目」の感情の発達は妨げられると述べられています。

> わけても軽視してならないのは、犯罪者は裁判上および行刑上の処置そのものを見るというまさにそのことのために、自分の行為、自分の行状をそれ自体において非難さるべきものと感じることをいかに妨げられるかということだ。というわけは、犯罪者は、それと全く同一の行状が正義のために行なわれ、そしてその場合は「よい」と呼ばれ、何らの疚《やま》しさを感じることもなく行われているのを見るからである。

「同一の行状 die gleiche Art von Handlungen」——正確に訳すと「同じような種類の行為」です——がカギですね。つまり、犯罪者自身がやったのと同じようなことが刑罰とか捜査という形で、「正義」の名の下に、犯罪者の身に加えられるので、そういう行為自体が悪しきことだと感じなくなり、疚しさなど覚えないというわけです。「疚しさを感じることなく」は原語では、〈mit gutem Gewissen〉で、これは直訳すると、「良き良心で」となります。

第一五節では、スピノザにとって「良心の呵責 morsus conscientiae」とは何だったのか、ということについて論じています。彼は善悪を人間が作り出した概念と見て、神自身は「《善の見地のもとに sub ratione boni》一切を為した」、と考えていた、ということですね。『エチカ』（一六七七）第三部「定理一八備考一・二」でスピノザは、

「良心の呵責」を「喜び gaudio」の反対物で、「あらゆる期待を裏切った過去の事柄の表象」に伴う「哀しみ tristitia」だという見方を示していた、ということですね。つまり「良心の呵責」は、「自分はあんなことをすべきでなかった das hätte ich nicht thun sollen」というのではなく、「思いがけなくまずいことになった hiet ist Etwas unvermuthet schief gegangen」という感じ、つまり宿命的なニュアンスの感情だったというわけです。これは私たちの知っている「良心の呵責」と全然違いますね。犯罪者が刑罰を受ける時も、偶々運悪くそういう目にあった、という感じだったのではないか、ということです。

確かにわれわれは、刑罰の本来の効果を何よりもまず思慮の綿密化に求め、記憶の延長に求め、爾後はより周到に、より疑い深く、より内密に事を運ぼうとする意志に求め、多くの事柄に対して所詮力及ばぬものだという悟りに、すなわち自己批判の一種の是正に求めなければならない。概して刑罰の結果として齎《もた》らされるものは、人間においても動物においても、恐怖心の増大であり、思慮の綿密化であり、欲望の制御である。してみれば、刑罰は人間を手なずけはしても、人間を「より善く」はしない、——まだしもその反対のことを主張する方が一層正しいと言えるかもしれない。

つまり刑罰は、「良心の呵責」を覚えさせることにはあまり貢献しないで、この第二論文の冒頭から話題にしていた、記憶し、自らが意志したことを着実に実行しようとする主体、そのため欲望（Begierde）——生物的な欲求（Begierde）と、社会的に構築された欲望（Verlangen）を区別することがあるので、ここは「欲求」と訳した方がいいと思います——を制御できる主体を作り出す、というわけです。「手なずける zähmen」、つまり家畜化する——〈zähmen〉は英語の〈tame〉と同じ語源で、野生動物を手なずけて家畜化するのが本来の意味です——ことはできるけれど、道徳的に「より善く besser」することはできません。合理的になるということと、善な性質を身に付けるのは別なことのはずですが、この二つが表裏一体であるかのように書いてある哲学の本が結構ありますね。

第一六節では、そうした刑罰の実際の効果についての考察を踏まえて、「良心の疚しさ」と私たちが考えているものの起源は何か、という話をしています。

——私は良心の疚しさを深い病気だと見る。人間はかつて体験したあらゆる変化のうちで最も根本的なあの変化の圧力のために、この病気に罹《かか》らなければならなかった、――あの変化とは、人間が窮極において社会と平和との拘束を脱しえないことに気づいたあの変化をいうのだ。陸棲動物になるか、または死滅するか、そのいずれかを強いられた時に水棲動物が経験しなければならなかったと全く同様のことが、野蛮・戦争・漂泊・冒険に首尾よく順応したこの半動物の上にも起こった。――たちまちにして彼らのあらゆる本能は価値を奪われ、「スウィッチを切ら」れた。彼らはそれまでは水によって運ばれていた所を、それからは足で歩いて「自分自身を運ば」なければならなくなった。恐ろしい重みが彼らの上に伸しかかった。最も簡単な用事をするにも彼らは自分自身の無器用さを感じた。彼らはもはやこの新しい未知の世界に対する老練な案内者を、無意識的に安全に導いてくれる規制的本能をもたなかった。――これら不幸な者たちは思惟・推理・算定・因果的結合に引き戻され、彼らの「意識」に、すなわちあの最も貧弱な、最も間違いを仕出かすことの多い器官に、引き戻されてしまったのだ!

「良心の疚しさ」を病気と捉えているわけですね。では、その病気はどうして生じたかというと、「社会と平和」によって拘束され、「本能」が抑えられてしまって、体が自然に動かなくなり、いちいち「意識」しないと行動できなくなった、ということですね。これは、ニーチェでなくても、例えば、ルソーも言っていることですね。「意識」的に行動することで、物事を緻密に処理できるようになれば、疲れるけどそれなりの見返りがあるのでいいのですが、どうもそういうわけではなくて、かえって、「意識」しすぎることで、間違いを犯しやすくなる。そうニーチェは見ているわけですね。

――外へ向けて放出されないすべての本能は内へ向けられる――私が人間の内面化と呼ぶところのものはこれである。後に人間の「魂」と呼ばれるようになったものは、このようにして初めて人間に生じてくる。

フーコーは『監獄の誕生』(一九七五)で、近代の権力は、刑罰などの身体的な規律によって、各人に他者の視線を内面化させることで、「魂 âme」を作り出した、と論じていますが、それは元々ニーチェの議論だったわけですね。各人が自分の行動をいちいち意識し、自分のやったことをくよくよしているうちに、そういう風に自分を苦しめる「魂 Seele」という物が自分の内で働いているかのような幻想が生じてきた、というわけです。

国家的体制が古い自由の諸本能から自己を防衛するために築いたあの恐るべき防堡——わけても刑罰がこの防堡の一つだ——は、粗野で自由で漂泊的な人間のあの諸本能に悉く廻れ右をさせ、それらを人間自身の方へ向かわせた。敵意・残忍、迫害や襲撃や変革や破壊の悦び、——これらの本能がすべてその所有者の方へ向きを変えること、これこそ「良心の疚しさ」の起源である。

国家的体制が防堡を築くというのは、この場合、各人の本能が暴走して、秩序を破壊しないための防壁を各人の内面と国家との間に築くということで、その具体的な現れが刑罰ですね。ただ、本能は刑罰によって収まってくれるわけではなくて、方向転換すると、自分自身を攻撃するようになる。それが「良心の疚しさ」だというわけです。

いわゆる「自分を責める」という現象の起源が、本能が方向転換されたことにある、とニーチェは言っているわけですが、これだけだとまだピンときませんね。本能というと、物質的で生々しい感じがしますが、「自分を責める」というのは、心の内で起こる、弱々しい意識の作用なので、あまり連続している感じがしないですね。本能を精神分析で言う「無意識」あるいは「エス」と考えて、「自分を責める」というのは本能＝無意識の作用が、「意識」の表面に及んでくる時、それを「自我」がどう感じるか、という次元の問題であり、「無意識」と「意識」は完全に統合されていない、と考えると、少しは納得しやすくなるでしょう。フロイトは論文「自我とエス」（一九二三）などで、超自我は、外に向かっていくはずのエスの攻撃性を引き継いでいて、自我を残虐に攻撃するという見方を示しています。高い自我理想を設定して、それを達成できない自我を残虐に責め立てる、それが「良心の疚しさ」として感じられるわけです。「超自我」は、社会的理性の代理というより、「エス」が変形したものです。「超自我」が意志を持っているかのような言い方をすると、また分かりにくくなりそうですが、「超自我」も「自我」も「エス」も、単独で人格のようなものを持っているわけではなく、それぞれがエネルギーの塊になっていて、独自の動きをしながら絡み合っているようなイメージで考えてください。

私たちが自分の自我が一つの統合された安定したシステムで、自我の意識は統一されていて、無意識も本当は、自我がその気になればコントロールできる道具のようなものとイメージすることに慣れています。自分が悪いことをしてしまった、という疚しい気持ちも人間が育っていくうちに自然と発動するようになる、と考えがちです。アダム・スミス的に言うと、「共感 sympathy」の能力、ルソー的に言うと、「哀れみ pitié」の能力は生得的なものと思いがちですが、国家が刑罰を通して人為的な操作で、「疚しさ」を感じるように仕向けたというわけですね。

> 外部に敵や抵抗がなくなったために慣習の狭苦しさと単調さのうちへ押し込められた人間は、耐え切れなくなってわれとわが身を引き裂き、追い詰め、食い齧《かじ》り、掻き立て、虐《しいた》げた。自分の檻の格子に身を打《ぶ》つけて傷を負うこの動物（それを諸君は「飼い馴らし」そうとしているのだ）。

ニーチェは、人間の本能は、攻撃することをその本質としていると見ているようですね。国家によって監獄に閉じ込められると、闘おうにも、相手がいないわけですが、そうなると、自分自身しか攻めるものがなくなります。自己免疫の話みたいですね。精神分析では、全てを破壊して無に戻ろうとするタナトス（死の欲動）が、自己であるはずのものを攻撃のターゲットにするという議論がありますが、ニーチェもそういう発想をしているのでしょう。

ニーチェは「良心の疚しさ」を人類に取り憑いた最も危険な病気だと言っていますね。

> すなわち、人間が人間に、つまり自分に苦しんでいるのだ。それは過去の動物的状態から無理に引き離され、いわば新しい状態と生存条件とへ急に跳び込んだことの結果であり、それまで人間の力と悦びと恐れとの土台になっていたあの古い諸本能に対する宣戦の結果であった。われわれは直ちに附け加えて言おう。他方、自分自らに背き、自分自らの敵に左袒する動物精神のこの事実とともに、ある新しいもの、深いもの、未聞のもの、謎めいたもの、矛盾に充ちたもの、未来に充ちたものが地上に現われ、そのため地上の光景が全く一変してしまったほどだ、と。実際のところ、そのとき始まって未だその幕切れの見通しが全然つかないあの芝居を鑑賞するためには、神の如き観衆が必要であった。

本能による攻撃を自分自身に向けたせいで、わざわざ自分を苦しめるような欲望を抱くようになったことを、人間が抱える矛盾と見ているわけですね。前回見たところでも、残虐な光景を見物する神々の話が出てきましたね。あれは、強い者たちが弱い者たちを、「残酷」に扱うという話だったわけですが、この場合は、むしろ自分が自分を責めている、ということですね。では、この場合、神のごとき観衆はどういう役割を果たすのか。恐らく、神のごとき観衆がいることで、「良心の疚しさ」という形で荒れ狂う情念の動きがどのように生じてくるのか見極める存在、刑罰によって各人が「良心の疚しさ」で苦しむ原因を作った存在がいることで、各人に人生の意義を与え、秩序を維持できる期待が生じてくるわけです。残酷劇の観客として、自らの力を確認する神を、別の側面から見た、という感じでしょう。

良心の疚《やま》しさの起源に関するこの仮説の前提は、第一には、あの変化が漸次的なものでも自発的なものでもなく、また新しい諸条件への有機的な成長として現われたのでもなく、むしろ一つの断絶、一つの飛躍、一つの強制、一つの不可避的な宿命として現われ、それに対しては何らの抗争も企てられず、また《反感》さえも抱かれなかった、ということである。そして第二には、それまでは防遏も受けず形も成していなかった住民を固定した型に嵌《は》め込むという操作が、一つの暴力行為をもって始められ、また同じく全くの暴力行為をもってのみ終わったということ——従って最古の「国家」は一つの恐るべき暴政として、一つの無常な碾臼《ひきうす》として現われ、その碾臼が廻っているうちにやがてあの民衆や半動物という原料はついにすっかり軟らかく捏《こ》ね潰《つぶ》されてしまったばかりか、更に形をさえ与えられてしまった、ということである。

第一の前提は、これまでの話から分かりますね。「良心の疚しさ」は、人間本性に従って自然な発展経路を辿って発展してきたものではなく、人為的に導入されたから、そこには「断絶」や「飛躍」があるわけです。その際に住民に刑罰を科して、負い目を感じさせ、記憶させるように暴力的に強制されたのだけど、彼らはそれに抵抗せず、反抗しなかった、というんですね。何故そうなのかを説明するのが第二の前提で、住民たちは暴力によって新たに「形を与えられ geformt」たからです。何の形かというと、欲望あるいは判断の形でしょう。フーコー風に言うと、特定の方向に欲望を向ける欲望の主体として、主体＝従属化（assujettir）された。欲望の形を与えられたことで、国家による虐待、ひどい扱いが自然に感じられるようになった、だから暴力が暴力ではなくなった、ということでしょう。

「最古の『国家』der》älteste《Staat」というのを強調しているのは、それによって、この地上に、欲望の形が固定化された、家畜的な主体＝臣民（sujet）が生まれてきたからでしょう。『アンチ・オイディプス』に、「大地機械」から「専制君主機械」への移行に際して、国家の原型になる「原国家 Urstaat」というものが登場してくる、という話が出てきます。これは、「原」という意味のドイツ語の接頭辞〈ur-〉と、古代シュメール文明の都市で、アブラハムの生誕の地である「ウル」をかけた造語ですが、恐らく、ここで「最古の『国家』」と言われているものを言い換えたのでしょう。

私は「国家」という言葉を用いたが、それが何を指しているかは言わずと知れたことである――それは金毛獣のある一群のことであり、戦闘的体制と組織力とをもって、数の上では恐らく非常に優勢であるが、しかしまだ形を成さず、まだ定住していない住民の上に逡《ため》らうことなくその恐るべき爪牙を加えるあの征服者や支配者の一種族のことだ。実にこのようにして地上に「国家」は始まるのだ。国家は「契約」をもって始まるとなすあの妄想は片づけられてしまった、と私は考える。命令しうる者、生まれつきの「主人」、行為も態度も暴圧的な登場者――彼にとって契約が何であろう！　こういう手合いには協定も糞もない。彼らは運命のように、理由も理性も遠慮も口実もなしにやって来る。雷光のようにそこに来ている。

「金毛獣の一群 ein Rudel blonder Raubthiere」というのは、ドイツ人の祖先であるアーリア人のことですね。戦闘的な組織である彼らによる他民族の征服が、「国家」の始まりだということですね。その前提で、「社会契約説」を批判しているわけですね。ルソーは、国家の起源を征服だとする説を批判して、力が強い者が暴力で支配しているだけなら、それより強い者が出てきて取って代わるのは当たり前だし、そこにはいかなる正統な秩序もないと主張しましたが、ニーチェは暴力によって、主体を作り出すことのできるような戦闘集団が国家を作ったのであって、法の客観性など関係ないわけです。

余りに恐ろしく、余りに突然で、余りに説得的で、余りに「異様」なので、全く憎いと思うことさえできないほどである。彼らの仕事は本能的な形式創造、形式打刻である。それは存在するかぎりの最も無意的な、最も無意識的な芸術家である。――要するに、彼らの出現する所にはある新しいものが、生きた支配形態が成立する。そしてこの支配形態のうちでは、諸部分や諸機能はそれぞれ限局されつつしかも関係づけられており、また全体に関して「意味」を孕《はら》んでいないものには決して場所を与えられない。

「芸術家」というのは、それまでなかった支配の形態、それに対応する主体＝臣民の生き方を作り出し、各人の

生に「意味」を与えたことを、アーリア人の創造性として賛美している表現でしょう。ニーチェは、本性からして強くて、ルサンチマンを持っていない者による支配には、好意的な感じですね。

——この生れつきの組織者たち、彼らは負い目とは何であるか、責任とは何であるか、顧慮とは何であるかを知らない。彼らのうちにはあの恐るべき芸術家的利己主義が勢いを張っていて、それが真鍮のように耀《かがや》き、「作品」のうちで——母のその子のうちにおけるが如く——永久に正当づけられていることを知っている。

要するに、生まれつきの強者である彼らには、何の悪気もなしに、芸術家が作品を作るように支配の体制を築きあげたので、何の負い目も、誰かに対する責任も感じることはなかった、ということですね。ドラマや映画で、天才が悪気なく、芸術作品を仕上げる感じで、残虐な犯罪計画を実行するという設定がありますが、ああいう感じかもしれませんね。リアルな例で言うと、司馬遼太郎（一九二三－九六）が描く織田信長（一五三四－八二）が、無邪気な天才芸術家のような感じですね。

——「良心の疚《やま》しさ」は彼らの間で成長したのではなかった。これは初めからわかりきったことだ。——しかしそれは彼らなしには成長しなかったであろう。かりに莫大な分量の自由が彼らの鎚で打ち潰され、彼らの芸術家的暴力に圧せられて、世界から——少なくとも眼に見える所から逐い斥けられ、そしていわば潜伏的にされなかったとすれば、この醜悪な植物は存在しなかったであろう。この無理矢理に潜伏的にされた自由の本能——そのことはすでに明らかになった——、この押し戻され、引き下がり、内攻し、そしてついにはただ自己自らの上にのみ放出され洩らされるようになった自由の本能、これが、これのみが良心の疚しさの起始なのだ。

「良心の疚しさ」は征服して、国家を組織した側ではなく、彼らに支配され、「魂」を持たされた主体＝臣民の側に生じたわけですね。主体＝臣民の側にも元々「自由の本能 Instinkt der Freiheit」があったので、彼らの内にも支配されることに抵抗があったのですが、それは抑圧されて外に向かわず、先ほど見たように、自分自身に向かっていくようになったわけです。つまり、「良心の疚しさ」は征服者の活動の帰結として生じてきたのだけど、彼らが最初から意図して作ったわけではなく、天才芸術家のような、あるいは神々のような、彼らの国家形成の業の副産物、しかもあまり美しくない副産物として、被支配民たちの内面に生えてきた、醜い植物だということですね。

「植物 Gewächs」という言い方をしているのは、放っておくと、いつの間にか育ってきて、いろんな所に根をはりめぐらす、ということでしょう。〈Gewächs〉には、「腫瘍」という意味もありますが、「腫瘍」だと考えても、意味が通りますね。

「良心の疚しさ」のおかげで、「自己滅却・自己否認・自己犠牲など」（一〇三頁）といった、自分を責めることによって自分の欲望を充足しようとする矛盾した心の働きが生じてきた、というわけです。

　良心の疚《やま》しさは一つの病気である。このことには疑いの余地はない。しかし、それは妊娠が一つの病気であるというような意味で一つの病気なのだ。この病気が最も恐るべき、しかも最も崇高な頂点に達した時の諸条件を探してみれば、――それとともに果たして何が初めて世界に入り込んだかがわかるであろう。

「良心の疚しさ」が病気だというのは、これまでの流れから分かるとして、「妊娠 Schwangerschaft」に譬えているのは、恐らく、一人一人が罹る病気ではなくて、普通の人間が生まれると、親や周囲の影響ですぐに感染してしまい、人間が増えるほど拡がっていくということでしょう。

　原初的な種族社会の内部では――われわれは太古について言っているのだが――いつでも現在の世代は前の世代に対して、また特に最初の世代、すなわちその種族を創始した世代に対して、一種の法律上の義務を負うていることを承認する（しかもこれは決して単なる感情上の責務ではない。この責務は、人類一般の極めて長い存続期間を通じて、決して故なく否定し去らるべきものではないであろう。）そこにおいては、種族の存立は全く祖先の犠牲と業績の賜物にほかならない――従ってそれはまた犠牲と業績によって祖先に払い戻されなくてはならない、という確信が支配している。ところでかようにして承認せられた債務は、そういう祖先がなお生き長らえて力強い精霊となっており、そしてその力の側から該種族に新しい利得や前金が与えられるという信仰によって、なお絶えず増大して行くことになる。

これは分かりますね。私たちは生まれてきたこと自体を、祖先に負っているので、負債を返していかねばならない、という文化人類学的な発想ですね。古代ローマにも祖先を崇拝する風習があり、亡くなった愛する人を意味する「マネス Manes」の祭りもありましたし、ケルト系の古代宗教にもそういうものがあったことが知られていますが、キリスト教が普及してから、祖先の霊が私たちの周囲にいるという考え方は公式に否定されました。聖人崇拝は祖先崇拝が形を変えて生き残ったものだという見方もあります。近代に入ると、フランスの中世史家のフュステル・ド・クーランジュ（一八三〇－八九）は、『古代都市』（一八六四）で、古代ギリシアやローマの制度の多くが、宗教や死者崇拝に基づいていたことを史料に基づいて論証しています。ハーバート・スペンサーは論文「動物崇拝の起源について The Origin of the Animal Worship」（一八七〇）で、祖先崇拝が宗教の起源ではないか、という見方を示しています。文化人類学の元祖とされるエドワード・タイラー（一八三二－一九一七）は、主著『原始文化』（一八七一）で、スペンサーの影響で社会進化論的な視点から宗教の進化図式を描き出し、アニミズム的な原初の形態が、多神論や一神論へと進化していく中間の段階として祖先崇拝を位置付けています。ニーチェ自身がどの程度、当時の文化人類学的な議論を参照していたかは、本当のところは分かりませんが、エンゲルスがアメリカの文化人類学者ルイス・ヘンリー・モーガン（一八一八－八一）の仕事に依拠しながら、『家族・私有財産・国家の起源』（一八八四）を執筆していたことからも分かるように、当時の知識人にとって、文化人類学の成果に基づいて議論するのは、それほど珍しいことではなくなっていたはずです。ニーチェがこれを書いた少し後に、フレイザー（一八五四－一九四一）が『金枝篇』（一八九〇、一九〇六－一五）によってトーテムの問題を取り上げた頃から、先祖としてのトーテムを論じるのが当たり前になっていきます。

キリスト教では、罪人である私たちは生まれた時から神に対して無限の「負債」を負っていると教えますが、ニーチェは、そうした発想の原型が、祖先崇拝における、祖先に対する「負債」だと見ているわけです。先祖に対する「負債」だと考えた方が、制度や建物、農地、貯えを作ってくれたとか、そもそも自分が生まれる原因になってくれたとか、具体的にイメージできますね。

一〇五～〇六頁にかけて、祖先に「恐怖 Furcht」を感じる人々は「債務」を「返済」しないといけない、というプレッシャーを受けるということが述べられています。その結果どうなるかというと、

――祖先と祖先の力に対する恐怖、祖先に対する債務意識の増大は、この種の論理に従って必然的に種族そのものの力の増大と厳密に比例し、種族そのものの勝利・独立・栄誉・畏怖の増大と厳密に比例する。断じてその逆

――ではないのだ！　種族の衰退に向かう一歩一歩、あらゆる悲惨な事故、退化のあらゆる徴候、解体の近接を示すあらゆる徴候は、却ってまた常にその種族の創始者の精霊に対する恐怖を減少させ、かつその創始者の思慮や先慮や力についての観念をますます不明瞭にする。

債務感覚がある「種族」であるほど、「強い」というのは一見逆説的に聞こえますね。「先祖のおかげ」とか「先祖のご加護」「先祖の威光」と置き換えると、そういう意識を持っている民族の方が強そうなのは納得いきますね。自分たちの強さを、自分を守ってくれる先祖の力と見るわけです。「断じてその逆ではないのだ！」、というのは、この場合、祖先の力など信じない方が、民族が自由になり、力が増すというのではなく、むしろ、その逆の比例関係が成り立つという意味でしょう。

――結局、最も強力な種族の祖先は、恐怖の増大を想像することによって自ら巨怪なものにまで増大し、無気味な神秘の暗闇のうちへ押し込められてしまうほかはない、――つまり、祖先は必然的に一つの神に変形される。恐らくここに神々の本当の起源、すなわち恐怖からの起源があるのだ！

強い子孫がその強さを負っている先祖たちの強烈なイメージが、「神」に変形したというわけですね。祖先が神に変形するという発想は、フュステル・ド・クーランジュやスペンサーと共通していますが、ニーチェの場合、負債と恐怖という要素が、神になった最も中核的な部分だと見ているわけですね。

――歴史の教えるところによると、神性に対して債務を負うているという意識は、「共同体」の血縁的な体制形式が衰頽した後といえども決して終末に達しなかった。人類は「よい・わるい」という概念を貴族から（階級的序列を設定しようとする彼らの心理的根本性向とともに）承け継いだと同様の仕方で、種族神および血族神という遺産とともに未済の債務の負担およびその返済に対する願望をも承け継いだ。

これは分かりますね。いったん、先祖への負債が神への負債に転換されると、その観念が人々の心に「負い目」の感情の元になる痕跡を刻み付け、それが「共同体」が血縁的な繋がりに基づかなくなり、血縁的な先祖からの負債ではなくなっても、とにかく「神」には全てを負っているという感覚だけが残るということです。

――この神性に対する債務感情は、数千年にわたって絶えず増大した。しかもそれは、神の観念や神の意識が地上において増大して頂点にまで達したと同じ割合で増大した。（…）これまでに到達せられた最大の神としてのキリスト教の神の出現は、それ故にまた最大限の債務感情を地上に持ち来たした。かりにわれわれが漸次に逆の方向へ進んでいたとすれば、キリスト教の神に対する信仰の停止するところを知らぬ衰頽ということを論拠として、そこから、今頃はすでに人間の債務感情の上にも著しい減退を来たしているに相違ないという結論を、かなりの確実性をもって導来しうるでもあろう。無神論の完全な決定的な勝利が、人類はその太初に対して、その《第一原因《カウサ・プリマ》》に対して債務を負うている、というこの感情の全体から人類を解放してくれるだろうという見込みは、確かに棄却さるべくもない。

これは分かりますね。「債務（罪）感情 Schuldgefühl」の増大に伴って、神が次第に強大になっていき、その究極の形態が、キリスト教の神だったわけです。キリスト教の場合、債務というのはまさに、人類が誕生したほぼ最初の瞬間から負っている、各人が生まれた時から負っている「原罪」という形を取ります。そのキリスト教の信仰が弱まっているとすれば、それは私たちが「負い目」の感情によって、自己を苛む状態からの解放が近付いているということかもしれない。ニーチェはその意味で、無神論に期待を寄せているわけです。

第二一節では、「負い目」や「義務」の「道徳化」について論じられています。「道徳化 Moralisierung」というのは、「それらを良心へ押し戻すこと、更に明確に言えば、良心の疚しさと神との結合」だということですね。「押し戻す zurückschieben」というのが、どこから押し戻すということなのか分からないので、ピンときませんが、恐らく、究極の債権者としての「神」をイメージした後、その裏返しとして、債務者としての各人の存在、つまり自分自身のことをイメージする時、「良心の疚しさ」が感じられる、ということです。もう少し具体的に言うと、自分は自分に全てを与えてくれた神様に対して申し訳ないことばかりしている、神様に合わせる顔がない、という感情を抱いてしまう、ということです。キリスト教の神と言われるとピンとこないという人は、世間とかご先祖様とか、みんなに置き換えてみてください。ニーチェはそういうものが抽象化されて、「神」になったと言っているわけですから。

――今やあの「負い目」や「義務」の概念は後向きにならなくてはならない――が一体、誰の方へ向かうのであるか。疑いもなく、まず「債務者」の方へである。今や債務者のうちに良心の疚《やま》しさが根を張り、食い込み、蔓《はびこ》って、水虫のように広く深く成長する。その結果、ついに負債を償却できなくなるとともに罪の贖《あがな》いもできなくなり、ここに贖罪の不可能（「永劫の罰」）という思想が抱かれることになる。

神が強大になればなるほど、その神に対して債務を負っている、申し訳ないという、良心の呵責も大きくなり、人々の心の中に浸透していった。そして、その債務は返却しがたいと思うようになった時、そのような膨大な「債務」の起源を「アダム」・「原罪」・「意志の不自由」などを盛り込んだ物語によって説明しようとした。

――キリスト教のあの天才的なちょっかいによって、かりそめの安心を見出した。曰く、神は人間の債務のために自らを犠牲にする。神は身をもって自分に支払いをする。神は人間自身には償却しえなくなったものを人間のために償却しうる唯一の存在である――債権者は債務者のために自分を犠牲にする。愛から（諸君はそれを信じるというのか）、債務者に対する愛から！

あまりにも巨大な債務感情のために、良心の呵責がどんどん強くなり、人々が耐え切れなくなってきたので、キリスト教は、神自身が人間になって、原罪を宿している全ての人間の代わりに贖罪した、という無理な理屈を考え出したわけです。

第二二節で、そうした人間の内面に何が起こるのか？

それは、内面化され自己自身の内へ逐い戻された動物人間のあの自己苛責への意志、あの内攻した残忍性である。飼い馴らすために「国家」のうちへ閉じ込められた動物人間は、この苦痛を与えようとする意欲のより自然的な放《は》け口が塞がれて後は、自分自らに苦痛を与えるために良心の疚《やま》しさを発案した、――良心の疚しさをもつこの人間は、最も戦慄すべき冷酷さと峻厳さとをもって自分を苛虐するために宗教的前提をわが物とした。神に対する負い目、この思想は彼にとって拷問具となる。彼は自分に固有の除き切れない動物本能に対して見出しうるかぎりの窮極の反対物を「神」のうちに捉える。彼はこの動物本能を神に対する負い目として（「主」・「父」・世界の始祖や太初に対する敵意、叛逆、不逞として）解釈する。彼は「神」と「悪魔」との矛盾の間に自分自らを挟む。彼は自分自身に対する、自分の存在の本性・本然・事実に対するあらゆる否定を肯

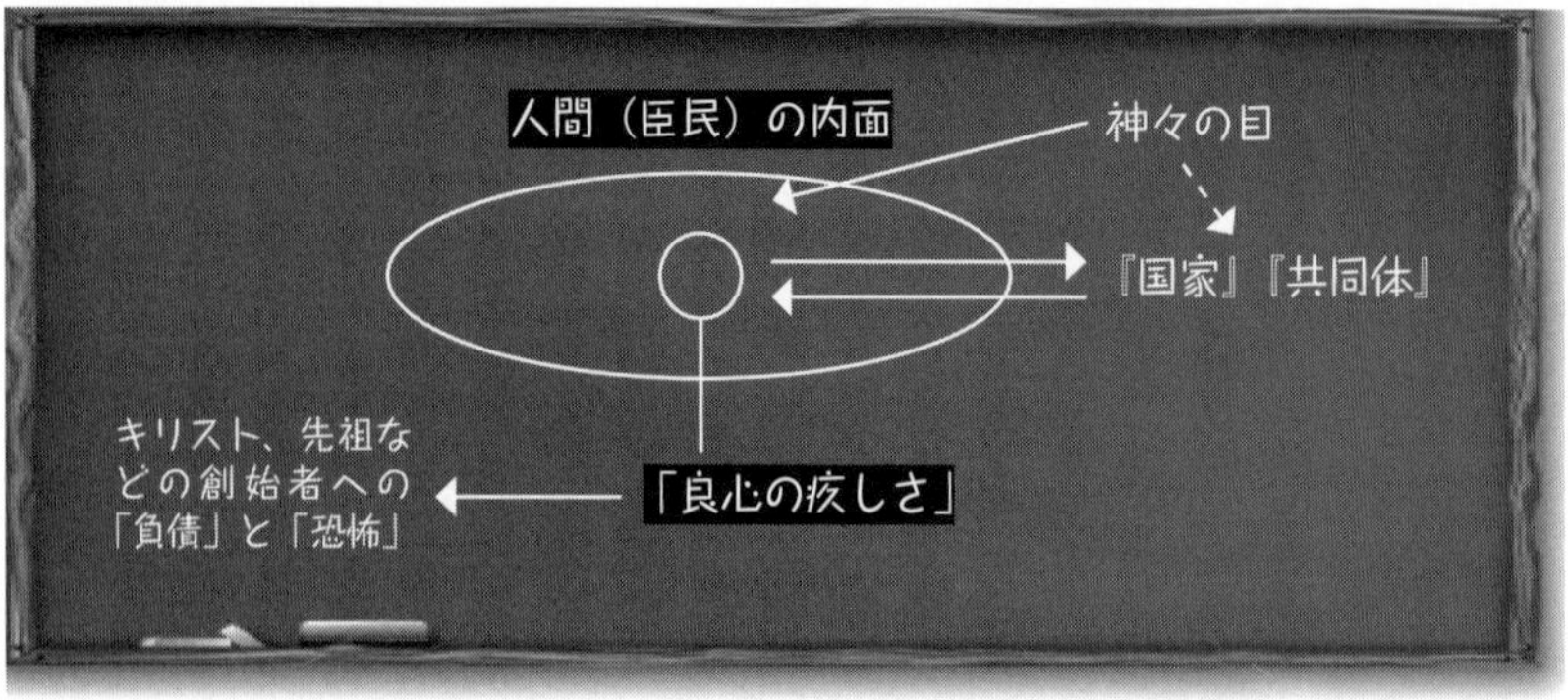

定として、存在するもの・生身のもの・現実のものとして、神として、神の神聖として、神の審判として、神の処刑として、彼岸として、永遠として、果てしなき苛責として、地獄として、量り知ることのできない罰および罪として、自分自らのうちから投げ出す。それは精神的残忍における一種の意志錯乱であって、全く他にその比類を見ることのできないものである。

先ほどの、攻撃本能の内面への反転によって生じてくる苦しみと、債務者としての「神」との関係が論じられているわけですね。自分を責めるための道具というか、きっかけとして「負債」が利用されたわけです。自分は、神に対して申し訳ない存在、邪悪な存在だと思い込むことで、自分を攻撃する材料にする。しかし、自分と神の間の距離を強調するだけだと、恐れ入って、気が滅入るだけで、力が入りません。それにどこから「債務」が生じてきたのか説明が付かない。そこで、自分の内の獣のような、秩序に収まらない、動物的な傾向は、神に反逆して悪という負の状態に移行し、他者も仲間に引き込もうとする悪魔に由来するものだという説明を作り出したわけです。悪魔の仕業で、自分が悪しき体質を身に付けていて、自分の内に悪魔が入り込んでいるとしたら、自分を攻撃するというより、自分に取り憑いている悪魔と闘っているということになるので、闘っているという感じ、見方によっては、神と悪魔の闘いの最前線にいるという気分になれるので、攻撃本能を満足させることができるわけです。

こうして、自己を相手に、自己を悪魔視して、野獣のように闘いを繰り広げないではいられない状態を、ニーチェは「病気」だと言っています。

[…] ヨーロッパは数千年にわたって人間の自己磔刑や自己凌辱に並々ならぬ手腕を示し、そしてあの神々の発明を人間のこの自己磔刑や自己凌辱のため

に用いてきたが、しかしそのような用い方よりもより高貴な用い方があるということ、――このことは、ギリシャの神々に眼を投じるとき、幸いにしてなお常に認められる事実である。高貴で自主的な人間の反映たるあの神々にあっては、人間のうちにある動物は自分を神のように感じたので、従って自分自身を喰い裂くこともなかったし、自分自身に対して狂暴を仕かけることもなかったのだ！　あのギリシャ人たちは極めて長い間、彼らの神々を実に「良心の疚《やま》しさ」を寄せつけざらんがために用い、彼らの精神の自由を楽しみ続けえんがために用いた。つまり、彼らは神々をキリスト教における用い方とは正反対の意味において用いたのだ。彼らは――あの素晴らしい、獅子のような心をもった子供たちは、この道をずっと遠く進んで行った。そして、彼らに対してそれでは余りに軽率すぎはしないかと折々示唆するものは、ホメーロスの権威を措いてほかにないのだ。

キリスト教的な神は、人間の中の動物的な部分が自己を攻撃するように仕向けたのに対し、ギリシアの神々は、その動物的な部分を象徴し、高貴なものと見なすように仕向けました。

ホメロスの『オデュッセイア』の冒頭で、死すべき者である人間が神々が悪の原因であるかのように、神々の悪口を言うのはおこがましいことであり、自ら禍を招くことになる、というゼウスの言葉が引用されています。これは、神が人間の罪を責めているように聞こえますが、そうではないとニーチェは言います。

それにも拘らず、諸君はここで同時に、このオリュンポスの目撃者かつ審判者が、そのために人間を怨んだり悪く思ったりは決してしないのを聞き、また見るであろう。「奴らは何と愚かなのだろう！」と彼は死すべき者たちの非行を見て思う――そして、「愚かさ」・「無分別」・少しばかりの「頭の狂い」、これだけは最も強く、最も勇敢な時代のギリシャ人といえども、多くの凶事や災厄の原因として許した――愚かさであって、罪ではないのだ！

ニーチェの理解では、オリュンポスの神々は人間の「非行 die Unthaten」を、「罪」、つまり自分たちに対する「負債」ではなく、「愚かさ Thorheit」「無分別 Unverstan」、あるいは少しばかりの「頭の狂い Störung im Kopf」と見なして、そのことで人間を悪く思わなかったというわけです。「多くの凶事や災厄の原因として許した」という

言い方は、「罪」ではなく、「愚か」だったということで許される、という刑法三九条的なことを連想させますが、そうではありません。ギリシア神話の神々はそんなに寛大ではありません。この部分の主語は神々ではなく、ギリシア人です。またここで使われている動詞〈zulassen〉は、語の作りから「通らせる」とか「入れてやる」というような意味で、ここでは原因として「認める」くらいの意味でしょう。

数世紀にわたってあの高貴なギリシャ人は、自分の仲間の一人が犯した合点の行かぬような悪虐無道に面する度にそう自問した。「きっと神が瞞《だま》したのに違いない」とついには彼は頭を振りながら自分に言った……　このの遁辞はギリシャ人にとって典型的なものだ……　このように当時の神々は、人間を凶事においてさえもある程度まで弁護するに役立った。すなわち、神々は悪の原因として役立った——当時の神々は罰を身に引き受けないで、むしろより高貴なものを、すなわち罪を身に引き受けたのだ……

キリスト教の神と違って、ギリシアの神々はむしろ、人間の悪の原因になってくれる便利な存在だったわけですね。というより、ギリシア人は都合よく神々のイメージを利用して、自分で自分を責めないですむようにしていた、ということでしょう。この神々が「罰」ではなく、「罪」を引き受けたというのは、無論、人間が勝手に創作したということですが、ここで「罪」と言っているのは、罪＝負債が神の側にあるという神話が生まれたということでは当然なくて、キリスト教だと罪に相当する負の要素を、あたかも神々が自分で引き受けてくれているように第三者的には思える、ということです。「罰」でないと言っているのは、「神々」は悪いことをやっても罰は受けないからです。「むしろより高貴なもの」という言い方から、何だか「罰」よりも「罪」の方が高尚だと言っているように聞こえますが、これは訳がまずいと思います。原語は、〈damals nahmen sie nicht die Strafe auf sich, wie es vornehmer ist, die Schuld〉となっていて、〈wie es vornehmer ist〉は、「罰」を直接形容しているのではなく、「～なことに」という感じで副詞的に文全体にかかっています。だから、「当時の神々が身に引き受けたのは罰ではなく、より高貴なことに、罪なのであった」と、訳せばすっきりするでしょう。その「罪」というのが、先ほどお話ししたように、実質的あるいは機能的に「罪」に相当するもの、というような意味です。

第二四節では、そうした「良心の疚しさ」という病的な不健全さを克服して、何が必要か述べられています。

・ギリシアの神々：人間の悪の原因になってくれる便利な存在。都合よく神々のイメージを利用して、自分で自分を責めないですむようにする。
・キリスト教の神：債務者の究極の形態。
・反キリスト者であるツァラトゥストラ：債務感情から生じてきた「無への意志」を解消し、「大いなる健康」をもたらすもの。

そのためには、一種の崇高な悪意さえもが必要であり、最も極端で最も自負的な認識の気儘——それは大なる健康に属する——が必要であった。簡潔な、そしてかなり酷い言い方をすれば、この大いなる健康こそ必要であったのだ！

一種の「崇高な悪意 sublime Bosheit」というのは、この場合、前に出てきたように、自分の力を発揮するために他者を虐める、そのことに悪気がなく、神々しくさえある。オリュンポスの神々はそういう感じですね。

だが、いつかは（…）大なる愛と侮蔑とをもったあの救済する人間が——自らの迫真力によってあらゆる離脱と超脱から幾度となく追い出されるあの創造的精神が、必ずやわれわれの所へ来るに違いない。

これは、ツァラトゥストラのことのようですね。

われわれを従来の理想から救済するこの未来の人間は、同様にまたわれわれを、その理想から必然に生じたものから、大なる吐き気から、無への意志から、ニヒリスムスから救済するであろう。この正午の、また大いなる決定の時鐘は、意志を再び自由にし、世界にはその目標を、人間にはその希望を返すであろう。この反キリスト者、また反ニヒリスト、この神の、また無の超克者——彼はいつかは来なければならない……

これで、この第二論文で問題になっている「良心の呵責」が「無への意志 Wille zum Nichts」あるいは「ニヒリズム」の源泉の一つとして想定されていることが分かりますね。キリスト教の神が債務者の究極の形態だとすれば、反キリスト者であるツァラトゥストラは、債務感情から生じてきた「無への意志」を解消し、「大いなる健康」をもたらすものということになるでしょう。この「無への意志」にどう対処するかという問題は、第三部に論じられることになります。ここでいう「正午 Mittag」は、『ツァラトゥストラ』の「大いなる正午」のことでしょう。「大いなる正午」は、人間が発展の頂点に立ち、これから没落していく中で、「超人」の到来を準備することになる時、人間の定まった運命が明らかになる時ですね。『道徳の系譜』は、ツァラトゥストラが超克すべき、人間を縛り、苦しめる旧来の道徳観念の起源を探る試みだとも言えます。最後の短い、第二五節を見ておきましょう。

――しかし私は何を述べ立てているのか。もう沢山だ！　もう沢山だ！　ここでは、わたしには沈黙するというただ一つのことだけがふさわしい。でなければ、私はより年若い者、「より未来の者」、より強い者にのみ許された領分を犯すことになる、――ツァラトゥストラに、神を無みする者ツァラトゥストラにのみ許された領分を……

「ツァラトゥストラ」の名前を出したとたんに急に弱気になった感じですね。実際、超人を先取りする「ツァラトゥストラ」の視点から書かれた『ツァラトゥストラ』とは違って、このテクストはあくまで、私たちを苦しめる道徳的カテゴリーがどのように妥当性を得たのかという系譜を再構成することに主眼があり、通常の――やや異端の学者的なスタンスの――人間の視点から書かれているはずなので、ツァラトゥストラの名を出したのは、前のめりになりすぎた、と一応反省する姿勢を示している、というところでしょう。

「第三論文　禁欲主義的理想は何を意味するか」

第三論文「禁欲主義的理想は何を意味するか」に入りましょう。この論文の主題は、「無への意志」を追求する、消極的な意味でのニヒリズムを、宗教・道徳の観念から積極的に捉えると、「禁欲主義」になるのではないか、ということです。第二論文で、「良心の呵責」による苦痛の中で「無への意志」が生じるメカニズムが示されましたが、それは、無垢な悪意で残酷な刑罰を科す金毛獣の圧力の下で生じたということでした。金猛獣は消えて、その圧力がなくなったはずなのに、何故「無への意志」が弱まるどころか、かえって猛威をふるっているように見えるのか。そこで、「禁欲主義」が一定の役割を果たしている、というわけです。

――禁欲主義的理想は何を意味するか。――芸術家たちにあっては、無であるか、または余りに様々のものであ第二論文：「良心の呵責」による苦痛の中で「無への意志」が生じるメカニズム。
↓
第三論文：「無への意志」を追求する、消極的な意味でのニヒリズムを、宗教・道徳の観念から積極的に捉えると、「禁欲主義」になるのではないか。

る。哲学者や学者たちにあっては、高い精神性に最も好都合な予備条件を嗅《か》ぎつけるための鼻か本能みたいなものである。

芸術家にとって「無」だと言ったあとで、哲学者や学者たちにとっては「高い精神性」を身に付けるための予備条件だと言っていますが、後者は皮肉ですね。本当は、「禁欲主義」は「無」だと思っているわけですね。

生理的な廃残者や不調者たちにあっては（すなわち、死すべき者の大多数にあっては）、この世界に対して自分たちは「余りに善良すぎる」という風に見せかけようとする一つの試みであり、放蕩の神聖な一形式であり、慢性的な苦痛や倦怠と戦うための主要な武器である。僧職者たちにあっては、本来の僧職的信仰であり、力の最良の道具であり、また力のための「最高の」免許でもある。最後に聖徒たちにあっては、冬眠のための口実であり、《最後の栄誉欲《ノヴィシマ・グローリアエ・クピード》》であり、無（「神」）における憩いであり、狂乱の形式である。しかし、およそ禁欲主義的理想が人間にとってかように多くの意味を有するということのうちには、人間意志の根本事実が、すなわちその《空虚の怖れ《ホロル・ヴァクイー》》が示されている。人間意志は一つの目標を必要とする、――そしてそれは欲しないよりは、まだしも無を欲する。

「禁欲主義」がいろんな目的のために利用されることを述べたうえで、その根底にあるものについて述べているわけですね。「最後の栄誉欲 novissima gloriae cupido」というのは、ローマの歴史家タキトゥス（五六頃－一二〇頃）の『同時代史』（一〇五）に出てくる〈Qando etiam sapientibus cupido gloriae novissima exuitur!（賢者にとっても、栄誉への欲望は最も脱ぎ捨てにくい）〉というフレーズから来ているのでしょう。「空虚の怖れ horror vacui」というのは、「自然は真空を嫌う」というアリストテレスに由来するとされる――正確に言うと、アリストテレスの『自然学』での主張を後世の人がコンパクトにまとめて表現した――フレーズを、名詞句として更に圧縮して表現したものです。

分かりにくいのは、人間の意志が、空虚を嫌うというのに、「無 Nichts」を欲する、という逆説的な表現です。原語だと、「欲しない nicht wollen」と「無を欲する Nichts wollen」という対比になっていて、〈nicht〉と〈Nichts〉の一字違いを利用した言葉遊びになっています。無論、それ以上の実質的な意味が込められていて、「無」を単に「ないこと」ではなく、「無」という実体であるかのように見なして、それを目標にした、ということでしょう。

この論文の最後でも、再度ほぼ同じことが述べられています。二〇八頁をご覧ください。

それらはすべて、これを敢えて概念的に一括するならば、無への意志であり、生に対する嫌忌であり、生の最も根本的な前提に対する反逆である。しかし、やはりそれが一つの意志であるということに変わりはないのだ！……そこで、私が最後にもう一度繰り返すならこうである――人間は欲しないよりは、まだしも無を欲するものである、と……

やはり「無への意志」と禁欲主義の関係が、メインテーマのようですね。

第二節、第三節では、禁欲主義との関連で、ワーグナー、特に後期のワーグナーを批判します。後期のワーグナーが宗教的となり、ルター的な敬虔さの世界に惹かれているようだが、それは一体何なのか、という話です。ニーチェは『悲劇の誕生』の時期はワーグナーを理想像にしていましたが、それから数年後、一八七〇年代半ばから少しずつワーグナーに距離を置き始め、七〇年代終わり頃には完全に反ワーグナー的な立場になります。彼が決定的に反ワーグナーになったきっかけが、ここで話題になっている『パルジーファル』です。『人間的な、あまりに人間的』等で少しずつワーグナー批判が始まり、最晩年の『ワーグナーの場合』（一八八八）や『偶像の黄昏 Götzendämmerung』――ワーグナーの『神々の黄昏 Götterdämmerung』のパロディーですね――の頃になるとかなり露骨になり、自らのワーグナーに対する関わりを総括する『ニーチェ対ワーグナー』という未完に終わったタイトルの著作に取り組んでいます。

ワーグナーが楽劇として構想していた『ルターの婚礼』について、ルター派の貞節の思想に魅せられて、それをテーマにしていることを露骨に皮肉っていますね。カトリックは性的なことをはじめ、身体的な快楽に対しておおらかだったけど、ルターは引き締めて、初期キリスト教的な禁欲的態度を復活させせたというイメージが一般的ですね。ニーチェに言わせると、ルターには、「貞潔 Keuschheit」と「官能 Sinnlichkeit」の二つの面があり、それが彼の面白いところだったのだけど、ワーグナーはどうも「貞潔」の部分の方にだけ強く魅せられ、崇拝するようになってしまった、それはワーグナー自身とは対極にあるものだから、ということですね。この場合の「官能」というのは具体的には、それまでのカトリックの表向きの原則を破って、ルターが妻帯した、それもかなり若い女性と恋愛関係になったうえでのことを指しているのでしょう。自分の「反対物 Gegensatz」を崇拝するというのは、分かりやすく言うと、自分にないもの、自分の醜さだと思っているものに憧れる、ということですね。

第三節の最初の方を見ると、ワーグナーはもともと悲劇の人、ディオニュソス的なものを作品にする人だったのに、それとは全く逆の禁欲主義、それもかなり粗雑な禁欲主義の傾向を持った作品を作ったので、これは禁欲主義へのパロディーかと疑った、というようなことが述べられていますね。

> （…）真面目に考えられたパルジーファルとはどんなものだろうか。諸君は実際そのうちに（諸君が私に反対して言った言葉を用いるならば）認識と精神と官能とに対する狂気じみた憎悪の産物を見なければならないのであろうか。官能と精神とに対する、憎悪と呼吸が一つになった呪詛を見なければならないのであろうか。キリスト教という病気に罹った非開化主義的理想への改宗と帰順とを見なければならないのであろうか。そして最後に、これまで自分の意志の全力を挙げて正反対のものを、すなわち自分の芸術の最高度の精神化と官能化とを――そして単に自分の芸術のそればかりではなく、自分の生活のそれをすらも――志してきた一人の芸術家の側からの自己否認と自己抹殺をまでも見なければならないのであろうか。

ここで言われている「パルジーファル」はワーグナーの楽劇のことですが、念のために元ネタの話をしておきますと、アーサー王伝説で、円卓の騎士の一人で聖杯探しをしたパーシヴァルがモデルです。ワーグナーの『パルジーファル』では、魔法使いの呪いで官能に苦しむ王と、魔法使いの手下になって苦しんでいる女を、無垢な騎士であるパーシヴァルが遍歴し、試練に打ち勝ち、最終的に解放するという話です。

ワーグナー

この作品をニーチェは、「認識と精神と官能とに対する狂気じみた憎悪の産物」と評価しているわけですが、この場合の「認識 Erkenntnis」というのは自分の欲望の真実を知ること、「精神 Geist」は、その欲望をコントロールして、欲望から自立性を確保することでしょう——フーコー流に言うと「欲望の主体」になることですが、これについては拙著『フーコー〈性の歴史〉入門講義』（作品社）をご覧ください。その「認識と精神」と共に「官能」も憎悪するというのが、分かりにくいですが、これはニーチェが並列に書いているから分かりにくいのであって、正確には、自分の中の官能、いやらしい気持ちを憎んでいるが、同時に、それをはっきり認識し、精神的にコントロールすることについても、その辛さや失敗することへの恐怖から及び腰になっている、ということでしょう。そうした作品の傾向がワーグナー自身の弱い内面を表しているとすると、芸術家としても道徳家としてもダメですね。中途半端にキリスト教的な理想に憧れたことで、芸術家としての彼の在り方を否定してしまった、ということになるのでしょう。

諸君は、かつてヴァーグナーがどんなに感激して哲学者フォイエルバハの足跡を追うたかを想起するがよい。「健康な官能」というフォイエルバハの言葉——それは一八三〇年代および四〇年代においては、多くドイツ人たち（——彼らは少壮ドイツ派と自称した）にとってそうであったように、ヴァーグナーにとっても救済の言葉のように響いた。彼は結局それについて学び直したのか。というのは、少なくとも彼は最後にはそれについて教え直そうという意志をもっていたらしく見えるからだ……

フォイエルバッハが『キリスト教の本質』（一八四一）で、神とは、人間の類的本質が疎外されたものだと主張したのは有名ですね。この本の第二論文では、デューリングの道徳の系譜論に批判的に言及していましたね。デューリングもフォイエルバッハも、マルクス＝エンゲルスの論敵でしたね。デューリングはマルクス＝エンゲルスより一世代若く、年齢はニーチェに近いのですが、フォイエルバッハはマルクス＝エンゲルスより少し年上です。フォイエルバッハは、ヘーゲル左派の論客です。前にもお話ししましたが、ニーチェは『反時代的考察』では、ダーフィト・シュトラウスを徹底的に批判しています。フォイエルバッハ、シュトラウスだけでなく、ヘーゲル左派は宗教批判に力を入れていました。デューリングも、ユダヤ教批判に力を入れています。ニーチェと関心領域が

重なっているので、参照して批判の対象にするのはある意味当然です。
「健康な官能 gesunde Sinnlichkeit」という表現がフォイエルバッハのどの著作にあるのかはっきりしないのですが、「精神」を重視するヘーゲルに対して、彼が「至福 Glückseligkeit」を求める「感性＝官能 Sinnlichkeit」を重視しているのは確かです。ワーグナーはそれを求めていたはずなのに、いつのまにか自分の「官能」をもてあまして、「官能」を超えた「精神化」「貞節」を求めるようになった、というわけです。
第五〜第七節にかけて、ワーグナーの創作の思想的裏付けになったショーペンハウアーについて論じていますね。ショーペンハウアーはニーチェ自身の思想的な源泉でもあります。ショーペンハウアーは、自らの意志の哲学で、芸術、特に「音楽」に特別の位置付けを与えていた、ということですね。

ショーペンハウァーによれば、音楽は爾余一切の芸術とは区別さるべきものであって、それ自体において独立的な芸術であり、諸他の芸術のように現象界の模写を提供するものでなく、むしろ意志そのものの言葉を、しかも「深淵」から直接に、それの最も独自な、最も根源的な、最も原本的な啓示として語るものである。ショーペンハウァーの哲学に根ざすと思われるこうした音楽価値の異常な高騰につれて、音楽家そのものの価格もまた一挙にして未曾有の騰貴を来たした。爾来、音楽家は神託となり、祭司となり、否、祭司以上のものとなり、物「自体」の一種の吸い口となり、彼岸からの電話機となった。――それ以来、彼は、この神の腹話術師は、音楽を語ったばかりではない、――彼は形而上学を語った。彼がやがてついに禁欲主義的理想を語るに至ったとしても何の不思議があろうか……

ショーペンハウアーは、「音楽」を様式化されたものとしてではなく、ニーチェがディオニュソス的と形容していたような、生命の根源的な衝動が身体の動きに現れてリズムやメロディーになるような状態になることを想定しているのでしょう。原初的な衝動を一番直接的に利用しているのが、音楽だということでしょう。「物『自体』》An-sich《der Dinge」というのは、ショーペンハウアーがカントの「物それ自体」に当たるもの、つまり全ての表象の背後にあってその根拠になっているものは、経験の彼岸にあるわけではなく、私たちの内で働いている「生への意志」だと主張したことをもじっているのでしょう。ニーチェは、その「物それ自体」である「意志」を最も直接的に表すものとしての「音楽」を、ショーペンハウアーが「神＝物それ自体」のお告げを伝える電話機のように使っている、と言っているわけです。「芸術」を神託の媒体にするというのは、ロマン主義の影響を受けた哲学者とかハイデガーがよくやることですね。近代的思考では、神を直接的に持ち出すのが難しいので、芸術とか神話を利用するわけです。この時点でのニーチェから見ると、ショーペンハウアーは、カントの「物自体」を脱神秘化したように見せかけて、実は、［物それ自体⇒生への意志（ディオニュソス的な衝動）⇒音楽］という迂回を経て、カント以上に神秘的な「物それ自体」、音楽を通して語りかけてくる〝神〟を導入しているわけです。

「物『自体』の一種の吸い口 eine Art Mundstück des》An-sich《der Dinge」というのは、少し凝った表現です。〈an sich〉の〈an〉という前置詞は、「〜に即して」とか「〜において」といった場所とか位置を示す意味の他に、「〜に向かって」というような方向性を示す意味合いもあって、この場合は「自分に向かって」ということになりますね。その〈an sich〉を不自然に名詞化して、〈das Ding an sich〉の〈an sich〉から読み取れる「自分に向かって」性のような意味合いを際立たせているわけです。また、〈das Ding（an sich）〉という単数形ではなくて、複数形（die Dinge）にして、しかも英語の〈of〉の役割を担う二格（der Dinge）に変化させて、〈An-sich〉に後ろからかけているので、この点を意識して意訳すると、「諸事物を『自己へと引き込む』一種の吸い口」という感じになるでしょう。つまり、カントの「物それ自体」を、「諸事物を自己（＝カリスマであるショーペンハウアーの精神）の内へと引き込む吸い口」へとうまく変形させた、という皮肉を、〈das Ding an sich〉⇒〈〜 der》An-Sich《der Dinge〉という変形で表現しているわけです。

ショーペンハウアーはカントの美学上の問題に対する見方を利用した、――といっても、もとより彼がそれをカント的な眼で見たのではなかったことは確かなことだ。カントは美の賓辞のうちで認識が誇りとするようなものを特に引き立てて前景へ持ち出し、そしてそれを芸術に対して敬意を表する所以《ゆえん》だと考えた。非個人性と普遍妥当性とがそれである。それが根本において誤りでなかったかどうか、今は論ずべき場合ではない。私がただ一つ強調したいと思うのは、カントはすべての哲学者たちと同じく、芸術家（創作家）の経験から美学上の問題を検討するかわりに、「鑑賞家」の立場からのみ芸術および美について考察し、そしてその際「観賞

―家」そのものを「美」の概念のうちへこっそり持ち込んでしまったという点である。

難しい言い回しをしていますが、ポイントは分かりますね。カントは、「美」をもっぱら認識論的な視点から捉えた、つまり、それが与える感性的刺激とか感動とかいうことではなく、認識を明晰にすることにいかに寄与するか、という視点から捉えたということです。「芸術家（der Künstler）＝創作家（der Schaffende）」ではなく、「鑑賞家 der Zuschauer」という話は分かりますね。自分で美を作り出し、享受するのではなく、「認識」の点からのみ芸術を理解する態度を「鑑賞家」と言っているわけです。

「非個人性 Unpersönlichkeit」と「普遍妥当性 Allgemeingültigkeit」というのは、『判断力批判』でカントが美についての判断である「趣味判断」の特徴として挙げていることです。「趣味判断 Geschmacksurteil」なので、個人的・主観的と考えたくなるところですが、カントは、人はその対象が美しいという判断をする時、自分が属している人類という共同体の他の成員はそれをどう見るだろうかという観点から判断する、つまり人という種族の代表として判断すると考えます。「非個人性」というのは、自分個人ではなく、種族の代表として、という意味合いだと思いますが、ニーチェはこの言葉にもっと別な意味も込めているようです。

ニーチェとしては、「美」に対して「鑑賞家」として向き合うとしても、せめて美の経験を「一つの大きな個人的な事実および経験として als seine grosse persönliche Thatsache und Erfahrung」、言い換えれば、「美の領域における最も強く、最も固有な体験・欲望・驚愕・狂喜として」受けとめて鑑賞してくれたらよかったのに、カントは全然そうではなかった、と言っていますね。

―カントは言った、「美とは関心なしに心に適《かな》うものである」と。関心なしに。

この「関心なしに ohne Interesse」というのもカントの趣味判断の特徴の一つです。「関心なしに」、というのは妙な表現ですね。関心がないのに、どうやって対象を鑑賞して評価するのか、そもそも「心に適う」のか？ この場合の〈Interesse〉は、個人としての利害とか、思い入れに近い意味合いでの関心ということでしょう。自分の所有物、慣れ親しんだものであれば、偏見で、美しく見える、逆に、坊主憎けりゃ袈裟まで憎いということもありますね。そういう意味での個人的な関心抜きになされ、人類にとって好ましいかどうか判断するのが、本来の趣味判断

「美」について

カント：「無関心性 désinteréssement」。「美」をもっぱら認識論的な視点から捉えた。自分で美を作り出し、享受するのではなく、「認識」の点からのみ芸術を理解する態度。「鑑賞家」。
人はその対象が美しいという判断をする時、自分が属している人類という共同体の他の成員はそれをどう見るだろうかという観点から判断する。

ニーチェ：「幸福の一つの約束 une promesse de bonheur」。「美」に対して「鑑賞家」として向き合うとしても、せめて美の経験を「一つの大きな個人的な事実および経験として」―「美の領域における最も強く、最も固有な体験・欲望・驚愕・狂喜として」受けとめて鑑賞すべき。

だというのがカントの言わんとしていることです。その意味で「趣味判断」は「非個人的」です。「心に適う gefallen」というのは、私という特定の経験を経て形成された個人にとってではなく、人類を代表する私にとって、ということです。

ニーチェでなくても、こういう議論はあまりにもわざとらしい、自分にとって美しいものがみんなにとってそうだと言いたくなるのは分かるけど、「非個人的」に「心に適う」というのはあまりにも無理な仮定ではないか、と思うところでしょう。ニーチェは、この点でカントに対置される考え方として、「無関心性 désintéressement」を否定し、美の本質は「幸福の一つの約束 une promesse de bonheur」だというスタンダール（一七八三―一八四二）の言葉を挙げていますね。スタンダールは、『赤と黒』（一八三〇）や『パルムの僧院』（一八三九）の作家として知られていますが、恋愛は結晶化作用だと定式化した『恋愛論』（一八二二）でも知られています。ニーチェは『善悪の彼岸』でスタンダールを高く評価してますし、『この人を見よ』では、スタンダールが自分の人生にとって極めて重要な作家だと述べています。『恋愛論』の第一七章の注の一つで、スタンダールは「美は幸福の約束にすぎない La beauté n'est que la promesse du bonheur.」と言っています。

――さて、ここで立ち帰ってショーペンハウアーを見るに、彼はカントなどとは全く比較にならないほど芸術に接近していたが、それでいてなおカントの呪縛を脱してはいなかった。それはどうしてであったか。事情は全く不可思議である。というのは、「関心なしに」という言葉を彼は極度に個人的な仕方で、すなわち彼にとっては最も常規のものであったに相違な

> い一つの経験から解釈したのである。ショーペンハウァーが美的観照の効果についてほど自信をもって述べた事柄は、他には殆どない。美的観照はほかならぬ性的「関心」に反対作用を及ぼす、従ってそれらはあたかも忽布《ルプリーン》苦味素と樟脳《カンフル》との関係に似ている、と彼は言うのである。彼は「意志」からのこの解脱を美的状態の大きな特長であり効用であるとして讃美することに決して飽かなかった。

ショーペンハウアーは芸術に対してカントよりもずっとリアルなセンスを持っていたけれど、肝心なところでカント主義的だったということですね。つまり「美的観照 die ästhetische Kontemplation」は、「性的『関心』die geschlechtliche》Interessirtheit《」、あるいは、それと一体になっている「意志」から離脱させてくれるものだと見ていた、ということです。彼は生の根源としての、ディオニュソス的な「意志」を肯定するのではなく、それによって苦しめられる状態から解脱しようとしたわけです。それは『意志と表象としての世界』を読めば明らかなことですが、初期のニーチェは、その辺は無視するか、自分に都合良く解釈するかしていたのでしょう。

> 全くのところ諸君は、「意志と表象」に関する彼の根本思想、すなわち「意志」からの解脱はただ「表象」によってのみ可能であるという思想は、あの性的経験の一般化に由来するものではあるまいかという疑問を起こしてみたくもなるであろう。

スタンダール

ただ、生きんとする盲目的な「意志」からの「解脱 Erlösung」が、「表象 Vorstellung」によってのみ可能であるというのは、恐らく何かの美しいイメージを描いて、それを性的快感の代用にする、というようなことを指しているのでしょう。「あの性的経験の一般化 eine Verallgemeinerung jener Sexual-Erfahrung」というのは、恐らくセックスのイメージを抽象化して、美しい光景に近付けた、ということでしょう。後のフロイトの用語で言うと「昇華 Sublimierung」のようなことでしょう。もっと露骨に言うと、美しい芸術作品を見ることで、自慰行為的な気分に浸っているということでしょう。前衛ぶって、「○○なんて、精神的なオナニーだ」、という台詞を言いたがる人がいますね（笑）。ほとんどの場合、大げさな比喩と考えていいですが、微妙なケースもあります。私も制作に関わっているような、裸体を見せる前衛演劇のお客さんで本当に性的に興奮する人がいます（笑）。演技ではなくて、その役者さんの顔と体に魅せられたのか、舞台での演技が作り出す独特の雰囲気の中で、普段ならさほど魅力を感じないような人の体に興奮するようになったのか、はっきりしないことが多いです。前者でしかないように見える人もいますが（笑）。アイドルや俳優の写真集を買う人の多くは、性的な興味を持っているのでしょうが、これが写真ではなくて、絵だと、芸術っぽい側面に魅せられているかもしれない、という感じになりますね。写真がまだなかった時代、あるいは写真がまだそれほど普及しておらず、解像度も低い時代の絵や彫刻だと、それらに露骨に性的に魅せられる人はたくさんいるでしょう。浮世絵とか平安時代の女官の絵とかに、よほどのマニア以外は、性的な魅力を感じる方が困難ですね。現代でも、リアルなアイドルよりフィギュアやアニメの方がいい、という人がいるし、美的興奮と性的興奮の違いはそんなにはっきりとしませんね。で、ショーペンハウアーにとって美的状態とは結局、どういうものだったか、『意志と表象としての世界』から引用されていますね。

「それはエピクロースが最高の善として、また神々の状態として讃美したあの苦痛なき状態である。われわれは、あの瞬間だけは、卑しむべき意志の衝迫から釈放されている。われわれは意欲の懲役の安息日を祝う。イクシオーン〔ギリシャ神話の人物、ゼウスによって罰せられ、青銅の鎖で手足を永遠に廻る火の車に縛られた〕の車は停まる」……何という激越な言葉であろう！　責苦と長い倦怠の何という描写であろう！「あの瞬間」と、それ以外の「イクシオーンの車」、「意欲の懲役」、「卑しむべき意志の衝迫」との間の時間的対置が殆ど病的ではないか！　――しかしこれは、かりにショーペンハウァー自身にとって百遍も正しかったにしろ、美の本質の洞察に対して何の為すところがあろうか。ショーペンハウァーは美の齎《もた》らす一つの効果を叙述した。意志の鎮静ということがそれである。――だが、これとても果たして常規のものであるか。

初回にも名前が出てきましたが、エピクロスは、古代ギリシアの、アリストテレスより二世代くらい後に登場した快楽主義の哲学者ですね。快楽主義といっても、性欲とか食欲を積極的に満たすというより、苦痛や恐怖から自由な、「平静な心（アタラクシア）」に達することを重視したわけですが。ショーペンハウアーは、快楽を得ようとする「意志」によって駆り立てられている状態を、地獄タルタロスで火の車に縛り付けられて苦しみ続けているイクシオーンの状態と見て、それから逃れられることを「美」の効果と考えたわけです。ニーチェにすれば、それはワーグナーの個人的経験として語る分にはいいかもしれないけれど、「美」の本質とは言えないというわけです。ここでもワーグナーにスタンダールを対置して、スタンダールは「美は幸福を約束する das Schöne verspricht Glück」(一三〇頁)と述べていたことに言及しています。これは先ほどの「美は幸福の約束にすぎない」を少し言い換えたものでしょう。ニーチェによれば、このフレーズからスタンダールは、美が意志を鎮めるのではなくて、むしろ「意志」を「刺激 erregen」するものと見ていたことが分かる、というわけです。性的刺激を嫌悪するショーペンハウアーと、性的刺激がもたらす快楽を素直に享受するスタンダールを対置したいようですね。音楽に関しては、ニーチェはワーグナーを批判するのと反比例するように、ビゼー(一八三八-七五)を評価するようになります。暗いドイツに対して明るいフランスというのは、一八世紀からある結構ベタな図式ですが、ニーチェはそこに性的関心の評価という要素を含めている感じですね。ベタな対置かもしれませんが、ビゼーの作品としては『カルメン』(一八七五)とか『アルルの女』(一八七二)のようないかにも性的なイメージを喚起するものがありますね。

ビゼー

——地上に哲学者が存在するかぎり、また哲学者が存在した所にはどこにも(哲学者的天分の対極を取るならば、インドからイギリスまで)、官能に対する哲学者特有の怒気と怨恨とが見られるということは争いがたい事実である——ショーペンハウァーはただその最も雄弁な、そしてもしそれを聞く耳をもった人々があるならば、更に最も妖艶で蠱惑《こわく》的な爆発であるにすぎない——。また同時に、そこには禁欲主義的理想に関する哲学者特有の偏頗と愛着とが見られるということも争いがたい事実である。

これは分かりますね。ショーペンハウアーだけでなく、哲学者はみな、官能に反発し、禁欲主義を理想とする、ということですね。

あらゆる動物は、従って《哲学者動物《ラ・ベート・フィロゾフ》》もまた、各自の力が完全に発揮しえられ、各自の権力感情の《最大《マクシムム》》が発揮されるに好都合な《最善《オプティウム》》の条件を本能的に追求する。

これは信じるかどうかは別として筋が通っていますね。哲学者は、権力感情を充たすために、自分たちの性的禁欲を利用するということですね。元々性に嫌悪があって、性を回避しているので、そうした自分の普段の生活スタイルを利用しているのか、それとも、哲学を通して影響力を発揮するために、宦官みたいな感じで、わざと性的なものを退けて、それを理想のようにしているのか、どっちが先か分かりませんが。

これまで偉大な哲学者の誰が結婚したか。ヘーラクレイトス、プラトーン、デカルト、スピノーザ、ライプニツ、カント、ショーペンハウァー——彼らは結婚しなかった。のみならず、彼らが結婚した場合を考えることすらできない。結婚した哲学者は喜劇ものだ——これが私の教条である。そしてソークラテースのあの例外はどうかと言えば——意地の悪いソークラテースは、わざわざこの教条を証明するために、《反語的に《イーローニケー》》結婚したものらしいのだ。

これらの人たちが、結婚しないで禁欲生活を送ったことを、哲学者として影響を振るおうとする権力感情のために戦略的な生き方として選択したということですね。ソクラテスの妻クサンティッペが悪妻だったというのは有名ですね。「反語的に」というのは、ソクラテスが妻にひどい目に遭わされ、不幸になることによって、あるいは、妻による不幸を逃れるために哲学に走ることによって、哲学者は結婚には向かない、あるいは、結婚のわずらわしさから自由な生活を送るには、哲学者になるしかない、という見本を示した、ということです。ここでニーチェは、〈ironisch〉という普通のドイツ語ではなく、〈ironice〉と元のギリシア語に近い綴りを使っているのは、ソクラテスが、哲学の方法としての「アイロニー」の創始者であることを、それこそ皮肉なニュアンスと共に思い出させるためでしょう。「アイロニー」の語源のギリシア語の〈εἰρωνεία (eirōneía)〉は、「見せかける」とか「ふりをする」術という意味です。ブッダが、子供が生まれたのを桎梏と感じて、出家した話にも言及していますね。

こういう形で禁欲主義と哲学は結び付いているわけです。しかも、実際は禁欲というよりは、自分の権力感情のために、性欲を否定する生き方をしているわけです。

哲学者はあの理想を一瞥するとき、最も高く最も大胆な精神性の《最善》の諸条件を認めて微笑する。――彼はそれによって「生存」を否定しはしない。彼はそのうちに却って彼の生存を肯定し、そしてただ彼の生存のみを肯定する。しかも彼は、それを恐らく次の無道な願望に遠くない程度まで肯定する。曰く、《世界は亡びんとも、哲学は栄えよ。哲学者は栄えよ、われは栄えよ！》と……

　これは分かりやすいですね。哲学者は人生を犠牲にしているわけではなく、自分の「生存 Dasein」のために、最善の戦略を取っているというわけです。「無道な願望 der frevelhafte Wunsch」というのは、恐らく、哲学者として名声を博すとか影響力を発揮する、というような願望でしょう。「世界は亡びんとも、哲学は栄えよ。哲学者は栄えよ、われは栄えよ！」というのは、原文はラテン語で、〈pereat mundus, fiat philosophia, fiat philosophus, fiam!〉となっていて、これは〈Fiat iustitia, et pereat mundus（正義は行われよ、世界が滅ぶとも）〉という中世の哲学の定式で、これは最初は教皇ハドリアヌス六世（一四五九－一五二三）が使ったようで、それをハプスブルク家出身の神聖ローマ皇帝フェルディナント一世（一五〇三－六四）が自分の基本姿勢を示す言葉として使うようになり、それを更にルターやプロイセンのフリードリヒ大王（二世）（一七一二－八六）の父親のフリードリヒ・ヴィルヘルム一世（一六八八－一七四〇）も使い、哲学ではカントが『永遠平和のために』（一七九五）でこれを翻訳した形式で使っているのが有名です。ただ、カントはこの定式を、為政者が自分の正義を押し付けるために使うのは誤解だという立場を取っています。ニーチェはそれのパロディーで、哲学者の身勝手さを皮肉っているわけです。

　第一論文で、武人的な本来の貴族階級に取って代わった僧職の狡猾さをなじっていましたが、哲学者も同じようなことをやっているわけですね。何でも疑うというスタンスの哲学者と、神を信奉する僧侶は対立しているように見えますが、欲がないふりをして他者を支配しようとするところは似ているわけですね。そういうことを考えると、ツァラトゥストラも、権力感情を隠した隠者に見えなくもないですね。だからこそ、『ツァラトゥストラ』では、彼と似たような人たちが出てきて、こういうのとツァラトゥストラは違うということを強調せざるを得なかったのでしょう。

　最後に、哲学者たちの「貞潔」について言えば、この種の精神の多産性は明らかに子供を産むということよりは別の所にある。恐らくは彼らの名前の存続や、彼らの小さな不死もまた別の所にあるのであろう（古代インドの哲学者にあっては、更に一層大胆に言い表わされている。「世界を魂とするものにとって何のための子孫か」と）。この態度のうちには、禁欲主義的な狐疑や官能の憎悪から来る貞潔の痕跡らしいものは微塵《みじん》もない。それは闘技者や競馬手が婦女を遠ざける場合の貞潔に等しい。むしろ彼らの支配的本能が、少なくとも大いなる懐妊期の間はそれを要求するのだ。すべての芸術家たちは、大いなる精神的緊張と準備の状態にある時の同衾がいかに有害な結果を来たすかを知っている。

ニーチェは、「貞潔 Keuschheit」を、身を清く保つことそれ自体を目的とするのではなく、多くの場合、懐妊期間に、行為を控えておくような行為だと見ているわけですね。最初の方で出てきた、「官能」と「貞潔」の二面性には、こういう意味があったわけですね。実際に「子供」を産むことだけでなく、スポーツ選手が試合に備える期間や、芸術家が作品制作のために集中する期間も、それに当たるわけです。その本質は、自分の子供に当たる「作品 Werk」を生み出そうとする「支配的本能 der dominierende Instinkt」です。この場合の「作品」というのは、著作もあるでしょうが、著作によって得られる影響力、名声の方が大きいでしょう。

さてここでわれわれは、このような解釈に従って上述のショーペンハウアーの場合を見直すことにしよう。美の観照は、彼にあっては明らかに彼の本性の主力（省察力と洞察力）を解放する刺戟として働いた。その結果、この主力は爆発してたちまち意識の支配者となったのである。これは決して、美的状態に固有なあの独特の甘さと豊かさが「官能」という薬味にその起源をもつ（年頃の少女に固有なあの「理想主義」もこれと同じ起源をもつが）という可能性を斥けるものではない――従って官能は、ショーペンハウアーの信じた如く、美的状態の現出とともに消失するものでなく、ただ形を変えられるにすぎず、そしてもはや性的刺激として意識に上らないというだけのことである。

「官能」が「理想主義 Idealismus」に姿を変えるというのは、まさに「昇華」ですね。「性的」でなくなるわけではないんですね。ショーペンハウアーの場合は、「理想主義」というより、ペシミズムですが、官能が形を変えたという点は同じだということでしょう。「形を変えられる」の原語は〈transfigurirt〉で、これは第一回の講義にも出てきたキリストの「変貌」を指すのに使われる言葉です。

ところで、「官能」の原語の〈Sinnlichkeit〉は、「感性」という意味もあります。元になっている〈Sinn〉は、英語の〈sense〉と同じように、「意味」とか「感覚」というのが基本的な意味ですが、〈sense〉が形容詞の〈sensual〉となると、「官能的な」という意味になるように、〈Sinn〉も形容詞の〈sinnlich〉になると、「官能的な」意味も持ちます。西欧の言葉では、「感性」と「性」が繋がっているわけです。更に言えば、「美的」という意味の〈ästhetisch〉あるいは〈aesthetical〉の語源であるギリシア語の〈αἴσθησις (aísthēsis)〉は「知覚作用」という意味です。美的＝感性的だったわけです。現在では、もっぱら「美学」という意味になっている〈Ästhetik〉を「感性論」と呼んでいます。少なくとも言葉の上では、「感性−美−官能」の三者は繋がっています。

第九〜一〇節にかけて、哲学者の内面の分析から、「観想的人間」のそれへ、更には禁欲主義者一般の分析のそれへと、話を広げることが試みられているようです。哲学者たちの心の中を開けてみると、禁じられたものを欲してしまっているのに、それを意識しないようにしている、ということですね。そのため、敢えて自分の望んでいるのとは逆のものにプラスの価値を与え、それを正当化するために理性を動員する、ということのようです。

では、哲学者の原型である「観想的人間 contemplative Menschen」はどのように生まれてきたか。この場合の「観想」というのは、自らの肉体的な欲望から一歩距離を取って、達観しているようなポーズを取る、というようなことでしょう。

> 観想は初め仮装した姿において、曖昧な外見を取って、邪悪な心情と、またしばしば不安な頭脳をもって地上に出現した。これは何ら疑いを容れないことである。観想的人間の本能のうちの不活発な、思案顔な、非戦闘的な要素は、長い間彼らを深い不信に包んだ。

「邪悪」の原語は〈böse〉です。第一論文の区分で言えば、貴族的に力強いものとの対比で「素朴」という意味を帯びていた〈schlecht〉とは違って、意地が悪いという意味合いの言葉でしたね。ここでも、貴族的なタイプの活動的な性質に反発して、それを抑え込んでしまう、というような意味で「邪悪」なのでしょう。具体的には、古代インドのバラモンのような僧職的な体質の人が想定されているようです。

哲学的精神が何らかの程度において存在することが可能であるためには、それはまず常に以前から確定されている観想的人間の型に身を扮し、姿を変えなければならなかった。すなわち、僧職者・呪術者・預言者となり、一般に宗教的人間とならなければならなかった。禁欲主義的理想は長い間哲学者のために出現の形式として、生存の前提として役立ってきた。——哲学者たりえんがためには、この理想を体現しなければならなかった。この理想を体現しえんがためには、この理想を信じなければならなかった。世界を否定し、生を敵視し、官能を信ぜず、官能を超脱した哲学者たちに特有な脱俗的態度は、最近に至るまで固持されてきており、従ってそれは殆ど哲学者的態度そのものと見なされるほどになっている、——が、この態度は、何よりもまず、およそ哲学というものが成立し存続するための必須条件から結果したものなのである。

これは分かりやすい説明ですね。哲学者は、僧職等の禁欲的な態度を真似ないと、社会の中で認められないので、そうしていたというわけです。それは哲学にとって「青虫 Raupe」の状態みたいだと言っていますね。

あの多彩な危険な羽虫が、この青虫のうちに隠れていたあの「精神」が、実際、一層陽当たりよい、一層暖かい、一層明るい世界のお蔭で、ついにやっと僧服を脱いで白日のもとへ脱れ出ることを許されたであろうか。今こそ実際「哲学者」が地上に存在しうるに十分なだけの自負が、度胸が、勇気が、自信が、精神の意志が、責任への意志が、意志の自由がすでに現存しているであろうか……

第一〇節はこの少しくどい修辞疑問で終わっていますが、青虫が蝶になれたかについて、ニーチェがどう考えているかは明らかですね。ただ、彼が本来の「哲学」はどうあるべきと期待していたかは分かりますね。

第一一～第一二節にかけて、禁欲主義の理想と自己矛盾について論じられています。最初の方は少しごちゃごちゃしていて分かりにくいですが、要は、禁欲主義の理想は、「禁欲」それ自体だけど、そういう禁欲的な自分の「生存への権利 Recht zum Dasein」をどういう風に主張するのか、「自己自身を否定する sich selbst verneinen」生き方をどうやって肯定するのか、という点に自己矛盾があるわけです。

——こうした型の自己矛盾が絶滅しないということは、けだし生そのものの一つの関心事でなければならない。というのは、禁欲生活は一つの自己矛盾だからである。すなわち、ここには一つの比類なき《反感》が支配し

> ている。生のある部分にではなく、むしろ生そのものの上に、生の最も深く、最も強く、最も基礎的な諸条件の上に君臨しようとする一つの飽くことのなき本能と権力意志の《反感》が支配している。ここには力の源泉を塞ぐために力を使用しようとする一つの試みがなされている。ここには嫉妬深い陰険な眼が生理的繁殖そのものに対して、殊にその表現に対して、美しさに対して、悦びに対して向けられている。そしてその一方、畸態や萎縮に対して、苦痛に対して、不幸に対して、醜悪に対して、自発的な損傷に対して、自己棄却・自己懲罰・自己犠牲に対して一種の愉悦が感じられ、かつ求められる。

「反感」の原語は〈Ressentiment〉です。自分たちの力が弱いことが分かっているので、力の強さや本能に対して反感を覚え、それを別の「力」によって抑え付け、歪めようとするわけです。その一方で、力が歪んで現れてくることに喜びを感じるわけです。ここで、「畸態や萎縮」と言っているのは、無論、外形的なことよりは、性欲がないふりをして自分を縛りつけながら生きる、不自然な姿勢ということです。それが「禁欲」だと見ているわけです。

> 自己の自我に対する信仰を拋棄し、自己の「実在性」を自己自身に拒否する――何という凱歌であろう！――これはすでにもはや単に官能に対する、実見に対する凱歌ではなく、それより遥かに高い種類の凱歌であり、理性に加えられる一種の暴虐であり、残忍である。そしてこの歓楽は、禁欲主義的理想が、理想の自己侮蔑・自己韜晦が、次のように宣布することによってその頂点に達する。曰く、「真理と存在の王国がある、しかしまさに理性はそこから閉め出されている！」

理性によって自己を規律することが、理性自身をも否定することになる、というわけです。これは直感的に分かると思います。理性は、私たちの身体に備わっているはずなので、身体を締め付けていけば、理性も弱る、と考えるのが普通でしょう。意識朦朧としていたり、寝たり、死にかけている時に、理性が働くとは普通の人は思いません。なのに、カントのように、具体的な関心を削ぎ落とされた純粋な〝理性〟を追求すると、身体に支えられていない、理性が停止してしまうような気がしますね。ニーチェにしてみると、カントは、身体を超越した形而上学的次元に〝理性〟それ自体が働いていると考えているので、別に矛盾はないかもしれないが、それはヘンだろう、ということでしょう。

われわれは「純粋理性」だの「絶対的精神性」だの「認識自体」だのといったあの矛盾した概念の触手に対して警戒しようではないか。――これらの理論においては、常に全く考えうべからざる眼を考えることが要求されている。すなわち、全く何らの方向をももたない眼を、漠然と見ることをして初めて本当に何かを見ることたらしめる能動的な解釈的な機能が禁圧され欠如しているような眼を考えることが要求されている。つまりそこでは、一つの矛盾・背理が常に眼に対して要求されているのだ。そこにあるのは、ただ一つの見方において見ること、ただ一つの見方において「認識する」ことだけである。しかもわれわれの事物に関する「概念」、すなわちわれわれの「客観性」は、われわれが同一事物の上により多くの感情を表出すればするほど、同一事物に対してより多くの眼、種々の異なった眼を向けることを知れば知るほど、ますます完全さを増してくるであろう。しかし、意志を全く棄却し、感情を悉く除去すること、それがわれわれにできるとしたら――どうであろうか、それは知性を去勢することだと言われないだろうか……

「全く何らの方向性をももたない眼」は、原語は〈ein Auge, das durchaus keine Richtung haben soll〉で、助動詞〈sollen〉が入っているので、正確には「全く何らの方向性を持つべきでない眼」です。この「方向性」というのは、現代の哲学の用語で言えば、「志向性 intentionality」です。「志向性」というのは、フッサール（一八五九－一九三八）の現象学で使われるようになり、サール（一九三二－　）が、ＡＩとは違う人間の心の特性として強調し、「志向性」は機械にも観察できるもっとフラットなものであるというデネット（一九四二－　）等との間で論争になっています。簡単に言うと、何かの対象を目指して意識を向けていく、ということです。「志向性」がないと、対象が定まらないので、認識は成立しません。

「漠然と見ることをして初めて本当に何かを見ることたらしめる能動的な解釈的な機能が禁圧され欠如しているような眼」という部分は、誤訳に近いです。原語は、〈bei dem die aktiven und interpretirenden Kräfte unterbunden sein sollen, fehlen sollen, durch die doch Sehen erst ein Etwas-Sehen wird〉で、「漠然と」も「本当に」も原文にはありません。〈Etwas〉は英語の〈something〉に当たるものですが、これは「方向性がない」のとは逆に、具体的な「何か」を「見る sehen」というような、志向性を示す意味合いで使われているのでしょう。「漠然と／本当に」という言い方をすると、漠然とした見方からはっきりした見方へ飛躍するような感じになるので、よくありません。あと、関係文が長くなりすぎて、繋がりがよく分からないので、いったん切った方がいいでしょう。「すなわち、全く何らの方向をもたない眼を、漠然と見ることをして初めて本当に何かを見ることたらしめる能動的な解釈的な機能が禁圧され欠如しているような眼を考えることが要求されている」を、「すなわち、全く何ら方向性を持たないという想定の眼を考えることが要求されている。そのような眼とは、その作用があって初めて『見る』ことが『何かを見る』ことになる、能動的で、解釈する機能が禁圧され、欠如していると想定される眼である」と多少補って意訳すると、ニーチェが現象学的な主張をしていることが分かります。

また、「一つの見方において見ること」「ただ一つの見方において『認識する』こと」は原語では、〈ein perspektivistisches Sehen〉〈nur ein perspektivistisches》Sehen《〉で、「遠近法的な perspektivistisch」という形容詞が入っています。ニーチェの言っている「遠近法」は無論比喩ですが、ある角度から見ることで、対象が周囲の他の事物に対して大きく見えたり小さく見えたり、というような意味合いもあるので、単なる修辞的表現というわけでもありません。もう一点訳としてまずいのは、「要求されている。」のすぐ後に、「そこにあるのは～」と続いているので、まるで、「カントなどによる方向性（志向性）なしのまなざしという想定の下では、そこにあるのは～」と言っているように聞こえますが、原文では、単に、英語の〈There is~〉に相当する〈Es giebt ~〉という、「ある」ことを示す定型句があるだけなので、「一つの遠近法によって見ること、一つの遠近法による『認識』しかないのである。」とすべきでしょう。逆に言うと、「遠近法」によって方向付けられないで、対象を「見ること」は不可能です。そういう方向付けられた見方を複数重ね合わせていくことによって、認識の「客観性」は次第に完全になっていきます——アーレントは、複数の人のパースペクティヴが重なることで、客観性が増し、「共通世界」が出来上がると言っていますが、詳しくは、『ハンナ・アーレント「人間の条件」入門講義』をご覧ください。

「遠近法」は、個々の事物に対する関心から生じます。ニーチェは、そうした「関心」を一切遮断した、従って志向性を持たない、「認識」というのは考えられない、と後のフッサールのようなことを言っているわけです。後の、といってもフッサールが現象学の出発点になる『論理学研究』を出したのは、一九〇〇年なので、それほどずっと後の話ではありません。

第一三節では、また禁欲主義一般の話に戻って、禁欲主義というのは、「生に反抗する生」だと言って、生理学的に見ても、自己矛盾であることを指摘します。しかしその一方で、「それは単に外見上の矛盾でしかない」とも言っています。禁欲主義的人間に働いている本当の生理学的なメカニズムが分かっていないので、矛盾に見えるだけ、ということのようです。

> それは一種の暫定的な表現であり、一つの解釈・方式・整理であり、真の本性が長らく理解されえず、本来の特性が長らく明らかにされえなかったあるものについての一つの心理学的誤解でなければならない。——人間の認識の旧い間隙に詰め込まれた空なる言葉でなければならない。そしてそれに反対する事実を簡単に述べるならばこうである。禁欲主義的理想は頽敗しつつある生の防御本能と救治本能から発生する、と。頽敗する生はあらゆる手段を講じて自己を維持しようと努め、自己の生存のために戦う。それは局部的な生理的抑圧および疲労を予防する。そしてこの抑圧と疲労に対しては、傷《そこな》われずに残っている最も深い本能が絶えず新しい手段と考案とを廻らして抗争している。禁欲主義的理想とはこのような手段である。従って事情はこの理想の崇拝者たちの思っているのとは全く正反対である。——生はこの理想において、またこの理想を通して死と闘い、死に抗して闘っている。

回りくどい言い方ですが、主旨は分かりますね。自分の生が退廃しつつある、つまり機能低下して死に近付いているのを感じているので、それを何とか止めようとしてあがいているわけです。これは体力が弱って回復しそうにない人は、用心して運動せず、飲食を慎ましくし、性的なことを控えるよう、自制する。それで余計に弱るかどうか別にして、反応としては分かりますね。それに立派そうな理屈を付け、極端な方向にもっていくのが禁欲主義ということになりそうですね。

> 禁欲主義的僧職者は他の存在への、他の場所における存在への願望の化身であり、この願望の頂点であり、この願望の熱情であり激情である。しかるにほかならぬこの願望の力がまた、彼をこの場所に縛りつづける繋鎖なのだ。ほかならぬこの力の故にこそ、彼はこの場所における存在、人間としての存在に対する一層好都合な諸

> 条件を創り出すための道具として働かなければならないのだ——ほかならぬこの力の故にこそ、彼はあらゆる不具者・不調者・破産者・失敗者・自己苦悩者の全畜群を生存に繋ぎ止めつつ、自ら牧者として本能的に彼らの先頭に立つのだ。諸君のすでに理解しているように、この禁欲主義的僧職者、この外見上の生の敵、この否定者、——彼こそは生の実に大きな保守力であり肯定力である……

僧職者たちが「他の場所 anderswo」にいるのか、「この場所 hier」にいるのかはっきりしない書き方ですが、勿論、彼の肉体は「この場所」にあります。「他の場所」に行くというのは願望です。本当は、この地上で生き残ることが願望なのに、それを正直に認めると、自分が武人的な強者に比べて弱いことが露見してしまうので、あたかも、別の次元での生を求めるようなポーズを取って、欲望をセーブしていくやり方を身に付けていった、ということでしょう。

それは僧侶たち自身の他、生命活動を全面的に開花させることができない弱い者たち、自分の身体の状態を肯定的に捉えることができない者たちにとっても好都合だということでしょう。この地上での自分のありのままの生を否定せざるを得ない者たちを、「他の存在 Anders-sein」へと導く牧者として自分を位置付け、そういう弱い者たちを結集させることで、自分の権力を作り出しているわけです。

第二論文では、国家は金毛獣のような武人たちによって打ち立てられるけれど、一定の領域を確保し、多くの臣民を抱えるようになると、弱者が多く含まれるようになるので、力を表面的には否定する僧職による乗っ取りが起こったということが述べられていましたね。ここでは、その弱者を惹き付ける戦略として禁欲主義が位置付けられているわけです。僧侶や哲学者たちは、病的状態のまま維持する秘訣を知っている体を装うことで影響力を拡大したわけですね。

> あの病的状態、あれは何によるのであろうか。疑いもなく、人間は他のいかなる動物よりも一層病的な、一層不安定な、一層変わり易い、一層不確定なものであるからにほかならない、——病的な動物とは人間の謂いである。

どうも、僧職が勝手に病的になったのではなく、人間が病的になってしまうのは仕方ないことのようですね。

確かに人間はまた、他のあらゆる動物を集めたより以上に果敢であり、革新的であり、反抗的であり、運命に対して挑戦的であった。自己の大なる実験者である人間、満足と飽足とを知らぬ人間は、最後の支配権を得んがために動物、自然および神々と戦いつつある。——いつまでも圧服せられず、永遠に未来のものである人間は、彼自身の迫進力の前にもはや休むことを知らない。彼はあらゆる現在の肉のうちに彼の未来を拍車のように容赦なく食い込ませる。

——意外とベタですね。他の動物のように決まった軌道を歩んでいくのではなく、自分の運命を変えていこうとする、プロメテウス的な反抗をしようと無理する体質があるので、不安定になりがちなわけですね。第一四節に入りましょう。

人間におけるこの病的状態が正常のものであればあるほど——そしてわれわれはこの正常性を否定することができないのだ——、精神的・肉体的な強大さの稀有な場合、すなわち僥倖はいよいよ高く尊重されなくてはならず、健全な者たちはますます厳重に最悪の空気、病的な空気から保護されなくてはならないであろう。そうされているであろうか……　病人は健康者にとって最大の危険である。強者にとって災厄は最強者からでなく、最弱者から来る。それが知られているだろうか……

——まどろっこしい言い方ですが、数から言うと、先ほどの性質のせいで「病的状態 Krankhaftigkeit」の方が大半で、「健全な者たち die Gesunden」の方が希少なので、病気が感染しないよう保護してやる必要がある、というわけです。そうした病人に対する「吐き気 Ekel」と「同情 Mitleid」が合わさった時に、人間の「最後の意志 der letzte Wille＝ニヒリズム」が生じる、と述べられていますね。

——そこでは絶えず最も悪性の陰謀——上出来の者や勝ち誇った者に対する受苦者の陰謀の網が張られている。そこでは勝ち誇った者の姿が憎悪される。そしてこの憎悪を憎悪として自ら認めまいとする何という欺瞞だ！

病人たちは、強くて勝ち誇った者たちの足を引っ張る陰謀をめぐらすわけですね。彼らは自分たちが「美しい魂 schöne Seelen」を持っているかのように振る舞います。「美しい魂」というのは、ヘーゲルが『精神現象学』で、内面に引きこもって、観念的な美の世界を作り出し、現実との関わりを拒否するロマン派的傾向の人を揶揄するために使った表現です。

次にパリサイ人に言及されています。パリサイ人というのは、聖書に出てくる、律法遵守の観点からイエスに難癖を付けようとする人たちのことですね。強そうな人に、細かいことで言いがかりを付けるパリサイ人のことを、ニーチェは「病み犬ども die krankhaften Hunde」と表現していますね。

> この病み犬どもの嗄《しゃが》れた怒声、この「高貴な」パリサイ人どもの咬みつくような欺瞞と逆上、それは科学の聖域の内までも聞こえて来ないとも限らない（――耳ある者はあのベルリーンの復讐の使徒、オイゲン・デューリングのことをもう一度想起してもらいたい。デューリング――彼は今日のドイツにおける最もみっともない、そして最も厭うべき道徳の屑物使用者であり、彼の同類すなわちユダヤ人排斥者どもの間でさえも、現今における第一の道徳的法螺《ほら》吹きだ）。

ここでまたデューリングが出てきましたね。デューリングは八〇年代以降、マルクスが亡くなる頃から露骨に反ユダヤ主義になってくるのですが、ニーチェからすると、デューリングがユダヤ人の、特にパリサイ人的な体質を批判しているのは、自身が同じような体質を持っているからではないか、同類への嫌悪ではないか、というわけです。「科学の聖域」と言っているのは、デューリングが経済学者だし、『自然弁証法』（一八六五）という著書があるからでしょう。

> 病人の看護をし、病人を健康にすることがどの程度まで健康者の任務では全くありえないかをあらゆる深さにおいて理解した者は――そして私は、諸君がまさにこのことを深く把握し、深く理解することを要望する、――それとともに更に次のような必要性――自分自らも病気である医者や看病人の必要性をも理解したことになる。そして今やわれわれは禁欲主義的僧職者の意味を両手で十分に摑んでいるのだ。禁欲主義的僧職者はわれわれにとって、病める畜群の予定された救い主であり、牧者であり、また弁護人でなければならない。そう見た場合に初めて、われわれは彼の巨怪な歴史的使命を理解できるのだ。苦しんでいる者に対する支配が彼の王国である。

ここも表現がまどろっこしいけれど、言わんとしていることは分かりますね。生命力の弱い病人の看護をしている医者自身が病んでいて、そういう病人たちを病気のまま救ったように見せかけることで、自分の権力欲を充たそうとしているわけですね。一六一頁では「麻酔剤 Narcoticum」という表現が使われていますね。これがどういう譬えかは分かりますね。〈Narcoticum〉には「麻薬」という意味もあります。そっちの方が、ここでの僧職にふさわしい感じがしますね。

> 今や諸君は、生の医師的本能が禁欲主義的僧職者の手を通して何を少なくとも試みたか、また「負い目」とか「罪」とか「罪悪」とか「堕落」とか「堕罪」とかいったような逆説的で不合理な諸概念の一時的な暴政が彼にとってどういう役に立たなければならなかったか、についての私の見解を察知したことであろう。すなわち、病人をある程度まで無害なものにすること、癒しがたい者どもを自滅させること、比較的継承の患者を峻烈に自己自身に向かわせ、彼らの《反感》に逆説的方向を取らせること（「無くてならぬものはただ一つだけである」〔ルカ福音書」一〇の四五〕——）、そしてそのようにしてすべての苦しんでいる者の悪しき本能を自己訓練・自己監視・自己克服の目的のために利用し尽くすことがそれであった。

禁欲主義的僧職者は、弱者を守るためというよりは、弱者の持っている「悪しき本能を自己訓練・自己監視・自己克服」に、つまり自分自身を責める方向に向かわせて、余計なエネルギーを使わせ、支配者層にとって無害にするわけですね。そこで第二論文のテーマだった「負い目＝罪」と繋がってくるわけですね。禁欲主義を説けば、当然、それに耐えられないものが出てきます。すると、それが罪の証拠だということになります。その循環論法を禁欲主義が支えているわけです。

第一七～第一八節では、僧職階級が病気そのものを取り除くのではなく、病人の不快感を取り除くためにどういう麻薬を使ってきたのか、救済や解脱のためのトレーニングを開発してきたことが述べられています。痛みに耐えられない弱者はとにかくどうにかしてほしいと感じているので、催眠術に容易にかかり、その催眠効果によって団結が成立すると、嬉しくなる。

> 強者が結合する場合、それはただ彼らの力への意志の攻撃的な全体的行動と全体的満足を期待してなされるにすぎず、従って個人の本心からは多大の抵抗を受ける。これに反して、弱者が互いに団結する場合、彼らはこ

の団結そのものに悦びを感じる。

ただ、ここまでの僧職者批判は序の口だったようです。

われわれのこれまでに知りえた禁欲主義的僧職者の手段――生命感情の全般的抑圧、機械的活動、小さな悦び、わけても「隣人愛」の悦び、群居組織、共同体の力の感情の喚起（その結果、個人の自己に対する嫌悪は共同体の繁栄に対する悦びにより掻き消される）など、――これらは近代的尺度で測れば、不快との戦いにおいて禁欲主義的僧職者の用いた罪のない手段である。ところでわれわれは今度はもっと興味のある、すなわち「罪のある」手段の方へ向かうことにしよう。

「罪のない unschuldig」手段というのは、個人的に力を発散するのを控えさせて、共同体的な繋がりに向かわせることにあるようですね。では、「罪のある schuldig」手段とはどんなものかというと、「感情の放蕩 Ausschweifung des Gefühls」だと言います。つまり、感情を無駄に発散している、ということです。「近代的な魂、近代的な書物の最も固有な徴表をなすものは虚偽ではなくて、むしろ最も道徳的な不実のうちに具体化されている罪のなさ」だと述べていますが、ここでの「罪のなさ Unschuld」は先ほどのような文字通りの「罪のなさ」ではなく、本人がそう思い込んでいることです。各種の「理想主義 Idealismus」、特に「フェミニズム Feminismus」がそうだと言っています。これはどういうことか分かりますね。現代日本には、いろんなタイプの「理想主義」が増えていますね、特にネットで。ニーチェは彼らのことを「『正直な』嘘言《ehrliche《Lüge」》と言っています。

彼にふさわしいのはただ不正直な嘘言のみである。今日「善良な人間」だと自ら感じているすべての人々は、何事に対しても不正直な嘘を言い、底なしの嘘を言う以外のことは全くできないが、しかし彼らは同時に罪のない嘘つきであり、誠実な嘘つきであり、碧眼の嘘つきであり、有徳な嘘つきである。こうした「善良な人々」――彼らはいずれも今や底の底まで道徳化され、そして正直という点に関しては永久に滅茶々々にされている。

言い回しは難しいですが、現代日本の〝根っからの正義の人〟を念頭に置けば、どういうことか分かりますね。こういう人は、嘘を言っているつもりなしに、それどころか道徳の化身のようなつもりで発言するので、非常に厄介だということです。同じ価値観を持ってない人からすれば、デタラメなのだけど、本人にそのつもりがないんで、「正直」になりようがない。

第二〇節、一七九〜八〇頁にかけて、禁欲主義的な僧職によって植え付けられる「罪＝負い目」が人間の心理にどういう影響を及ぼすか、少し詳しく論じています。

「罪」――動物的な「良心の疚《やま》しさ」（後ろ向きにされた残忍性）に与えられた僧職的解釈がそう呼ばれるのだが――はこれまでのところ病める魂の歴史における最大の事件であった。われわれはそのうちに宗教的解釈の最も危険な、そして最も宿命的な作品を見るのである。人間は何らかの仕方で、少なくとも心理的には、さながら檻の中に閉じ込められた動物か何かのように、理由も目的もわからずに、自己自身によって苦しめられている。彼は理由を求める――理由は苦しみを和《やわ》らげるからだ――、彼は更に医薬を求め、麻酔を求める、ついには隠されたものをも知っているような人間に相談をもちかける――すると、どうだ！　彼は一つの示唆を受けるのだ。彼は彼の魔術師から、禁欲主義的僧職者から、彼の苦しみの「原因」について最初の示唆を受けるのだ。――曰く、お前はお前の苦しみの原因を自分自身のうちに、負い目のうちに、過去の一片のうちに求むべきだ、お前はお前の苦しみそのものを一つの刑罰状態と解すべきだ、と……　彼は聞いた、彼は理解した、不幸な彼は。今や彼は周囲に線を引かれた牝鶏《めんどり》と同じである。彼はこの線で描かれた円の外へ二度と再び出ることはない。病人が「罪人」にされたのだ……　そしてそれ以来、われわれはこの新しい病人、すなわち「罪人」の姿を見ることから数千年にわたって解放されないのだ――いつか再び解放されることがあるだろうか――。

「良心の疚しさ das schlechte Gewissen」が「後ろ向きにされた残忍性 die rückwärts gewendete Grausamkeit」だというのは、前回出てきた、人間に元々備わっている攻撃衝動を内側に向けて、自分を攻撃させるようになったのが、「良心の疚しさ」だということです。「檻の中に閉じ込められた in den Käfig gesperrt ist」というのは、そうやって攻撃衝動が自分の内に閉じ込められ、出口が分からなくなっている状態ということでしょう。自分を攻撃しているんだから、どうなったら終わるのか分かりません。

そこで、そうなっている「原因 Ursache」はお前自身にあると告げ、その「負い目＝罪 Schuld」を償わないとどうしようもない、と思い込ませるわけです。そうやって、病気を治すのではなく「罪」に転換するわけです。「罪」の償い方を教えてくれる僧侶にはすがらざるを得ない。「罪」が深いと教えるほど、支配は強まっていきます。カウンセリングを利用して洗脳するというのは、現代でもよくある話ですね。そして、「苦痛 Schmerz」によって償いがなされると教えられているので、「苦痛」を求めます。

第二一節では、こういう療法を「僧職的療法」「『罪のある』療法」と呼んでいます。これは健康にするのではなく、禁欲主義によって無理な生活を強い、苦痛を苦痛と感じれば感じるほど、自分の罪を感じさせることになり、更に苦痛を求めるようにさせる、いわば、苦痛中毒にしてしまうわけです。第二二節では、そうした観点から、信心深い侏儒たちを生み出す『新約聖書』の教えを批判しています。

第二三節では、近代科学と禁欲主義の関係について論じられています。いろいろごちゃごちゃ言っていますが、要は、「科学」という言葉が恥知らずな形で濫用されている、ということのようです。「今日では科学は自己に対する信仰を全く有しない。いわんや自己を超えた理想に対する信仰においてをだ」と言っていますね。要するに、真理や理想に向かってまっしぐらに進んでいるという強い意志なしに、漫然と営まれている、ということです。むしろ、自分に理想や熱情がないのを「科学」という隠れ蓑で誤魔化している。そうなってしまったのも、社会全体が禁欲主義によって支配され、禁欲以外の目標を持てなくなったから、ということのようですね。

第二四節では、現代において禁欲主義に対抗し得る者として、一部の哲学者や学者たちに見られる「最後の理想主義者 die letzten Idealisten」に焦点が当てられます。彼らは、禁欲主義的理想の反対者であるという意味では、「反理想主義者 Gegen-Idealisten」です――どっちが理想主義か分からなくなる紛らわしい言い方ですね。彼らは、自分たちは禁欲主義の反対者だと信じているようですが、ニーチェには疑わしいようです。

――われわれ「認識者」は、あらゆる種類の信者というものに次第に信用を置かなくなってきた。われわれの不信は人々が以前にやっていた推論とは逆の推論をする癖を次第にわれわれに植えつけた。すなわち、一つの信仰の強さが甚だしく目立っている場合にはいつも、そこで信じられている事柄を証明することの困難さといった

―ようなもの、つまりそれが真実ではなさそうだということを推論するのがわれわれの癖になったのだ。「われわれ『認識者』Wir》Erkennenden《」というのは、恐らく特定の体質とか立場の人ではなく、真実を求めるのではなく、物事の真相を見極めようとする時の、近代人全般の傾向という意味で言っているのでしょう。もっと平たく言うと、私たちはニュースを見る時、その出来事に自分の利害が直接かかっていないし、当事者の誰にも特に肩入れしていないので、ちょっと引いて見ている時、あるいは、引いて見ようとする時、何かを強く信じている体で、神がかったように自信を持って語っている人を見ると、本当はその逆ではないか、と疑ってしまいますね。

具体的には、無神論者、反キリスト者、不道徳者、ニヒリストなどを指しているようで、彼らは今日の「知的良心 das Intellektuelle Gewissen」の住み処になっているということですね。普通だとこういう人たちは、知的に不誠実で、理想などない人間ということになりますが、支配的になっている禁欲主義の理想に敢えて対抗し、受け容れないことを〝理想〟としているという点で、もし本当に対抗し切れるのであれば、評価していいと思っているようですね。彼らは「自由な、極めて自由な精神」だと言っています。

しかし、やはり彼らは信じられない。「何となれば彼らはなおも信じているが故に」の理屈はひねくれているけれど、分かりますね。「真理に対する信仰」が、彼らを禁欲主義に近付けているわけですね。そうした真理にコミットすると、他の欲望を犠牲にし、節制しないといけないことになります。

―しかるにそうした禁欲主義を強いるもの、すなわち真理へのあの無条件的な意志は、禁欲主義そのものに対する信仰（たといそれの無意識的命令としてであるにもせよ）である。諸君はこの点について錯覚を起こしてはならない―それは一つの形而上学的価値、真理の価値自体に対する信仰であり、そしてこの信仰は、ただあの理想のうちにおいてのみ保証され、確認される（この価値はあの理想と浮沈を共にする）。

どうも、真理の価値に対する信仰によって動かされている限り、禁欲主義に陥ってしまう、ということのようですね。（　）の中の「あの理想」というのは、禁欲主義の理想のことでしょう。一九三～九四頁にかけて、厳密な「科学」を求め、哲学をその上に基礎付けようとする態度も、こうした真理への信仰だという見方を示しています。一九五頁の節の終わりの方で、「真理への意志は必要とする」と述べていますね。前々回見たように、『ツァラトゥストラ』でも、「真理への意志 der Wille zur Wahrheit」は、本当に「真理」を求めているというよりは、世界の全体を把握したつもりになって、自己満足しようとする意志として批判されていましたね。

第二五節では、禁欲主義に対抗するために「科学 Wissenschaft」に期待する態度が批判されています。

> 自立性をもたない科学などはこの場合到底私の要求を充たすに足りない。科学はあらゆる点において、まず一つの価値理想を、一つの価値創造的な力を必要とする。この力への奉仕によって初めて科学は自己自身を信じうるようになるのだ。――科学は自らは決して価値を創造することがない。科学の禁欲主義的理想に対する態度は、それ自体としてはいまだ全く敵対的な関係ではない。

この言い方からすると、「価値理想 Werth-Ideal」を自らの手で作り出すべく、「価値創造的な力 eine werthschaffende Macht」に仕えることと、どこかに「真理」があると信じてそれにコミットすることを全く別のことと考えて、後者を否定しているようですね。私たちが学問について漠然と語る時、どこか遠いところにある真理を追い求めることが、そのまま新しい価値創造にも繋がると漠然と考えがちですが、ニーチェにとって、「価値」は自分で生み出すもので、既成の、自分の外にあるとされている「真理」を理想化するのとは全然違う営みのようですね。「真理」というものがどこかにまとまった実体としてあって、それの恩恵に与るというような姿勢だと、結局、禁欲主義に絡め取られる、ということでしょう。

第二六節では、同様に近代の「歴史記述 Geschichtsschreibung」にも期待できないと言います。

> 鏡であるということが今やその最も高い抱負となっている。それはあらゆる目的観を斥ける。それはもはや「証明」をやろうとはしない。それは審判官の役を勤めることを拒絶する。そしてその点をよき趣味だとしている。――これは肯定もしなければ否定もしない。それは確定する。それは「記述」する……すべてこれらのことは高度に禁欲主義的である。しかし同時になお一層高度にニヒリスムス的である。

要するに、近代の歴史学は客観的に「記述する beschreiben」ことだけに専念していて価値判断をしていないので、その態度が禁欲主義的であり、ニヒリズム的でさえある、ということですが、これは私たちの常識とは真逆ですね。では、どういう歴史の書き方がいいのかと言うと、『偶像の黄昏』と『曙光』（一八八一）で、自分のギリシア研究においてプラトン主義から逃れる憩いの場がトゥキュディデス（前四六〇頃－三九五）だったと述べているので、恐らくトゥキュディデスを念頭に置いているのでしょう。トゥキュディデスは、アテナイとスパルタが戦ったペロポネソス戦争を描いた『戦史』で知られています。ペルシア戦争を描いたヘロドトスのように神話を交えた物語調ではありませんが、客観的な記述というより、後代の教訓になるようなことを登場人物に語らせる手法が近代の歴史叙述とはかなり違います。ホッブズがトゥキュディデスに強い影響を受けて、『戦史』を直接ギリシア語から英訳しています。ニーチェは『偶像の黄昏』では、トゥキュディデスと並んで、マキャベリの『君主論』も挙げているので、この二人のように、自らの価値観で政治や権力の在り方を論じている歴史家を評価しているのでしょう。あと、『偶像の黄昏』では、自分のギリシア観の理解者として、バーゼル大学時代にニーチェと親しくしていた、ルネサンスのイタリアの歴史で有名なブルクハルト（一八一八－九七）を挙げているので、この辺がポジティヴに評価すべき歴史家でしょう。

二〇一頁で、現代の「歴史記述」の主要な潮流の中でニーチェは不本意な二者択一を迫られていると述べられていますね。一方は、デューリングに代表される「歴史のニヒリスト historischen Nihilisten」。もう一つの、それより一〇〇倍悪いのは、歴史を客観的に静観しているような態度を取る人たちで、その代表がルナン（一八二三－九二）です。ルナンはフランスの宗教史家で、彼も『イエス伝』（一八六三）を書いています。「国民 nation」を日々の人民投票として定義したことでも知られています。

結局誰も信用できないと言いながら、まとめ的な性格の第二七節に到達します。二〇四頁で、禁欲主義的理想の意味については別の著作で論じるつもりだと述べていますね。この「ヨーロッパのニヒリスムスの歴史」という論考は、全体として未完に終わった『力への意志』の一部になる予定だったようです。ヨーロッパにおいて、人間の精神はもはや「真理への意志」しか理想と言えるものを持っていない、と述べられていますね。

ところがこの意志、この理想の残物は、もし諸君にして私を信じてくれるというのであれば、実は最も峻厳に、最も精神的に方式化されたあの理想そのものであり、全く秘教的な、あらゆる外堡を棄て去ったものなのであって、従ってそれは残物と言うよりは、むしろ真髄と言うべきものである。

「真理への意志」は、禁欲主義的理想の真髄にある、つまり最も厄介な部分だということです。「真理」があると考え、それを得ようとする意志の働きが問題であるようです。「絶対的な正直な無神論 der unbedingte redliche Atheismus」も、理想としての「真理への意志」によって動かされているということのようです。それは、「真理」を追究するあまり、「神に対する信仰という虚偽 die Lüge im Glauben an Gott」を自らに禁止する。つまり、自分が本当はその存在を知らないものを信じていることが虚偽だと悟る。ただ、「真理」があるという信念は残り、より研ぎ澄まされる。それが仏教などに見られる、無神論的な宗教という形を取る。

二〇五～〇六頁にかけて、（今では『悦ばしき知恵』と訳されることが多い）『愉しい学問』の一節を引き合いに出しながら、キリスト教は「真理への意志」のゆえに自己否定に至らざるを得ないことを示唆しています。少しピンときにくいかもしれませんが、「あなたは本当に神の働きを信じているのか」、と自らに真摯に問いかけるクリスチャンを想像してください。遠藤周作（一九二三－九六）の『沈黙』（一九六六）のテーマですね。特殊な体験をした信者以外は、答えはノーになる、と予測できますね。かつて私は新興宗教の信者をやっていたので、感覚的にも分かります。

あらゆる偉大な事物は、自己自身によって、自己止揚の作用によって没落する。生の理法、生の本質に存する必然的な「自己超克」の理法はこれを欲する。——立法者自身に対して常に結局《汝自らの制定せる法律に遵《したが》え》という叫びが投げかけられるのだ。このようにして教義としてのキリスト教はそれ自らの道徳の故に没落した。このようにして今や道徳としてのキリスト教もまた没落しなければならない。

「止揚 Aufhebung」というのはヘーゲルの用語ですね。ニーチェは観念論に敵対しているので、ヘーゲル主義者ではないでしょうが、「偉大な事物 grosse Dinge」というのは、この場合、力が集約して現れる人、物、制度ということでしょう。強い者の間から、必ず「自分たち」を超える新たな個や種が出てくる、という、力がどんどん集中して、大きなものが出現する、という進化論的な見方をしているのでしょう。キリスト教もそういう法則に従って、自己超克して没落するというのは、キリスト教が偉大だったということになりますね。超人の母胎になる人間もまた、かつては偉大だったように。

《汝自らの制定せる法律に遵え》は、原文では、《patere legem, quam ipse tulisti》とラテン語になっていて、これはローマ法でよく使われる諺のようです。

> （…）われわれの全存在は、われわれ自身のうちにおいて真理への意志がそれ自らを問題として意識するようになるという意義をもつのでないとしたら、果たしていかなる意義をもつのであろうか…… 真理への意志のこの自覚によって、今後——それには疑いの余地はない——道徳は没落する。これこそはヨーロッパの次の二千年のために取っておかれてあるあの百幕にも余る大芝居なのだ。

ニーチェは、禁欲主義の神髄である「真理への意志」に対して否定的なのかと思ったら、ヨーロッパの没落をもたらすうえで、不可欠の役割を果たすと見ているようですね。この辺はやはりヘーゲル弁証法っぽいですね。それ自体として見れば不快で不健康なものでも、既存の秩序を自壊させるトロイの木馬になり、進歩に貢献するという面で、肯定的に評価できるということがあるわけですね。

最後の第二八節を見ておきましょう。

> 禁欲主義的理想を除いては、人間は、人間という動物は、これまで何の意義も有しなかった。地上における人間の存在には何の目標もなかった。「人間は一体何のためのものか」——これは答えのない問いであった。人間および地上には意志というものが欠如していた。あらゆる大きな人間的運命の背後には、それよりも更に大きな「徒らに！」が折り返し文句のように響いていた。何物かが欠如していたということ、人間の周囲に一つの巨大な空隙があったということ、このことをこそ禁欲主義的理想は意味するのだ。——人間は自己自身を弁明し、説明し、肯定するすべを知らなかった。彼は自己の意義の問題に苦しんだ。

元々人間の存在には何の意義（Sinn）も目標（Ziel）もなく、人間の中心には大きな「空隙 Lücke」しかないのに、それを誤魔化して、あたかも目指すべき目標があるかのように装うために、「真理への意志」と一体化した「禁欲主義的理想」が生まれてきたわけですね。逆に言うと、これによって統率されないと、私たちは自分が何者か分からなくなってしまうわけです。

フランス系の現代思想では、ラカン（一九〇一－八一）のフロイト解釈の影響で、主体の中心には「欠如

「真理への意志」：禁欲主義的理想の真髄である＝最も厄介。
↓
ヨーロッパの没落をもたらすうえで、不可欠の役割を果たす。

manque」があることが強調されます。ファルス（男根）の欠如です。無論、男性の多くは生物学的な意味でのペニスを持っていますが、それが父に相当する力、自己実現する能力を欠いているという意味での「欠如」です。自分で、意味の秩序を作り出せないから、父の名＝否（nom（non））を継承しないといけない――フランス語では名前を意味する〈nom〉と、ノーという意味の〈non〉は同じ発音です。では、「父」は充溢しているかというと、「父」自身も、自分で象徴的秩序を作り出したわけではなく、その父から名＝否を継承しただけ。大文字の他者も空洞です。

自分の内に抱える「欠如」を埋めるべく「主体」がどのように振る舞うか、そもそもそういう「空隙」を抱え、自分の存在を意味付けられないものが、「主体」と言えるのか、それが現代思想の最も中心的なテーマです。魂のふるさとを求め続けるロマン派的な「美しい魂」は、そうした「欠如」に起因すると説明されることもあります。そういう議論の発端はニーチェにあったのかもしれません。

空隙を抱えているから、人はどこへ行っていいか分からず苦しむ。そこで、その空隙を充たしてくれるものが、向こうに何か在るように見せたのが「真理への意志」だったわけです。禁欲主義は、その空隙を充たしてくれる目標として、罪の償いを与え、それを自己目的化させてきたわけです。

――何らかの意義を有するということは、全く意義を有しないということよりはましである。わけても禁欲主義的理想は、確かにこれまでに存在したかぎりでの優れた《間に合わせ》であった。苦しみはその中で解釈を得た。巨大な空所は充たされたかに見えた。

「巨大な空所 die ungeheure Leere」は充たされたかに見えただけで、実際には充たされていなかったわけです。ここで先ほどの「無への意志」の働きが出てきます。

――禁欲主義的理想によってその方向を与えられたあの意志全体が、もともと、何を表現してい人間の存在＝意義（Sinn）・目標（Ziel）がない➡中心には大きな「空隙 Lücke」しかない。
↓
誤魔化して、あたかも目指すべき目標があるかのように装う。
↓
「真理への意志」＋空隙を充たしてくれる目標として、罪の償いを与え、それを自己目的化する「禁欲主義的理想」が生まれてきた。

※現代思想の最も中心的なテーマ：自分の内に抱える「欠如」を埋めるべく「主体」がどのように振る舞うか、そもそもそういう「空隙」を抱え、自分の存在を意味付けられないものが、「主体」と言えるのか？

るのかを包み隠すことは絶対に不可能である。人間的なものに対する、それにもまして動物的なものに対する、それにもまして物質的なものに対するこの憎悪、官能に対する、理性そのものに対するこの嫌忌、幸福と美に対するこの恐怖、あらゆる外見や変化や生成や死滅や願望や欲求そのものから脱がれようとするこの欲求――それらはすべて、これを敢えて概念的に一括するならば、無への意志であり、生に対する嫌忌であり、生の最も根本的な前提に対する反逆である。しかし、やはりそれが一つの意志であるということに変わりはないのだ！……そこで、私が最後にもう一度繰り返すならばこうである――人間は欲しないよりは、まだしも無を欲するものである、と……

本当はちゃんと空隙を充たすものがあればいいのだけど、なかなか見つからないので、人々は、禁欲主義を装った、「無への意志」に身を委ねてきたわけです。「無への意志」が根底にあるので、やたらに否定的です。否定的であることに生きがいを見出している人は、日本のネットにたくさん群がっていますね。ニーチェからしてみれば、禁欲主義の理想の正体がバレてしまって、私たちの抱える空洞が露わになりつつある以上、とにかく否定して、否定することが唯一の生き甲斐みたいな人が大量に出てくるのは当然でしょう。

「超人」とは禁欲主義的なごまかしではない、本当に生命の力を身体に蓄え、活動の源泉にすることができるような「価値」を自分で作り出せる存在ということになるでしょう。では、それはどんな価値か、どういう風にポジティヴなのか、どこに、超人たちを導いていくのか。すぐに思いつけるくらいなら、私は既に超人ということになってしまいます。適当にポジティヴそうなことを列挙しても、『ツァラトゥストラ』で批判されているような、ツァラトゥストラに似て非なる連中のようなことにしかならないでしょう。恐らく、ニーチェ自身にも、「無への意志」という本性を暴露した「真理への意志」が引き起こす問題は分かるけれど、何がそれに代わるのかまでは見通せていなかったのでしょう。だから、全ての価値の没落が決定的になる、「大いなる正午」を待っているわけです。

質疑応答

Q　良心の疚しさについて、ニーチェは、人間が国家や政治的共同体の中で植え付けられたものだ、と言っているわけですね。アーレントやフーコーもそうですが、人間本性論そのものを否定したいのではなく、政治が打ち立てられる前は人間は獣だったとするホッブズ的な性悪説としての人間本性論にニーチェは立っているという理解でよろしいですか？

A　私たちが、〝人間本性〟だと思っているものが、作られたもので、その耐用期限が切れつつある、と考えているというのは、その通りだと思います。人間の本来の自然な欲望のようなものを必ずしも否定していない、というのはそうでしょう。それがなかったら、自然の摂理として、人間の間から「超人」が誕生することを期待することなどできないでしょうから。ただ、「獣」であることはむしろ肯定すると思いますよ。「金毛獣」が本領発揮することに期待しているんだから。ニーチェがホッブズに関して否定するのは、「獣」であるという部分ではなくて、リヴァイアサンの下で生きることにみんなが同意し、それで平和になるという点でしょう。

Q　性悪説でもない、実は「悪」でもない。そこを検討したかったということでしょうか？

A　既成の尺度によって、「悪」を固定化していることに反対しているのは確かです。キリスト教の道徳は弱まっても、功利主義のように、多くの不快をもたらすのが、悪である、という感じで、その逆が「善」という感じで、「善／悪」の概念が維持されている。そこで、「善」や「悪」という言葉が元々どういうことを意味していたか、この論文で問い直したわけです。それで少なくとも、古代のヨーロッパ人は、善と悪について全然違うイメージを持っていて、善を力と結び付けるような、私たちの常識からかなりかけ離れた、善悪観だったことが分かったわけです。でも、その昔の善悪に戻ることを目指しているわけではなくて、私たちの力への意志の現れ方と共に道徳が変化するということを踏まえて、これから来たるべきものに備えようとしているわけです。それが後期のニーチェのメインテーマです。取りあえず、既成の善悪をはじめとする、道徳の諸概念を超えないといけない、それらによる呪縛から離脱しないといけない、という問題意識を表明しているのが、これとセットになっている『善悪の彼岸』です。

Q　人間が一定の本性を持っているという説自体を否定しているわけですね。

A　そう考えていいでしょう。「力への意志」は私たちがこのままでいることを許してくれません。ダーウィン的な進化論に反対するのは、進化の方向が客観的に決まっていて、科学によって見通せるような語り方をするからでしょう。方向性は予測できないけれど、人間はこのままではいられない。

ニーチェの「運命愛」とは、最終的には人間の没落をさえ受け入れる、ということでしょう。

Q2　この本を読んで『ツァラトゥストラ』がより理解できました。前回、力への意志がよく分からないと質問しましたが、ニーチェは、当時のニヒリズムに全身全霊で立ち向かったのだと腑に落ちました。

A2　「真理への意志」の根底に「無への意志」が働いていると分かると、次に、ではどうして、「無」を欲してしまうのか、という問いが出てくる、ということでしたね。その問いから、とにかく「何か」を欲し、それを自分のものにしたくてたまらない、生命の増進に必要なものをかき集めたくてたまらない、「意志」それ自体の働きを見ようとしたわけですね。通常のニヒリズムは社会の表面に出ているものを攻撃するだけで、そこに留まっていると不快なだけですが、「力への意志」という次元では、自分に力を集中させ、ある程度、力が溜まってくると、既成の自分という枠を超えるということが起こってくるはずです。その次元まで掘り下げて、ニヒリズムの表面的な否定性を、ポジティヴな、価値創造の力に転換しようとしているわけですね

Q3　ニーチェが現代思想に与えた影響について講義でも数々触れていただきましたが、文学面における影響について、いくつか教えていただけますか？　日本では、漱石が影響を受けたとか、最近ですと、過日、新聞の読書面での村田沙耶香の『コンビニ人間』が海外の若手文学研究者に興味を持たれているという記事内で、ニーチェと絡めた批評も出てくるだろうと言及していました。海外の文学者についてはいかがでしょうか？　また、ニーチェが影響与えたではなく、ニーチェが参照したものについて、古典の他に同時代の文学作品等はどういうものがあるのでしょうか？　この本では、スタンダールの名前や、二〇一頁にトルストイの「同情」（これは何の作品のことでしょうか）等がありますが。

A3　ニーチェの影響は広すぎるので、それだけで何冊かの分厚い本ができてしまいますが、私たちが求めている諸価値や、従っている道徳的規範のほとんどは、西欧において作られたもので、それは既に崩壊しつつある、という認識がニーチェのインパクトだとすると、漱石や鷗外以降の、近代的価値の虚しさや崩壊について書いている日本の文学作品のほぼ全てがニーチェの影響を受けているということになるでしょう。自分たちが求めている価値が永遠不変だと本当に信じているような文学作品なんて、ほぼないでしょうから。

『コンビニ人間』は、世の中から浮いている主人公が、コンビニという環境を言わば「運命愛」として受け入れていくという話なんで、ニーチェ的だと言えなくもないですが、私は、本格的なニーチェ的な「運命愛」は、自分が最後の人間になるとか、人間ならざるものと暮らす、人間らしいものは周囲にいるけれど、私と一切話が通じない、とか言語と理性

の限界みたいなところに向かって行くものだと思います。『コンビニ人間』はその寓意だと言うのであれば、深い意味でニーチェ的かもしれませんが。村田さんで言うと、『変半身』『ギンイロノウタ』『タダイマノトビラ』あたりが、人外のものが出てくるのでもっとニーチェっぽい感じがしますが、私の感覚だと、どうも村田さん自身の性欲の分析をいろいろ形を変えて意訳しているだけで、パターン化していて、そんなにラディカルには思えません——固定ファンは増えるでしょうが。そういう意味で言うと、安部公房（一九二四–一九九三）のように、人間のままでいるのか、異物になったのか微妙な、自分のアイデンティティをどうやって保っているのか見当がつかない不安定な存在を様々な文学的メタファーを駆使して多面的に描いていく、ファンタジーとリアルが微妙な割合で混ったシュールな作品がニーチェっぽいと思います。非人間化の経路や人間の限界がパターン化すると、文学として面白くありません。

ドイツ語圏でニーチェの影響を直接受けたので有名なのは、ニーチェから一世代くらい後の、リルケ（一八七五–一九二六）とかシュニッツラー（一八六二–一九三一）、ホフマンスタール（一八七四–一九二九）、カフカといった、旧ハプスブルク帝国領出身で、世紀末に活躍した、精神病理的な空間と現実が重なったような世界を描くのを得意とする作家でしょう。ツァラトゥストラ的なものへの憧れという点で言うと、ゲオルゲ・サークルという神秘主義的サークルを作って、そのドイツ主義的な面がナチスに利用された、シュテファン・ゲオルゲ（一八六八–一九三三）が知られています。トーマス・マン（一八七五–一九五五）も、ニーチェの影響を強く受けたことで知られています。彼の作品は、ドイツ的な市民社会の価値観の崩壊を描いているものが多いですが、そういうところにニーチェを感じさせます。

スタンダールについては、先ほどお話ししたように、性を否定するショーペンハウアーやワーグナーへの当て馬になっている感じがします。『悦ばしき知恵』を読むと、ニーチェが意外と、はっきりした文体で明るい調子の、フランスの古典文学が好きだということが分かります。

トルストイ（一八二八–一九一〇）への言及は、歴史記述の話なので、普通に考えて、『戦争と平和』（一八六九）でしょう。無論、キリスト教的なヒューマニズムに基づくトルストイの世界観と、ニーチェの反キリスト教思想は、普通に考えると、正面から対立します。

「ニーチェを〝読んで〟、それが分からない人間は、ナチスと大差ない。」

大学の文系の教師の多くが思っていることだろうが、世の中には、文系の学問を丸暗記／独創性の二項対立で理解している人があまりにも多い。そういう人は、文系の学者のほとんどは、中高生がやるように、年表とか四文字熟語のようなものを丸暗記して、それにどこかのちょっと古い本からコピペしてきた注釈を付け足しているだけと思っているようだ。そして、ごく少数のクリエイティヴな学者だけが、人生を豊かにするような名言を語ったり、小説など芸術作品を生み出したりすることができる、と考えている。

世の中で、スターの文系学者として通っているのは、後者である。無論、本当に「クリエイティヴ」であることは、滅多にない。大昔に有名な思想家や芸術家が語った名言のようなものを何となく覚えていて、それを自分のオリジナルなアイデアであるかのように思い込み、恥知らずに自信満々に語っているだけである。それを、辛うじて文字が読めて、複雑な内容はほとんど理解できない愚かな信者が妄信して、すごい〝画期的思想〟として宣伝する。信者は、いち早くそういう思想を知った自分は、凡百の大衆とは違うと自己満足する。スターは、そういう信者を多数従え、いい気になる。ツァラトゥストラが、何度も出くわす似非ツァラトゥストラたちは、（恐らくニーチェ自身が遭遇し、嫌悪感を覚えた）そういう連中の似姿だ。

そういう連中はどうせ自滅すると思って放っておいた方がいいのだろうが、こういう本を書いていると、どうしても、ある程度その手の愚か者による見当外れの評価を耳にする。現代では、ネットが「末人」たちの声を増幅している。素人だけならまだしも、自称編集者や自称ジャーナリストなどにも、何十年にもわたってこの手の勘違いに基づいて仕事をしているようなのがごろごろいるので、仕事をしにくい。「独自の視点からこういうテーマにアクチュアルに切り込んでいけるのは先生だけです」、と言われると、どうせ書かせるための定型煽り文句だろうという気持ちが半分、本気で言っているとしたら、こういう奴とはもう関わりになりたくない、という気持ちが半分。ダメ人間界とか精神的引きこもり界のヒーロー扱いされているようで、相当に不快であるが、その不快感が分からない人間が私の周囲にも多い。

大学の学生も、暗記か自由作文かのような発想から抜けられない者がほとんどである。そういうのが、名門大学として通っているところの文系の院生になっている――しかも、周囲から将来を嘱望されている――ことが結構あるので、本当に嫌になる。私ごときが言うのはおこがましいが、こういう学者・学生が増えているのを見ると、ニーチェが放っておいたらよさそうなものなのに、「教養俗物 Bildungsphilister」についての嘆きの言葉を発し、大人気なく他人を罵り、しつこく皮肉る心境が多少は分かるような気がする。似非ツァラトゥストラに腹を立ててしまう自分も、結構凡人だということを、ニーチェ自身も自覚していたのではないかと思う。

本気で文系らしい勉強をしたことがない人間には分からないことだが、古典的なテクストの細かい部分、他はほぼスムーズに分かるのに、この箇所だけはどういうつもりか分からない、この箇所があるせいで、全体の話の流れがおかしくなって、何が主題か分からないというような箇所に拘り、解説書や参考書、関連するテクスト等を徹底的に調べ、そこに込められた意味を読み取ろうとしていると、その著者やテクストについて、それまでの業界の常識とされていたこととかなり異なる見方が生まれてくることがある。言葉の意味の違いに敏感になることが、発見に繋がるのではないかと思う。そういう発見の場面でこそ、デリダが「差延 différance」と呼んでいるものの働きが顕在化するのではないかと思う。

受験脳から抜け出せない人間は、細かい字句についての解説書を読むことを、アンチョコをこっそり読んで授業に臨んでいるのと同じような感覚で捉える。そして、「アンチョコ読んで、コピペするくらい簡単だ。仲正のやっていることは、要領がいい学部生なら簡単にできる」、などと偉そうに豪語する――本当にそう思うなら、アンチョコ思想解説本を作って、どこかのイケてる出版社に持ち込み、天才学部生としてデビューさせてもらえばいい。

先に述べたように、〝オリジナルな解説〟のつもりで、思いつきを述べても、どっかで目にした陳腐なフレーズの劣化コピーの劣化コピーの劣化コピーのようなものしか出てこない。ちゃんと調べることで、既に言われていることかどうか、その既存の見解は本当に論証されているのか、自分が付け加えることがあるのか吟味することができる。それをすっ飛ばして、〝オリジナルなこと〟を言おうとするのは、怠惰なくせに目立ちたがりのどうしようもない奴だ。

無論、一生懸命調べても、何も浮かんでこないこともあろう。言葉の細かい違いから生じる「差延」を読み取る素質が備わっていない人もいるだろう。それが分かったら、素直に諦めるべきだ。

ニーチェやデリダが理解できなくても、生きていけないわけではない。

ニーチェは、「超人」への道を示して元気にさせてくれる思想家ではない。

お前は、ただの自惚れの強い凡人だ、と思い知らせる徹底した皮肉屋だ。

ニーチェを〝読んで〟、それが分からない人間は、ナチスと大差ない。

ニーチェの多面性を知るための読書案内

◎ショーペンハウアー『意志と表象としての世界』西尾幹二訳（I〜III、中公クラシックス）2004年

初期のニーチェに決定的な影響を与えたショーペンハウアーの主要著作。カントの「物自体」という静的・超越論的な概念を、ただ生きんと欲し、生きるための手がかりとして様々な「表象」を作り出す「意志」という、動的で、人間自身にも内在する原理に置き換えたことに特徴がある。絶えず「意志」に突き動かされ、自分にないものを手に入れ、生き永らえようとあがき続けているがゆえに、主体は「苦しみ」から解放されることがない。ショーペンハウアーは、仏教哲学等を参照しながら、「意志」を否定し、自由になることを目標として掲げる。初期のニーチェは、「個体化の原理」を突き抜けて、根源的な「意志」の働き＝ディオニュソス的な原理を発見した点でショーペンハウアーを高く評価する一方で、彼の宗教的解脱志向とは微妙に距離を取っていた。ショーペンハウアーとの決別を通してニーチェは、解脱によって楽になろうとせず、徹底的に自己肯定する「力への意志」を標榜するようになる。「力への意志」のニーチェの歩みを理解するうえで、本書は必読である。

◎ニーチェ『反時代的考察』小倉志祥訳（ちくま学芸文庫）１９９３年

初期ニーチェの同時代のドイツ文化に関する評論集。四つの評論から成る。「ダーヴィト・シュトラウス、告白者と著述家」では、当時流行思想家――現代日本風に言うと、新しい時代の知の旗手――としてもてはやされていたシュトラウスを、古典を真似たつもりのひどい文体によってドイツ語を台無しにしている「教養俗物」と非難する。「生に対する歴史の利害について」では、ヘーゲル的な意味での世界史を、あらゆる出来事についての価値判断の基準にする歴史主義と、その代弁者としてのエドゥアルト・ハルトマンを批判し、過去と対決して解体し、未来の生を切り開いていく「批判的歴史」の必要性を提唱する。「教育者としてのショーペンハウアー」では、規格化された知識を教え込むことで若者の精神を矮小化させる従来の教養を批判し、哲学を中心として教養の理念を再生させようとした教育者としてのショーペンハウアーに注意を向ける。「バイロイトにおけるワーグナー」では、ワーグナーの音楽によるドイツ文化の新生に期待すると共に、彼を栄光に充ちた過去の解釈者として教祖化しようとするワーグナー信者と距離を取ろうとしていることが窺える。ニーチェの俗物に対する辛辣さとともに、初期の彼が、ドイツ文化に対して一定の拘りを持ち、健全な文化の在り方をもとめていたことが垣間見えて、興味深い。

◎ニーチェ『喜ばしき知恵』村井則夫訳（河出文庫）２０１２年

中期ニーチェの代表作。アフォリズムの形で、学問、芸術、退廃、愛、性、幸福、死、学者、ドイツ人、ヨーロッパといったテーマについて、あまり統一性に拘らず、自由に語っている。一部に、「神の死」など、後に『ツァラトゥストラ』で使われることになる断片も含まれているが、まだ萌芽的な形でしかツァラトゥストラらしさは現れていない。そのため、没落へ向かっていく悲壮さや、『善悪の彼岸』や『道徳の系譜』に見られるような、既成の道徳との闘争のような激烈な雰囲気はなく、タイトル通り、全てを笑い飛ばすような愉快な雰囲気で書かれている。「明るいニーチェ」という、日本のジャーナリズムで流布しているイメージに一番近い著作だろう。

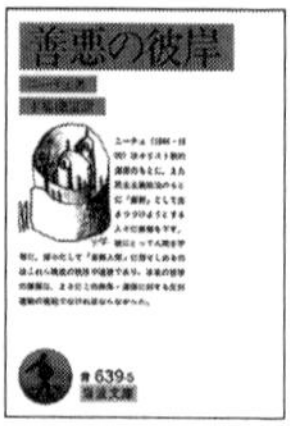

◎ニーチェ『善悪の彼岸』木場深定訳（岩波文庫）1970年

道徳をめぐるアフォリズム集。プラトンやストア派によって確立された真理に従って生きようとする哲学的傾向と、キリスト教の禁欲主義の相乗効果によって、ヨーロッパ人の生が衰退していることを指摘する。そのうえで、奴隷道徳から生じた「善／悪」を克服し、価値創造者になることのできる「高貴な人間 ein vornehmer Mensch」の出現に期待する。第八章「民族と祖国」では、ドイツ、英国、フランスの文化状況が比較されており、特にフランスの芸術が相対的にポジティヴに評価されている点が興味深い。既存の価値が形成されてきた歴史的系譜を辿る『道徳の系譜』と姉妹編的関係にある。

◎ニーチェ『力への意志』原佑訳（『権力への意志』上・下、ちくま学芸文庫）1993年

「力への意志」をテーマにしたニーチェの遺稿を妹のエリーザベト・ニーチェが編集したもの。ニーチェの著書と言えるか論争があるが、それぞれの断片がニーチェ自身によるものであるのは間違いなく、ハイデガーたちがそこから大きな刺激を受けたのは確かである。「ヨーロッパのニヒリズム」と題された断片群では、ヨーロッパを衰弱させている病理的現象としてニヒリズムを捉える一方で、既成の価値が崩壊して、新しい価値が生まれてくる希望を見ようとしていることも窺える。「これまでの最高価値の批判」では、『善悪の彼岸』と同様に、善悪の基準を固定化して、身体的欲望を抑圧するキリスト教とそれを継承するカントなどの道徳哲学の問題点を指摘する。ここでは、ショーペンハウアーの懐疑が、従来の道徳の抱える弱点を露わにし、ニーチェの深化したペシミズムを準備した踏み台として評価されている。「新しい価値定立の原理」では、「主体／客体」図式や「真理への意志」の根底に「力への意志」が働いていることを指摘したうえで、「認識」が価値評価を通して、力への意志が目指す目標を作り出していることを明らかにする。「訓育と育成」には、強者、大地の主たち、高貴な人間、立法者、ディオニュソスなど、ニーチェのテクストの中で、ポジティヴな位置を与えられている〝人物〟たちが登場する。

◎マルティン・ハイデガー『ニーチェ』Ⅰ・Ⅱ　細谷貞雄監訳（平凡社ライブラリー）１９９７年

ハイデガーが一九三六～四〇年にかけてフライブルク大学で行ったニーチェ講義と、その後発表した関連する論文を一冊にまとめたもの。「力への意志」を軸に、「永劫回帰」「生」「価値」「真理」など、ニーチェの主要概念の哲学史的意義を明らかにすることが試みられている。「主体／客体」図式に囚われず、事物が存在するための「形式」それ自体を生み出す「力への意志」を見出し、プラトン的な形而上学を超えていく道を示したことでニーチェを評価する一方で、「意志の形而上学」であるがゆえの限界を指摘し、「存在」それ自体に定位する自らの思考との違いも際立たせようとしている。ニーチェ自身のテクストだけからは見えてきにくい、プラトン、デカルト、ライプニッツとの関係について掘り下げて考察されており、読み進めると、ハイデガーの描く哲学史（存在史）上での、「力への意志」の位置付けも見えてくる。「哲学者としてのニーチェ」と改めて遭遇することができるテクスト。

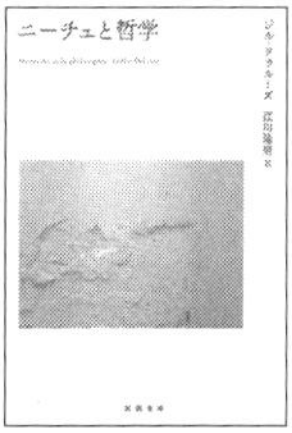

◎ジル・ドゥルーズ『ニーチェと哲学』江川隆男訳（河出文庫）２００８年

初期ドゥルーズによるニーチェ解説書。テクスト別に中身を要約して、素人にも分かりやすく伝えてくれているわけではないが、『差異と反復』（一九六八）や『意味の論理学』（一九六九）以降のドゥルーズを先に読んだことがある読者にとっては、驚くほど哲学教師的なドゥルーズに遭遇する。ニーチェの議論の基礎になっている、「系譜（学）」「悲劇」「力」「偶然／必然」「永劫回帰」「ルサンチマン」「良心の呵責―負債」「苦痛」「超人」「神の死」「ディオニュソスとツァラトゥストラ」など、本書でも取り上げた主要概念について、テクストに即して詳細に解説している。「偶然」の問題をめぐるニーチェとマラルメの類似、「ルサンチマン」とフロイトの局所論の関係など、思想史的に興味深い論点がいくつか盛り込まれているが、最も興味深いのは、ヘーゲル弁証法に対抗する形で、ニーチェの思想が発展してきたという全体を貫く視座である。市民社会や国家、理性中心主義との関係でヘーゲルとニーチェを対比するのは、既にありふれたテーマになっているが、ニーチェと「弁証法」の関係は、まだ十分に論じられているとは言えない重要テーマである。

◎ジャック・デリダ他『他者の耳――デリダ「ニーチェの耳伝」・自伝・翻訳』

浜名優美・庄田常勝訳（産業図書）１９８８年

デリダの講演「他者の耳 Otobiographies」と、モントリオール大学で行われた「自伝」と「翻訳」をテーマとする、講演と関連する二つのシンポジウム（一九七九）を一冊の本にしたもの――〈otobiographies〉は、〈autobiographie（自伝）〉の〈auto-〉を、「耳」を意味し、同じ発音の接頭辞〈oto-〉に置き換えた造語。『ツァラトゥストラはこう言った』の第二部で、ツァラトゥストラが、体のほとんどが巨大な耳の形をした奇怪な人物に言及していることを起点に、他者の耳（oto）によって声を聞かれることが、あるいは、（自分のものではない）他者の声を聞くことが、「自己 auto」の形成においてどのような役割を果たすのか、音声中心主義批判や（著者としての）署名といった、デリダ特有の問題圏に引きつけて論じている。『この人を見よ』や『我々の教育施設の将来について』など、ニーチェの自伝的な要素が強い作品に、「耳」への拘りが見られることが示唆されている。この邦訳は、一九八二年にＶＬＢから刊行された版によるが、一九八四年に Galilée から刊行された版は、一九七六年にヴァージニア大学で行われた当初の講演全体を収録しており、討論部分がない代わりに、「アメリカ独立宣言」をめぐる脱構築的な考察が含まれている。「アメリカ独立宣言」に署名した主体の問題と、「耳」に対するニーチェの拘りを明らかにしていくアクロバティックな読解が面白い。

◎ドゥルーズ＋ガタリ『アンチ・オイディプス　資本主義と分裂症』

宇野邦一訳（上・下、河出文庫）２００６年

フロイトの「エディプス・コンプレックス」説へと集約されていく、近代的な主体の生成と解体を、精神医学、文化人類学、前衛文学・芸術などの様々な知見を動員して描き出したドゥルーズ＋ガタリの主要著作。浅田彰の紹介を通して、日本の現代思想にも強い影響を与えた。特に「専制国家機械」の誕生とその残酷さをめぐる議論で、ニーチェの『ツァラトゥストラ』や『道徳の系譜』を参照している。ニーチェを念頭に置きながら読み進めると、ドゥルーズ＋ガタリの戦略が見えてくると同時に、ニーチェの「力への

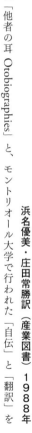

意志」の字面とはかなり異なる、裏の意味も見えてくる。ニーチェが、ポストモダンの先駆者であることを端的に示しているテクスト。

◎ジョルジュ・バタイユ『ニーチェについて——好運への意志（無神学大全）』酒井健訳（現代思潮新社）１９９２年

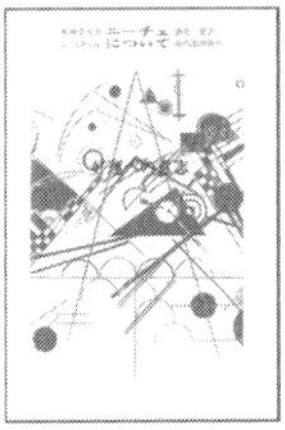

「聖なるもの」と「エロス」の関係、その交叉から生じる「蕩尽」をめぐる、奇抜な発想で現代思想に影響を与えたバタイユによるニーチェ論。『無神学大全』を構成する他の二冊（『内的体験』『有罪者』）と共に第二次大戦中に執筆された本書では、ナチスを通してニーチェの中心的思想として知られるようになった「（権）力への意志」を、民族的な秩序の創出へと向かうものではなく、主体の内／外の境界線を越えて多方向に流れ、時として、神秘的な恍惚をもたらす「力」の運動として捉えることを試みている。秩序形成的な「（権）力 puissance」と、あらゆる尺度を逸脱し、尺度自体を作り出す「力 force」を区別し、後者が私を自分の外へと押し出す「欲望」と結び付いていることを明らかにしていく。ニーチェ解釈というより、ニーチェのテクストを通してのバタイユ独自の思考が追求されているという観があるが、「補遺」では、ニーチェとナチスの関係や、ニーチェ自身の内的体験について意外と分かりやすくコメントされている。バタイユの思想形成が、「力への意志」の欲望論的読解と不可分の関係にあったことが窺える。

1883	ニーチェ『ツァラトゥストラはこう言った』第一部
1884	ニーチェ『ツァラトゥストラはこう言った』第二部・第三部 エンゲルス『家族・私有財産・国家の起源』
1885	ニーチェ『ツァラトゥストラはこう言った』第四部
1886	ニーチェ『善悪の彼岸』 バイエルン王ルートヴィヒ二世、ノイシュバンシュタインを居城に→廃位
1887	ニーチェ『道徳の系譜』
1888	ニーチェ『偶像の黄昏』『アンチクリスト』『この人を見よ』 ヴィルヘルム二世即位
1889	ニーチェ、バーゼルの精神病院に入院
1890	ビスマルク更迭
1891	フッサール『算術の哲学』
1895	フロイト＋ブロイアー『ヒステリー研究』
1900	ニーチェ死去 フロイト『夢判断』 フッサール『論理学研究』
1901	ニーチェ（エリーザベト・ニーチェ編集）『力への意志』

	ミル『功利主義論』『代議制統治論』 イタリア統一
1862	ユゴー『レ・ミゼラブル』
1863	ルナン『イエス伝』
1864	ニーチェ、ボン大学に進学 フュステル・ド・クーランジュ『古代都市』
1865	デューリング『自然弁証法』『資本と労働』『生の価値』 トルストイ『戦争と平和』(～69)
1866	ドストエフスキー『罪と罰』 普墺戦争
1867	ニーチェ、志願兵として歩兵師団に入隊 マルクス『資本論』
1868	ニーチェ、ワーグナーと面会 ドストエフスキー『白痴』
1869	ニーチェ、バーゼル大学教授に招聘 エドゥアルト・フォン・ハルトマン『無意識の哲学』 ノイシュバンシュタイン城の建設開始
1870～71	普仏戦争
1871	ドストエフスキー『悪霊』(～72) タイラー『原始文化』 ドイツ帝国成立 ビスマルク、文化闘争開始(～78)
1872	ニーチェ『悲劇の誕生』 →ヴィラモヴィッツ＝メレンドルフによる激しい批判 ビゼー『アルルの女』 ワーグナー、バイロイトへ移住
1875	マルクス『ゴータ綱領批判』 デューリング『哲学教程』 ビゼー『カルメン』
1876	ニーチェ『反時代的考察』 フォン・マイゼンブーク、ニーチェとレーをソレントの別荘に招待 バイロイト祝祭劇場落成
1877	レー『道徳的感覚の起源』 モーガン『古代社会』 ゾラ『居酒屋』
1878	ニーチェ『人間的な、あまりに人間的な』 ドイツ帝国、社会主義鎮圧法制定
1879	ニーチェ、病のためバーゼル大学を辞職 ドストエフスキー『カラマーゾフの兄弟』
1881	ニーチェ『曙光』 デューリング『ユダヤ人問題』
1882	ニーチェ『悦ばしき知恵』 ニーチェ、ザロメと知り合う ワーグナー『パルジーファル』

ニーチェ関連年表

1819	ショーペンハウアー『意志と表象としての世界』
1822	スタンダール『恋愛論』
1824	ランケ『近世歴史家批判』
1830	スタンダール『赤と黒』 コント『実証哲学講義』(～42) フランス、七月革命
1831	ユゴー『ノートル・ダム・ド・パリ』
1835	ダーフィト・シュトラウス『イエスの生涯』(～36) バルザック『ゴリオ爺さん』
1836	バルザック『谷間の百合』
1837	ディケンズ『オリバー・ツイスト』(～39)
1839	スタンダール『パルムの僧院』
1841	フォイエルバッハ『キリスト教の本質』
1843	フォイエルバッハ『哲学改革のための暫定的テーゼ』『将来の哲学の根本命題』 ミル『論理学体系』
1844	ニーチェ誕生 マルクス『ユダヤ人問題によせて』『ヘーゲル法哲学批判序説』
1846	プルードン『貧困の哲学』
1848	マルクス＋エンゲルス『共産党宣言』 ワーグナー『ニーベルングの指輪』(～74) フランス、二月革命→ドイツ、オーストリア、三月革命
1849	ワーグナー『芸術と革命』 ディケンズ『デイヴィド・コパーフィールド』(～50)
1851	スペンサー『社会静学』 ヴィルヘルム・フォン・フンボルト『国家活動の限界を決定するための試論』
1852	マルクス『ルイ・ボナパルトのブリュメール十八日』 ナポレオン三世即位
1853 ～56	クリミア戦争
1854	テオドール・モムゼン『ローマ史』(～56)
1857	フロベール『ボヴァリ夫人』 ボードレール『悪の華』
1858	ニーチェ、プフォルター学院に転学
1859	ミル『自由論』 ダーウィン『種の起源』
1860	ブルクハルト『イタリア・ルネサンスの文化』 ドストエフスキー『死の家の記録』(～62)
1861	ルー・アンドレアス・ザロメ誕生 バッハオーフェン『母権論』

【著者略歴】
仲正昌樹（なかまさ・まさき）
1963年広島生まれ。東京大学大学院総合文化研究科地域文化研究専攻博士課程修了（学術博士）。現在、金沢大学法学類教授。専門は、法哲学、政治思想史、ドイツ文学。古典を最も分かりやすく読み解くことで定評がある。また、近年は、『Pure Nation』（あごうさとし構成・演出）でドラマトゥルクを担当し自ら役者を演じるなど、現代思想の芸術への応用の試みにも関わっている。

・最近の主な著作に、『人はなぜ「自由」から逃走するのか　エーリヒ・フロムとともに考える』（ベストセラーズ）、『現代哲学の論点』（NHK出版新書）
・最近の主な編・共著に、『政治思想の知恵』『現代社会思想の海図』（ともに法律文化社）
・最近の主な翻訳に、クライスト著『ペンテジレーア』（論創社）、ジャック・デリダ他著『デリダのエクリチュール』（明月堂書店）、ハンナ・アーレント著『アーレントの二人の師　レッシングとハイデガー』（明月堂書店）
・最近の主な共・監訳に、カール・シュミット著『国民票決と国民発案　ワイマール憲法の解釈および直接民主制論に関する一考察』（作品社）

ニーチェ入門講義

2022年5月25日第1刷印刷
2022年5月30日第1刷発行

著　者　仲正昌樹

発行者　福田隆雄
発行所　株式会社作品社
〒102-0072　東京都千代田区飯田橋2-7-4
Tel 03-3262-9753 Fax 03-3262-9757
https://www.sakuhinsha.com
振替口座 00160-3-27183

装　幀　小川惟久
本文組版　有限会社閏月社
印刷・製本　シナノ印刷(株)

Printed in Japan
落丁・乱丁本はお取替えいたします
定価はカバーに表示してあります
ISBN978-4-86182-893-5 C0010

仲正昌樹の講義シリーズ

〈知〉の取扱説明書

改訂第二版
〈学問〉の取扱説明書

ヴァルター・ベンヤミン
「危機」の時代の思想家を読む

現代ドイツ思想講義

《日本の思想》講義
ネット時代に、丸山眞男を熟読する

カール・シュミット入門講義

〈法と自由〉講義
憲法の基本を理解するために

ハンナ・アーレント「人間の条件」
入門講義

プラグマティズム入門講義

〈日本哲学〉入門講義
西田幾多郎と和辻哲郎

〈ジャック・デリダ〉入門講義

ハンナ・アーレント「革命について」
入門講義

〈戦後思想〉入門講義
丸山眞男と吉本隆明

ドゥルーズ+ガタリ
〈アンチ・オイディプス〉入門講義

〈後期〉ハイデガー入門講義

マルクス入門講義

フーコー〈性の歴史〉入門講義